轻学术文库

既严肃严谨又轻松好看的学术书

埃及艳后

被艳名掩盖的政治天才

［意］阿尔贝托·安杰拉　著

高歌　译

文汇出版社

图书在版编目（CIP）数据

埃及艳后：被艳名掩盖的政治天才 /（意）阿尔贝
托·安杰拉（Alberto Angela）著；高歌译. -- 上海：
文汇出版社，2023.10
ISBN 978-7-5496-4075-1

Ⅰ.①埃… Ⅱ.①阿… ②高… Ⅲ.①克利奥帕特拉
七世(Kleopatra Ⅶ 前69-前30)—传记 Ⅳ.
①K834.117=2

中国国家版本馆CIP数据核字(2023)第109676号

埃及艳后——被艳名掩盖的政治天才

作 者 / ［意］阿尔贝托·安杰拉
译 者 / 高 歌

责任编辑 / 陈 屹
特约编辑 / 刘芷绮 张 萌 沈 骏
封面设计 / 陈 晨

出版发行 / 文汇出版社
上海市静安区威海路 755 号
（邮政编码 200041）
经 销 / 全国新华书店
印刷装订 / 嘉业印刷（天津）有限公司
版 次 / 2023 年 10 月第 1 版
印 次 / 2023 年 10 月第 1 次印刷
开 本 / 880mm×1230mm 1/32
字 数 / 304 千字
印 张 / 15.5

ISBN 978-7-5496-4075-1
定 价 / 89.90 元

侵权必究
装订质量问题，请致电010-87681002（免费更换，邮寄到付）

埃及艳后

古罗马的挑战者，征服永恒的女王

谨献给里卡尔多、爱德华多和亚历山德罗，

以及所有眼里有光、心中有梦的青年男女

序　言

提到埃及艳后的名字，人们总是能在脑海中浮现清晰的形象并产生某种情感。这是一个睿智而优雅的女人，她美丽的容貌和深邃的目光流淌着无尽的妩媚和妖娆，能使我们立刻陶醉在古埃及和古罗马的魅力中。我们不由自主地将她的名字与尤利乌斯·恺撒和马克·安东尼，还有那两段有史以来最伟大的爱情神话联系起来。历史人物鲜少唤起我们如此强烈的情感，尽管他们的时代已经成为遥远的过去，准确地说，是两千多年之前。

然而，这一切因何而起？一位柔弱的女性，如何孤身一人在男性统治的古代世界，带领古埃及王国完成史无前例的伟大扩张，成为历史夜空中最耀眼的星星？这正是笔者在本书中试图回答的问题。

笔者试图还原一个真实的克娄巴特拉，对她成功引诱并征服罗马伟人恺撒和马克·安东尼的手段一探究竟，并为她在地缘政治战略中展现的非凡天赋寻根溯源。

读者将看到一个令人惊叹的现代女性形象，与人们的印象截然不同。正是克娄巴特拉的"现代性"让她得以在古代历史中脱颖而出。如若在今天，她势必在政治、工业或高级金融等领域留下自己的烙印，然而早在两千多年前，她的出现就给当时的世界带来了至关重要的影响。

作为背后的动力之一，本书试图解读克娄巴特拉在某个历史关键节点所扮演的重要角色。当然，人们无法忽略她生活在两大文明——古埃及和古罗马——交替的转折年代。更准确地说，她的人生正值古埃及王国的漫长历史寿终正寝，罗马帝国在奥古斯都的统治下揭开序幕之际。笔者可以将克娄巴特拉的人生际遇和时代背景浓缩在寥寥数语之中：一个王国的黄昏和一个帝国的黎明。

本书聚焦于一段至关重要的历史时期，即公元前44年至公元前30年的14年。这一时期在古代史和西方史中的关键地位令人惊讶。本书的故事始于6名位高权重的历史人物——恺撒、卡西乌斯、布鲁图、马克·安东尼、屋大维和克娄巴特拉——其中仅有一位成为最后的幸存者。正是这个男人，在没有对手的情况下，凭借时间和智慧奠定了一个无与伦比的伟大帝国——罗马——的基础。

而克娄巴特拉在间接使屋大维成为唯一幸存者的过程中发挥了多少作用？读者将会看到，其所起的作用显著。因为克娄巴特拉不仅是一个风情万种的女人和一位善弄权术的女王，还是一味匪夷所思的历史催化剂。

读者将会跟随古典时代的脉络，辗转在欧、亚、非三大洲的历史背景下，踏上一段不同寻常的时光之旅：从尼罗河畔来到广袤的亚美尼亚山区，从克娄巴特拉的宫殿群来到恺撒的府邸，从亚历山大港的灯塔来到罗马元老院，从希腊海岸来到中东地区广袤的干燥大地。它将带领读者横跨数千英里^①的距离，反复穿越地中海的古

---

① 1英里≈1.61千米。——编者注

老时空。读者将目睹至关重要的海上对垒和惨绝人寰的陆地厮杀，一睹克娄巴特拉位于亚历山大的瑰丽王宫和罗马权贵同样气派的官邸，贯穿全书的叙事风格旨在为读者营造出身临其境的时代氛围。

本次时光之旅涉及对大量史料的周密考证，从出自现代历史学家、各位专家学者之手的众多论文到古代作者的传世文献，以及考古发现中的文字描述不一而足。想要完整重现读者将要读到的历史事件和场景，其实是颇费周折的。两千多年之后的今天，有时可供参考的资料仅有来自远古的记载和证据，鉴于其中掺杂着对克娄巴特拉和马克·安东尼的敌意，或是受到屋大维支持者反克娄巴特拉宣传的影响，它们的潜在局限性需要我们时刻牢记。而且，这些史料往往不是情节有所缺失，就是无法自圆其说。

除此之外，我们无法确定克娄巴特拉、恺撒和马克·安东尼曾经造访或居住的建筑原貌，因为它们几乎无一保存至今。当年的桌台、服饰、大理石已随宫殿烟消云散，传说中的灯塔已经倒塌，一座座城市都已灰飞烟灭：克娄巴特拉时代的亚历山大城在数百年间已经被拆毁，如今被无处不在的现代建筑取而代之；而安提阿，这座昔日地中海地区的第三大城市已不复存在。此情此景，正如两千年后的巴黎、法兰克福、伦敦、纽约或华盛顿，人类将依靠书本中的描述，想象它们的样子。

我们甚至对克娄巴特拉的真实容貌一无所知……

那么我们能够做些什么呢？如果真相不复存在，唯一可以采取的方法是根据对那个时代的了解和考古资料，遵从当代历史学家的建议，开展行之有效的复原和重建。本书中所有的虚构内容，均是对历史场景和古代风俗的忠实再现。

这种叙事风格为珍贵的古代文献中通常支离破碎的史实注入了生命——至少本书描写的事件务求准确无误，或在信息缺失时，力求真实可信。

对克娄巴特拉、恺撒和安东尼的心理世界进行刻画非常困难——有时依赖于史料记载，有时需要通过场景进行描述，以重现其历史属性。因为这种描述虽然看上去自然真实，但其实纯属虚构。我不认为除了与历史人物并肩而立，共同见证历史外，还有任何其他方法。古代历史典籍浩如烟海，除此之外，还有取之不尽的各种珍贵信息、数据和摘录，但它们往往因为缺乏"生命"而异常枯燥。历史是一场宏大的叙事，是否可以将历史文本通过文学语言娓娓道来？是否可以在学术文献的严谨中融入小说阅读的愉悦？笔者愿意相信，并努力在本书中做出某些不一样的尝试：为历史注入生命，效仿经典古代史籍——当然绝无取而代之的非分之想——创作一部另辟蹊径的著作。我对本书任何可能存在的错误负全部责任，但在古代历史的关键时刻与克娄巴特拉并肩而立的机会却不容错过……

祝开卷有益。

目　录

第一章

共和的暮光

3月15日，公元前44年

她凝望着遥远的地平线，仿佛正在努力回味曾经温柔的怀抱，试图重温如烟往事中的柔情蜜意。

被风鼓起的披肩，就像一张饱满的船帆笼罩着女人的面颊。她紧紧抓住披肩，抵抗着狂风将它卷走的渴望。这是女人身上仅存的一丝生气，只见她赤裸的身体依偎在一扇巨大的贝壳之中。在黎明的晨曦中，她的轮廓一片朦胧。数千块小小的石砖在房屋中心的地面上，勾勒出她依稀可见的动人曲线。这是一幅造型优美的镶嵌画，此时一阵若有若无的声响从远处传来，温柔地摩挲着贝壳中的维纳斯，一袭精美的长袍正划过地面，沙沙作响。声音越来越近，突然，脚步戛然而止，一只小巧而精致的脚掌，仿佛一片轻盈的羽毛，悄无声息地飘落在镶嵌画中维纳斯的臀部。片刻之后，脚掌的主人继续迈步向前，穿过无边的幽静，耳畔只有长袍划过地面的沙沙声。在脚步的起落之间，雪白的衣裙随身体摇曳，宛若一位舞者紧拥着自己的爱人。在节奏有致的步伐中，白色短袍下若隐若现的双臀仿佛不断跃出水面的海豚，旋即又潜入深海，无影无踪。几道长长的褶皱转瞬即逝，短暂而不失优雅。短袍仿佛飘浮在昏暗的长廊中，几缕微弱的光束间或刺破幽暗，在明暗交替之中将长袍的光芒投向墙面，就像一只光影涌动的手掌，如纤云薄雾般拂过一幅幅壁画。这个神秘的女人走向一扇远处的窗户，在迎面而来的光线中，她的轮廓一览无余。短袍仿佛瞬间冰消瓦解，幻化为一道夺目的光环。一位26岁的妙龄女子在光环中亭亭玉立，身材娇小而曼妙。只见她举手投足间都有着妙不可言的风韵雅致，于浑然天成之中散发出绝代风华。她款款而来，双臀勾勒出诱人的弧线。这个女人的邪魅妖冶，就像她身后飘散的芬芳一样触不可及。在倾城美貌的掩盖之下，她不可告人的秘密仿佛一缕暗香，早已在人们的无限遐想中疯狂蔓延。这是她熟谙于心的奥秘，像很久以前就已了然于胸的各种毒药秘方一样。

她就是克娄巴特拉。

与世人想象中不同，她的名字并非来自埃及，而是源自希腊语。

其中的含义是"父辈的荣耀"，寓意"光荣的血脉"（希腊语 κλέος，同 kleos，意为"荣耀"，而 πατρός，同 patros，则代表"父辈的"）。事实上，作为一名希腊－马其顿后裔，克娄巴特拉并没有与生俱来的埃及血统。她出生在一个入侵者建立的朝代：托勒密王朝，这个掌控埃及政权近300年的王朝，为这片古老的土地带来了令人耳目一新的风俗和一种闻所未闻的外邦语言——希腊语。她的全名，克娄巴特拉·西娅·菲洛佩特，字面含义为"克娄巴特拉，深爱父亲的女神"（θεά 来自希腊语，同 thea，意为"女神"，而 Φιλοπάτωρα，同 philopatora，意为"深爱父亲之人"）。尽管在大众的认知中，克娄巴特拉独一无二的姓名在历史中象征着那位举世无双的埃及女王，然而，她却并不是这个名字唯一的主人。据悉在她之前共出现过六位克娄巴特拉，为了避免混淆，现代历史学家将她称为克娄巴特拉七世。克娄巴特拉的姓名何以如此普遍？这缘于托勒密王朝反复使用相同王室姓名的传统（和法国国王姓名中无处不在的路易如出一辙）。因而，在埃及托勒密王朝中，公主的名字只有三种选择——阿尔西诺伊（Arsinoe）、贝蕾妮丝（Berenice），以及克娄巴特拉（Cleopatra），无一例外。

克娄巴特拉统治下的埃及颠覆了人们长久以来的想象。在她和奈菲尔塔利（法老拉美西斯二世之妻）、纳芙蒂蒂（法老阿肯纳顿之妻）以及哈特谢普苏特女王等叱咤风云的埃及女性之间，分别横亘着1 200年、1 300年和超过1 400年的时空深涧。这就如同将生活在现代社会的女性与生活在查理曼大帝时代或中世纪早期伦巴第地区的女性进行比较。克娄巴特拉生活在一个与以往完全不同的埃及，这个古老的王国曾经被入侵的波斯人统治长达数百年，随后又被亚历山大大帝征服，并在其开创的希腊－马其顿托勒密王朝下度过了近三个世纪的漫长时光。

在克娄巴特拉出生的时代，罗马铁骑代表的世界新势力仿佛注定要为悠久的埃及文明画上休止符。而她也将在不久的未来化身为一位伟大的女性政治家，以战略家的本能引领埃及迎来新生，甚至还将为这个古老的国度带来前所未有的领土和财富。事实上，正是凭借克娄巴特拉的政治手腕及她对恺撒和安东尼的成功诱惑，埃及才得以将从土耳其到利比亚地中海东岸的土地收入囊中。这一举世瞩目的历史成就完全得益于她的政治天赋，这也是埃及王朝在历史长河中留下的最后辉煌。克娄巴特拉的统治仅仅维持了21年时间，但这个苟延残喘的古老世界却仿佛在她身上重获新生，并且孕育出一位权倾天下、影响深远而又坚韧不拔的女性。除了英国女王伊丽莎白一世，或许没有哪位女性统治者可以与她的成就相提并论。而她也将在39岁时迎来香消玉殒的宿命。

在古罗马从共和走向帝制的关键时刻，在这个由男性主宰的权力世界中，西方世界的命运由一个年轻的女人掌握。没有克娄巴特拉的存在，一切都将无从谈起，至少现存历史课本中的鲜活史实将不复存在。正是她的出现，加剧了安东尼和屋大维之间的权力之争，而作为最后的胜利者，屋大维得以在漫长的统治中，为一个绵延几个世纪的古老帝国打下坚实的根基。

年轻的少妇安静地穿行在布满壁画的房间中，在她的身后闪耀着一串炫目的头衔：国王和王后的公主、上埃及和下埃及的女王、塞浦路斯女王……时至今日，在这个2 000年后的现代世界中，她在人们脑海中幻化为一位优雅而独立的女性，散发着让人无法抗拒的异域风情，凭借出众的容貌，将众多男性玩弄于股掌之上。这位年仅26岁的少妇何以集万千宠爱于一身？

克娄巴特拉踏入一座凉台，精美的木质格栅顶棚将它与外部世界隔开。她的手指轻轻抚过栅栏上的阿拉伯花纹图案，浸润在黎明清冽的空气中，感受着特有的凉爽气息。年轻的少妇合上双眼，将空气深深吸入肺中。随后，她慢慢睁开双眼，温暖而炽烈的目光从一双明眸中射出——仿佛在万籁俱寂之中，一轮故乡的红日正在广袤无垠的埃及沙漠中缓缓上升。

然而此刻，长长的睫毛不断跳动，一片陌生的大地在睫毛下若隐若现，一个陌生的世界正浮现在她的双眸之中。我们慢慢靠近她的视线，一座巨大的城市赫然倒映在一双美目之中，一条大河从城外奔流而过。这就是罗马，在特韦雷河畔接受世人的瞻仰，城中坐落着著名的恺撒庄园，这是尤利乌斯·恺撒的庞大私产，也是埃及女王到访罗马时下榻的行宫。

作为地中海沿岸最大的城市，这座动人心魄的庞大古都正在逐渐成为世界舞台上的绝对主角，恍如几个世纪之前的埃及。如今却已时过境迁，往事如烟……

我们继续靠近克娄巴特拉的双眸。悬浮在她眼中的城市开始越发清晰，而我们仿佛置身其中，穿过大街小巷，开始了一场古都之旅。

罗马的黎明

时间来到公元前44年，正值共和时代末期。此时距离罗马帝国的诞生和兴盛还有整整一代人的时间。但彼时罗马作为世界大都市特有的嘈杂和混乱，足以使古代作家和考古学家感到强烈震撼。它宏伟的外观更是令人叹为观止。

狂风卷走了乌云，也带走了数小时来连绵不断的雨水。东方天光乍现，阳光小心翼翼地洒在卡比托利欧山上，为朱庇特神庙和它巨大的石柱蒙上了一层光晕。神庙内，朱庇特的妻子朱诺（Juno）和智慧女神密涅瓦（Minerwa）的塑像俯视着默然往来准备晨礼的祭司，在他们身旁矗立着天神朱庇特伟岸的雕像，相传这尊不朽的杰作由黄金和象牙雕刻而成。占地66码①见方的神庙令观者不禁屏息凝神。据史料记载，那些华丽的石柱和其上装饰的科林斯柱头来自遥远的希腊，公元前86年（又说公元前84年）由苏拉从位于雅典奥林匹斯山上的宙斯神庙中拆下后运至罗马。一个藏身于古罗马心脏的希腊灵魂不仅见证了新生势力的茁壮成长，也象征着穿越往昔点亮未来的一束微光。这正与苏拉的本意不谋而合。伴随初升的朝阳，神庙中镀金的铜像和墙上的各式浮雕开始变得熠熠生辉。突然之间，它们就像一支支熊熊燃烧的火炬，不断迸射出夺目的光芒。散布在城市各个角落的罗马市民目睹了这神圣的一幕，敬畏之情油然而生。

　　黎明为永恒之城的建筑披上了一件光的外衣，为这场色彩的盛会注入了盎然生机。城市表面的蓝灰色面纱在黎明中逐渐消散，露出了一片片红色的屋顶。新的一天就要到来，整个罗马就像一片躁动不安的大海，鳞次栉比的建筑物仿佛一望无际的波涛在海面上翻滚，各式露台、天窗比比皆是，还有那些错落有致的屋顶，就像一条长长的"阶梯"随山势蜿蜒起伏。而神庙绿色的尖顶宛若田野中的花朵，掩映在建筑物的森林中闪闪发光，镀金的铜瓦如今也不见了往日的光泽。

---

① 1码=91.44厘米。——编者注

城市像建筑师精心布设的钢琴键盘，而生活则宛若一位才华横溢的钢琴家，正在倾心演奏一首万物觉醒的交响乐章。清新的空气中飘起一根根小小的白色烟柱，显然人们开始在灶台上生火做饭了，寺庙中正在举行庆祝仪式，浴室巨大的火炉冒出火焰，作坊中的工人开始了一天的劳作。

彼时，墙是不可或缺的元素。自古以来罗马都是一座用砖块建造的城市……直到屋大维，即未来的奥古斯都，将罗马变成了一座大理石之都，就连他本人也对此津津乐道。传说中，这些砖墙被亮白色的石膏包裹着，在阳光的照射下熠熠生辉，整个城市仿佛陷入了一片光的海洋。流转的光河仿佛耀眼的蒸汽，缓缓向下不断渗入明暗交替的街道。一名男子出现在纵横交错的小巷中，他行走在平整的路面上，此时正绕过一条蜿蜒曲折的小溪。伴随着不时传来的吱呀声，头顶的木质百叶窗被重重推开，狠狠撞向房屋的外墙（玻璃窗在当时极为罕见，很可能尚未出现在罗马平民阶层的生活中）。男子加快了步伐，他心中明白，头顶某扇打开的窗户中，随时会有隔夜的便溺从天而降。在未来的几个世纪中，家庭厕所在整个西方世界依然是一种奢侈的享受，只有罗马的富人阶层例外。他们居住在住宅的低层中，占据着主要楼层空间，甚至还控制着触手可及的水源，这是只有少数权贵家庭才能拥有的珍贵资源（通常包括贵族家庭、富人群体或在政府中拥有重要关系的特权阶层）。

而下层平民则只能蜗居在拥挤不堪的上层空间，缺乏生活设施和自来水，他们居住在狭小的出租公寓甚至转租房屋内，这种情景在工人阶层聚居的罗马苏布拉区（Suburra）随处可见（有时，起居室内部甚至被帆布隔开，供素不相识的陌生人共同使用）。

在古罗马，淡水从来都不是私有财产，而是一种公共资源。淡水短缺的情况从未在这里出现，为了取水，市民们纷纷走上街头，街道上分布着许多精心选址修建的公共喷泉。它们的间隔远近适中，方便市民携带木桶或陶罐在住所周围就近取水。呈毛细血管状分布的供水系统，旨在为这个西方世界最大的城市解决用水问题。

而罗马城的真正秘密或许就隐藏在这个为近百万人化解引水问题的壮举之中。在历史的长河中，这座城市曾拥有过风格各异的称号，譬如"世界之都"（Caput Mundi）、"永恒之城"，脍炙人口的名言"条条大路通罗马"在民间广为流传。然而，"水国女王"（Queen of Waters）是罗马另外一个鲜为人知的称呼，其正是因古罗马时代丰沛的淡水资源而得名。

在本书的故事结束后，古罗马即将迎来一个全新的时代——由于11座高架引水渠的建成，罗马人每天可以获得264 172加仑①的淡水！准确地说，这一数字直到人类进入现代社会后的1964年才被超越。然而，在恺撒大帝的统治下——尤其是安东尼时代——的古罗马，人口总数刚过百万；而现代社会的罗马城，居民已逾200万。毋庸置疑，在罗马帝国时代，居民人均淡水占有量相当于今天的两倍。

我们的主人公来到了巷子的尽头，只见他停下脚步，在一座喷泉边俯身喝水。随后，他抬起手背，揩拭嘴角，少顷，继续赶路。

---

① 1加仑 ≈ 3.79升。——编者注

从他身后不断传来刺耳的尖叫和拉丁语叫骂声，原来沿街的住户正在倾倒夜壶，有人被从天而降的污物淋了一身。眼前的一幕或许会令今天的读者忍俊不禁，然而在故事发生的年代，人们却无法对此一笑置之。你甚至不会想到，这在当时属于一种犯罪行为。罗马司法体系的各种法规都将这种"高空"泼粪行为（几乎与犯罪无异）纳入其中，并根据其对短袍和外袍的玷污情况，以及受害人的受损程度制定了不同的惩罚措施。

尽管日出只有短短几分钟，街道上却已经布满了行色匆匆的人。其中大多数为早起跑腿的奴隶和仆役，他们拖着包裹严实的身躯，在冰冷的清晨，麻木地穿行在寒气刺骨的街巷中。地面上随处可见的水洼仿佛暴风雨留下的记忆碎片，时刻提醒着人们昨天那个雷电交加、狂风大作的夜晚。大街小巷一片狼藉：路面上散落着从各家屋顶和阳台坠落的物品，露天晾晒的衣物变成了一块块面目全非的破布，遍地可见被大风吹落的篮子和花盆（令人惊讶的是，花盆在古罗马时代就已经是日常生活用品）。春天的脚步声越来越近。

毫无疑问，与电影和小说中的景象不同，此时的罗马尚未成为那个象征着辉煌与不朽的城市。城中的建筑物和纪念碑，无不显露着贫乏和简陋，与它在数十年后将被赋予的威严相比，甚至有一丝偏狭的特质。这是一座拥挤而嘈杂的城市，卑微的空气中弥漫着一股中世纪风情的味道，窄窄的街巷如迷宫般纵横交错，高高耸立的建筑看上去摇摇欲坠，浆洗的衣物被悬挂在窗外，组成了一幅五颜六色的拼贴画。正是在这些建筑物的怀抱里，在街巷平整的路面上，在小河般横流的污水中，洋溢着一股欢腾而热烈的生命气息，孩子们在四周奔跑着，欢笑着，喊叫着。永恒之城的街道状况历来饱受非议和批评，尤其是那些上坡的道路，以至恺撒亲自下令对路面进行平整，因为它们在夏天时总是尘土飞扬，而到了冬天又变得泥泞不堪……然而这一命令却再也无法得到执行。现在我们就将对其中缘由一探究竟。

不存在的古罗马斗兽场

如果穿越时空回到克娄巴特拉生活的古罗马城，人们难免感到惊讶，因为那些在今天家喻户晓的纪念碑和建筑物当时大多尚未问世，而世人却天真地以为它们从古至今一直都矗立在那里。每年数以百万计的游客来到罗马，只为一睹这些历史遗迹的风采，而在当时它们却尚未开工建造。下面就是一份充满惊喜的清单。

这些是连克娄巴特拉、马克·安东尼，甚至尤利乌斯·恺撒、西塞罗和屋大维都未能一睹其真容的建筑：

● 古罗马斗兽场（Coliseum）在一个多世纪后才能迎来自己的揭幕仪式，确切地说是 124 年之后。读者不禁要问：那么当时的角斗士在哪里进行搏斗？临时修建的木质竞技场为角斗士表演提供了场所，与今天观看街头演出和音乐会的露天看台有异曲同工之妙。

● 万神殿（Pantheon）的建造时间是 17 年后，由奥古斯都的驸马，同时也是他忠诚的指挥官——阿格里帕负责修建。然而，它现在的外观却要追溯到克娄巴特拉之后的年代。在历经两场大火的摧残之后，哈德良皇帝将对它进行翻修重建，换言之，这项修缮工程发生的时间比本书记载的故事晚了整整 160 年。据说该工程由大马士革的阿波罗多洛斯亲自主持，这位传说中的罗马帝国莱昂纳德，最后极有可能命丧哈德良皇帝之手。

● 卡拉卡拉浴场（the Baths of Caracalla）的建造日期在 250 多年之后。

● 图拉真浴场（the Baths of Trajan）的出现还要等待 150 年左右。

● 戴克里先浴场（the Baths of Diocletian）要在 350 年后才能正式开张。

● 帝国广场（the Imperial Fora）的建成时间介于 42 年后的奥古斯都广场和 156 年后的图拉真广场建成时间之间。

● 古罗马广场上的提图斯凯旋门和塞维鲁凯旋门（the Arch of Titus and the Arch of Septimius Severus）是广受游客青睐的拍照景点，它们的建造时间分别是 130 年和 246 年之后。

- 显而易见的是，在恺撒和克娄巴特拉的时代，地下寝陵尚未出现。要在许多年后，它们才开始涌现，直到 4 世纪时，才在君士坦丁皇帝的统治时期形成了一个庞大的地下迷宫。

- 帕拉丁丘上的王家宫殿群此时还不见踪影。只零星分布着少量外观精美、布满壁画的宅邸，它们属于城中声名显赫的权贵家族。直到 108 年后，经过那场举世瞩目的罗马大火，这里才开始逐渐迎来宏伟的宫殿，成为罗马皇帝的起居场所和罗马的权力中枢。

- 尼禄金宫（the Domus Aurea）在一个多世纪后才会出现，问世短短几十年便灰飞烟灭。

- 在当时的圆形竞技场和广场上还看不到方尖碑的踪迹。它们依旧矗立在遥远的埃及，直到奥古斯都使用专门建造的巨大船只将两座方尖碑运抵罗马。

另外，公元前 44 年 3 月 15 日——尤利乌斯·恺撒被刺身亡的日子，那些当时克娄巴特拉或许已经习以为常的各式纪念碑，以及各种公共活动（尽管至今无法确定，一位外国女王能够在何种程度上跨越罗马城的边界，或接近罗马"神圣"的中心），在现代社会早已消失不见：

- 数年前，由恺撒大帝在战神广场（Campus Martius）上建造的古罗马海战练兵场。

- 维纳斯女神庙及其神圣的周边区域（位于神庙内的女神塑像对面就矗立着一尊克娄巴特拉的雕像）。

- 朱利亚神庙（the Basilica Julia）当时尚未建成。

- 大量从希腊掠夺而来的青铜雕像令人眼花缭乱——优美的外观与里亚切的青铜制品不相上下——目前，各处博物馆中仅存有少量后罗马时代的精美复制品，其中大多残缺不全。尤为值得一提的是，在梅泰里门廊中（其后为了纪念奥古斯都的妹妹，改称为屋大维娅门廊），一组壮观的雕像再现了亚历山大大帝和25位骑兵策马奔腾的场景，这些随从在公元前334年的格拉尼卡斯河战役中全部战死沙场。中世纪早期，这组雕塑被推倒重塑。

- 大量使用宝石等坚硬石料雕琢而成的高脚酒杯被庞培和恺撒带回罗马，其中就有声名远扬的法尔内塞杯（也被称为托勒密王朝酒碗）。

今天，当年恺撒、马克·安东尼和克娄巴特拉眼中的罗马依然散发着古老的光辉，城中的各式建筑、神庙和纪念碑在历经千年沧桑后依然屹立如初，迎接着世人的瞻仰和膜拜（在见证了一代代罗马居民繁衍生息的同时，这座城市也在发生着潜移默化的改变）：

- 马克西穆斯竞技场（the Circus Maximus）尽管如今与公元前44年的雄伟壮观相比稍显逊色。

- 古罗马广场以及它的众多神庙，其中就包括维斯塔神庙（罗马女灶神），那里保存着罗马圣火。

- 恺撒广场（the Forum of Caesar）刚刚由这位独裁者举行了揭幕仪式。

- 卡比托利欧山和其上的朱庇特神庙。

换言之，今天的罗马与世人关于古罗马的印象并不相同，这种反差至关重要，因为我们即将见证的故事发生在罗马形成时期。彼时，罗马尚未在历史的长河中大放异彩，也未能显露它将成为罗马帝国的任何端倪。即便大片被征服的领土已经作为行省并入罗马版图，尽管已经成为地中海地区的政治中心，但罗马在经济、文化，以及社会进步领域取得的成就，仍未在世界范围内获得认可。而当本书的故事结束时，一切都将尘埃落定，从那时起，在奥古斯都的统治下，罗马帝国即将登上历史的舞台。然而，如果没有本书所述的各种事件，历史的车轮或许将会驶入一条截然不同的道路。对整个西方世界而言，这是一段至关重要的关键时期，没有人知道，假如没有——尤利乌斯·恺撒、屋大维、马克·安东尼，当然还有克娄巴特拉——书中各路豪强的风云际会，今天的世界将会呈现怎样的面貌。他们的前途与命运在克娄巴特拉手中交织缠绕，甚至罗马乃至整个世界的命运，都被她牢牢掌握。

苏醒的城市

让我们跟随这个出现在巷道中的男子走进古罗马的大街小巷。在一个十字路口，他看到一群人正在激烈地争吵着。两驾四轮马车在通过路口时堵住了对方的道路。这本是一桩先来后到的普通纠纷，然而两位马车夫却已剑拔弩张，喊叫声、辱骂声不绝于耳。一小群好事者围拢过来，津津有味地享受着这场精彩的表演。这幅现代生活中司空见惯的街头场景，在克娄巴特拉的时代同样时有发生，这在当时不足为奇。鉴于罗马拥塞的交通状况，恺撒下令禁止四轮马车在白天穿过城市，将永恒之城变成了一个巨大的步行之都。所有为工厂、商店和住宅运送补给的车辆，只能在夜间通行，车轮发出的嘎吱声中夹杂着马车夫悻悻的叫骂声，将底层居民的梦乡碾得支离破碎。这就是眼下的真实情形：两位马车夫都无意主动退让，他们必须赶在黎明到来前尽快出城，以避免遭到罚款等惩罚。

我们的主人公避开人群，偷偷绕过一座建筑的外墙，悄然离去。他的身材高大瘦削，面色憔悴，深陷的眼窝中射出一道敏锐而坚定的目光。浓密的黑色胡须垂落胸前，暴露了他哲学家的身份。他的名字叫阿特米多鲁斯·尼多斯（Artemidorus Knidos），一位希腊哲学家。多年来，他一直在罗马教授祖国希腊的语言、哲学以及文学。据同样来自希腊的历史学家阿庇安（Appian）透露，这位其貌不扬的男子，其真实身份竟是尤利乌斯·恺撒的密友。在另一位希腊作家和历史学家普鲁塔克（Plutarch）的帮助下，我们才得以在罗马的街道上发现他此刻的踪迹。从空中俯瞰，这位沿街而下的男子仿佛正行走在一座巨大的蚁丘上，他的身份并不普通。尽管没有确凿证据，然而此时此刻，他手中莎草纸上的寥寥数语，将极有可能改变这个古老的世界乃至整个西方文明在此后几个世纪的命运轨迹……

就像小说中的一桩国际阴谋，这卷薄薄的莎草纸是否在冥冥之中埋藏着改变人类历史的"草蛇灰线"？让我们继续追随阿特米多鲁斯的脚步。

在他的周围，古老的城市正从沉睡中苏醒。此情此景仿佛身处演出现场，工人们正在为准备舞台布景忙碌着。一户商铺正在卸下门板。没错，就是门板。自动玻璃门或金属卷闸门在当时尚未出现。每家店铺的门面都由一块块竖板排列而成，关门时从店内用一根长长的门闩加以固定。附近的居民对每天吱呀作响的生锈门闩早已习以为常，门板被依次搬起，然后重重地靠在店铺内的侧墙上。一小团烟尘伴随着撞击声腾空而起。

阿特米多鲁斯从门口经过时向店内瞥去，在一片黑暗中，他看到一位父亲和两个儿子正在向店外摆放货物——那是一些色彩明艳的纺织物。年龄最小的儿子正爬上一根长长的铜杆，往天花板上悬挂各式靠垫，他敏捷的身手令人过目难忘。这无疑是一家布商的店铺，各种纺织物、布罩和靠垫应有尽有，在这里你甚至还能找到"极为罕见的东方精美丝绸"，这是店主经常挂在嘴边的话，他对此颇为自豪。此刻他正位于店铺后堂，在一盏油灯发出的光线下，他的面容依稀可辨。只见他一边进行晨祷，一边向壁龛里排列整齐的小铜像献上酒和食物。作为一种家族神龛，这种装饰着小木柱的壁龛，在古罗马人的日常生活中有着至关重要的作用。罗马人希望贡品能够换来守护神拉列斯（lares）的庇护，使他们免遭盗窃、火灾、疾病和一切无妄之灾。

许多店铺外都悬挂或涂画着勃起的阳物标志，有的甚至被刻在鹅卵石上。这并非巧合，也不是某些人口中通往妓院的方向牌，而仅仅是保佑安康、延年益寿、招财进宝的护身符，尤其可以作为"避雷针"，以驱散来往行人旅客的污言秽语，或妒火中烧的同行店主口中的恶言恶语。有时，就像这座家族神龛中供奉的墨丘利（Mercury）雕像一样，他既是店主们的守护神，又是盗贼顶礼膜拜的祖师爷。在这里的街道上，二者间的差别往往非常微妙。

阿特米多鲁斯继续赶路。他来到一家陶器商店，入门旁的木质柜子和货架上优雅地陈列着双耳陶罐、彩绘餐具以及各式罐子。在琳琅满目的器皿中，最引人注目的当数精美的赭色黏土陶器，眼前的高脚酒杯和餐具在闪亮涂层的衬托下，散发着独特的明红色光泽。这种精美的陶器，通过制陶模具进行大量生产。陶器上装饰着各式各样精致的浮雕图案，这要感谢一种在现代被称为包浆的古老工艺，工人们用刷子或抹刀在陶器表面涂抹稀释后的黏土，以营造出波纹起伏和凸凹有致的细腻质感，堪称古罗马时代的卡波迪蒙特陶瓷和塞夫尔陶瓷。每个尊贵显赫的家庭中都备有这种陶瓷制品：它是宴请宾客的最佳选择。克娄巴特拉是否使用过这种餐具？或许用过，然而鉴于在她穷奢极欲的宫廷生活中司空见惯的银质餐具、雪花釉瓷、玻璃高脚杯以及品种繁多的玻璃器皿，克娄巴特拉或许会对这种陶制餐具不屑一顾。

一阵突如其来的破碎声吸引了阿特米多鲁斯的视线。一名奴隶失手打碎了一只陶罐。他的主人暴跳如雷，不堪入耳的呵斥脱口而出，而紧随其后的拳打脚踢则提醒着读者，与我们生活的时代相比，这是一个多么野蛮粗鲁的社会。我们之所以将其称为"文明"（无论多么古老），是因为人类历史上从未出现过如此高级的社会组织体系和高雅的文化艺术形式。然而与我们的社会相比，在众多领域中，尤其是在自由和人权方面，处于社会底层的奴隶阶层依然面临着野蛮和残酷的境遇。奴隶并不是唯一的受害者。在那个时代，恋童癖、奴隶制、死刑和边境血案充斥日常生活，人们对此早已麻木。

阿特米多鲁斯加快了脚步继续赶路，此刻这座恺撒和克娄巴特拉生活的罗马城正迎来新的一天。刚走了几码远，一声闷响传入耳中。随后低沉的钝器撞击声接二连三响起。在一块三脚木墩前，只见一名屠夫挥舞着切肉刀，正在卖力地分割一块牛肋骨。每当寒光闪闪的切肉刀重重落下，拴在屠夫脚边的母鸡总是惊恐万分地拼命扇动翅膀。它们仿佛在空气中嗅到了不祥的气息。穿过一堆摆放杂乱的猪头，挂在倒钩上的羊羔肉和纷飞的苍蝇，一个女人赫然端坐在后院中。这是屠夫的妻子，只见她一边擦拭硕大的算盘，一边等候第一位顾客的光临。在古罗马，妇女通常负责管理店铺的账簿和现金，这无疑是因为她们更加精于算计。

阿特米多鲁斯一脸严肃，挥手驱散屠夫店铺前聚集的苍蝇，随后穿过街道。此刻他闯入了一片浓烈的气味海洋，面前商店中陈列的各种香料不断撩拨他的嗅觉神经……然而，隔壁商店中现烤面包的清香似乎更加浓郁诱人。这是一家波皮纳（Popina）——古罗马所特有的咖啡馆。在奥斯蒂亚古城和庞贝古城的遗址上都能发现它们的踪迹，顶部带有大坑的"L"形砖砌柜台是它的独特标志。许多人认为，那些大坑是盛放美酒的容器，但事实并非如此。美酒——甚至阿特米多鲁斯就可以现场做证——被储存在柜台上排列整齐的双耳陶罐中。大坑则被店主用来盛放干菜、谷物、斯佩尔特小麦以及各种向顾客出售的食物。彼时的罗马，咖啡馆还兼具杂货店的功能，顾客既可以小酌片刻，也可以采买食物。

老顾客们一边啜饮热酒，一边将水煮鸡蛋送入口中，津津有味地品尝着蘸满蜂蜜的佛卡夏面包（focaccia）。这就是古罗马特有的大陆早餐。罗马人的早餐异常丰盛，对各行各业的罗马人来说，他们的早餐通常包括牛奶、肉类、奶酪、美酒和水果——这些食物可以为一整天的忙碌提供充足的能量。黎明的到来标志着新的一天开始了，人们不愿浪费每一寸珍贵的白日时光。

改写历史的男人

阿特米多鲁斯没有在这家波皮纳小店停留片刻，而是继续赶路。紧绷的神经让他忘记了饥饿，此行的目的令他心无旁骛。他满脸汗水，口干舌燥，精神处于高度紧张状态。他穿小巷，抄近路，试图避开拥挤的人群。他不时回头张望，在反复确认身后没有盯梢的人后，迅速钻入路边的小道。他的心中只有一个念头：尽快将消息安全送达。这是生死攸关的时刻。然而，他究竟要将消息送给何人？神秘纸卷中到底有什么重要内容？如果情况如此紧急，为何不将它交给一名忠诚可靠又身手敏捷的奴隶完成？因为奴隶一旦被抓获，密信就面临泄露的风险，这无异于宣判阿特米多鲁斯死刑，甚至还会将神秘的收信人置于万劫不复之地。

前文提到，密信的内容足以改写历史，那么其中究竟隐藏了什么重要信息？

在阿庇安的记载中，密信不仅真实存在，而且在公元前44年3月15日的清晨被阿特米多鲁斯握在手中，目的只有一个：拯救盖乌斯·尤利乌斯·恺撒。

在寥寥数行的密信中，哲学家试图警告自己的朋友，有人正在密谋，试图在元老院会议时对他进行刺杀。密信中或许还提到了几名密谋者的姓名，寄希望于恺撒可以阻止他们接近自己，又或者只是为了恳请他放弃参加会议。真相将永远不为人知。但毫无疑问的是，如果密信顺利送到恺撒手中，3月15日的刺杀行动就可能被成功挫败，并将为此后数百年的历史带来无法预料的重要影响。

一千年来，从未有人将决定历史的拐点和未来数百年的人类命运掌握在自己手中……而这卷莎草纸就像一把时空之钥，同时控制着通往两个世界的大门。一个是失去了恺撒的世界，也就是眼前已知的人类历史。而在另一个世界中，恺撒依然活着，安东尼和屋大维的争斗将因此不复存在，安东尼和克娄巴特拉的香艳情史也将无从谈起，后者作为恺撒一如既往的政治盟友，将注定为埃及赢得罗马人的尊重，而这个古老王国也不会沦为罗马的行省。屋大维的崛起将化为泡影，或者至少不会如此迅速。奥古斯都的名号，用忍耐和智慧铸就的罗马帝国，以及至今仍在使用的由50 000英里道路网组成的公共系统（帝国时代建立的高效邮政服务体系），连同各种法律和改革措施都将如海市蜃楼一般遥不可及。除奥古斯都之外，还有谁能够成就如此伟业？或许另有其人，但奥古斯都的传奇命运无法复制，因为他远超常人的寿命（奥古斯都享年77岁，这在当时即便称不上闻所未闻，也是极为罕见的），为他完成宏图大业提供了充足的时间。

　　另外，当时的恺撒年事已高，恐怕已经时日无多。抛开这些细枝末节来说，如果恺撒幸免一死，那么他也将身体力行地推动各种改革，亲手缔造一个截然不同的世界。

　　如此看来，今天的世界又将何去何从？

　　毋庸置疑，接下来的几个小时，一只强大的历史之手将在冥冥之中触发"多米诺效应"，从而决定未来数百年中人们的命运，甚至当今世界每位个体的命运轨迹……试想，假如公元前44年3月15日发生的一系列事件，以另一种不同的结局收场，那么包括你我在内的各位，可能根本无缘来到这个世界。

尽管令人难以置信，但这位希腊哲学家浸透汗水的手中可能掌握着数十亿尚未出生的人的命运。

关于故事的结局，历史书中已经给出了答案，短短数小时后恺撒就将身中23刀，我们有理由相信，他没有收到这封密信。然而，事实却并非如此。恰恰相反，阿特米多鲁斯完成了自己的使命，亲手将密信交给了恺撒。因而，其后发生的一切着实匪夷所思。

克娄巴特拉登场

克娄巴特拉双目微合。宫廷美容师埃拉斯正用一根金棒轻柔地为她描绘眼影，在埃拉斯的按压下，克娄巴特拉的眼睑不时微微跳动，长长的黑色线条沿双眼向太阳穴一路延伸，这或许就是埃及化妆术中最广为人知的特征。美容师的动作从容而自信，呈现出近乎和谐的律动。只见小棒贴着下眼睑的曲线在皮肤上来回划动，直到一条完美无瑕的黑色眼影逐渐显现。埃拉斯是克娄巴特拉的众多"秘密武器"之一：长长的黑色线条消除或遮盖了所有瑕疵，在眼影的衬托下，她的双眸宛若一轮满月镶嵌在漆黑的夜空中。当她再次张开双眼时，在本就妖冶妩媚的眼波流转中，仿佛又增添了一抹勾魂摄魄的魔力。

民间盛传，如果克娄巴特拉的鼻子更加小巧，世界的面貌就将大不相同（这里指人类历史）。接下来，我们还将继续对女王鼻子的真相展开探索。事实上，或许正是这种浓艳迷人的埃及妆容（就像一个时常被人忽略的秘密），在沉默中支撑着克娄巴特拉充满传奇色彩的美艳传说。

埃拉斯是埃及宫廷首屈一指的化妆师，她与女王形影不离，这个女人或许还在克娄巴特拉的日常生活中扮演着更多不为人知的角色。她或许是一位守口如瓶的完美听众，能够听女王倾吐宫闱秘辛。众所周知，克娄巴特拉无时无刻不需要她的陪伴。几年后，在著名的亚克兴之战中，正是她一直默默守候在女王身旁直至最后一刻——克娄巴特拉也将在她的怀中告别这个世界。因而此刻，她极有可能跟随自己的主人来到了罗马。

然而，女王使用的化妆品有何玄机？她的美貌背后又隐藏着怎样的秘密？

其实她的化妆品与所有埃及妇女并无二致（只是她的御用化妆品、香水和饰品的质量在当时都属上乘，价格也最为昂贵）。在古埃及，妇女使用的面霜由各种自然油脂加入天然颜料（一种类似泥土的物质）混合而成，为她们的肌肤添上一抹明媚。与现代时尚潮流不同，当时的人们竭力避免阳光暴晒——白皙无瑕的肤色最受欢迎。而一种由特殊黏土制成的白色"粉底"也因此变得不可或缺。在传说中的古埃及，以各种油脂作为化妆品的主要原料。然而，从蔬菜中提取的油脂（以蓖麻、亚麻籽或橄榄油为原料）价格高昂，而动物油脂的价格更能为百姓所接受。用来调制色彩的天然颜料几乎全部来自各种矿物质：蓝色来自蓝铜矿，绿色来自孔雀石，黑色来自碳化物，黄色和红色则来自赭石。这些原料被研磨成粉，随后在木头和象牙制成的小调色盘上与油脂进行混合。这就是埃拉斯每天清晨的工作。这种混合物随后被使用小抹刀进行细致入微的涂抹。赭色通常用来涂抹双颊，它能够为面部注入温暖而生动的光泽，这种颜色同样适用于唇部。现实中，克娄巴特拉和其他埃及妇女使用的口红又是什么样子？作为现代社会司空见惯的产品，当时还未出现可以上下旋转、形状小巧的柱状口红。保存在都灵埃及博物馆中的《莎草春宫图》（*Erotic papyrus*）再现了埃及妇女使用口红的场景：一个女人正在用一支长长的尖笔，或许是一支长刷，润泽自己的双唇。

在古埃及，化妆品无法放入钱包（当时钱包尚未出现）。它们不像在现代社会一样方便携带，因此埃及人习惯每天清晨在家中进行化妆。当时的梳妆盒是一种木制小箱，表面的漆层和装饰风格各异，箱内的隔层中摆满各式玻璃瓶，里面装有药膏、油脂以及各种化妆品和香水。

克娄巴特拉一动不动地坐着，埃拉斯在几名女仆的帮助下，正在为她梳妆打扮，准备迎接这看似平淡无奇的一天。没有人知道，世界历史将在今天被彻底改写……与此同时，众人正在为繁杂的准备工作忙碌着。克娄巴特拉将手搭在一张小桌台上，一名仆人正在小心翼翼地为她涂抹指甲。与现代女性一样，古代埃及妇女也会使用指甲油，她们的原料从何而来？答案会让你大吃一惊——散沫花染料。

关于古埃及的化妆品，各种趣闻逸事不胜枚举。在这个古老的国度，化妆品并不只是为了满足爱美的需要，还具有保护健康的作用。面霜主要用来保护皮肤，帮助皮肤抵抗埃及的似火骄阳和干燥气候。

眼影粉就是一个最好的例子。它的成分可能包含焦木、脂肪，此外还有锑——作为一种具有消毒作用的天然抗菌物质，它可以保护双眼免受细菌感染以及霉菌病和寄生虫的侵害，同时还能够缓解烈日和大漠风沙带来的困扰。

在古埃及人看来，美容护理首先需要对身体进行保护。

因而关于个人护理的另一种习俗也变得容易理解。如果有人对克娄巴特拉第一次密会恺撒时的样子充满好奇，可以肯定的是——尽管没有任何历史资料对此进行描述——她对身体上的所有毛发进行了清除。根除体毛的风俗（除了头面部的毛发，包括眉毛和睫毛在内）源自消灭一切寄生虫赖以滋生的温床，尽力达到最佳卫生效果的目的。出土于埃及墓葬以及庞贝古城中的小梳子上细密的梳齿，为世人生动再现了一场人与虱子之间旷日持久的古老战争（时至今日仍未结束）。在都灵埃及博物馆精美绝伦的喀陵（Tomb of Kha）出土文物中，那些大小各异的刀片和小巧精致的镊子，清晰地表明除体毛这一风俗在社会各阶层中广泛流行。从一个小罐中残留的蜡油可以看出，当时的人们已经有了在刮除体毛后涂抹润肤霜的习惯。

罗马妇女同样习惯于清除身体上的毛发，而男人则恰恰相反（尽管他们每天早晨都会剃须），只有屋大维除外。苏维托尼乌斯（Suetonius）回忆称，为了保持皮肤的光滑，他会用炙热的核桃烧烫身体的毛发。作为一介武夫，这一习惯未免古怪。

有趣的是，古埃及的化妆和美容护理已经超越了性别的界限——无论男人还是女人都会化妆并佩戴假发。

克娄巴特拉正在亲身经历漫长而烦琐的梳妆（由于她的女王身份而需要对此更加郑重其事），整个过程将在戴上假发的一刻告一段落。作为一名希腊－马其顿后裔，克娄巴特拉通常不会佩戴传统埃及假发，然而此时，出于对宗教和传统的尊重，（同样）出于对强大祭司势力的敬畏，她选择了妥协，因为她即将出席一场宗教庆典。在托勒密王朝的所有女王中，克娄巴特拉与埃及人民和文化的关系最为亲密，但这更多源自精明的算计而非虔诚的信仰。

只见一名女仆捧出一只巨大的木盒，盒盖打开，一顶硕大的黑色假发赫然映入眼帘，随着假发被小心翼翼托出木盒，一股香油的浓烈芬芳在屋内弥漫开来。这顶假发由货真价实的头发制成，散发着乌黑的光泽，精心收拢的发缕修长纤细，波浪起伏，就像喷泉的水柱从假发两侧倾泻而下，在末端凝聚为细密紧实的发辫，凭借自身的重量防止假发被大风掀起。

这顶假发的造型分为三个部分：一部分沿颈后向下延伸直达肩胛；另外两部分顺着前额两侧，经耳后垂落胸前。正是这种三分法的造型设计确保了假发的稳定。几个世纪以来，古埃及人——无论男女——一直佩戴这种假发，尽管假发的质量因佩戴者的经济状况不同而参差不齐。在假发的遮盖下，自然生长的头发形态各异，它们可能或直或曲，或长或短（极短的发型曾经风靡一时），甚至还有人选择将头发剃光。人们习惯于在生活中梳着各式各样的松散发型，并经常对头发进行油浸护理。

让我们言归正传。此时假发被小心翼翼地安放在女王头上，并用象牙梳子和黄金发卡再次梳理修饰。

最后，她的头发和外衣被喷上香水，还有几滴被刻意洒落在脖颈上。在经年累月、日复一日的重复中，永远以贴身仆人为女王挑选衣装开始的漫长梳妆过程，此时终于迎来尾声。

克娄巴特拉注视着埃拉斯手中光滑的铜镜。一丝狡黠的微笑不觉爬上脸庞……她已经做好准备，迎接这崭新的一天。

芳心纵火犯

克娄巴特拉起身走向一条拱廊，仪态却与早晨判若两人：此刻的她更加威严，只见所到之处鸦雀无声，众人纷纷躬身行礼。女王的身影穿过长廊，消失在门后，只留下卡比托利欧山雄伟壮丽的身姿矗立在远方。位于山脚下的古罗马广场旁坐落着一座巨大的宅邸，此刻一名奴隶正在等候寝宫中的主人。在欢声笑语、觥筹交错的纵情欢宴之后，他烂醉如泥的主人整晚鼾声如雷。锦衣玉食的谄媚之徒环绕左右的感觉令他心醉神迷，时常与之彻夜狂欢。昨夜他照例与一名陌生的宫女共度良宵。尽管已有妻室，但他早已对这种放浪形骸的生活习以为常。

曾经，他的一桩风流韵事成为轰动一时的丑闻。丑闻的女主角是一个谣言缠身、名叫丽科尔斯的"歌女"，作为一名哑剧表演者，她的另一个名字西塞丽丝广为人知，这个性感尤物时常出没于各种沙龙，游走在众多位高权重的男人之中……此处不作赘述，留待下回分解，但安东尼已经彻底为她倾倒——两人甚至被发现乘坐轿子，前呼后拥在罗马城内招摇过市。尤利乌斯·恺撒曾私下要求他注意自己作为执政官的公众形象。他接受了恺撒的建议。

西塞罗将他称为"那个角斗士"，他认为安东尼发达的肌肉过度吸收了本应用于大脑发育的营养，而健硕英俊的外表确实令他获益不少。面对他宽大壮硕的胸膛、灿烂无邪的笑容和迷人的眼角笑纹，没有哪个女人或是好友还会对他的失礼言行耿耿于怀。在人们眼中，他就是一个不折不扣的"芳心纵火犯"。

他的名字就是马库斯·安东尼乌斯或马克·安东尼。本书对他将以安东尼或马克·安东尼相称。

寝宫门外的奴隶摇着低垂的头，转身离开。这位罗马执政官拥有一座占地超过22 500平方英尺①的巨大宅邸，与恺撒坐落在维利安丘上的宅邸比邻。这座位于帕拉丁丘和俄比安丘之间的小山丘，如今早已不复存在（为了给帝国广场大道的建造留出空间，它不得不退出了历史的舞台）。据安德烈·卡兰蒂尼记载，"这座占地9 000~13 500平方英尺的巨大宅邸，令当时散落在帕拉丁丘上的普通住宅相形见绌"。尽管如此，作为它的主人，安东尼在购入伊始就对宅邸的尺寸满口怨言，声称这里的空间"对他来说太过局促"，并命人进行扩建。

位于宅邸内部的园林四周环绕着造型典雅的柱廊（列柱围

---

① 1平方英尺≈0.093平方米。——编者注

廊），全长280英尺①，俨然是一座罗马中心的气派王宫。作为安东尼个性的生动写照，园林的中部被改造成用于体育锻炼的健身场所。这还不是全部。

一座方庭通向宅邸专用的身体护理场所，包括一座带有私人桑拿设施的大型浴室。

这座华美的官邸曾是尤利乌斯·恺撒的死敌——庞培大帝——的私产，更早之前属于他的父亲——格涅乌斯·庞培·斯特拉波。安东尼又是怎样将它据为己有的呢？恺撒的大获全胜促成了这桩不可告人的交易。公元前48年，庞培去世，他的地产被悉数充公并进行拍卖。这是金额巨大的资产：据西塞罗透露，庞培大帝的财产总价超过7亿斯特迪②。恺撒委任安东尼负责拍卖事宜，显然安东尼因而得以用极低的价格购入这座宅邸（以及坐落在战神广场上的其他房产）。这座古老的宅邸穿越了历史的时空，继续见证着时代的变迁。

罗马节日

随着时间的推移，人们不断从大片高耸的庶民住宅区中涌出，填满了罗马的大街小巷。男人们三五成群，有的身背装满食物的袋子，有的肩扛盛着美酒的双耳小陶罐，不时发出爽朗的大笑；女人们则背着帆布、毛毯和各种坐垫。人群尚未靠近，他们的气息早已

---

① 1英尺＝30.48厘米。——编者注
② 古代罗马的货币单位。——编者注

弥漫开来：空气中飘浮着女性的芳香、食物的气味、香料的芬芳，一阵阵欢声笑语夹杂着俏皮话不时传入耳中。这些熙熙攘攘的行人将去往何处？答案显而易见。3月15日到了（罗马人将每月居中的一天称为"月中日"，而将每个月的第一天称为"朔日"），对罗马人而言，这一天只意味着一件事情——安娜·裴伦娜节。人们从四面八方奔向一个特殊的场所进行庆祝——那是一个群山环绕的小山谷，掩映在一片葱翠而神圣的森林之中，在这里，砍伐树木、收集木柴和狩猎动物被严令禁止。这处山谷距离罗马城仅有数英里之遥，沿弗拉米尼亚大道可以轻松步行抵达。在小小的山谷中心，有一眼献给女神安娜·裴伦娜的圣泉。这个名字对现代读者而言无关紧要（尽管它听上去很像一位20世纪60年代的女演员的名字），但在当时的罗马，它属于一位举足轻重的女神，她负责主管永恒的岁月变迁和时光更迭。我们或许对这些传说知之甚少，但如今经常使用的修饰词语"perennial"（年复一年的）和"perennially"（年复一年地）正是源自她的姓名。因而每逢3月15日，山谷中总是挤满了欢乐的人群，这一天也逐渐演变成古罗马时代的传统节日。人们在这里欢庆宗教仪式，畅饮圣泉泉水。有些人甚至在彻夜狂欢痛饮之后，当黎明降临时，瘫倒在地、烂醉如泥。而这还不是全部。

按照古罗马的传统，在这个山谷里献出初夜的女人将会得到好运。尽管无从考证，人们依旧对此趋之若鹜，情侣们搭起行军小帐篷，铺上简易床单，在漆黑的夜色和昏暗的油灯掩护下，尽享鱼水之欢。第二天清晨，一夜云雨之后，这些筋疲力尽的勇士仿佛刚刚经历了一场生死大战，跌跌撞撞地返回罗马城。

时至今日，圣泉依旧可供游人参观。在几码远处的一家餐馆附近，依稀可辨它的遗迹，大量残存的砖石紧紧挨成一堆，废墟中的大理石牌匾上，古老的铭文清晰可见。圣泉的遗址是在一处地下停车场的施工过程中被偶然发现的，这种事情在罗马已经司空见惯。当年树木繁茂的山岗早已消失不见，取而代之的是由一片现代建筑组成的水泥森林，一条公路横穿当年的开阔地，日复一日地目送上千辆汽车呼啸而过。两千年前古罗马人的不朽圣地，此时被一个普通的广场取代：欧几里得广场（Piazza Euclide）静静地坐落在嘈杂混乱的车流中，一座巨大的教堂形单影只地矗立在广场上。有谁知道，这座大教堂的所在地，曾经见证了古罗马时代人山人海的传统节日，当年的盛况堪比今天声势浩大的伍德斯托克音乐节，而那些曾经鲜活的生命和他们的悲欢离合早已被淹没在时光的长河中。

让我们穿越历史，回到那个时空深处的日子。

清晨拥挤的人群令阿特米多鲁斯始料未及，因此当他钻出小巷进入街道时，迎头撞上了一股汹涌的人潮。他被无处不在的人群裹挟着，在左冲右突中彻底失去了方向，但手中依然紧紧攥着那卷莎草纸。瘦削而不失坚毅的身影在人群中格外醒目……他能否及时找到尤利乌斯·恺撒？

特韦雷河上的尼罗魅影

在罗马城中，接下来的几个小时将成为见证历史的时刻。在这场生死攸关的博弈中，作为一枚棋子，阿特米多鲁斯不仅将决定罗马的命运，还将改变整个世界的未来（包括那些尚未降临的生命）。而这并不是他一个人的独角戏。就在不远处，出现了尤利乌斯·恺撒的身影。稍远的地方，是马克·安东尼。随后布鲁图、卡西乌斯纷纷亮相，甚至西塞罗也粉墨登场。仿佛被一块巨大的磁石吸引，在这个决定历史的关键时刻，他们不约而同地出现在相同的地点。留给他们的时间只剩下最后几个小时。

克娄巴特拉此刻身在何处？

尽管同样身处罗马城中，但她并未卷入即将发生的连环事件，然而，在历史大潮的裹挟下，她也将作为一名主角在数年后登上时代的舞台。此时此刻，在特韦雷河彼岸（特韦雷河岸区，今天的意大利特拉斯泰韦雷区），置身于罗马城外的恺撒金宫中，她已彻底沦为这场历史事件的旁观者。这里是供非罗马居民的外邦人居住的传统区域。身为一个外邦人，她同样不能住在罗马城中。罗马法律明令禁止外国君主进入罗马城，并划定了城市范围的神圣边界，即城墙之内的区域（pomerium，或许取自 post moerium，意为"跨越城墙"），除非他们作为罗马的"朋友和盟友"受到正式邀请。真正的城市坐落在边界之内，这里不仅散布着众多神庙、元老院和广场，也弥漫着罗马城独有的嘈杂和混乱。边界之外的众多地区不属于真正的城市（urbs）范围，这也正是"城镇"（urbe）一词的起源，并作为意大利语中罗马的代称一直沿用至今。尽管同样身为城市的一部分，但无可否认的是，它们还拥有另一个神圣的"前缀"。

作为罗马最传统的地区之一，尽管特拉斯泰韦雷区今天已经化身为罗马夜生活的中心，但在公元前44年，这里却在某种程度上沦为人们口中破败的象征。这一地区地势低洼，部分区域甚至建造在沼泽之上，无论寒冬还是酷暑，空气总是潮湿而滞重，蚊虫肆虐，洪水泛滥。然而当我们越过河流对岸的房舍，登上贾尼科洛山（Janiculum）向下俯瞰时，眼前却出现了一幅截然不同的景象。远离了洪水和闷热的滋扰，微风为空气注入了清新的气息。放眼望去，罗马城壮观的景色尽收眼底。恺撒在此建造宅邸的原因不言而喻，从山脚向上一英里，就来到了坐落在港口大道旁的恺撒庄园——恺撒众多美轮美奂的宅邸之一。遗憾的是，关于恺撒庄园的记载早已失传，但根据我们对罗马园林的了解，依然不难依靠丰富的想象力勾勒出这座恺撒行宫的旧日风貌：在众多雅致的花园中，林荫大道纵横交错，各式喷泉、雕塑和小神庙点缀其间。

在黎明的第一缕曙光中，夜莺的歌声淹没在无数鸟儿组成的大合唱中，一场大自然的音乐会在恺撒的花园中拉开了序幕。这里远离城市街道的喧嚣、商铺的嘈杂和马车夫的叫喊声。茂盛的树木笼罩在大自然的纯净气息中，空气中弥漫着挺拔松林散发的浓郁松香和晨露滋润下的草木芬芳。

一排松柏出现在人们面前，而在它们身后隐藏着一个奇妙的世界。绿色植物停止了随心所欲的生长，任由人类驯化夺去它们自然的天性。乔木和灌木的枝叶被修剪出优美的形状，芳香四溢的植物被包围在长长的篱笆中。首先进入视线的是香桃木和方方正正的灌木丛，稍远处的草坪修剪整齐，草坪中央巨大的意大利石松宛若一顶顶张开的遮阳伞，仿佛一群巨人正在顽强地抵抗着人类意志的入侵。我们小心翼翼地踏入一片迷宫般纵横交错的整齐小径，沿着低矮的篱笆，间或矗立着镀金的铜像和小小的神庙，圣坛在花环的映衬下闪烁着一层明艳的光泽，无处不在的门廊随时准备为驻足闲谈的行人献上一片阴凉。这里俨然就是伊甸园在现实世界中的投影。

据苏维托尼乌斯记载，尤利乌斯·恺撒在公元前49年买下这处土地的初衷是为了让那些——现在已成为圣物的——马儿自由驰骋，他曾经骑着它们跨越卢比孔河。在宅邸的中部有一座壮丽的寝宫，尽管当时它还没有令克娄巴特拉赞不绝口的外观。随后这座建筑迎来了彻底翻新，扩建了崭新的柱廊和门廊，增加了大量壁画和镶嵌画装饰，最终成为一座掩映在小松林中的王家宅邸。那里原本就有一座供奉命运女神福尔图娜（Fortuna）的圣所。不远处，在一片精致的篱笆后，另一座神庙映入眼帘，一个女人正准备结束祭奠埃及女神伊希斯的仪式。环绕在她周围的一群祭司，无一例外顶着光秃秃的脑袋，赤裸前胸，身裹及地长袍。他们有的吟唱悼词，有的用叉铃打着节拍，发出一连串节奏明快且勾魂摄魄的叮当声。就像每个清晨一样，典礼过程中还会加入其他乐器进行伴奏。这个女人此刻正俯首躬身站在女神雕像前，口中念念有词地诵读着仪式用语。黑色假发的发缕从头顶的王冠中垂落双颊。她身上的白色百褶睡袍看上去似曾相识……仿佛一只手套，越过高耸的乳房，紧贴平坦的小腹，爬上丰润的双臀，紧紧地包裹着每一寸皮肤。女人抬起头，双目紧闭，只见她向空中张开双臂，用埃及语大声呼喊着什么。在这个庄严肃穆的时刻，她正在陈述典礼的结语。突然，四周一片沉寂。终于，她起身转向众人——是克娄巴特拉。

女王快步离去，脚步所到之处，侍立两旁的祭司们如风吹麦浪般弯腰行礼。她的身姿又恢复了清晨时熟悉的模样：轻盈、飘忽、风情万种，就像一朵浮云从空中掠过。在她身后数码开外跟随着两名贴身仆人，出于谨慎，三名武装卫兵紧随其后。此刻，克娄巴特拉的身份是一位来自异邦的王后，很多罗马人对她疑虑重重，尤其对她与尤利乌斯·恺撒的私情心存芥蒂。难怪恺撒特意派来一支卫队保护她的安全，同时监视她的日常起居，并要求他们随时向自己汇报王后的到访宾客。她从亚历山大带来的私人卫队自然紧随左右，寸步不离。

罗马假日

当我们跟随克娄巴特拉一如往常摇曳生姿的短袍穿过一条条小径，眼前的花园别墅恍若远隔重洋的埃及在罗马城中投下的倒影。

公元前46年，非洲远征大胜而归的恺撒返回罗马，在他的召见下，克娄巴特拉于当年前往罗马，并下榻在这座极尽奢华的宅邸中，两年时光一晃而过。

在3月15日这一天，没有人知道，在迄今为止的两年里，克娄巴特拉是否一直留在罗马城中。或许她曾在恺撒前往西班牙时独自返回埃及，并于公元前45年秋天赶回罗马，而短短几个月后，这位独裁暴君就遇刺身亡。

促使她返回罗马的不仅是对恺撒的爱，更出于其对政局的考量。罗马对帕提亚人的远征迫在眉睫，负责提供船只和人员补给的埃及将在其中扮演至关重要的战略角色。这个微不足道的细节充分展现了克娄巴特拉的政治天赋。在女王这个身份之前，克娄巴特拉首先是一个女人，但她归根结底无法摆脱不择手段为自己的王国谋取利益的政客本性。

事实上，在国家政权和经济秩序重新稳固之后，她就开始小心谨慎地筹备罗马之行，并公告全国自己即将踏上捍卫和推动王国福祉的征途。在这个微妙的时期，离开一个在此起彼伏的内斗中日渐支离破碎的埃及，踏上一段1 200英里的漫长旅途（在当时这是一段异常遥远的距离），并不是一个轻而易举的决定。然而，克娄巴特拉充分利用了手中的每一个筹码：她用一个"公开"的儿子（尽管外界对此广为质疑）拉近与恺撒的关系，促使他派兵保证祖国埃及的稳定，以便达到使其抽身前往罗马的目的。或许恺撒本人也对自己作为小恺撒生父的身份满腹狐疑，但他并没有对此小题大做。主要原因在于，作为一个外邦人的后代，这个孩子已经在罗马王国中自动失去了一切法律权利或继承权；同时，也因为埃及富饶的国力为恺撒和他的雄心壮志提供了一座殷实的金库。归根结底，一个充满敌意或立场摇摆不定的埃及只会与他的根本利益背道而驰，克娄巴特拉是实现罗马稳定的最佳保障。换言之，在情欲交织的男欢女爱背后，双方都有着更为现实的利益考量。

然而，克娄巴特拉毕竟是一个女人，确切说来是一位年轻的少妇。尽管拥有过人的智慧，但她的罗马之行——在政治考量背后——显然翻滚涌动着一股渴望，召唤着她前往这个已知世界中最伟大强盛的城市，去感受那里的人间百态，领略那里的风土人情，或许还可以在这个地中海霸主的权力中心度过一段难忘的时光。另一个不可忽略的事实是，正如前文所说，身处罗马，她可以更加得心应手地守护埃及的命运。

这或许并不是克娄巴特拉第一次到访罗马。当她的父王奥勒忒斯，埃及国王托勒密十二世（"吹笛者"）被迫逃离亚历山大，躲避克娄巴特拉的姐姐贝蕾妮丝与她的丈夫——科马纳的阿基劳斯共同策划的叛乱时，克娄巴特拉可能就跟随父亲来过罗马。在罗马军队的野蛮干涉下，她的父亲重新登上了王位，并由一支罗马卫戍部队负责保卫他的安全。那时还是公元前55年。

世人普遍相信，在这次全新的旅途中，克娄巴特拉沿袭了父亲的出访规制，她乘坐轿舆，一路上不遗余力地展示着这个古老王国的物华天宝和异域风情。作为一位友邦女王，她无疑格外受用罗马人民无处不在的尊崇。恺撒甚至命人为她制作了一尊镀金铜像，并将其放置在供奉美丽女神维纳斯——位罗马子民的守护神——的神庙中。她和她的儿子，托勒密恺撒或称托勒密十五世国王，即世人熟知的恺撒里昂——"小恺撒"——并不是作为奴隶，而是以朋友和盟友的身份来到罗马。这对她而言无疑意味着一个巨大的政治胜利。

甫抵达罗马，她就目睹了恺撒举行的凯旋式，她的妹妹阿尔西诺伊（曾试图篡夺王位，想置她和恺撒于死地）被戴上镣铐游行示众。眼前的一幕恍若隔世：贵为王后的克娄巴特拉身为罗马人的朋友和盟友，在高台上注视着自己的妹妹被当作罗马的敌人公开示众。为了结束这场尴尬的闹剧，恺撒释放了她的妹妹，后者躲入位于以弗所的阿尔忒弥斯神庙寻求庇护，这里属于政治中立地区，与第二次世界大战中的瑞士地位相当。

克娄巴特拉顺理成章地将埃及的一切搬到了罗马。在恺撒的协助之下，坐落在特韦雷河岸区的恺撒庄园摇身一变成为一座散发着异域风情的埃及宫廷。这里生活着克娄巴特拉的谋臣、亲信、侍女、众多奴隶。除此之外，还有御医、哲学家、裁缝、厨师听候差遣……就连她的儿子——恺撒里昂，也拥有自己的私人随从。

阿莫尼乌斯（Ammonius）无疑随她一同来到了罗马。作为首席谋臣，这个诡计多端的男人将会令西塞罗怀恨在心，因为他拒不交出女王为报答西塞罗而许诺的珍贵书籍（几乎可以断定保存于亚历山大图书馆中）。恺撒的暴毙令这些书籍的交付之日变得遥遥无期。

赛拉皮翁（Serapion）此刻也在罗马，这位克娄巴特拉父亲的前朝老臣，在跟随法老托勒密十二世奥勒忒斯流亡途中，曾经到访罗马。宫廷中没有人比他更加熟悉永恒之城和它的政治生态。

西西里的阿波罗多洛斯或许也在这里，正是这名力大无穷的仆人，将克娄巴特拉秘密送往与恺撒初次会面的地点。

最后，我们不能忘记奥林波斯，作为克娄巴特拉的御用医师，或许正是他在最后时刻帮助女王结束了自己的生命……

在克娄巴特拉的要求下，一批文官和权贵加入了她的随从队伍，其中就包括眼前这位体态臃肿的秃顶抄写员，他此刻正匍匐在地将手中的莎草纸呈送给女王。然而，除处理日常政务外，这些相伴左右的宫廷随从主要负责营造令她朝思暮念的亚历山大起居氛围：她对生活充满热爱，并拥有良好的教育背景。

历史上的克娄巴特拉既不是一位嗜权如命的女王，也没有沉迷于贵族阶层纸醉金迷的浮华表象。作为一名女性，她热衷于文化事业，拥有与生俱来的求知欲，乐于接受新颖的见解。后世的众多杰出女性，诸如希帕蒂娅（希腊女数学家）、拜占庭皇后西奥多拉、阿基坦的埃莉诺、斯福尔扎的卡特琳娜、伊莎贝拉·德艾斯特、卡特琳娜·德·美第奇、英国女王伊丽莎白一世、俄国的叶卡捷琳娜二世无不展现出类似特质。短短两年时间，恺撒的宫殿就变成了一座弥漫着文化甘醇的圣殿。哲学成为花园中最受欢迎的话题，尽管身处罗马，置身埃及特有的异域氛围之中，但人们既没有使用拉丁语也没有使用埃及语，而是选择用希腊语进行对话，因为在当时这是一种象征着智慧的语言。

在各种宴会上，你可以同菲洛斯特拉托斯（Philostratus）就主要世界制度展开一番友好讨论，作为亚历山大城最著名的演说家，他也是克娄巴特拉的老师，负责向她教授哲学、修辞学和演讲术。

你还可能偶遇亚历山大的索西琴尼并与之交谈，此人堪称当时最伟大的天文学家。克娄巴特拉曾向到访埃及的恺撒引荐了他，索西琴尼对新儒略历的贡献获得了世人的普遍认可（这种历法一直沿用到文艺复兴时期才被公历取而代之）。

如果你发现一个身影时而在花园中漫步，时而静坐在棚架下，周围簇拥着全神贯注的听众，那么这个人一定是狄迪穆斯（Didymus），亚历山大城的著名文法学家，同时也是克娄巴特拉宫廷中最著名的知识分子之一。他供职于阿里斯塔克在亚历山大城创办的学校，并长期在此授课。塞内卡称，他至少著有3 500部书籍和论文。这种文学"暴食症"为他赢得了"铜肠铁胃"的昵称；而其另一个绰号"书本遗忘者"则更为亲切，因为他时常忘记之前著作的内容，以至做出自相矛盾的论述。

　　经常出入克娄巴特拉沙龙的贵族人士，无不为她优雅的品位折服，她在营造融洽氛围、获得高雅审美品位以及展现纯正东方奢华方面的天赋，也给众人留下了深刻印象。

　　罗马妇女纷纷对这位埃及女王首创的新发型趋之若鹜，她的白色紧身女祭司装扮着实令罗马城的男人们耳目一新。

　　在罗马人眼中，这位年轻的少妇光彩照人，她使那些孤陋寡闻、呆板乏味的罗马主妇相形见绌。在她的男性化语言中，散发着一股勾魂摄魄的女性魅力。她温柔的声音在耳畔萦绕，令人不禁陷入她的知性光芒中无法自拔。

　　克娄巴特拉的别墅不仅是一个文化的沙龙，更是一片精神的绿洲。人们的思绪伴随着精美的食物、悠扬的乐声、此起彼伏的交谈声以及熟悉的氛围回到了久违的亚历山大城，来到了尼罗河畔，来到了祖国埃及……就连她的御船也静静地停泊在专用码头。今天，这个特韦雷河岸边的奇幻世界并没有给我们留下任何考古遗迹，与哈德良皇帝的宫殿和其他豪华宅邸的命运如出一辙。一切浮华往昔都消失在世纪更迭的历史迷雾中，那些前尘往事和浸淫其中的古老建筑更是没有留下可供后人缅怀凭吊的雪泥鸿爪。我们只能对旧日世界展开自以为是的重建。

恺撒和克娄巴特拉，不忠的爱人

尤利乌斯·恺撒此时身在何处？他在现实中已有家室。尽管对自己所冒的风险心知肚明，但他依然将埃及女王克娄巴特拉当作情人，甚至是一份战利品，带往罗马。罗马城中暗流涌动，他的众多政敌虎视眈眈，一个恶毒的谣言在民间不胫而走：这位征服者被一位外邦女王征服，他以最高礼仪迎接这个女人的到来，甚至对她是伊希斯化身的传说置若罔闻。

恺撒并不是一介莽夫，即便以现代视角审视，他和克娄巴特拉的关系也不是一个简单的爱情故事。恺撒对她宠幸有加的真正原因来自她的女王身份和与之相伴的政治权力。为了保持低调，恺撒将她安置在特韦雷河畔一座金碧辉煌的宫殿中，远离罗马城中心、元老院和公众的视野，方便他们进行不为人知的幽会。请不要忘记恺撒的已婚身份……卡尔普尼亚，他的妻子，每个夜晚都在位于永恒之城中心的家中等待他。

换而言之，恺撒的妻子和情人生活在同一座城市中，而他在众目睽睽之下轮流与两人缠绵。按照现代社会的道德准则，这种明目张胆的三角关系足以使一个人的政治生涯画上句号。但在共和时代的古罗马，尤利乌斯·恺撒却面临着截然不同的处境，这并非他特殊的身份使然。彼时的罗马，男人可以同时公开拥有一位妻子和多名情妇，法律对此予以认可。但每个男人不能同时拥有两位妻子。现实中，克娄巴特拉同样面临着尴尬的处境，因为她的合法丈夫此刻就和她生活在同一座宅邸中。她的丈夫就是托勒密十四世国王，同时也是她的弟弟。托勒密王朝的独特传统鼓励王室兄妹通婚，从而避免他们神圣或半神圣的血统受到玷污。然而对克娄巴特拉而言，她的弟弟更像是一个有名无实的摆设，而不是名副其实的丈夫，因为两人从未同床共枕。而且这位幼小的丈夫很难对恺撒构成威胁：毕竟他只是一个13岁的孩子……

然而，克娄巴特拉心机深重，她带着作为弟弟的年幼丈夫前往罗马的行为，充分展现了她的政治远见。尽管恺撒做出承诺，并派遣罗马卫戍部队驻守埃及，但将身为丈夫的弟弟留在处于王权真空中的亚历山大城实在过于冒险。

此刻，在这座宅邸中，另一个年幼的身影牢牢地占据着克娄巴特拉的心。作为一个两岁的孩子，恺撒里昂是恺撒的儿子，至少克娄巴特拉宣称如此。

然而，关于恺撒里昂亲生父亲的身份，学术界一直众说纷纭、莫衷一是。一个有利的事实是，托勒密王朝的王后们大多没有糜烂混乱的私生活。因而恺撒极有可能是克娄巴特拉的第一个男人。同样不可否认的是，在他的所有风流韵事中，恺撒只有一个公开承认的女儿茱莉亚。

史料中同样出现了分歧：普鲁塔克和苏维托尼乌斯声称，恺撒里昂是恺撒的亲生儿子。此外，苏维托尼乌斯还补充道，"据大量希腊史料记载，恺撒里昂的外貌和举止都与恺撒本人如出一辙"。而其他人，如盖乌斯·欧庇乌斯和卡西乌斯·迪奥，则驳斥了恺撒的生父身份，迪奥称，"是她一口咬定，这个继承了托勒密姓氏的儿子就是恺撒的亲生骨肉，因而为他取名恺撒里昂"。

更为扑朔迷离的是，对恺撒里昂出生时间的质疑从未停止。一些学者认为其出生于公元前47年，而其他人则坚称是在数年之后。

然而，出于以下原因我们无法接受上述假设。恺撒和当时的人们不会轻易遭到蒙骗。他们和我们一样，懂得计算妊娠月份的方法，作为他们的批评者，尤其是克娄巴特拉的死敌们同样对此心知肚明。如果当时都没有人（对克娄巴特拉怀恨在心的西塞罗除外）对恺撒里昂的生父身份提出质疑，那么如今恺撒里昂作为恺撒亲生儿子的事实就不应受到怀疑。

此外，如果没有迹象表明小恺撒就是恺撒的亲生骨肉，屋大维必然会对他斩草除根。而且，除了恺撒本人，恺撒里昂生父没有其他可信的人选。同样值得一提的是，公元前45年，恺撒命人按照克娄巴特拉的画像，为其在古罗马广场上竖起了一座镀金铜像。这一系列现象令公众对这一问题的答案更加模棱两可。我们不妨接受恺撒确为恺撒里昂生父的答案，停止深究。

除此之外，旁人着实无能为力，正如一句拉丁谚语所说——妈妈的话总是对的。因此，我们不妨选择相信现有公论，作为恺撒的儿子，恺撒里昂出生于公元前47年6月23日。

此刻，恺撒里昂正奔向柱廊下的克娄巴特拉，一名女仆紧随其后，以防止他不慎摔倒。随之而来的是长久而有力的拥抱。恺撒里昂的小手探入妈妈的短袍，追寻着温柔的臂弯。在一瞬间，这位非洲大陆不可一世的女王已然化身为一位充满慈爱和体贴的普通母亲。

摆弄短剑的男人

特韦雷河对岸，遥望着克娄巴特拉宅邸灯火通明的花园和金色大殿中的欢笑与寂静，一个男人的内心正在接受灵魂的拷问。他独自待在房中，端坐在一张带有狮形桌腿的精致桌子前。桌面上，一盏油灯映出他疲惫憔悴的脸庞。精美的白色大理石桌面正中摆着一块不起眼的小木片，男人用一柄短剑的剑尖抵住木片，以木片上的凹痕为支点，开始转动短剑。他将手指搭在剑柄圆头上，猛然拨动拇指，短剑随即快速旋转起来，就像一位踩在硬鞋尖上疯狂起舞的芭蕾舞演员。他目不转睛地注视着剑刃上不时闪现的寒光。这种灵魂出窍的场面已经持续了很久，又是一个不眠之夜。有人轻叩房门。他的贴身奴隶前来查看是否需要为主人准备早餐。男人抬起头，出神地注视着房门，依旧一言不发。此人正是马库斯·尤利乌斯·布鲁图。

空气中弥漫着一股不可名状的气息。仿佛一声叹息，触不可及，稍纵即逝，无影无踪。就像渗入城墙的毒药，悄无声息地漫过大街，潜入巷陌，飞舞在公共浴室蒸汽缭绕的窃窃私语中，盘旋在上流宴会的躺卧餐桌上方，偷偷溜入私下密会的元老脑海……一个邪恶的词语无处不在：死亡。尤利乌斯·恺撒的死亡。

一个阴谋在城市中酝酿已久，有史以来最为险恶的阴谋，矛头直指这个或许最受罗马人民爱戴的男人。一个在未来数百年间备受尊崇的伟大领袖，与亚历山大大帝的盛名不相上下。一切就像梦境一样荒诞。

古罗马时代的历史学家卡西乌斯·迪奥称，真相来自蜂拥而至的荣誉，它们为恺撒招来了铺天盖地的怨恨和嫉妒，最终加速了他的死亡。

现实中，真正的原因可以追溯到更加久远和深邃的过去。崛起的恺撒成为罗马城的绝对主宰，这实际上剥夺了元老院的特权。恺撒掌握了最高决策权，元老院和元老们的利益名存实亡。

古往今来，势力庞大的贵族家庭一直通过身着宽袍的元老院代表，掌控着罗马的权力缰绳和商业命脉。每一个决策都显而易见地服务于这些家族的利益和便利。根据一些历史学家的说法，在公元前44年的共和国，稳固的贵族制度已经不复存在。彼时的罗马已经耗尽了能量，丧失了理想，曾经开明温和的思想也不复存在。元老院彻底沦为 个充斥着贪污腐败、以权谋私、滥用权力的场所（堕落程度远甚于之前）。有人将其形象地比喻为一棵从内部腐烂的大树。元老院元老的贪得无厌（在自由民的帮助下，元老被明令禁止从事任何牟利活动）令共和国深陷危机，同时也为政治强人的出现铺平了道路，尤其是像尤利乌斯·恺撒一样的独裁暴君。

恺撒同样出身于贵族家庭，但属于平民派别，他以公众利益为先，作为回馈，他也获得了人民的广泛爱戴。一些贵族不断借此对他进行指责（尽管并不完全出于上述原因）。

阴谋者的目的非常简单：除掉不可一世的恺撒，制造混乱和不安的气氛，因为没有继任者拥有可以与他相提并论的个人魅力。如此一来，元老院就可以如愿以偿重操旧业，继续肆无忌惮地玩弄权柄。

杀人诛心

阿特米多鲁斯，这个带领我们穿行在古罗马街道中的男人，再次一头钻进了迷宫般的小巷。与拥挤的街道相比，这里的环境让他感觉更加安全。周围的建筑鳞次栉比，以至人们探出窗户就可以互相握手，就像马尔西亚经常在《铭辞集》中提到的那样。奋力刺入地面的日光，就像一片薄薄的刀刃高悬在阿特米多鲁斯的头顶。内心的恐惧和昏暗的光线使他的瞳孔在不经意间开始放大。他在一片黑暗中陷入沉思，现在抽身返回是否更加明智。这些穷街陋巷中时常发生袭击和凶杀案件。每天清晨，总有倒伏在污泥中的尸体被市民发现，而行凶者早已逃之夭夭。他在理智的敦促下继续向前。污秽的气味已经被抛在身后，此刻他的周围弥漫着某栋房屋中牛奶沸腾散发的甜蜜气息。四面八方——头顶敞开的窗户中、各家各户的阳台上、身边一排虚掩的房门中，以及小巷的尽头——传来的各种声音令他的心绪渐渐平复下来。它们就像不时拂过的无形面纱，提醒着他正在穿越一片平行生命组成的真正星系，漫游在这个被称为苏布拉的人类蜂巢中，这里或许是罗马最地道的工人住宅区。他的双耳中仿佛充斥着居民日常对话组成的声音大杂烩。这里，一位母亲哼起一首摇篮曲；那里，一名男子轻声默念晨祷词；附近，一名劳作的奴隶正在浅吟低唱一首遥远故土的挽歌，一位妇人正在与即将远行的爱人依依话别；而远处，一个女人正在声嘶力竭地与丈夫争吵，这个可怜的男人真是活该。阿特米多鲁斯微笑着继续前进。

一阵婴儿的哭声隐约传来。工人住宅区的居民早已对这种声音习以为常，尽管他越是靠近，哭声就越发响亮。他满腹狐疑地发现，这声音似乎并非来自某户人家，而是从巷子的尽头传来，黑暗中看不到一扇门窗。又走了几码远，哲学家愣在原地。在小巷的尽头，一根柱子孤零零地矗立在十字路口。在一口废弃竖井的底座下，赫然放着一个装有襁褓的篮子。这里就是哭闹声的发源地，一个降生不久的婴儿躺在篮子里。婴儿篮中甚至还有一张便条，详细提供了亲生父母的信息。这个可怜的孩子出于某种不为人知的原因，被自己的家庭或父亲无情遗弃。是这位丈夫怀疑自己遭到妻子的背叛，还是这个婴儿有某种严重残疾？又或者是这个家庭面对接连降生的男孩或女孩万念俱灰？难道这个家庭无力抚养新生的婴儿？原因不得而知。罗马法律允许将婴儿遗弃在街道上，任何人都有权将领养的弃婴抚养成人。领养人可能出身正派，并对婴儿的遭遇感到痛心；也可能心术不正，蓄谋将婴儿变成自己的奴隶。弃婴通常被遗弃在众所周知的地点，就像这根柱子一样（罗马最著名的遗弃地点就是所谓的牛奶柱，因为它与牛奶相关联，象征着新生的婴儿）。一张便条或私人物品可以帮助领养人将婴儿送还合法父母，并要求偿付整个"暂时"收养期间的抚养费用。在古罗马，这里就相当于现代社会的"弃婴轮盘"，一个放置遗弃儿童的场所。

阿特米多鲁斯一动不动地站在婴儿旁边。让他止步不前的并不是这个被遗弃的生命，而是柱子旁边墙壁上醒目的字迹。墨迹未干的墙壁上，两滴墨水顺墙而下，顽强地向地面流去。字迹的内容矛头直指尤利乌斯·恺撒，将他斥为一名窃国大盗，甚至暗示他将席卷罗马的财富，携情妇克娄巴特拉逃往亚历山大。

阿特米多鲁斯摇了摇头，加快了脚步。他必须找到恺撒。想到这里，他开始在巷子中奔跑起来，转眼就消失在一片昏暗之中。

几天来，为了诋毁恺撒，阴谋参与者们发动了一场诽谤运动。虚假消息被蓄意散播以点燃公众的怒火，有时是墙壁上的神秘字迹，大多数情况下，以假乱真的流言蜚语经过舆论的发酵成为人们茶余饭后的谈资。理发店、咖啡馆、宴席、浴场，当然也包括古罗马广场，都成了散布流言的舞台。

然而，关于恺撒的流言究竟透露了什么信息？

他被指控软弱、胆怯、自甘堕落，只有独裁美梦才能浇灭他无尽的野心，罗马人记忆中尘封已久的幽灵在这一刻被专制的阴霾唤醒，与伊特鲁里亚政权艰苦卓绝的抗争，曾给永恒之城带来刻骨铭心的伤痛。恺撒对此心知肚明，并着手展开反击。一个月前，在被任命为终身独裁者后翌日的罗马牧神节上，他联合安东尼在古罗马广场中心的讲坛上举行了一场典礼。据卡西乌斯·迪奥记述，恺撒端坐在黄金王位上，安东尼手捧一顶王冠（有人称，那只是饰有珍珠的白色布带，而不是真正的王冠)，走向恺撒，口中说道："这是人民借我之手献给陛下的礼物。"恺撒面露鄙夷，表情夸张地予以拒绝，并回答道："只有朱庇特才是罗马人永远的皇帝。"这场闹剧果真能够平息民愤吗？纯属痴人说梦。

在这历史上的重要一天，主角恺撒消失了。在生命的最后几个小时中，他将如何度过？

恺撒最后的晚餐

数小时前，恺撒正慵懒地躺卧在餐桌旁，身处自己忠诚的朋友马库斯·埃米利乌斯·李必达家中。身为当时的罗马裁判官，李必达是独裁统治时期的最高政府长官。根据记载，德西穆斯·布鲁图也在现场，但此人并非数小时后举剑刺向恺撒的马库斯·尤利乌斯·布鲁图。

作为一位久经沙场的老将，为了避免混淆，此后我们将称他为德西穆斯。他是恺撒的挚友和同党——或者说恺撒如此认为。他并不知道，德西穆斯正是阴谋参与者之一——事实上，他还是主谋之一。恺撒正若无其事地和一名刺客同桌共进晚餐，这幅画面令人不寒而栗。

席间宾主相谈甚欢，仆人默默地为他们斟满美酒，或许现场还有乐师进行演奏助兴。据历史学家阿庇安记载，三人在席间讨论了罗马的政治局势和即将到来的远征行动。事实上，三天后，恺撒就将对罗马的死敌——帕提亚人宣战。作为罗马人的眼中钉，这个强大的王国从叙利亚一直延伸到今天的伊朗东部，覆盖了包括伊拉克在内的广大区域。《高卢战记》中的故事，将在全新的中东战场上面对全新的敌人再次上演。或者说，"原本即将上演"，恺撒将在数小时后遭到刺杀，因而历史终究无法假设，更为重要的是，数百年迥然不同的历史就此与我们擦肩而过。那将是怎样一个生机勃勃的平行宇宙？这个虚无缥缈的世界本将见证开疆拓土的伟大帝国，以及数不胜数的纪念碑和从未实现的丰功伟业……

在晚宴中，关于死亡的讨论突然改变了方向。普鲁塔克这样写道："恺撒像往常一样躺在桌边批阅信函，一个新的主题被引入讨论——哪种死亡最完美？恺撒抢在所有人之前大喊：'始料未及的死亡！'"阿庇安坚称，是恺撒自己提起了这一话题。无论如何，这一即将被现实印证的巧合令人不寒而栗。他的内心难道没有产生过一丝怀疑？当然，他一定对大量流言心知肚明。果真如此，他为何按兵不动？这是一个令众多历史学家倍感困惑的问题。

两年多以来，关于阴谋的流言一直甚嚣尘上。就连西塞罗都在他的一封信中暗示，空气中充满了阴谋的气息。其中至少有一桩阴谋已经败露，然而奇怪的是，恺撒没有发起任何调查行动。他只是通过一份宣布自己无所不知的简单法令，向阴谋参与者传递信息，一切都在自己的掌握之中。恺撒没有发起任何针对参与者和"幕后主使"的抓捕和调查行动。

他的所有支持者、朋友和盟友（所谓的恺撒阵营）无不为他草率的行为感到不安。恺撒甚至解散了自己的卫队，这些伊比利亚战士每天刀剑出鞘，寸步不离守护在他左右的原因何在？他声称，元老院和议员已经宣誓保卫他的安全，因而一个形影不离的武装卫队是对元老院缺乏信任的明显信号。

此外，各种征兆显示，攻击行动已经迫在眉睫。据普鲁塔克记载，就在数天前，敦促布鲁图行动的传单开始出现。内容再清楚不过："嘿，布鲁图，你还没睡醒吗？"以及"你不是真正的布鲁图后人"（暗指他的先祖，同样名叫"尤利乌斯·布鲁图"，曾因驱逐罗马统治者而成为罗马历史上的伟大人物）。这些传单是参与阴谋的元老和贵族指使奴隶所为，为了敦促依然犹豫不决的布鲁图开始行动。

但是，如果恺撒知道真相（而且早已知道），他为何迟迟没有行动？一些学者认为，在癫痫症的折磨下，年事已高的恺撒决定选择一种蓄谋已久的自杀方式离开这个世界，而不是拖着日渐虚弱的身体被赶下舞台。然而，很难相信一个像他一样果断强大的男人，能够主动放弃自己未竟的事业、正在进行中的改革、征服帕提亚人的宏图大业以及唾手可得的全面胜利，并亲手埋葬自己与克娄巴特拉的爱情。另一些学者则提出了截然不同但更加符合历史逻辑的推断。简而言之，恺撒根本没有采取任何反制措施，他的想法不难理解。面对向他指出布鲁图可能是阴谋主使的人，他平静地回答，自己年事已高，等待继位比弑君篡权更符合布鲁图的利益，因为踏着政敌的鲜血，背着谋逆的骂名登上王位，对布鲁图来说显然得不偿失。

然而，恺撒的解释并没有让身边的人心存侥幸，他们开始注意各种可疑的举动，不仅来自作为死敌的布鲁图和卡西乌斯，就连以安东尼和多拉贝拉为首的忠于恺撒的军营中也出现异动。据普鲁塔克记载，面对贴身随从的恐慌，恺撒的一番话体现了他的沉着冷静："与长发披肩的胖子相比，我更担心那些面色苍白的瘦子。"事实上，后者正是对布鲁图和卡西乌斯的影射，而安东尼和多拉贝拉恰恰属于前者。

最后——作为至关重要的一点——尽管警报频频拉响，恺撒似乎确信，根据罗马的当前形势，针对自己的袭击毫无道理而且"不合逻辑"，自己的死亡不仅无法为罗马带来任何好处，恰恰相反，如历史学家安东尼·斯宾诺莎所说，可能将这个国家拖入血流成河、四分五裂的内战之中。换而言之，所有人都从罗马当前的稳定和局势中获益良多，而这正是他一手开创的局面：从军队到政府，商业贸易，黎民百姓……恺撒是正确的。在摆脱了连年内战的劫难之后，稳定或许才是最宝贵的财富。因此，恺撒笃定自己就是整个罗马世界的定海神针。

问题恰恰出现在他放眼全局的政客思维上。他忽略了一个事实，自己的敌人和那些阴谋制造者只是一群鼠目寸光、急功近利的自私之徒。

恺撒的错误在于，他高估了自己的对手，对它们的狭隘和愚蠢没有给予应有的重视（事实上，正如他所预料的那样，自己的死亡也宣告了阴谋参与者的末日）。阴谋参与者无知和天真地夺去了恺撒的生命，他们没有意识到贵族政权的时代已经一去不返了。从此刻开始，在肆意蔓延的腐败和对个人利益的疯狂追求中日益堕落的元老院，将在未来数百年中，成为政治强人铁腕统治下微不足道的傀儡机构：从恺撒开始，历经奥古斯都和他的元首政治，以及不断涌现的所有皇帝，才是帝国未来五百年间的真正主角。

恺撒的疏忽在于，他以一个士兵的视角审视危险。在南征北战的岁月里，他的手下败将包括高卢人、日耳曼人、埃及人、不列颠凯尔特人、伊比利亚半岛部落势力，甚至还有罗马军团的将士。在浴血厮杀、出生入死之后，他或许认为，骄奢淫逸的元老院元老们久疏战阵，或许就连对如何使用短剑都一无所知。这正是他致命的错误：这些元老正是利用惯用伎俩——如簧巧舌——将他诱入陷阱。战场上的恺撒绝不会陷入这种阴谋诡计，然而作为一名士兵，他习惯于从正面击败敌人，而对于背后的冷枪暗箭则疏于防范。

晚宴进入尾声，在退席前，恺撒或许曾经呕吐不止。据西塞罗透露，他一直保持着餐后催吐的饮食习惯：他通常先是大快朵颐，饭后立刻将所有食物呕吐干净。

晚10时或11时许，他上床就寝……在一个女人的陪伴下。这个女人是谁？克娄巴特拉？显然不是。普鲁塔克透露："像往常一样，他选择睡在自己的妻子身旁。"

第二章

恺撒之死

布鲁图宅邸，3月15日凌晨：
恺撒殒命当日的幕后真相

马库斯·尤利乌斯·布鲁图在房间中焦躁不安地踱来踱去。此刻，彻夜未眠的他感到胸闷气短、呼吸急促。他旁若无人地沉浸在即将到来的行动中，心中没有一丝杂念。他的妻子波尔西亚，此时正背靠门柱，注视着面前的丈夫。她受了重伤的腿上缠着绷带，吃力地支撑着身体的重量，绷带下那道深深的伤口是她为了向布鲁图证明自己的忠诚而亲手划开的。数天前，她曾询问过魂不守舍的丈夫，是什么让他连日来坐卧不安、如临大敌，但没有得到任何回答。所有密谋者都对自己的朋友和家人守口如瓶，妻子当然也不例外。然而，波尔西亚并不是一位寻常女子。她的家风严谨，作为小加图的女儿，她的父亲曾因不愿接受恺撒的赦免自尽身亡，他在生前就曾教导自己的女婿布鲁图与一切独断专行的暴君斗争到底。

正如博洛尼亚大学罗马史教授兼著名古代军事史专家乔瓦尼·布里吉（Giovanni Brizzi）所说，恺撒就是这样一位独裁暴君。他的部下也毫不迟疑地表达了同样的观点。在谈及恺撒曾经称发动内战的目的是捍卫荣誉和安定时，他们的口号朗朗上口："遵纪守法者束手待毙，目无法纪者自立为王。"毋庸赘言，彼时的恺撒无意重回共和的行列，也无法像苏拉一样，在共和制度的重建中全身而退。这场事关尊严的战争为他赢得了一切，但突如其来的权力却令他无所适从。罗马沦为一座蜷缩在恺撒淫威之下的城市。元老院和裁判官看似各司其职，实则对恺撒唯命是从。恺撒缺乏制度意识：在他眼中，元老院无异于一群各为其主的元老，其中许多人由他亲自任命。整个元老院对他来说不过是笨手笨脚的乌合之众（彼时的元老院规模庞大，至少有900人），除了整日进行无休止的徒劳争论外一无是处。由于政治制度名存实亡，恺撒对王位的立场已经变得无关紧要，共和与君权的界限早已荡然无存。他将执政制度视为玩物，经常心血来潮地对执政官随意任免，对各位元老的任命也完全凭个人好恶。曾有一位名叫卡尼努斯的执政官，当选后的任期只维持了短短一天。那些曾经接踵而至的权力、特权和荣誉如今更多地向恺撒涌来。至公元前45年年末或公元前44年年初，按照年份顺序排列如下：

- 恺撒可以随时随地穿着他的凯旋装束。
- 他可以为自己子虚乌有的所谓最高军事荣誉举行庆功仪式（恺撒本人从未在战场上杀死任何敌军将领）。
- 侍从手中的束棒永远覆盖着月桂树叶。
- 恺撒获得"国父"称号。
- 恺撒的生日成为公共节日。
- 恺撒的出生月份被更名为"尤利乌斯"（7月）。

- 恺撒的雕像遍布罗马和其他意大利城市的寺庙，其中也包括新康科德神庙（the New Concord）和腓力西塔斯神庙（Felicitas）。

- 获得护民官豁免权。

- 恺撒在古罗马广场上拥有独一无二的黄金宝座。

- 恺撒被授权佩戴伊特鲁里亚国王的黄金冠冕。

- 身为勇士埃涅阿斯的后裔，他如今总是脚蹬阿尔班国王的红色长靴。

- 所有元老院元老必须宣誓捍卫他的生命，每四年就要举办各种赛事，以英雄般的礼遇向他致敬。

- 恺撒的神化形象已经获得公认，并开始出现在竞技场的游行队伍中，他将与众神一样拥有属于自己的神圣居所：在他的宅邸加盖山形墙，使之拥有神庙的外观。

- 他和宽恕之神被供奉在圣所中，并配有祭司以及一名负责为某位神灵举行祭祀仪式的神职人员（安东尼被任命为祭司，尽管祭祀仪式要在恺撒去世后才能举行）。

- 他死后将被安葬在罗马城内。

- 神化的谕令将用金字铭刻在银质牌匾上，置于卡比托利欧山上的朱庇特神庙脚下。

- 他设立的监察官职位以及道德责任将延伸到生活的每个角落。

- 最后，一位独裁者诞生了。

　　至此，他为自己的权力披上了永恒的外衣。这种事实上的君主政体，充斥着一、二世纪的帝王也不曾拥有的神圣特质。诱使他以身犯险，欣然接受这些耀眼荣誉的动机从何而来？或许是受到在人民心中永垂不朽的妄念所驱使。在这一点上，他与庞培不尽相同。卡西乌斯·迪奥认为："庞培渴望获得民众发自内心的敬仰，而恺撒并不在乎人民是否对自己恨之入骨，也毫不介意亲自为自己颁发各种荣誉。"恺撒陶醉在自命不凡的神圣荣誉中无法自拔，沉浸在象征希望、和谐和胜利的神化特质里顾影自怜。这是极度危险的征兆，在不远的未来，甚至可以带来致命的后果。

因此，波尔西亚对这位终身独裁者怀有一种根深蒂固的仇恨，这部分源自她的第一任丈夫毕布鲁斯作为恺撒死敌的身份。这对理解波尔西亚作为一名左右布鲁图决定的女性角色至关重要。作为彼此的挚爱，这对伴侣相识于很久以前——在一个包办婚姻盛行的时代，这种情况极为罕见——而且，他们体内还流淌着相同的血脉，这在古罗马的世界中不足为奇。作为布鲁图的舅舅，加图同时也是波尔西亚的父亲，这就意味着布鲁图的妻子也是自己的表妹。

此外作为一名女性，波尔西亚生性敏感，内心强大。当发现布鲁图对数月来折磨自己的心事三缄其口时，她做出了一个惊人的决定：对自己承受痛苦的能力进行测试。她将一柄利刃刺入自己的大腿，剖开了一道深深的伤口。在对自己的忍耐力确信无疑后，她找到布鲁图，向他展示了骇人的伤口，直言自己有资格获得他的信任，因为没有什么严刑拷打可以诱使她泄露秘密。面对眼前血腥的场景，布鲁图毫不犹豫地将整个阴谋和盘托出，同时也向她坦白了自己的恐惧和疑惑。从那一刻开始，波尔西亚就卷入了这场阴谋，成为布鲁图坚定的后盾。她无疑还曾为刺杀行动的时间和地点出谋划策。

为何3月15日这个恰逢元老院集会的日子，从众多日期中脱颖而出，被选为刺杀恺撒的日期？行人稀疏的街道或者随从寥寥的晚宴难道不是更加方便的行刺场所吗？

关于刺杀行动的决定是所有阴谋参与者经过深思熟虑，在最后一次会议中一致做出的。原因显而易见。

时间已经刻不容缓。彼时恺撒即将离开罗马对帕提亚人发起远征。数天之后，他就将抵达阿波罗尼亚（今天的阿尔巴尼亚境内），大军正在那里集结待命（军营中有一位名叫屋大维的年轻人，这位未来的奥古斯都还不知道，自己即将被卷入一场身不由己的人生剧变）。从那里出发，恺撒将踏上前往中东的征途，投身一场归期未卜的战役，而一旦他凯旋，人民的爱戴将如潮水般汹涌澎湃，到时任何刺杀他的理由都将沦为不合时宜的陈词滥调。

阴差阳错之下，正是这场不期而至的战争为布鲁图和一众密谋者提供了天赐良机：据《西卜林神谕集》（*Sybilline Books*）记载，"只有王者才配征服帕提亚帝国"。而恺撒彼时尚未封王，元老院势必召开会议为他颁发临时国王头衔（这个头衔作为一种应对当下情境的"权宜之策"，只有当恺撒离开罗马城，踏出这座古都的神圣边界之后才能生效）。令元老们魂飞魄散的梦魇——元老院将依法正式授予恺撒国王头衔——即将成为现实。

所有迹象都指向一个特殊的日期：3月15日，即月中日召开的元老院大会。所有条件完美契合，为刺杀行动提供了理想的时间和地点。

- 3月15日当天恰逢节日，罗马城中人烟稀少，日常活动几乎没有。

- 恺撒将毫无戒备地前往会场，最为重要的是——孤身一人。出于对元老院的信任，他的卫兵不会跟随左右，会场外人山人海的支持者、好友和民众，到时将无法保护他。

- 之后将要发生的事几乎已成定局。

布鲁图停下脚步，注视着大理石桌上的油灯，微弱的火焰映红了房间。他几乎迷失在那团跳动的光芒中。然后他转过身，最后一次端详波尔西亚苍白的脸颊，意味深长的目光穿过空气，直达她的双眸深处。她挤出一丝虚弱的微笑，接二连三的不眠之夜和隐隐作痛的伤口早已令她疲惫不堪、心力交瘁。他默默向她走来，直到她冰冷的双颊感受到他温暖而轻柔的鼻息。波尔西亚抬起头，两人的目光紧紧交织。她仿佛正在祈盼着在数周以来的痛苦煎熬中无暇重温的美好：静谧的欢愉时光。恍惚间，布鲁图缠绵的长吻仿佛将二人带回那段遥远的往昔。波尔西亚的脑中瞬间一片空白。在丈夫的怀抱中，波尔西亚感到一块冰冷而坚硬的物体顶住了自己的小腹。她低下头，在他长袍的褶皱中窥见了一道金属特有的寒光。那是一把短剑的剑柄。她小巧而精致的手掌如天使般落在短剑上，这件散发着死亡气息的兵器正顶在她的腹部，而那里是生命开始孕育的地方。她轻抚短剑，突然间，猛然发力将它从丈夫的腰带中抽出。闪着寒光的剑刃缓缓出现。她将指向空中的短剑立在两人的面颊之间。这是一把比手掌略长的罗马匕首，一种古罗马军团士兵的常用武器。不同于通常使用的球状物，这种匕首的青铜手柄末端装有一个十字架。另一个著名密谋者——卡西乌斯的匕首尾端则饰有两个扁平的圆环，布鲁图随后铸造的钱币上就印有类似图案。布鲁图和波尔西亚的双唇久久倒映在冰冷的剑身上，波尔西亚的目光沿着两道锋利的剑刃上下游走。她不住亲吻这柄冰冷的利刃，随后将它交还丈夫，布鲁图目不转睛地注视着妻子，迅速将短剑插入腰带。他依依不舍地抚摩着波尔西亚的脸颊，并用双唇印下最后一吻。随后布鲁图转过身，迈着坚定的步伐走出房间。他的所有疑虑仿佛在顷刻间烟消云散。油灯的火舌将他远去的身影投向墙壁，在不断增大的黑影中，墙上的壁画也失去了往日的光泽，仿佛为五彩斑斓的历史投下了一抹暗影。

世界在这里被永远改变

布鲁图要去哪里？前路漫长，但终点只有一个。在这个表面上欢乐如常的日子，古罗马城内的一处古迹即将化为一把巨大的历史之钥，开启那扇通往人类宿命的大门。即便这场阴谋的参与者也无从预知。它就是庞培剧场。在古罗马斗兽场落成之前，毗邻马克西穆斯竞技场的庞培剧场曾是永恒之城中最为宏伟的建筑。几个世纪以来，罗马城中看不到一座砖石砌就的剧场：在僵化死板的共和派道德观念中，它们象征着伤风败俗、藏污纳垢的下流场所，因而只能选择神庙等宗教场所旁边的临时建筑作为栖身之所，时刻提醒人们牢记舞台演出的宗教本源。然而，在过去几十年中，这些陈规陋习逐渐因其过于"古板"的特性而与罗马城日益浓厚的世界都市氛围格格不入。随着生活方式变得更加自由，人们享受生活的热情空前高涨。新一代的剧场吸引着源源不断的观众。因此，十年前的庞培大帝，恺撒刚刚去世的强大对手，亲自出资修建了一座砖石结构剧场，象征着古罗马帝国的霸权和广阔的疆域——彼时从西班牙一路向东直达里海沿岸。而事实上，这不过是一场处心积虑的政治表演。作为东线战场的胜利者，他征用数额庞大的战利品，为罗马人民建造了一座规模空前的剧场，希望达成更广泛的共识，同时换取更多的拥护。为了避免对古老道德和宗教传统的冒犯，他运用充满"现代"气息的伎俩绕过了古老的法律防线……他在剧场露天看台的顶端建起一座维纳斯神庙。如此一来，观众落座后就会发现舞台位于自己前方，而高高在上的神庙矗立在身后。抬头仰望，露天看台就像一道通往神庙的阶梯，而向下俯视，它又变成了观看演出的座席。这个所谓的"双面"大厅，凭借其模棱两可的独特风格，成功维持了皆大欢喜的和谐局面。

庞培剧场的巨大建筑令所有后来者相形见绌，这件工程学杰作，不仅凝聚了建造者对拱顶拱门复杂结构的深刻理解，还见证了罗马人民对混凝土工艺的革命性运用。剧场内部最多可容纳17 500名观众。如今，在它所剩无几的遗迹之上，覆盖着中世纪、文艺复兴和巴洛克风格混杂的现代罗马建筑群，现在的人们只能从闻名遐远的鲜花广场中依稀探寻它模糊的轮廓。

然而，这座剧场并不是密谋者们的最终目标。在舞台背后，罗马城的中心坐落着一个小小的天堂，它就像一个巨型门廊。一座庞大的花园四面围绕着长长的柱廊，柱廊中布满了各式各样的雕塑和画作。花园中央生长着两片梧桐树林，几座喷泉点缀其间，一条中央大道从剧场出发，穿过树丛，一直通向恺撒即将遭到刺杀的场所：庞培大帝元老院，一座矗立于宽大台阶尽头的大殿。大殿中，价值不菲的大理石、装饰各异的石柱，以及间隔有序的高大窗框令人叹为观止。这就是如今元老院举行会议的地方。

为什么选在这里而不是古罗马广场，在科奈莉亚元老院古老而自然的圣所中？因为科奈莉亚元老院的神庙改建工程正在进行之中。在恺撒亲自监督的元老议事厅完工之前，庞培大帝元老院暂时作为古罗马的最高决策中心。元老们的座席分列于大厅两侧。恺撒的座椅位于讲坛之上，身后的神龛被他的宿敌——庞培大帝巨大的雕像占据。当然，这些只是后人的推测，由于庞培大帝元老院曾经坐落的区域如今位于一条公路的路面之下，考古发掘工作因此进展缓慢。

毫无疑问，即将发生的一切将这座建筑变成了一把"历史巨钥"。然而，在这个清晨的拂晓，这里依然风平浪静。仿佛一块巨大的磁石，一个无法抗拒的诱惑，不知疲倦地将所有主角吸入其中，就像黑洞中的高速涡旋不断吞噬满天星河。仿佛暗夜中的航船不断驶向唯一的灯塔，布鲁图、阿特米多鲁斯，随后还有安东尼、卡西乌斯、西塞罗以及参与阴谋的所有元老，连同即将失去生命的受害者恺撒本人，都不约而同地会聚至此，有人步行，有人乘轿。所有被卷入这场历史剧变的演员和观众正在各就各位。

就像一颗流星坠入黑洞（连光线都无法从中逃离），面目全非，灰飞烟灭一样，在短剑举过头顶的那一刻，所有密谋者就已登上了万劫不复的命运巨轮，驶向粉身碎骨的人生终点。时光注定无法倒流。一切都将成为过眼云烟：财富、梦想、欢乐，对许多人来说，甚至是生命本身。让我们跟随他们的脚步，从这个一如往日的清晨开始，重温这即将载入史册的一天。

恺撒府邸，3 月 15 日凌晨

恺撒同样度过了一个辗转反侧的不眠之夜。此刻他身在何处？恺撒曾经居住在苏布拉工人区的一所住宅内，但自公元前62年恺撒当选公职以来，他就搬入了一座更加奢华和重要的寓所：坐落在古罗马广场中心的国家公寓（the Domus Publica）。这里是分配给大祭司长的官邸，大祭司长正是恺撒当时担任的职务。这座寓所同时肩负着双重使命：代表官方机构，举行各种公共活动；作为为恺撒提供生活起居场所的私人住宅，并配有多间小型起居室。

在宴会上告别李必达和德西穆斯后，恺撒返回家中，在妻子卡尔普尼亚身旁躺下。这是一个注定无法安眠的夜晚。据普鲁塔克后来记载，午夜时分，被狂风撞开的门窗瞬间撕碎了屋内的宁静。恺撒起身关闭门窗，紧接着，或许还有一名睡眼惺忪的心腹奴隶赶来帮忙。随后，恺撒走向妻子，温柔地将她拥入怀中，在这因夜风肆虐而寒气四溢的寝宫中，或许只有这样才能为两人的身体注入些许暖意。一丝忧虑隐隐掠过恺撒心头。很快，卡尔普尼亚便再次进入梦乡，开始发出微弱而模糊的呻吟。不久，她猛然从不安中惊醒，一副六神无主的样子。恺撒拥她入怀，询问梦境的内容，仿佛决堤的河水一般，她向恺撒诉说着自己的噩梦，在惊魂未定之中回忆梦中的惨剧。两千年后的今天，关于这场梦境的内容，众多作者给出了不同的版本，然而无一例外令人毛骨悚然。在普鲁塔克的版本中，卡尔普尼亚在梦中看到坍塌的房顶坠落在床上，而当时她正在尖声呼救。卡西乌斯·迪奥则这样说道："房子轰然崩塌……而她的丈夫，在遭到围攻后，正伤痕累累地蜷缩在她的大腿上寻求保护。"阿庇安告诉我们，卡尔普尼亚曾在梦中目睹了恺撒鲜血淋淋的尸体。最后，苏维托尼乌斯写道，"她梦到他们的屋顶掉落下来，而她的丈夫倒在自己的大腿上惨遭杀害"。

这位伟大的统帅感到自己的脸庞微微抽动了片刻，随即如释重负地将妻子拥入怀中，久久不愿放手。卡尔普尼亚正在低声啜泣，但她不是一个盲目迷信的愚妇。然而这场令她胆战心惊的梦魇此刻依然历历在目。

或许是狂风抽打房舍的巨响惊扰了昏睡中的卡尔普尼亚，让她产生了房顶坍塌的幻觉。但关于恺撒鲜血淋淋的刀伤和奄奄一息躺在妻子大腿上的细节，或许传达了不同寻常的信号。在这些生动的画面背后或许隐藏着不为人知的秘密，数天来，卡尔普尼亚或许也对围绕丈夫的袭击流言有所耳闻，并为此提心吊胆。或许，恺撒本人也曾轻描淡写地对他的妻子透露过针对自己的暗杀阴谋。

苏维托尼乌斯还写道，恺撒当时曾向妻子讲述自己的梦境。在梦中，他曾飞上云端和丘比特握手。

在参加考试或迎接挑战的前夜，人们通常会经历关于飞翔的梦境。这正是恺撒当时处境的真实写照。

即便如此，两人的梦境似乎都是对数小时后即将降临的惨剧触目惊心的预示。这些梦境究竟确有其事，还是恺撒死后的"人为编造"，至今尚未得到证实。答案将永远不为人知。然而，如果梦境真实存在，那么卡尔普尼亚（尤其是恺撒在经历了连续的猜忌、密谋以及不祥预言和邪恶征兆之后）的心理状态就变得不言而喻了。他们或许已经饱受折磨。事实上，在"预感"之外，这些梦境背后或许还隐藏着更为合理的解释：连日来弥漫家中和萦绕心头的恐惧与焦虑像机警的"哨兵"一样，不断向他们发出危险来临的预警。换言之，他们对自身险恶的处境早已心知肚明。

总之，曾令恺撒和卡尔普尼亚寝食难安的各种噩兆，数目之多令人触目惊心。根据古代作者记载，在此略述一二。

在临近3月15日的日子里，普鲁塔克曾经提到过，"各地雷电交加的夜晚和飞入古罗马广场的孤鸟"。如今看来，这不过是春季司空见惯的雷雨天气，但在古人眼中，天意和征兆几乎无所不在，世间万物都传达着不同的含义。普鲁塔克还记录了在月中日到来前，地理学家斯特拉波提供的证据，"一群火人正在搏斗，一名士兵的侍从手中火光四射，以至在场的众人误以为他的双手正在燃烧，但火焰熄灭后，人们却看到了一双完好无损的手掌"。在今天的观众看来，这不过是一种典型的魔术伎俩或障眼法。然而，恺撒接下来的经历却令古人更加心有余悸。普鲁塔克记述道："在某次献祭时，恺撒迟迟无法找到祭品的心脏，这是一个恐怖的征兆，因为自然界中，没有心脏的动物是不存在的。"

据苏维托尼乌斯记载，依照朱利安法的规定，一伙老兵和移民在几处远古的墓场展开挖掘，准备在那里建造自己的家园。在卡普阿的开国君王卡普斯的墓穴中出土了一块青铜板，上面铭刻的希腊碑文预言了恺撒的死亡："当卡普斯的尸骨重见天日之时，尤利乌斯的后裔将命丧皇族之手，随之而来的复仇将掀起血雨腥风，整个意大利会因此哀鸿遍野。"苏维托尼乌斯告诉我们："在死前几天，恺撒听说那些越过卢比孔河后被他献给诸神的马群，游荡在无人看管的牧场上，不饮不食，泪流不止。"他继续写道，"在月中日到来的前夜，一只鹟鹩——罗马人眼中的'王室之鸟'，飞入庞培元老院，口中衔着一根月桂树枝。旁边的树林中突然冲出几只野鸟，发起攻击，并当场将它杀死"。

卡西乌斯·迪奥写道，"昨夜，战神马尔斯的神盾在宫殿中嗡嗡作响，噪声响彻四方"。

最后出场的是斯普林那，伊特鲁里亚占卜师——一位在献祭时负责查验动物内脏的祭司。罗马人对伊特鲁里亚占卜师的尊崇由来已久，据美国历史学家巴里·施特劳斯记载，"一些高官政要都拥有自己的占卜师"。作为首席占卜师，斯普林那负责在家喻户晓的牧神节（Lupercalia）到来前的2月13、14日主持祭祀活动，此时距一年一度的3月15日，即月中日还有一个月时间。面对两天来凶多吉少的占卜结果，恺撒显得不以为然。2月15日当天，斯普林那注视着恺撒的眼睛，吐出了那句被收入莎士比亚著作的不朽名言："当心3月15日。"

恺撒不同于罗马城中的凡夫俗子。在内心深处，他对任何天意和噩兆都不屑一顾，而只是出于尊重风俗和取悦众人的目的，对这些迷信活动敷衍了事。他无疑收到了伊特鲁里亚占卜师的警告，但极有可能对此一笑了之。

卡西乌斯府邸，清晨

布鲁图并不是这场阴谋的唯一主使。另一位重要角色，卡西乌斯生性暴躁，傲慢无常，这些特质令他成为一名罗马军团的杰出统帅，但恺撒的远见卓识和个人声望却令他望尘莫及。今天，在他家中，到处洋溢着欢快的气息，奴隶们正在为异常整洁的房间进行最后的装饰。效力多年的奴仆眼中闪烁着光芒。他们正为即将到来的庆典进行准备……但是要庆祝什么？眼前的一切与刺杀恺撒的行动毫无关系，众人对这场阴谋一无所知。

作为一个阴差阳错的巧合，卡西乌斯的儿子将在今天，即3月15日成年，因此他必须在当日身穿成人托加（白色长袍，toga virilis）。他的名字来自父亲盖乌斯·卡西乌斯，时年介于14岁至16岁。昨晚，在上床就寝前，他已经经历了正式迈入成人世界的仪式。他拿起自己的男孩长袍（镶绯红边白长袍）和垂饰，那是一条带有好运符咒的贴身项链，将它们放在家中的小圣坛上，这里供奉着古罗马的家庭守护神拉列斯，以及赫赫有名的先祖们的蜡质遗容面罩。随后，依照祖制，他身穿洁白无瑕的长袍上床就寝。

卡西乌斯当时的心境不难想象，这位坐卧不安的父亲一面承受着巨大的压力，一面不得不心不在焉地挤出自豪的笑容。今天作为一名父亲，他必须强颜欢笑、故作镇定；但在内心深处，他一定暗中咒骂恺撒为如此重要的家族纪念日蒙上了"阴霾"。

他的儿子此刻身穿白色的成人长袍，难以掩饰心中的激动。此时，依照祖制和律法，父子二人应该穿过古罗马广场，前往卡比托利欧山，将这个年轻男人的姓名写入罗马帝国档案馆的公民名单。

他们身边簇拥着亲朋好友和父亲的众多门客，以及不请自来的各色宾客。

此刻，他们正在与卡西乌斯进行交谈。在众人眼中，这些不过是前来庆祝的朋友和元老同僚，这是主人声望和权势的一种象征。没有人意识到，这些参与密谋的元老即将护送卡西乌斯前往元老院，并就此改写历史。

只要稍加留意，不难察觉人群中神色怪异的人正挤眉弄眼和窃窃私语，一张熟悉的面孔映入眼帘：马库斯·尤利乌斯·布鲁图。只见他脸色苍白，神情慌张地从柱子后面一闪而过。

最后的仪式结束后进行了一场简短的祭祀活动，人群在卡西乌斯心不在焉的寒暄中从府邸中散去，只见他们从门上高悬的幸运花环下穿过，鱼贯步出大门。府邸的主人面带微笑，身旁的儿子在度过了奇怪的一天之后显得有些不知所措。他们身后簇拥着前来道贺的人们，在一片嘈杂的喧闹中不时传出爽朗的笑声，当府内的人群散尽后，屋外的道路上开始出现涌动的人流，这场阴谋已经悄然拉开了帷幕……

特韦雷岛，早晨6时20分

一名奴隶关上门，抬头望去，只见空中盘旋着一个黑影。那是一只猛禽，或许是秃鹰，正在空中缓慢而威严地飞翔。它正在进行侦察，搜寻一切可能出现的猎物，城市中随处可见的鸽子、斑鸠和啮齿类动物为它提供了充足的食物。它的出现没有逃过一位占卜师的双眼，这名伫立在附近神庙中的男子注视着这只猛禽，希望在它的飞行轨迹中捕捉到一丝神迹，无论是幸运还是不祥。当鸟的轮廓出现在东方无比耀眼的天幕中时，占卜师不禁皱起了浓密的眉毛，看着它掉转方向，继续在空中进行大范围盘旋。它要飞向哪里？诸神为何不将这只猛禽"推向"特别的方向，向他传递一种明确的信息？这名占卜师的思维与动物的天性仿佛南辕北辙。猛禽在空中盘旋的目的只是寻找食物，而并非受到神灵的召唤。经过一番徒劳的搜索后，这只猛禽准备离开。它突然奋力震动双翅，背着初升的朝阳，从特韦雷河上空掠过，飞向林木葳蕤的乡野大地。占卜师的目光久久追随着突然改变方向的猛禽，直到它变成远方的一个黑点，随即带着古怪的笑容望向地面，陷入沉思。其中的信息清晰而不祥。一只飞向日落之处的猛禽，意味着当权者将要大难临头。

几分钟后，这只猛禽出现在特韦雷岛长长的轮廓上空。在它张开的羽翼之下行进着一小股军队。只见这队全副武装的罗马军团士兵一手持盾，一手握矛，正在穿过岛上的桥梁，向罗马城外进发。从空中俯瞰，他们宛若一条暗红色的河流，成百上千件披风在整齐的脚步起落声中如波浪般翻滚起伏。军歌熟悉的节拍中夹杂着兵器、甲胄以及各式金属制品碰撞发出的铿锵声，穿过一层层驻足围观的行人向城外飘去。众多突然打开的窗户中，人们争相探出脑袋观看这场行军盛况。这支部队象征着罗马的力量，这座城市也因此被赋予了书写未来数百年历史的魔力。

这支队伍或许只包括寥寥数个百人团，而不是早已进驻特韦雷岛的整个罗马军团（包含5 000名士兵的庞大兵力）。这支部队的名称我们不得而知，但据历史学家施特劳斯称，与入伍不久的新兵不同，这显然是一群久经沙场的老兵，至少拥有极为丰富的作战经验。多年来，他们追随恺撒的脚步南征北战。即便从中挑出几名士兵（按照他们的身手和经验，或许只需要一名士兵），也足以在今天的场合挽救恺撒的生命。然而此刻他们却正在列队远行，只留下恺撒独自面对宿命的审判。这些士兵没有参加讨伐帕提亚人的战争。他们是马库斯·埃米利乌斯·李必达的手下，就在几个小时之前，恺撒刚刚宣布了对李必达的最新任命：四天之后，他就将出任纳尔邦西斯行省和近西班牙行省的新任执政官。昨晚李必达很可能就留宿军营，置身这些即将随他赴任的士兵之中。此时，他们即将离开罗马，在都城外进行操演。此刻李必达或许就跨坐在白马之上，迎着众人的目光挺立队首。而他同样整装待发，留下恺撒独自面对命运。

恺撒府邸，早晨 6 时 20 分许

这是一个充满矛盾的日子。狂风在城市上空肆虐，翻滚着涌入街巷和房屋，人们不由得裹紧了身上厚厚的斗篷和披风。空气中找不到一丝阳光的温暖。

在恺撒居住的国家公寓中，奴隶们已经开始烧水，为这位伟大的统帅准备早餐—— 一顿简易的早餐，一如往常。

此刻，他正背对众人端坐在折凳上，那是一张没有靠背的折叠坐凳，就是军营统帅大帐中的常见样式。几名奴隶正用油膏和梳子小心翼翼地梳理着他的头发。恺撒在风餐露宿的军旅生活中养成了粗犷的性格，但他对自己的仪容格外在意。尽管他日渐灰白的头发令无数男女痴迷，但发量逐渐稀疏的事实却成了一个难言之隐。据史料记载，在岁月流逝中日渐消失的头发令恺撒不胜其烦。而最行之有效的方法就是耐心地将所有头发向前梳理，就像他的雕像中的常见发式那样。这就是两名奴隶此刻正在进行的工作。

与此同时，屋外四周院墙下的砖砌长凳上已经挤满了守候多时的请愿人群，人们纷纷请求觐见恺撒，希望自己的问题能够获得他慷慨的关注或建议，因为他即将告别罗马数月之久。沉重的门闩突然发出嘎吱的声响，众人立刻鸦雀无声。一个身材矮小的秃顶胖子从门后闪了出来，只见他一手举着蜡片、一手握笔。他是一位唱名

官，这名奴隶负责对请愿者的身份进行核对，以便对他们"进行分类"，从而加快恺撒接见访民的速度。此刻他开始对众人的姓名进行逐一登记。

恺撒生命中的最后一天就这样开始了。一如往常，但据苏维托尼乌斯称，在经历了一个不眠之夜后，恺撒已经筋疲力尽。他可能遭受了癫痫引发的痉挛。苏维托尼乌斯声称，恺撒最近饱受昏厥和噩梦的折磨，并曾至少两次癫痫发作，据称这种疾病在非洲的塔普苏斯战役期间首次在他身上发作，或许导致他未能参加锁定胜局的进攻。事实真相扑朔迷离。包括巴里·施特劳斯在内的一些学者认为，关于恺撒健康状况的种种传闻，很可能由他的支持者在刺杀发生后刻意编造并进行传播，目的就是掩盖导致他遇刺身亡的明显误判。

恺撒府邸，早晨 7 时许：
占卜师纷纷入宫

卡尔普尼亚心潮澎湃。她忧心忡忡，试图说服恺撒同意留在家中，将元老院的会议推迟到翌日。或许她对于袭击的强烈预感超出了我们的预想。苏维托尼乌斯告诉我们，这种恐惧在"恺撒长时间的犹豫"中得到了印证，尽管他并不是一个被迷信思想左右的人。最终，他还是在卡尔普尼亚的恳求下妥协了，在宫中宣布召见占卜师。有人认为，恺撒推迟会议的愿望来自身体不适，因为只为平息妻子的忧虑就将如此重要的元老院会议延期着实令人不可思议。如果确实如此，安提斯提乌斯一定也受到了召见，作为恺撒的御用医师，正是这个人在数小时后查验了他毫无生气的遗体。

庞培元老院，早晨7时：角斗士集合

一名奴隶正在主人的庄园外清扫昨夜大风留下的满地落叶和垃圾。紧紧捆扎在扫帚上的枝条，以令人昏昏欲睡的节奏不断划过人行步道，仿佛正在书写一道道长长的笔画。扫帚有条不紊地擦过石板路，发出声声悠长的叹息，与此同时，一阵脚步声从远处传来：一队占据了整条街道的男人正迈着整齐划一的步伐向他走来。奴隶一动不动，手足无措地注视着他们。只见这些人无一例外肌肉发达、魁梧健壮，他立刻意识到这是一群训练有素的男人。军团士兵？似乎不是。摔跤手？也不尽然，他们的长发在头顶绾起高高的马尾发髻。看上去就像一群——角斗士。奴隶目不转睛地瞪大了双眼，加快了打扫的速度，随后转身退入庄园，赶在角斗士到来前关上了沉重的缀满铜钉的大门。他们目光专注，步态威严。市民们在其中发现了许多家喻户晓的角斗手和冠军。

这群角斗士为何会出现在清晨7点的街道上？原来他们受雇并效力于昨夜宴会上的另一位客人——德西穆斯。他们人数众多，约百人，或许就来自德西穆斯自己开办的角斗士学校。这伙人使用兵器进行近身搏斗的能力鲜有人能匹敌。在这场阴谋中，他们的使命是阻止一切来自恺撒支持者的潜在干扰，甚至在必要情况下封锁元老院的入口。他们径直进入庞培剧场的巨大花园，没有引起任何怀疑。在元老院会议上进行角斗士表演的传统由来已久。一旦有人提出质疑，就将被告知他们奉命前来抓捕一名背叛主人的角斗士……在一片静寂中，角斗士蹲伏在柱廊下，仿佛一群伺机扑向猎物的猛兽。此刻距离早晨8点的元老院会议还有一个小时。

与此同时，卡西乌斯陪同儿子前往位于卡比托利欧山的罗马国家档案馆，并将他的名字加入公民名单后拥抱了他，随后在几乎所有同谋的陪同下将他送回府邸。随后卡西乌斯、布鲁图以及其他元老向庞培剧场赶去。从卡比托利欧山上放眼望去，由崭新大理石筑成的巨大建筑就矗立在山下。它就像一个挑战，散发着令众人无法抗拒的强大吸引力。

恺撒宅邸，早晨7时45分：
恺撒决定缺席元老院会议

在前往元老院的途中，密谋者无从得知，他们刚一离开卡比托利欧山，恺撒就做出了缺席这次会议的决定。占卜师们的最新占卜结果显示，此行凶多吉少。恺撒就在现场，凝视着被掏空内脏的动物尸体，面前鲜血淋淋的尖刀刚刚完成了开膛破肚的使命。此时，卡尔普尼亚正用哀怨的眼神注视着他。恺撒随即微笑着宽慰地拍了拍妻子的脸颊，告诉她自己不会出席会议。

恺撒转向自己的副官，向他口述了一份给安东尼的短信，安东尼的住所就在附近，在信中恺撒要求他前往元老院，以执政官的身份宣布会议取消。

卡尔普尼亚如释重负，精疲力竭地瘫倒在身旁的卧椅上。不眠之夜的煎熬和连日来的焦虑不安令她的身心濒临崩溃。

恺撒再次默诵短信内容，并签上自己的名字。随后，出于他独特的嗜好，恺撒将这张莎草纸反复对折，使其看上去就像一本便笺簿。在折完纸后，他将短信交给自己的副官，后者步伐坚定地走向住宅的出口。苏维托尼乌斯指出，只有恺撒保持着这种怪癖，将文书像风箱一样进行对折，而在以往，"执政官和裁判官都习惯于保持信纸的完好和平整"。

庞培元老院，上午 8 时许：
密谋者到达会场严阵以待

无论议员还是密谋者都对恺撒的决定一无所知。在恺撒到来之前，众人照常开始处理烦琐的政务。作为市执政官，布鲁图负责对众多请愿逐一过目，解决纠纷和各种法律问题。他选择在庞培剧场庞大花园四周的柱廊下处理公务，这里摆放着许多高背靠椅。他异常冷静地对每一位请愿者报以微笑，看上去平静而专注。但他此刻的心境却与表面所见相去甚远。布鲁图的内心深处早已被各种情绪、恐惧和焦虑占据。他不时将目光投向不远处的角斗士，只见他们静静地蹲坐在半明半暗的柱廊中。布鲁图明白，整个计划已经箭在弦上，任何意外都会导致所有努力功亏一篑。他的目光与卡西乌斯的目光在空中相遇，后者似乎也失去了清晨时的自信。他眼神迷离，不时低头凝视地面，而当他重新昂起头时，双眼又恢复了久违的自信。

其余元老和密谋者同样强装镇定以掩饰紧张的心情。在柱廊的一侧，他们的副官默不作声地捧着手中的山毛榉木箱，这些箱子略高于一拃，可以容纳半打卷轴，今天，箱子里盛放着元老们需要使用的文书。没有人知道，箱内纸张中隐藏的短剑，即将为恺撒送上致命一击……就这样，在众多谍战电影问世前数千年，密谋者已经通过后门，成功将兵器偷偷带入了元老院雄伟的大厅。

安东尼宅邸，上午 8 时：
安东尼收到恺撒的短信

高卢奴隶的绿色瞳孔令人触目惊心。当马克·安东尼的迦太基仆人打开宅邸大门时，一个巨大而健硕的身影出现在他面前，姜黄色胡须下的皮肤白皙无比。此刻他的心情无疑就像在战场上面对高卢战士的恺撒军团，这些异族同类雄伟的体格令人望而生畏。这个强壮而骄傲的民族拥有古老的历史传统，与迦太基人如出一辙。此时高卢奴隶的面前就站着一个迦太基人。这短短几英尺的距离浓缩了罗马帝国横跨地中海和欧洲大陆的霸权扩张史。然而此刻，面面相觑的两人无暇顾及历史。眼前的一幕在当时极为普遍。高卢人和迦太基人都保持着在自己占领的土地上，从被征服的族群中挑选奴隶的传统。恺撒的高卢奴隶奉命前来传达短信，片刻之后他便站在了安东尼宽大宅邸的中庭，环视四周，墙上的壁画闪烁着明亮的色彩，刚刚修葺完成的天花板弥漫着干燥木材的强烈气味。这座典雅的宅邸笼罩在一片静谧之中，只有从赫尔墨斯雕像面部冒出的汩汩细流，源源不断地落入水盆，然后溢入房屋正中的方形水槽，漾起一圈圈优雅的波纹，将水面上跳跃的阳光投向四周的墙壁。

恺撒的奴隶并没有等候太久，安东尼的副官在亲手接过短信后就向他发出了返回的指令，转身向自己的主人走去。让我们跟随他的脚步。

在穿过内庭巨大的花园后，这位副官来到了主人身前。他的主人背对众人而坐，赤裸着胸膛，一名奴隶正在为他浓密的鬈发进行最后的梳理。他挥手示意奴隶退下，然后转过身来。

首先映入眼帘的是安东尼宽阔而强壮的胸膛，他的身体因常年体育锻炼而保持着刀刻斧凿的线条。双眼又黑又大，迷人的皱纹从眼角向太阳穴蔓延，仿佛一轮光芒四射的红日。双唇饱满，每当微笑时，嘴角浮现的细纹在高耸的颧骨和有力的下颌衬托下，为他棱角分明的脸庞平添了一股阳刚之气。今天，他浓密而卷曲的长发像瀑布一样倾泻而下。这张明媚而坚毅的脸庞令人过目难忘。那是一张39岁的男人活力满满的面庞。

他大大的褐色双眸向副官投来一束疑惑的目光。面前的男人随即俯首弯腰，双手向他呈上恺撒的短信。看到短信的内容，安东尼的脸上浮现出一抹微笑，他的脸庞在不断出现的迷人皱纹中熠熠生辉。元老院会议取消的消息令他心情舒畅。今天本应是多拉贝拉——这个令他深恶痛绝的男人当选执政官的日子。而如今，随着恺撒即将离开罗马开始远行，这一任命也变得遥遥无期。今天在一个好消息中拉开了序幕……

特韦雷河对岸的庄园，上午8时20分：
克娄巴特拉

此刻，在距安东尼几英里之外的特韦雷河对岸，另一只手正抓着一张莎草纸，而纸上的文字略显陌生。组成这些词句的并不是拉丁字母，而是希腊字母。克娄巴特拉的目光摩挲着一个个字母，这些内容是几周前由底比斯的一名抄写员仔细撰写的。在信中，一位高级官员就一座大型神庙的管理工作向身在异国的克娄巴特拉进行了汇报。尽管长达数周的通信时间似乎稍显漫长，然而回到当时的年代，这仅仅相当于召集一次政府会议所需的时间，因为信息传播的速度从未如此迅速。

在自己家族统治下的托勒密王朝，作为官方行政语言，克娄巴特拉说着一口流利的希腊语，但这并不妨碍她对包括底比斯在内的穷乡僻壤的古埃及通俗文字了如指掌。自出生以来，克娄巴特拉就对日常生活中多种多样的语言文化习以为常，甚至对各种外文字母见怪不怪。这种情形大抵类似于克娄巴特拉生活在现代世界的纽约、伦敦、温哥华、香港或迪拜等国际都市。

而这对于人们理解她的超越时代的思维方式至关重要。如果突然穿越时光进入未来世界，她将轻而易举化身为大型跨国公司的高管，搭乘私人飞机参加海外会谈，频繁在上流社交场所露面。而且，她或许要比自己的男性同事更加如鱼得水……

尽管生活在遥远的古代，但克娄巴特拉的身体里却栖息着一个现代女性的灵魂。她天性自由、无拘无束、内心强大，在一个女性同胞普遍屈从于文化"罩袍"束缚、在男性沙文主义无孔不入的社会中，扮演了关键的时代角色。

她稍作停顿，仰起头来，目光越过莎草纸上的文字，投向大理石阳台外的树枝，一只斑鸠正在那里发出咕咕的叫声。随后，她的目光离开斑鸠，掠过特韦雷河岸区，飘散在永恒之城的天际尽头。

和耶路撒冷一样，在地中海地区、欧洲大陆，甚至整个世界中，罗马或许称得上一座语言类型最为丰富的城市（包括当时广为流传的重要方言）。这里活跃着包括高卢语、伊比利亚语、日耳曼语、希伯来语、阿拉姆语、迦太基语、伊特鲁里亚语，以及极有可能伴随商人和水手的活动，从努比亚、叙利亚、亚美尼亚和印度等遥远国度传来的各种语言。

理所当然，拉丁语和希腊语的传播范围最为广泛，上流社会通常使用双语交流。然而，当你从意大利半岛南部向东出发，拉丁语的使用逐渐减少，希腊语开始成为官方语言，希腊自不待言，就连包括土耳其在内的整个中东地区乃至埃及，都成了希腊语的世界。这或许是希腊文化和亚历山大大帝最为伟大的特殊馈赠。作为古代世界存在的第八大奇观——希腊文化，在广袤的领土上蔓延生长，为不同的大陆和人民带来了智慧的光芒和开放的思想。它所产生的影响将在未来数百年间绵延不绝。无怪乎福音书由希腊语创作。无怪乎克娄巴特拉选择用希腊语向他的爱人恺撒倾诉衷肠。

庞培元老院，上午 8 时 30 分：密谋者的惊魂时刻

　　此时，在庞培元老院，紧张的气氛开始在密谋者中蔓延。恺撒迟迟没有现身，原因不得而知。密谋者中有一对名叫卡斯卡的兄弟。据普鲁塔克称，一个男人走向两兄弟中的一位，抓住他的胳膊说道："卡斯卡，你自己守口如瓶，可是布鲁图已经全都告诉我们了。"就在卡斯卡错愕之时，另一个人面带微笑接着说道："我亲爱的朋友，难道你忘了自己一夜暴富，在建筑行业呼风唤雨的原因吗？"卡斯卡茫然无措地望着他，鬼迷心窍一般，他险些泄露即将发生的刺杀阴谋！

　　然而一切才刚刚开始！在等待恺撒的过程中充斥着一个接一个的巧合，将提心吊胆的密谋者们变成了一群惊弓之鸟。几分钟后，一个人来到了这场阴谋的幕后主使——布鲁图和卡西乌斯身旁。此人正是普布利乌斯·波皮利乌斯·拉埃纳斯（Publius Popillius Laenas）。在向二人致意时，他的神态似乎异常恭敬。随后他凑近二人中的一位，低声说道："我祈祷上天保佑，为你的计划赐予一个

完美结局。"然后转身离开。二人面面相觑，心中不寒而栗。难道阴谋已经败露？恺撒的卫兵会不会从门口一拥而入，将他们一网打尽？心中揣度着这种可能的结局，众人做好了自杀的准备。

毋庸置疑，他们已经没有时间继续等待。成败将在瞬间决定。

密谋者三五成群陆续抵达，他们分别围聚在卡西乌斯和布鲁图身边，其余的人则各行其是。紧张的空气令人窒息：有人将手探入长袍的褶皱，摩挲着剑柄的圆头；有人烦躁不安地来回踱步。然而，这些人到底是谁？他们的人数又有多少？没有人知道答案，但与现场攒动的人群相比，他们的人数无疑微不足道。在恺撒统治时期，元老总数约为900人，然而在3月15日月中日当天缺席的元老数目也相当可观。除去每次会议庞大的缺席人数外，大厅的面积（3 600平方英尺）以及恺撒本人迟到造成的不利影响也应考虑在内。有人称，当天至少有400人到场；与此同时，包括历史学家巴里·施特劳斯在内的另一些人则认为，当天出席的人数介于100到200人之间。可以确定的是，实际参与行刺的人数寥寥无几，据苏维托尼乌斯称，有60多人。有人甚至认为只有30人左右。无论如何，如此庞大的密谋者人数意味着，当天到场的人中不仅有元老院元老，还包括贵族阶层的代表。

西塞罗当时也来到了现场。他对整场阴谋一清二楚，却没有参与最后的行动，也就是说，他没有参加刺杀行动。或许其过人的口才破坏了同伙对他的信赖。

最为匪夷所思的是，即便称不上恩重如山，大部分行刺者也都曾或多或少蒙受恺撒的恩典。很多人在战场上承蒙恺撒的救命之恩。那些曾经协助庞培对抗恺撒的死敌，在战争结束后随即获得了赦免，他们也因此保全了自己的尊严和在元老院中的地位，或许还有幸被委以重任。生而为人，这种背叛卑鄙至极。

密谋者中当然不乏曾经忠诚而如今心灰意懒的支持者、死敌庞培伺机复仇的党羽以及利欲熏心的元老院元老。

然而布鲁图的故事却着实令人瞠目结舌。详情如下：

作为共和国开国元勋的后代，布鲁图出身显赫。尽管父亲为庞培所杀，他依然加入了庞培的阵营与恺撒对抗，并曾联合庞培与恺撒在著名的法萨罗战役中一较高下。然而，恺撒却一直对他青睐有加……或许因为他是恺撒第一位挚爱——塞维利亚（Servilia）的儿子，又或许，恺撒怀疑自己就是他的亲生父亲，然而真相将永远不为人知。

伊娃·坎塔雷拉教授称："塞维利亚和恺撒之间的关系不同于这位独裁者的任何一段风流韵事。她是唯一一个令恺撒在几十年间念念不忘的女人，在此期间，以风流闻名的恺撒自然不会放过拈花惹草、及时行乐的机会。然而只有塞维利亚与恺撒维持着一段超越了男欢女爱的关系，而且关于布鲁图就是恺撒儿子的流言（并非空穴来风）在当时也甚嚣尘上。"

因此，在战斗开始之前，恺撒就传令部将，不准杀死布鲁图。如果他拒绝被俘，就网开一面任其逃生。不出恺撒所料。战败后的布鲁图落荒而逃，还从藏身之处（位于塞萨利的拉里萨）向恺撒送来消息，后者在获知布鲁图生还的消息后欣喜若狂，并邀请他与自己相见，两人尽释前嫌。在会面时，布鲁图为自己的好友（随后成为阴谋策划者之一的）卡西乌斯向恺撒请求宽恕，为了证明自己对布鲁图的偏爱，恺撒甚至任命卡西乌斯为山南高卢行省的执政官……然而，几个小时后，卡西乌斯就将用一把刺入恺撒身体的短剑向他表示感谢。

最后，作为恺撒的忠诚部下，安东尼也进入了阴谋策划者的死亡名单。然而，布鲁图提出反对意见，并试图通过安东尼的安然无恙告诉罗马人民，整个计划的目的只是铲除独裁者恺撒，而不是对他的政治派系赶尽杀绝。而且，他自负地相信，刺杀成功后安东尼会加入自己的阵营。对于布鲁图和他的所有同谋来说，这次失算引发的后果将被证明为一场灾难。

上午9时许：
恺撒没有出现

安东尼的到来令密谋者嘈杂的声音和混乱的思绪戛然而止。众人纷纷向他围拢过来。三言两语之间，安东尼宣布了恺撒缺席的决定。至于原因——占卜师们在占卜时发现了不祥的预兆。在最初的惊诧和沮丧过后，人群中爆发出各种声音，有人高声叫喊，有人大声欢呼。有人一边迅速离开，一边抱怨白白浪费的时间。其余的人则大喊大叫宣泄不满。得知恺撒缺席的消息，一个奴隶搬走了他的黄金座椅。密谋者聚成一团，酝酿着下一步的行动。这是所有同谋首次共聚一堂。谁能想到只有西塞罗才对所有阴谋参与者了如指掌。他们决定派出一名恺撒深信不疑的亲信劝说他出席会议。作为恺撒的军团长、同党和长期密友，同时也是密谋者之一的德西穆斯被众人选中。几分钟后，他就出现在人潮汹涌的街道上，表情凝重、思绪万千。如果此行未能成功，恺撒就将毫发无损地踏上讨伐帕提亚人的征程，这场箭在弦上的阴谋将会就此暴露，所有参与者，包括自己在内，都将坠入万劫不复的深渊。在街角处，他毫无防备地与另一个步伐坚定、神情专注的男人迎头相撞——阿特米多鲁斯，这位希腊哲学家迫切地想要提醒恺撒即将到来的袭击。他口干舌燥，冒汗的双手依旧紧握着莎草纸，仿佛已经为改写历史做好了准备。两个男人向对方投去匆匆一瞥。他们分别象征着截然相反的历史轨迹：恺撒逃过一劫，或者遇刺身亡。身为一名自由民，哲学家阿特米多鲁斯在这位强悍的罗马政客面前垂下了头，侧身让出了道路。而这一幕在阴差阳错中预示了随后的历史走势。

恺撒宫殿，上午 9 时 45 分：
德西穆斯赶到

德西穆斯径直越过等候恺撒接见的访客队伍。看到德西穆斯，唱名官——一名负责分类登记请愿者的奴隶——立即将他引向自己的主人。德西穆斯来到恺撒面前，后者立刻在这位老朋友身上嗅出了一丝异样。只见他上气不接下气，前额反常地挂满汗珠，语气激动，口中蹦出的每一个字都散发着紧张和不安。然而，恺撒非但没有产生任何怀疑，反而感同身受地想要弄清是什么使自己的朋友如此焦躁。"恺撒，你疯了吗？"德西穆斯说道。据古代作家大马士革的尼古拉斯记载："你怎么会对一个女人的梦呓和那帮蠢货口中的预兆信以为真？"德西穆斯开始了对占卜师的冷嘲热讽，并警告恺撒，他缺席会议的决定将被视为对元老院的冒犯。不难想象由此将会引发的诽谤谩骂和纷至沓来的控诉。德西穆斯随后将矛头指向了恺撒的妻子卡尔普尼亚，他质问道："如果这个女人的梦境如您所愿，结果又将如何？"他告诉恺撒，这种拒绝前往元老院的态度，将被解读为傲慢和冷漠，他的朋友也将因此受到毫无必要的牵连，从而无力对恺撒进行辩护。恺撒对罗马人民和元老院的责任感此时在何处？

德西穆斯的脖子在慷慨陈词中青筋暴起，看着眼前罕见的一幕，恺撒暗中思忖，自己是否低估了拒绝前往元老院的后果。事后看来，他缺席元老院会议的决定完全正确，反而是对密友的信任将令他追悔莫及。而后者，据大马士革的尼古拉斯称，向他献上了一份完美的变通方案：如果他对当日的不吉之说深信不疑，最好亲自向众人宣布会议推迟的消息。此时，门后的卡尔普尼亚，一边提心吊胆地听着一切，一边暗自祈求自己的男人不要回心转意……

马库斯·布鲁图宅邸：上午10时许

波尔西亚——马库斯·布鲁图的妻子、恺撒的死敌，此刻正心急如焚。她对元老院的谈话一无所知。她感到胸闷气短，几乎无法站立，街道上一有风吹草动她就冲出去一探究竟。她向每一个从罗马广场归来的人打听消息，同时尽一切可能打发手下前去探听布鲁图的情况……

与她们的丈夫相比，这些作为妻子的女性往往遭到忽略。在女人们的行为举止和喜怒哀乐中，往往隐藏着关于丈夫的大量信息。波尔西亚面色苍白，显得毫无血色，尽管努力想要说些什么，但半张的嘴里却没有发出一丝声音，她突然毫无预兆地一头栽倒在地板上。侍女们尖叫着乱作一团，邻居们闻声也前来敲门探望。"波尔西亚暴毙的流言开始在人群中蔓延。"普鲁塔克这样写道。然而接下来发生的一切更加离奇。

几分钟后，波尔西亚苏醒过来。而与此同时，她已经身亡的消息开始不胫而走，最终由一名气喘吁吁的奴隶带给了布鲁图。此刻他内心的波澜可想而知，在赶回家中一探究竟的冲动折磨下，布鲁图急不可耐地希望获得妻子的最新消息……尽管如此，他依然装出一副若无其事的样子。他心中明白，自己此刻必须全神贯注地投入刺杀恺撒的行动中。"显而易见，这个不幸的消息令布鲁图五内俱焚，"普鲁塔克写道，"但他没有就此将民族大义抛之脑后，一味沉浸在悲伤的个人遭遇中。"

恺撒家中，上午 10 时 20 分：
恺撒准备出发

恺撒目不转睛地注视着好友德西穆斯的双眼。良久之后，一只旋木雀吸引了他的视线，恺撒的目光追随这只小鸟，在花园中的桃金娘枝头一路跳跃而去。只见他如释重负地再次望向自己的朋友。大功告成，他同意前往元老院。

然而恺撒并没有立即动身。他对自己的形象格外在意。他穿上贴身羊毛短袍（当时依然寒风肆虐），外罩暗红绣金长袍，元老院允许他随时穿着这种特别为凯旋仪式准备的统帅装束，脚踏金色凉鞋。奴隶们对他日渐稀疏的头发进行了长达数分钟的悉心打理。

随后恺撒照例戴上了他的桂冠（恶毒的流言认为这只是为了掩盖他光秃的头顶）。现在，他做好了出发的准备。

然而，就在恺撒和德西穆斯正要走出房间时，意外发生了。这堪称未来数百年间最为激烈的预兆之一。门廊中的一尊恺撒雕像突然跌落，粉身碎骨。两个男人在惊诧中转身，良久无语。德西穆斯唯恐功亏一篑，暗中咒骂这诡异的巧合。然而恺撒心意已决，只见他向宅邸的大门走去。望着他远去的背影，卡尔普尼亚愈发强烈地感到，自己的丈夫正在坠入悲剧的深渊。突然，恺撒停下脚步，转身凝视着她的双眼。在深情对视之间，两人并不知道，这将是他们此生最后的相见。恺撒随即穿过前门准备出发，在那里，一小队护卫和一顶轿子正静候着他的到来。卡尔普尼亚伫立在原地，一言不发，就像一尊雕像，一动不动。她目送着丈夫离开，当大门在他身后关上的刹那，屋内立刻被空虚填满。在她的灵魂深处，尚且残留一丝暖意，来自那最后的深情回眸。

恺撒家中，上午10时25分：
向恺撒发出警告的奴隶

　　恺撒刚一走出屋子，头上的桂冠就险些被狂风掀飞。在伸手扣上桂冠的同时，一个奴隶进入了他的视线，这个黑皮肤的鬈发年轻人正奋力从门口向他靠近，一副有话要说的样子。只见他瞬间就被争相目睹恺撒英姿的汹涌人流推向一边。这个奴隶锲而不舍地在高举双手为恺撒欢呼的人群中艰难前进，直到负责保护恺撒的扈从伸出强壮的手臂将他抓住，并死死按在墙壁上。他泄露天机的企图以失败告终。

　　他究竟是谁？要向恺撒发出什么警报？一直以来，众多古代历史学家对此充满好奇。普鲁塔克称，他是一位元老豢养的家奴。至于他的行为是自愿，抑或隐藏着主人的授意，我们不得而知。或许某位立场友好的元老在会议大厅觉察到密谋者获知恺撒缺席后的失望之情，尤其是布鲁图得知妻子暴毙后依然不动声色的诡异反应之后，洞悉了这个不可告人的阴谋。据推测，这名奴隶（抑或他的背后主使）并不清楚袭击的具体细节。此时此刻，这个年轻人做出了他力所能及的唯一选择，正如普鲁塔克所述："在簇拥在恺撒周围的人潮裹挟之下，他奋力挤入屋内，出现在卡尔普尼亚面前，并请求她庇护自己，直到恺撒返回，因为自己有重要情况向他汇报。"

上午 10 时 30 分：
走向死亡的恺撒

恺撒爬上轿子，找到一个舒服的姿势躺下，仿佛正在参加一场宴会。尽管刚刚解散了自己的私人卫队，这些忠诚的伊比利亚战士总是手握出鞘的利刃紧随恺撒左右，但他此时并不孤单。在他身边簇拥着如潮的人流，使这趟旅程看上去就像一场游行。人群中还有24 名扈从及众多裁判官和恺撒的专属随从（鉴于他最高大祭司的身份），以及大量市民、自由民、奴隶和外国人。

轿子在8名奴隶的肩膀上缓缓升起，开始移动，刺绣的窗帘伴随起落的脚步不住摇晃着。游行队伍从驻足围观的路人眼前经过，沿途的窗户和阳台传来人们为恺撒发出的欢呼声。在所有人眼中，无论是支持者还是敌人，他俨然就是一位叱咤风云的历史英雄。

轿子被高高举过头顶，从很远的地方也能一览无余。人们纷纷从店铺中涌出，争相上前瞻仰这位伟大的统帅，有人托起自己的孩子窥探侧卧在轿中的恺撒，有人（尽管寥寥无几）壮着胆子从远处向他发起抗议，但很快便被淹没在恺撒支持者的辱骂声中。尽管安娜·裴伦娜节的庆祝活动正在如火如荼进行之中，游行队伍四周依然聚集着数目可观的行人。尽管其中大多是他的支持者，但也有为数不少的人希望获得恺撒的帮助，期待为亲友寻求建议，并伺机向他呈送请愿书信。我们对确切的前进路线不得而知，但据估算全部路程介于1 400英尺到1 500英尺之间，考虑到围观的人群和山坡的地势，大约需要45分钟时间。

世人难免好奇，彼时恺撒是否明白，风姿绰约的罗马城正在接受他有生以来的最后一次检阅，罗马仿佛在向这个赋予她卓越风貌的男人依依惜别。行进中的队伍笼罩在一股不祥而肃杀的气氛之中。

这座熟悉的城市在与恺撒的诀别中呈现出怎样的风景？那些散布在茱莉亚大教堂和古罗马广场讲坛之间的纪念碑、神庙以及众多建筑依次映入恺撒的眼帘，其中两处令他念念不忘，分别象征着出现在他生命中的两位重要人物。这两个为他带来荣耀和爱的人正是韦辛格托里克斯（Vercingetorix）和克娄巴特拉。

此刻，恺撒乘坐的轿子正在经过玛默监狱（the Mamertine Prison），他仿佛重新回到了那段征战高卢的时光，而他的死敌，高卢首领韦辛格托里克斯投降的场景依然历历在目。恺撒脑海中再次浮现出那场年代久远的胜利和凯旋的队伍，在经过漫长的囚禁岁月之后，他就是在这里将自己的死敌送上了绞刑架。恺撒在唏嘘感慨中缅怀着浴血高卢的峥嵘岁月，记忆中的画面是如此壮怀激荡而又生机勃勃。

稍远处由他亲自监督修建（为数不多在他有生之年建成完工的建筑）的恺撒广场，令恺撒心头为之一颤。当年落成庆典的场景伴随着横扫高卢、埃及、本都王国和非洲大陆的记忆，依然鲜活如昨。正是那时，恺撒命人刻下了"我来，我见，我征服"的巨大标语，并在满载战利品和战俘的游行中巡回展览。

在从埃及凯旋时，他在游行中展示了一幅巨大的尼罗河画像和一座亚历山大城灯塔模型。更有甚者，一场大型海军战役也被搬上了舞台，为此他下令专程将4 000名桨手和众多被俘的埃及战舰运往罗马。罗马人民看到长颈鹿时的震惊一幕令人记忆犹新。他们将这种从未见过的动物命名为"驼豹"，因为在它们形似骆驼的身躯上覆盖着猎豹一样的斑点。在人们的记忆中，克娄巴特拉的妹妹同样戴着镣铐出现在游行队伍中。

而经过维纳斯神庙时，恺撒不禁心潮澎湃，无限柔情涌入胸间，脑海中浮现出珍藏其中的众多艺术精品，其中就包括他的挚爱——克娄巴特拉的雕像。这尊令人震撼的镀金铜像与维纳斯的雕像并肩而立，并将世代流传。身为众人眼中古往今来最为伟大的罗马后裔之一，恺撒明令禁止任何人触摸这尊雕像。尽管我们无缘一睹真容，但她或许与来自埃及的爱情女神伊希斯有着相似的外表，也因此得以与维纳斯相提并论（并相伴左右）。一些学者声称，她全身赤裸，另一些学者的说法则截然相反。毋庸置疑，这是一尊美丽而性感的女性雕塑，以至在几乎两百年之后，阿庇安告诉后人，这座"美轮美奂"的雕像依然矗立在神庙中。诚然，在供奉着战利品的神庙中，这尊特殊的雕塑不仅象征着一次简单的征服，还见证了一颗被俘虏的心。恺撒一片痴心，将一尊异域女王的雕像供奉在古罗马广场的神圣庙宇中，这堪称一份至高无上的殊荣，甚至还蕴藏着更为深远的含义……

庞培元老院，正午12时许：
尤利乌斯·恺撒驾到

恺撒乘坐的轿子进入了庞培剧场巨大的柱廊庭院。集结在此的角斗士立刻引起了他的注意，他们训练有素的体格没有逃过这位伟大统帅经验丰富的双眼。看着眉头紧锁的恺撒，一路相伴左右的德西穆斯立刻上前，轻描淡写地搬出追捕角斗士"逃兵"的托词，对他们不合时宜的出现进行搪塞。

《高卢战记》记述了恺撒为高卢人设下的各种圈套，然而令人惊讶的是，眼前的一幕竟没有引起他的怀疑。或许柱廊中混乱的景象分散了他的注意力，往来穿梭其中的人流正忙于处理法律纠纷和各种事务。

恺撒的到来令所有密谋者的精神为之一振。此时此刻，这场阴谋一触即发。在众人的注视下，一名奴隶搀扶着恺撒走下轿子。一位元老走向恺撒，这一幕令所有人霎时面如死灰。此人正是波皮利乌斯·拉埃纳斯。正是他告诉布鲁图和卡西乌斯，自己知道了整个计划，并暗示他们应该加快行动步伐。他们眼睁睁看着他穿过在场的人群，抢在所有人之前来到恺撒身前。此时，他正在与恺撒交谈。布鲁图与卡西乌斯面面相觑，其他密谋者莫不噤若寒蝉。由于对元老的谈话内容一无所知，最令他们担心的是，他已将整个阴谋向恺撒和盘托出。这令人狂乱的时刻仿佛永恒一样漫长。卡西乌斯和一些元老已经伸手按住了各自剑柄冰冷的圆头，做好了自戮的准备。就在这时，布鲁图发现元老拉埃纳斯的肢体语言并没有显露告密者的特征，而更像是一位请愿者。此时布鲁图无法提醒其他同伙，周围混杂着对阴谋毫不知情的人群，但他设法通过面部表情对卡西乌斯和其他密谋者进行安抚，暗示他们务必耐心等候。

事实上，拉埃纳斯在亲吻恺撒的右手后就从容离去，他显然刚刚探讨了一个私人问题。或许他同样对今天即将发生的袭击一无所知。此时密谋者们如释重负，许多人重重瘫倒在座位上，一脸茫然。

此时恺撒站在一个小祭坛旁边，作为元老院会议前的例行公事，千篇一律的祭祀活动将在这里举行。不祥的预兆再次出现。心烦意乱的恺撒将目光投向自己的朋友，而"德西穆斯再次劝说他将占卜师们喋喋不休的空洞预言抛之脑后，专心处理国事"，大马士革的尼古拉斯写道。

就在这时，恺撒在人群中捕捉到一张熟悉的面孔——斯普林那，那位曾对月中日做出不祥预言的占卜师。恺撒喜形于色，据普鲁塔克记载，他突然放声大笑。"月中日已经到了，斯普林那。"恺撒说道。随即，这个男人用低沉的声音冷冷地回复道："正是，已经到来，但尚未结束。"只见在他两道浓密的眉毛下浮现出一张阴郁的面庞。斯普林那是否明知针对恺撒的阴谋却放任其发生？真相将永远不为人知。

恺撒继续沿着柱廊向元老院大厅走去，会议即将在那里举行。人群纷纷围拢在恺撒四周，有人向他提出请求，有人向他呈上羊皮卷，有人向他递上请愿书。恺撒一边在谈笑风生中安抚众人，一边继续前行。一袭镶金深红色长袍和白发皓首之上的桂冠使恺撒成为万众瞩目的焦点，他仿佛一颗镶嵌在王冕顶端的红宝石。

一个男人一边用沾满汗水的双手拨开人群向前挪动，一边目不斜视地紧盯恺撒。只见他气喘吁吁，跳动的心脏在太阳穴四周引发了阵阵悸动，过去的几个小时，他无时无刻不在寻找恺撒。他恼人的臭味令人忍无可忍，一位衣冠楚楚、满头香水气味的元老猛然扭动身躯试图将他挤开，但随即变得呆若木鸡。面前的男人身材格外高大，浓密的胡须和蓬乱的鬈发令人望而生畏，在他汗水涔涔的脸庞上充斥着心急如焚的表情。元老很快便不知去向。恺撒和这个男人之间没有了任何阻隔。伟大的统帅转过身来，在两人四目相交时，恺撒立刻认出了男人，脸上露出微笑。这正是他的朋友阿特米多鲁斯，之前出场的那位哲学家，他已经花了几个小时寻找恺撒，只为向他转交足以改变历史轨迹的卷轴。目标终于出现，此刻恺撒就站在他面前。留给他的时机稍纵即逝，然而此时一道难题出现了。他发现，恺撒将自己收到的大量便条和卷轴未加审阅直接递给贴身副官。他必须确保自己的卷轴免遭相同的命运。恺撒侧过头，对好友的迟疑面露不解之色。阿特米多鲁斯别无选择。只见他缓缓伸出胳膊，将莎草纸递给恺撒，仿佛正作势对他进行指责。随后，他缓步上前低声耳语道："恺撒，请亲自过目，立刻。这份消息至关重要。"恺撒神色诧异，久久注视着面前那对黑色的瞳孔。这双在阐释人生万象时一向笃定的明眸，此刻似乎充满了祈求。他望着被汗水浸透，满是褶皱的莎草纸，将它展开，开始阅读。

然而人群突然打断了他的思绪，不时涌现的请愿书和回荡在耳边的溢美之词吞噬着他的注意力。恺撒没有将阿特米多鲁斯的莎草纸递给副官，而是将它塞入左手的文件中，以便迅速浏览。这是阿特米多鲁斯亲眼所见的情景（这与包括苏维托尼乌斯在内的古人记载不谋而合）。这位希腊哲学家一动不动站在原地，擦肩而过的人群不断推搡挤压着他的身体。他已经完成了自己的使命。密信业已转交恺撒。但他会读吗？他目送着伟大统帅的深红色长袍被人群吞没，桂冠下的满头白发渐行渐远，最终消失在元老院的入口处。此刻，阿特米多鲁斯感到精疲力竭、心力交瘁。他随即离开，退出了历史的舞台。他能否成功改变历史？他在恺撒收到信息的同时要求他立刻阅读，而随后发生的一切为何没能得偿所愿？

历史并没有给出答案。冥冥之中这位伟大的统帅似乎在踏入某条无常逆流后身死魂灭，而这一切绝非偶然。让我们沉思片刻。此前占卜师们的强烈质疑和不祥预兆比比皆是（恺撒或许是一位怀疑论者，但作为一个古代人，他不可能没有任何迷信思想）。此外，卡尔普尼亚和恺撒的追随者不约而同地表达了焦虑和恐惧。尽管恺撒也必然曾心生疑虑，而他却对此置之不理。为什么恺撒会对这些线索、迹象和警告熟视无睹，选择按兵不动？

无论在生活中还是历史上，无数同心圆圈环环相套形成一个致命的漏斗，将受害者吸入其中，悲剧往往就此铸就。只要其中任何一环出现问题，悲剧就能避免。这种情况如此常见，以至人们鲜少觉察自己几乎与灾难擦肩而过。而在恺撒遇刺事件中，阴谋、侥幸和他对危险的低估达成了完美的默契。一桩历史上颇为著名的谋杀案即将拉开帷幕。

正午 12 时 15 分许：
恺撒遇刺

从大厅外几十码远的庭院中传来了急促而纷乱的脚步踏过大理石路面的声音——是马克·安东尼。他本已离开，但在得知恺撒同意出席会议的消息后，又匆忙赶回元老院，心中懊恼不已。他明白，自己的眼中钉多拉贝拉即将在元老院当选执政官。他对即将到来的至暗时刻浑然不觉，罗马的数百万人民和他个人的命运就要迎来天翻地覆的剧变。

安东尼同样注意到了那群角斗士。他们此刻已经起身站立，仿佛正在等候行动的命令。他爬上通往元老院的台阶，不时向角斗士的方向投去忧虑的目光。空气中飘着一丝异样的气息。此时一只手臂拦住了他的去路。他收回投向角斗士的目光，注视着抓住他的男人。是盖乌斯·特雷博尼乌斯。两人迅速打量着对方。安东尼尚未对角斗士的出现发出询问，特雷博尼乌斯就抢先向他抛来一串悬而未决的议题。它们听上去并非特别重要，但从特雷博尼乌斯坚定而洪亮的声音中，安东尼意识到，自己必须有所交代。安东尼决定妥协，但这个男人继续用没完没了的问题纠缠不休。只见他紧紧抓住安东尼的胳膊，想尽各种借口将他困在台阶的尽头。他们目的明确，就是要阻止他接近并保护恺撒。整个阴谋就像一个已经开动的发条装置，机械系统正在有条不紊地运转。

恺撒郑重其事地步入庞培元老院，表情严肃。他的金色凉鞋缓缓踏过大理石地面上精致的彩绘图案。元老们全体起立致敬，一如往日。

恺撒停下脚步，环视大厅。除各位元老外，只见忙于接待元老和裁判官的文官像往常一样来回走动。这次会议似乎与平日无异。他恢复了特有的威严，向座位走去，仿佛鬼使神差一般，恺撒的座位恰好位于自己的昔日宿敌——庞培的雕像脚下。他是否察觉密谋者已经在自己的高背座椅后潜伏多时？

有人看到卡西乌斯仰望庞培的雕像，口中念念有词地开始祈祷。这是否代表了某种信号？与此同时，恺撒已经就座。

此时，密谋者就像一群恶狼向他围拢过来。他们假意上前与恺撒进行开诚布公的讨论，但众人藏在长袍下的手中，却不约而同地紧握着自己的短剑。

第一个走上前去的是元老蒂里乌斯·西伯。他因兄弟被恺撒流放而赶来请求通融。他恳求恺撒允许自己的兄弟返回罗马……然而这只是一个借口，进攻的号角已经吹响。

其他密谋者也纷纷靠近，佯装向恺撒提出自己的诉求。包围圈越收越紧。恺撒周围的元老正在凝聚成一个诡异的绳结，目睹此景，大厅中的众人变得鸦雀无声。

众人的声音清晰地回荡在大厅中。在请求遭到拒绝后，他们依然软磨硬泡不肯罢休，以至引发了恺撒的连声斥责。恺撒坚定的语气显示，他依然没有产生丝毫怀疑，对身处致命陷阱浑然不觉……直到厄运突然降临的一刻。

蒂里乌斯·西伯用双手抓住恺撒的长袍，将其扯下。恺撒的颈部和胸膛毫无保护地暴露在外。这是行动的信号。

据普鲁塔克记载，此时恺撒大喝："大胆！"他的反应，尤其是其中散发的威慑气息，令在场众人陷入了迟疑和犹豫。刹那间，所有人仿佛失去了行动的勇气。人类对杀戮同类具有本能的抗拒。

恺撒怒视众人。阿庇安写道，此时蒂里乌斯·西伯挺身而出，唤醒了犹疑不决的同伙，只听他大吼一声："朋友们，还等什么？"

元老普布利乌斯·赛维里乌斯·卡斯卡率先抽出短剑，发起攻击。他直奔恺撒的脖颈而来，却刺中了他的左肩，伤口位于锁骨上部。或许是恺撒作为一名老兵的直觉帮助他躲过一劫——伤口不深，也不致命。他猛然起身，一把抓住卡斯卡的短剑，二人陷入僵持。他们同时大声嘶吼着，据普鲁塔克记载，恺撒喊道："该死的卡斯卡，你想干什么？"而后者则向他的兄弟，另一名元老大声呼喊。

大厅瞬间陷入一片死寂。众人无不胆战心惊，据普鲁塔克称，就连一些参与密谋的元老，"袭击发生的刹那，也在深感震惊之余全身战栗，既无力夺路而逃，也不敢帮助恺撒，兀自张口结舌一言不发"。

据苏维托尼乌斯称，恺撒抓住一名袭击者的胳膊，用一支铁笔向他刺去，恺撒奋起反击，并击伤多名刺客的行为鲜为人知，同时也是值得强调的重要事实。就在他试图从座位起身时，第二剑接踵而至，这次来自盖乌斯·赛维里乌斯·卡斯卡，第一名袭击者的兄弟。寒光闪闪的利刃贯穿了他的身体。这一剑正中胸口，造成了无可挽救的伤害，也是所有伤口中唯一一处致命伤。鲜血顺着恺撒的皮肤肆意流淌。

事已至此，所有密谋者悉数拔出短剑，从四面八方扑向恺撒。

"仿佛被铁钳死死夹住，"普鲁塔克写道，"拳脚和利刃劈头盖脸向他袭来，恺撒就像一只受伤的野兽，在猎人手中进行垂死挣扎。"继卡斯卡兄弟之后，卡西乌斯第一个向恺撒发起攻击，不久前他还是一位面目和蔼的父亲，刚刚将自己的长子送往神庙。"他不断挥剑刺向恺撒的脸颊，"大马士革的尼古拉斯描述道，"片刻之后，恺撒的密友德西穆斯赶上前来，将手中的利刃砍向恺撒的腹部。"

雨点般的攻击落向恺撒的身体。

所有密谋者争相将短剑送入恺撒的身体，普鲁塔克继续写道，"让利刃饱尝他的鲜血"。然而在混乱和疯狂的驱使下，有人甚至误伤同伙。

卡西乌斯试图再次攻击恺撒时，意外刺中了布鲁图的手。米努西乌斯同样失手切开了卢布里乌斯的大腿。

恺撒竭尽全力投入战斗，只见他不断推开袭击者，在移动中躲避攻击，每次出剑都伴随着大声的吼叫。在场的所有元老只见一袭白色长袍在眼前飞舞翻滚，恺撒的深红色衣襟不时闪现在上下纷飞的刀光剑影中。

随着体力渐渐不支，恺撒的意识开始变得模糊，内伤和外伤造成的大出血阻断了流向大脑的血液和氧气。当看到布鲁图也拔出短剑走向自己时，恺撒明白，一切都结束了。他一脸苦笑，为肺叶注入了全身最后一丝气力，大吼道："是你吗，儿子？"苏维托尼乌斯写道。

"*Tu quoque, Brute, fili mi*"，这句意大利人耳熟能详的话，而恺

撒生前脱口而出的显然是它的希腊语版本"καὶ σύ, τέκνον?"(*kai sü, teknon?*)。

伴随着最后的哀号，恺撒在沉重的喘息声中轰然倒下，筋疲力尽。面对倏然而至的死神，他将长袍拉过头顶，或许是在刺客面前隐蔽身体的本能使然，或许是为了模仿祭祀仪式上供奉众神的祭品姿态，从而以献祭受难者的身份从容赴死。黑暗将恺撒吞噬。

元老们气喘吁吁地停了下来，他们的长袍溅满血污，双手紧握短剑，恺撒的鲜血不断从剑尖滴落。

有人紧捂自己的伤口，发出低沉的呻吟；有人死盯着恺撒，只见他濒死的身体在阵痛中不断抽搐。

不知不觉间，一道殷红的血渍钻出深红色长袍，沿着石板间的缝隙在大理石地面上蔓延开来，仿佛正在奔向一条崭新的地平线，仿佛生命正在抛弃恺撒的身体，在历史中寻找不朽。

在他头顶上方，高高矗立着庞培的雕像，这位曾经的手下败将仿佛见证了一场自己死后的完美复仇。发生在这尊雕像脚下的刺杀究竟纯属无心之举还是别有用心的安排，世人将永远不得而知。

一切都发生在那个稍纵即逝的瞬间，读者甚至来不及完整阅读本段描述。据他的私人医生安提斯提乌斯称，在恺撒所受的至少23处剑伤中，只有第二剑足以致命。

人们依然不解，为何当时无人对恺撒施以援手？尽管机会转瞬即逝，依然有两位元老挺身而出。众所周知，恺撒将他的众多亲信甚至罗马军团百夫长晋升为元老。其中两位身经百战的恺撒旧部试图出手相救，然而面对刺客们手中林立的短剑，赤手空拳的两人也无能为力。

此时现场一片混乱。布鲁图试图对元老们发表演说，声嘶力竭地为刺杀进行辩解。大厅中回荡着苍白而做作的口号。那些注定被载入史册的人可能会说："不要害怕。恺撒必死无疑，我们已经将自由还给你们。"然而这些人终将无法在历史中占有一席之地，因为无人理会他们的演讲。他的确切演讲内容将永远不为人知。整个大厅中充斥着四散奔逃的人群和撞翻在地的座椅。众人唯恐自己成为下一个剑下冤魂。转瞬之间，庞培元老院就变得空空荡荡。密谋者混杂在元老中，在惊慌失措中尖叫着夺路狂奔。只留下恺撒的尸体孤单地躺在原地，慢慢变冷。

第三章

混乱的罗马

一场谋杀……血雨腥风

最为触目惊心的是，那些短暂的历史瞬间，不仅见证了恺撒的死亡，还将注定掀起一场血雨腥风。事实上，这场阴谋的主要参与者在数月乃至数年后陆续暴毙，还有成千上万在海洋和陆地战役中丧命的冤魂和流放名单上的孤魂野鬼。毫无悬念的是：在围绕所有密谋者惨烈结局的各种传闻之外，恺撒之死势必引发血流成河的复仇和前所未有的暴行。而所有一切都在恺撒的预料之中。

20多名主要密谋者的下场无不令人闻之色变：

● 盖乌斯·特雷博尼乌斯

这个曾在庞培元老院台阶上阻拦安东尼的人首当其冲。11个月后，公元前43年2月，在位于小亚细亚的士麦那，他被多拉贝拉的手下斩首处决。令人毛骨悚然的是，士兵们还把他的脑袋当成足球踢来踢去。

- 卢修斯·庞修斯·阿奎拉

这位恺撒遇刺时的平民保民官，于13个月后的公元前43年4月21日，在与安东尼大军进行战斗的莫德纳战役中丧生。

- 赛尔维乌斯·苏尔比修斯·加尔巴

未来加尔巴皇帝的曾祖父，17个月后，依照佩狄亚法（*Lex Pedia*），被审判并处决，该法于公元前43年8月获得屋大维批准，专门用于对阴谋参与者进行审判。

- 德西穆斯（德西穆斯·尤利乌斯·布鲁图·亚比努斯）

这位恺撒生前的挚友，也是"头号叛徒"，在18个月后试图假扮高卢骑士逃离意大利，并以这种荒诞的方式迎来了生命的终点。公元前43年9月末，德西穆斯的身份在一个高卢部落中被识破，随后遭到斩首处决，首级被送给安东尼。

- 卢修斯·米努西乌斯·巴西卢斯

这位与恺撒反目成仇的忠诚副官，18或19个月后，在公元前43年，因个人恩怨死于自己的奴隶之手。

- 西塞罗（阴谋支持者之一）

20个月后，在安东尼的授意之下，于公元前43年12月7日在福尔米亚被刺身亡。

● 卡西乌斯（盖乌斯·卡西乌斯·朗吉努斯）

阴谋的主要策划者之一，于公元前42年10月3日，第一次腓力比之战进入尾声时，命令手下的自由民将自己杀死，此时距离恺撒遇刺只有两年半时间。普鲁塔克称，那天正是卡西乌斯的生日。

● 卢修斯·提利乌斯·辛布尔

这个向密谋者发出动手信号的人，最终于公元前42年秋，死在腓力比之战中。

● 普布利乌斯·赛维里乌斯·卡斯卡

向恺撒刺出第一剑的人，与提利乌斯·辛布尔一样死在了腓力比。与大多数密谋者的命运如出一辙，他死后全部财产遭到拍卖，其中一张刻有他姓名的桌子被一位富人购得，并陈列在自己位于庞贝城中心的宅邸中庭（至今仍可供参观）。

● 布鲁图（马库斯·尤利乌斯·布鲁图）

另一名主要密谋者，于公元前42年10月23日，在第二次至关重要的腓力比之战失败后自杀身亡。

● 帕库维乌斯·安提斯提乌斯·拉贝奥

著名法学家，也是恺撒的死敌，在腓力比之战的尾声自杀身亡。

- 佩特罗尼乌斯

腓力比之战失败后，逃入位于以弗所的阿尔忒弥斯神庙避难，公元前 41 年年初被安东尼下令处决，距恺撒被杀尚不满三年。

- 普布利乌斯·德西穆斯·图利乌斯

布鲁图和卡西乌斯的舰队指挥官，在阿克提乌姆海战后，于公元前 30 年年初，被屋大维的手下杀死于科斯岛，距恺撒月中日被刺不到 14 年。

- 盖乌斯·卡西乌斯·帕尔门西斯

作为屋大维的刻薄抨击者，这位诗人于公元前 30 年年末，被未来的奥古斯都下令处决于雅典，距恺撒被杀不到 15 年时间。

在这份长长的名单之外，还有一些不知所终的密谋者：

- 马库斯·斯普利乌斯
古罗马元老或骑士。

- 盖乌斯·赛维里乌斯·卡斯卡

普布利乌斯·赛维里乌斯的兄弟，第二个拔剑刺向恺撒的人，恺撒的唯一一处致命伤口就是由他手中的短剑刺中。

- 布里乌斯·路加

  庞培曾经的支持者。

- 昆塔斯·利加利乌斯

  作为一名骑兵，这位庞培曾经的支持者在内战后获得了恺撒的宽恕。与自己的两位兄弟一样，他可能也沦为屋大维、安东尼和李必达流放名单上的牺牲品。

- 布考利阿努斯和他的兄弟凯基利乌斯

  两位与布鲁图关系密切的元老。

- 普布利乌斯·赛克斯提乌斯·那索

  古罗马元老或骑士。

尽管最终结局不为人知，但他们的死亡时间依然有迹可循。至公元前30年年末，这些人中无一幸存。据维莱乌斯·帕特尔库鲁斯称，卡西乌斯·帕尔门西斯是所有人中寿命最长的密谋者。在那桩著名历史惨案发生后的15年内，所有凶手都已经魂归西天。

安东尼落荒而逃

彼时，庞培元老院在刺杀引发的尖叫和骚动中乱作一团。但在元老院外却不见丝毫异常。在这决定历史的关键时刻，只有各位元老、他们的副官以及其他侍从在场。而元老院外的情况如何？让我们跟随安东尼的目光一探究竟。

面对牢牢抓住自己胳膊，执意阻挡去路的特雷博尼乌斯，安东尼起初并未在意。早在遥远的高卢战争时期，两人就彼此惺惺相惜，那时的他们都以骁勇善战闻名。交谈持续了很久，其间安东尼一直对这位老朋友有问必答。然而片刻之后，他无疑开始对这位朋友的真实意图感到困惑，就在他即将失去耐心之时，元老院中恺撒的哀号声打断了两人的对话。安东尼内心的惊愕可想而知，只见从他紧锁的双眉下，一道疑惑的目光射向特雷博尼乌斯。就在这时，人群右侧的一阵骚动吸引了他的注意。安东尼看到一群角斗士正在向自己围拢过来，他们个个手握短剑。他的眼中无疑闪过一丝惊诧，或许还本能地把手伸向往日挂在右侧的短剑，然而此刻那里空空如也。这里不是高卢。作为一名罗马执政官，安东尼如今手无寸铁。在那一瞬间，他的心头怅然若失。随后，他才意识到，擦身而过的角斗士正在爬上台阶，占领元老院门前的位置，只见他们刀剑出鞘，禁止任何人进入元老院。直到这时，他才感到被朋友紧紧攥住胳膊，听到耳畔传来让他保持冷静的喊叫。特雷博尼乌斯不得不硬着头皮对正在发生的一切进行解释，尤利乌斯·恺撒已经遇刺，而他，安东尼，无须感到恐惧，因为恺撒才是这场阴谋的唯一目标，布鲁图的命令已经为他免除了性命之虞。

对于眼前的一幕，安东尼或许并不感到惊讶。早在一年之前，公元前45年的夏天，特雷博尼乌斯就曾怂恿他加入这场阴谋。安东尼当场予以拒绝……但诡异的是，事后他并未向恺撒透露只言片语。西塞罗在自己著名的《斥安东尼篇》中就以此为据对他展开攻击。难道他早已获悉刺杀恺撒的计划？这种推测并非空穴来风，尽管他无疑对今天发生的刺杀行动一无所知。根据另一种假设，在台阶上拦住安东尼后，特雷博尼乌斯并未顾左右而言他，而是开门见山地告诉他，尤利乌斯·恺撒今天必死无疑，与他一年前的口风如出一辙。两人对这场阴谋心照不宣的默契或许可以解释，为什么特雷博尼乌斯能够成为阻止安东尼的不二人选。他或许还曾告诫安东尼，只要放弃抵抗，他和家人都能安然无恙。这或许就是安东尼面对当时的情景却没有采取任何行动背后的原因。当然，以上内容纯属臆测。毋庸置疑的是，面对角斗士出鞘的短剑和瞬间蜂拥而出的元老，安东尼并没有太多反应时间。

突然间，台阶尽头的大门被猛地撞开，角斗士纷纷向两侧避让，一条势不可当的壮观人流从元老院中奔泻而出。转眼间人群就冲下台阶，向安东尼涌来。

没有人知道发生了什么，目光所及之处，元老们尖叫着你推我搡，夺路狂奔，元老院外的人群受到惊吓，也开始四散奔逃……人们耳畔回荡着纷乱的喊叫声："快跑，关门，关门！"流言迅速蔓延，人们纷纷称一场屠杀正在元老院中上演。一时间人心惶惶。只见那些没有被卷入刺杀行动的人纷纷哀号不止，唯恐这场风暴给自己带来灭顶之灾，护送恺撒乘轿而来的扈从也个个噤若寒蝉。现场目击者深信不疑，这桩罪行是由元老院勾结某些武装势力共同实施的，角斗士的出现就是最好的证明。

跌跌撞撞的人群冲入柱廊，涌向最近的出口，骇人听闻的流言尾随慌不择路的人群，在罗马城的大街小巷中悄然蔓延。

面对一片混乱，安东尼别无选择，只能逃走。作为恺撒的死党，他已经自身难保，尽管尚不清楚自己是否正在遭到搜捕和追杀。但在狂暴情绪的驱使下，一切皆有可能，或许他正是因此得以混入仓皇逃窜的元老中，利用他们的长袍作为掩护。逃亡途中，他也曾躲入民宅或仓房，脱去自己的执政官长袍，换上便装，扮成一名奴隶。或许他还曾强行将随行奴隶身上的衣服占为己有。接着他向家中走去，没有拔腿狂奔，而是迈着轻快的步伐以掩人耳目。

有谁知道？或许他曾在逃亡途中回首张望，看到密谋者们若无其事地走出元老院，各自手中还提着鲜血淋漓的短剑。

庞培元老院，中午 12 时 45 分：密谋者纷纷散去

对于当时的场景，普鲁塔克这样描述道："布鲁图和他的同党们带着满腔热血，结伴离开元老院，在众目睽睽之下提着短剑向卡比托利欧山走去……只见他们满面笑容，肆无忌惮地向人们发出自由的召唤。"

在庞培元老院的柱廊下，聚集着议论时局的人群。众人身上的长袍沾满血污，群情激昂。有人建议将恺撒的尸体抛入特韦雷河中，布鲁图对此表示反对。有人提议除掉安东尼，布鲁图再次予以拒绝。当务之急是让民众明白，他们想要除掉的只是一位独裁者，

而不是所有对手。这桩罪行背后没有任何政治企图，而是致力于恢复罗马（共和国内）的自由。这才是他们要向人民传递的信息。

事实上，当他们再次走上罗马的街道时，就有人在长矛上挂出了一顶自由民头上象征暴政结束的弗里吉亚毡帽。一群密谋者在布鲁图和卡西乌斯的带领下向卡比托利欧山走去。他们迈着镇定自若的步伐，一路上不时有表示支持的元老加入其中。这群人平静的外表或许缘于内心的政治信念，但德西穆斯手下的一小队角斗士沿街道紧随左右，手中出鞘的短剑宣示着他们不容忽视的存在。

罗马城谣言四起
实力派人心惶惶

这桩石破天惊的惨案无疑释放出惊天动地的余波。起初，恐慌和骚乱还仅仅局限于一个特定的场所——庞培元老院的出口。从豁然洞开的大门中夺路狂奔的元老，就像一场瘟疫中的"零号病人"，将病毒迅速传遍全城每个角落。众多全副武装的角斗士令人们陷入了更深的恐惧。四散奔逃的平民中混杂着惊魂未定的元老。置身一片恐慌之中，小酒馆的店主或顾客又将作何感想？有人声称，一伙角斗士将所有元老斩尽杀绝；也有人称，恺撒已经遭到清除，罗马城生灵涂炭。商店纷纷关上门板，平民也都闭户不出。在这段人人自危的漫长时光中，大量店铺和库房遭到洗劫，无处不在的骚乱见证着一幕幕毫无动机的杀戮（或许只为了私人恩怨）。

流言穿过一栋栋房屋，越过一条条街区，在人们口中传播蔓延，仿佛黑云的影子笼罩着整个罗马城，数小时前依次登场的各位主角也先后获知了这一消息。

尤利乌斯·恺撒的妻子，卡尔普尼亚首当其冲。史料中并未记载她当时的反应，但未能成功劝阻恺撒前往元老院给她带来的懊悔和绝望不难想象。这个时年31岁的女人在十六七岁时就嫁给了恺撒。此刻，她感到自己的人生已经坠入万劫不复的深渊，未来已经生无可恋。也许她将从此在父亲卢修斯·卡尔普尼乌斯·皮索位于赫库兰尼姆的巨大别墅中，终日眺望大海；在漫长的余生咀嚼悲伤，在对往事的回忆中孤独终老。在时光长河中，历史的脚印总是与考古学发现不期而遇：公元79年，被维苏威火山喷发埋葬的著名的帕比里庄园（the Villa of the Papyri）就属于恺撒的岳父，即卡尔普尼亚的父亲。

几乎就在同一时间，布鲁图的妻子也得到了消息。波尔西亚的反应截然相反。她在喜出望外之余，或许还不忘派出一名信使告诉丈夫，自己的身体正在好转，并向他表示祝贺。

李必达在率领士兵返回特韦雷河的途中确认了恺撒的死讯。尽管无从知晓当时的对话内容，但李必达的部下无疑为他痛失好友而感到悲伤。伴随着为恺撒复仇的渴望，李必达的心中对未来充满迷茫。

还有阿特米多鲁斯·尼多斯，我们不知道他的消息从何而来。或许在听到骚乱的声音后，他像许多罗马市民一样，来到街上一探究竟，随后从路人口中获悉了噩耗。只见他茫然四顾，两道浓眉下的双目变得黯淡无光。在余生中他将不断追问，在拯救恺撒的生命这件事上自己是否已经竭尽所能，到底在哪里出现了纰漏。或许自己应该开门见山地对恺撒发出警告，而不是寄希望于他能够发现莎草纸上的杀机。然而此刻扪心自问已然于事无补。

午后1时20分：安东尼宅邸

一名奴隶迈着不紧不慢的步伐，仿佛正在进行长途跋涉，只见他溜入宅邸一侧的小巷中，这座帕拉丁丘上的宅院拥有无与伦比的宏伟外观和奢华气息。在人们的记忆中，作为它的主人，声名显赫的保民官普布利乌斯·克洛狄乌斯·普尔喀在几年前遭人谋杀。他的妻子带着他们的两个孩子寡居在此。事实上，他的妻子随后再婚，先是嫁给了有钱有势的平民保民官盖乌斯·斯克里伯尼乌斯·库里奥，这位丈夫追随恺撒在非洲征战时为庞培支持者所杀，随后，她再次改嫁安东尼。

这个奴隶在一扇后门外止住了脚步，这是一处供下人使用的入口，搬运厨房物资的奴隶通常由这里进入宅邸。从背后望去，奴隶正在敲门的身影恭敬而卑微。他破旧的上衣表面遍布油污，满是窟窿的风帽大氅也布满了岁月的痕迹。他看上去就像披着一件皮质雨篷，雨篷上端的锥形圆帽宛若一顶从中世纪穿越而来的头盔，为头部提供遮蔽和保护。这一身行头和裹在脸上的围巾将他变成了一名真假难辨的奴隶。尽管他不断用力拍打，大门依然没有任何打开的迹象。他不安地环顾四周，转身继续敲门。终于，门闩发出了充满希望的声响。从半掩的门缝中，一名家仆探头张望，这个蓄着黑色胡须的秃子向来人投去一束狐疑的目光。在看到对方寒酸的外表后，家仆正要问明来意，就在这时，一丝异样划过心头——他看到了一双精心保养的手，尤其是那枚沉甸甸的金戒指上还刻着似曾相识的环形凹槽。眼前的男人不是一个乞求施舍的流浪汉。此时，陌生人扯下了帽子和围巾，露出脸庞以表明自己的身份。原来他竟是自己的主人——安东尼。

片刻之后，这位罗马执政官已经来到了府邸中央，紧紧地将两个儿子卢勒和安提乌斯（安东尼乌斯的爱称，意为"小安东尼"）抱在怀中，他们还只是刚满一岁和两岁的婴儿。在那些千钧一发的生死关头，他首先想到的就是这两个小家伙。他们全家并没有居住在安东尼今天清晨动身出发的精美大宅中。那是一座正式官邸，用来举行公务宴席，接待各式贵宾以及留宿不同的女人。这里才是他真正的家。他在第一时间赶来，因为这里有他最深的牵挂。他的妻子富尔维娅用充满疑惑的目光注视着丈夫。自己面前这个一身奴隶装扮的人竟然是一位堂堂罗马执政官？只用了三言两语，安东尼就声情并茂地道出了发生的一切，以及自己迫于无奈乔装打扮的原委。富尔维娅立刻感到了局势的严峻。与一般家庭主妇不同，她是一个货真价实的实力派，一位活跃在罗马最高权力版图背后的女沙皇。作为一名意志坚定、野心勃勃、心思缜密的政治女性，富尔维娅与贤妻良母的传统角色相去甚远。富尔维娅缺乏女性魅力，在维莱乌斯·帕特尔库鲁斯的相关描述中，她"唯一的女性特征就是她的身体"。富尔维娅完全凭借出众的头脑和性格魅力完成了对男性世界的征服。在不久之后对抗屋大维的所谓"佩鲁西亚战争"（Perusine War）中，据历史学家巴里·施特劳斯称，富尔维娅是唯一一位手持短剑、招募了整支军队的女性。据史料记载，在她曾经的邻居，西塞罗被砍头后，富尔维娅曾将发簪刺入他的舌头取乐。本书对富尔维娅的个性探讨并非偶然。作为一名散发着男子气概的强势女性，她在克娄巴特拉的故事中扮演着至关重要的角色。

在她和安东尼完婚时，两人已经相识多年。作为她前两任丈夫的旧交，与富尔维娅的结合不仅挽救了安东尼的形象——他与那位上流社会名媛女友丽科尔斯闹得满城风雨的风流韵事刚刚结束——而且富尔维娅雄厚的财力也为他的财务状况注入了一丝新鲜的空气。在那个联姻盛行的时代，他们的结合无疑建立在真爱之上——尽管两人的实力并非旗鼓相当。作为一名伴侣，他的妻子更加强势，几乎总能令安东尼屈服于自己的意志。

作为一名英勇的士兵、老练的统帅，以及一位面对听众游刃有余的优秀演说家，他在人民和议员中的魅力有目共睹，然而在女人面前，安东尼却暴露了自己无所适从的软肋。按照今天的标准，他是一个"Beta"型男人，与恺撒所代表的"Alpha"男性截然相反。

即便在当代社会中，那些在工作中事业有成的男人——那些魅力四射的霸道总裁——却常常在面对强势女性的诱惑时，表现出毫不设防的天真、驯服和患得患失。

安东尼是否属于此类人？两千年后的今天依然难有定论。他的情况似乎更加复杂：总是从一位强势而体贴的伴侣身上寻求保护。

克娄巴特拉对此洞若观火，因为她正是这种伴侣的完美化身。

然而值得一提的是，当时的婚配嫁娶，在感官吸引和两情相悦的因素之外，更隐藏着对政治、权势和财富联姻的本能渴望。只有透过各取所需的视角，才能对某些婚姻中令人费解的门当户对做出合理解读。

恺撒庄园，午后1时30分：克娄巴特拉惊闻噩耗

在特韦雷河彼岸，恺撒富丽堂皇的庄园中，噩耗此时尚未传来。克娄巴特拉正优雅地躺卧在遍布床榻的靠垫中，一条胳膊搭在两端雕有猎豹头像的床头板上。她正在和自己的侍女夏米侬分享闺房私语，夏米侬向她坦白，自己曾对一位风度翩翩的罗马元老天蓝色的双眸欲罢不能。她们不时啜饮掺入印度香料的美酒。不远处，一股甘醇的乳香夹杂着其他香味从香炉中飘漾开来，弥漫四周。在这幅不同于罗马世界的宫廷画面中，散发着埃及和印度特有的东方风情。

突然，房间的尽头出现了三个身影：阿莫尼乌斯，女王的首席智囊；年迈的赛拉皮翁，女王的宠臣；还有奥林波斯，她的御用医师。克娄巴特拉木然注视着三人向她走来，在他们身后，一大群如临大敌的护卫正在房间中四处警戒，而罗马卫兵则在门槛处停下了脚步。女王立刻意识到大事不妙，情况紧急——到底发生了什么？睿智的赛拉皮翁上前一步。温柔的微笑并不能掩饰他满脸的紧张。

只见他在克娄巴特拉身旁落座，望着她的双眼，道出了恺撒的死讯，随后他又说道，尽管这还只是谣传，尚未得到任何确切消息，但整座城市已经陷入恐慌，这座庄园也因此已经进入戒备状态，以确保她和小恺撒的人身安全。

克娄巴特拉眼中的笃定瞬间荡然无存。她感到自己仿佛正在坠入深渊，即将在窒息中失去知觉。她的御用医师奥林波斯见状赶忙上前，只见她紧抓床沿，试图重新平复心绪。她的手指向鹰爪一样深深嵌入松软的被褥。她的目光从阿莫尼乌斯飘向赛拉皮翁，泪水如决堤的洪水涌出眼眶。时光流转，仿佛永无止境。整个世界在她眼前轰然倒塌：失去了恺撒的保护，仿佛生命失去了重心，他们的宏图伟业、腹中或许正在孕育的孩子，甚至整个埃及，都在一瞬间变得危如累卵。寥寥数语间，她的整个人生已经土崩瓦解。她在震惊中凝视天空。此时，房门打开，一张笑脸从门后一闪而出，瞬间驱散了邪恶的诅咒：是小恺撒，只见他奔向母亲，身后紧跟着一名贴身仆人。在他眼中，克娄巴特拉拥有这个世界上最温暖的怀抱。女王将脸埋在儿子的胸前，仿佛正在寻找藏身之处。很快，她再次仰起脸来，双目再次充满了生机与活力，仿佛一头受伤的母狮，眼中闪烁着愤怒的光芒。克娄巴特拉再次望向赛拉皮翁和阿莫尼乌斯，命令他们派出信使不惜一切代价打探消息。在宫廷阴谋的耳濡目染之下，数月来她早已对恺撒的敌人了如指掌，同时也对罗马传统精英对自己的敌意心知肚明。尽管还不知道密谋者的确切身份，但她已经对布鲁图和卡西乌斯产生了深深的怀疑，同时也对以西塞罗为代表的两面派以及其他元老心存戒备。

此时，她将等待返回的信使，并根据最新消息决定下一步行动。

午后 1 时 10 分：恺撒的遗体回到家中

就在 25 分钟之前，手中提着短剑的密谋者们已经开始在卡比托利欧山上设置路障。一切都在按部就班进行之中。据官方称，他们将在此向众神进行祈祷，而事实上，卡比托利欧山已经成了他们的据点。部分山势陡峭易守难攻，而它可以俯瞰整个古罗马广场，因而其战略地位更是毋庸赘言。

几个小时过去了，元老院中，恺撒冰冷的尸体依然躺在沾满血污的庞培雕像脚下。市民纷纷从街道上赶来围观，但没有人胆敢上前伸手触摸。可想而知，他的支持者早已因为害怕遭遇不测而一哄而散。前文提到，密谋者最初曾准备将恺撒的尸体抛入特韦雷河中，但很快又改变了主意，不仅因为提议遭到布鲁图的反对，而且考虑到李必达驻扎在特韦雷岛上的部队，这一行为在当时过于冒险。

最后，三名恺撒忠诚的奴隶小心翼翼地抬起了他的尸体。这位曾经傲视群雄的强者在被运上轿子时，冰冷的尸体不断滑落，此情此景无疑弥漫着诡异的气息。那个睥睨众生的王者如今又将魂归何处？

在奴隶们身后，一摊巨大的血泊开始凝固，庞培雕像底座上的鲜红血渍——据普鲁塔克称——将留在那里，仿佛一幅"影像"，记录了恺撒在刺客残忍的围攻中缓缓倒下的骇人一幕。

在弥漫着尴尬和敬意的寂静中，他冰冷的身体被轻轻抬上黄金和象牙制成的轿子，这正是清晨时迎接他的那顶轿子。有人满脸悲悯地将一顶桂冠放在他的身旁。

恺撒就这样踏上了最后的旅程。由于只有三名奴隶，行进速度异常缓慢。轿子缓缓向古罗马广场方向移动，并且出于众所周知的原因绕过了卡比托利欧山。送葬队伍缓缓穿过街道，沿途悲痛欲绝的罗马人从人行道、房舍中和店铺里注视着这令人心碎的一幕。许多人泪流满面。悲叹和祈祷声此起彼伏。出于尊敬，有人将头埋入斗篷，恺撒的神圣地位由此可见一斑。

眼前的一幕令人毛骨悚然。轿子的侧帘高高卷起，剑痕累累的身体和脸庞触目惊心。还有一个细节令现场围观者永生难忘：恺撒的胳膊垂落一旁，伴随三个奴隶的脚步起落在半空中来回摇荡。

大马士革的尼古拉斯在他的描述中生动再现了当时的场景："两侧的帘布都被掀起，恺撒垂落的双手不断摇晃，面部的伤口赫然在目。这个片刻之前还如天神般受到顶礼膜拜的男人，令众人热泪盈眶。轿子所到之处，民众纷纷聚集在街道上、道路两旁的房舍中和门廊下痛哭流涕，哀叹与呜咽声不绝于耳。"

遗体回到家中的情景令人肝肠寸断。卡尔普尼亚携一众侍女家仆出门迎接，一时间哀号声、尖叫声此起彼伏。她将恺撒抱在怀中，就像一个母亲抱着自己的孩子。或许，她试图在这张被死亡笼罩、冰冷灰白的面庞下，寻找那个曾经强壮自信、体贴入微的男人，就在几个小时前他还曾将自己拥入怀中。作为一位丈夫，尤利乌斯·恺撒之死将带来一场无法承受的浩劫。这不仅仅是一个独立个体的消亡，随之陷入风雨飘摇的还有一个生机勃勃的家庭（卡尔普尼亚），一座载入史册的古都（罗马），以及一个行将横扫整个地中海的霸权帝国。

遗体进入宅邸后不久，安提斯提乌斯，尤利乌斯·恺撒的御用医师，对他进行了检查。他内心承受的煎熬可想而知，作为一名昔日老友，他只能强忍悲痛履行一名医生的职责。在完成尸检后，他一定失声痛哭。正如前文所述，他在众多伤口中发现了唯一一处致命伤——第二剑的创口就位于胸口正中。无论它刺中了心脏还是肺叶，都将带来令恺撒迅速死亡的灾难性结局——考虑到随之而来的大出血，如果这一剑刺入心脏，恺撒将会瞬间毙命，如果命中肺叶，也只能拖延片刻。

下午2时至6时：布鲁图竭力安抚民众

几乎可以肯定，布鲁图和卡西乌斯目睹载有恺撒尸体的轿子从卡比托利欧山脚下经过。他们当时的所思所言不得而知，然而两人内心的欣喜却不难想象。随后，在支持者的召唤下，他们来到位于山下的古罗马广场，在一队角斗士和奴隶的护卫下，准备对聚集在那里的人群发表演说。不时有市民向他们高声表示祝贺。很快，两人登上演讲台，这是公元前338年安提乌姆之战（Antium）的战利品，随后又用公元前260年征服迦太基的迈利战役（Battle of Mylae）中缴获的物品加以装饰。人群变得鸦雀无声。布鲁图和卡西乌斯相继发表了演讲。他们向罗马人民追随先辈的足迹，推翻王权，重获自由表示祝贺。人群在他们的演说中安静下来，注视密谋者的目光也变得友好起来。尽管众人依然用无尽的沉默表示对恺撒的哀悼，但布鲁图已经赢得了他们的尊敬。然而当西纳开口时，现场形势却急转直下：身为恺撒的远亲（恺撒已故第一任妻子的兄弟），他不久前刚刚被恺撒任命为执政官。西纳在演讲中将恺撒斥为一名暴君，并不屑一顾地扯碎了自己的执政官长袍，这是一个致命的错误。人群被激怒了，布鲁图和卡西乌斯不得不再次逃上卡比托利欧山。

古代军事史专家乔瓦尼·布里吉认为，尽管密谋者"为铲除暴君进行了精心策划"——就连罗马的创造者罗慕路斯（Romulus）也死于这一罪名——但对如何接管政权却毫无准备，这也为元老院和地方行政官（他们的名字分别是安东尼——执政官、李必达，以及独裁者恺撒）篡夺权力创造了机会。空想家们似乎一厢情愿地认为，共和制度将伴随暴君的死亡而再次崛起，正因如此，西塞罗才将这场阴谋称为"一出异想天开的成人闹剧"。刺杀恺撒不仅被视为一桩罪行，而且更像是一个错误。然而，即便恺撒死于自然原因，结局可能也难以改变。彼时的罗马，共和政体行将就木，屋大维式的人物注定横空出世，发现恺撒的伟大之中同时也隐藏着他的软肋。与历史上的伟人一样，或许恺撒也是如此，"较之和平治国，他的战争艺术更加令人印象深刻"，而他并不明白，"对即将获得的个人权力来说，名正言顺远比粉饰太平更为重要"。

多拉贝拉的出现为这个混乱的时刻火上浇油，他本应被任命为执政官，这也令安东尼无比愤怒。恺撒的死亡使他的授职仪式化为泡影，只见他身穿托加长袍现身古罗马广场——一副自命不凡的嘴脸——爬上演讲台。以密谋者的立场，用一番言辞激烈的演说对恺撒展开声讨。这个见风使舵的两面派，此时正试图混入胜利者的阵营，或者至少是那些所谓的胜利者。随后他来到卡比托利欧山上向他们表示祝贺。多拉贝拉并不孤单：西塞罗也兴高采烈地出现在了现场。此刻，大部分元老都对密谋者表示支持，他们向安东尼和李必达派出信使，抱着化干戈为玉帛的希望。

午后4时30分许，一场猛烈的暴雨在惊心动魄的电闪雷鸣中降临罗马。疾风骤雨驱散了议论恺撒之死的人群。罗马历史上最不堪回首的一天仿佛迎来了落幕时刻。

晚8时：安东尼与李必达审时度势

作为恺撒最忠实的盟友，安东尼和李必达此时举步维艰。接下来该何去何从？两人无疑交换了情报，但他们的会面地点却不为人知。李必达鲁莽冲动，他提议调动自己在城中的一个罗马军团，立刻对恺撒的刺杀者发动进攻。而安东尼恰恰相反，他生性谨慎，主张继续等待时机。他对密谋者可能获得元老院的支持心存畏惧，那将给自己和李必达带来灭顶之灾。在发觉了密谋者的犹豫不决后，两人重新鼓起了勇气。对手似乎并没有一个可行的计划，就连古罗马广场上的支持者也显得有些魂不守舍。因此，两人决定提前发动攻势。翌日凌晨，李必达将率领部队占领古罗马广场，随时准备对卡比托利欧山发起进攻。与此同时，安东尼向城外派出信使召集恺撒旧部。由于害怕失去在战场上出生入死换来的土地和赏赐，安东尼毫不费力地说服了这些群龙无首的老兵。

午夜时分：第一个没有恺撒的夜晚

罗马今夜无人入眠。特韦雷岛上的罗马军团仿佛如临大敌般戒备森严。空无一人的街道上冷风肆虐。

结束了安娜·裴伦娜节日庆典活动的市民返回城中，闭门不出。忧心忡忡的人们围聚在每一座宅邸、每一间公寓和每一间房中，对未来一片茫然。恺撒属于人民，人民热爱恺撒。与权贵家族沆瀣一气，结党营私的元老势力重掌大权相比，恺撒和克娄巴特拉的绯闻流言根本不值一提。眼下何去何从？众多元老的豪华宅邸中却呈现出一番截然不同的景象，在这里，恺撒之死被普遍视为重夺元老院特权的天赐良机。他们纷纷大宴宾客，举杯相庆，为这一突如其来的变故感到欢欣鼓舞。

许多神庙中都在进行占卜未来的活动。安东尼和李必达正与群情激昂的同党召开会议。卡尔普尼亚在悲痛欲绝中泣不成声。波尔西亚则欣喜若狂。庆祝活动刚一结束，布鲁图和卡西乌斯就开始对下一步行动展开筹划，他们意识到，恺撒之死并没有带来一个各方势力制衡的和谐世界，反而导致了政治架构的失衡，进而引发了更为棘手的难题。

人类历史中可能是最重要的一天就这样结束了。

克娄巴特拉境况如何？此时她正躲在位于特韦雷河彼岸的深宫中，置身遍布角落和走廊的卫兵的保护之下。从一盏盏油灯中溢出的微弱光线映红了她的卧室，此时克娄巴特拉正蜷缩在卧榻之上，身下凌乱的被褥仿佛波涛汹涌的海面，诉说着她内心的绝望。夏米侬默默摩挲着她的长发，试图对主人进行安慰，而克娄巴特拉似乎根本没有意识到她的存在。只见她双目圆睁，凝视黑暗，仿佛在那里看到了自己的未来。她从未像现在这样孤独和无助。就像一枚身不由己的航标，漂浮在汹涌的生命之海上，在她手中是作为一个母亲和女人的唯一寄托：小恺撒。他此时正在酣睡之中，对发生的一切一无所知，幼儿熟睡时散发的热气使他的头发紧贴前额。克娄巴特拉将鼻子埋进这头发，呼吸着它的芬芳。只有在这时她才能获得片刻安宁。

恺撒死后

月中日为一个狂乱的时期拉开了序幕。刨根问底并非本书的初衷。笔者之所以对尤利乌斯·恺撒之死进行不厌其烦的描述，是因为这一事件就像一枚骰子被掷上历史的绿色台布，在不停旋转中将即将登场的关键人物——投射在眼前：克娄巴特拉和安东尼首先登场，之后分别是布鲁图、卡西乌斯以及首次出现的面孔，诸如屋大维、阿格里帕、米西纳斯等。在时光的流逝（情节的推进）中，读者将会亲自看到，成王败寇的铁律在骰子不知疲倦的旋转翻滚中不断上演。周而复始，紧张的气氛令人窒息，直到最后时刻尘埃落定，胜利者才踏着命运女神为每位角色分配的点数姗姗来迟。仅凭本书就将罗马城十四年史诗般的政坛沉浮、海陆大战、爱恨情仇、生老病死详细记下无异于痴人说梦。面面俱到是一项不可能完成的任务，因此笔者试图通过聚焦关键史实，为读者重现这一重要时期的历史风貌，而对无关大局的细枝末节则选择一笔带过。

恺撒死后翌日，凌晨时分，李必达调动部队从特韦雷岛向古罗马广场进发。就像许多罗马人一样，行进中的士兵一定也没有逃过克娄巴特拉的眼睛，不难想象，此刻众人心头一定笼罩着对局势失去控制的恐惧。率领军队跨越边界，进入罗马被视为对神灵的亵渎。它违反了罗马政府最为神圣的禁令之一。彼时紧张的局势和迫在眉睫的内战威胁也在这一反常的事态中暴露无遗。

李必达指挥的罗马军团，在卡比托利欧山下的古罗马广场上安营扎寨，安东尼也佩戴执政官的徽章加入了他们的行列。大战一触即发。

布鲁图和卡西乌斯的营垒就坐落在卡比托利欧山上，山脚下士兵们此起彼伏的军令声清晰地传入密谋者耳中。此刻，他们已经做好了最坏的打算。

安东尼和李必达在古罗马广场上对民众进行煽动，声称恺撒的鲜血绝不能白流。只见群情激昂的人群泛起一阵骚动。作为整个城市最神圣的场所，卡比托利欧山和古罗马广场距离一场血腥屠杀仅一步之遥。

前后矛盾的消息令克娄巴特拉倍感困惑。她理所当然地应该与安东尼和李必达并肩作战，然而在这个混乱的时刻，还有谁值得她信赖？她或许曾向恺撒生前的心腹派出信使，比如卢修斯·科尼利乌斯·巴尔布斯，恺撒的得力干将，又或许是盖乌斯·欧庇乌斯，一些现代作者将他称为这位伟大军事领袖的眼睛和耳朵，寥寥数位可以与恺撒平起平坐的人物之一。然而在当时群龙无首的局面下，他们残存的实力难免令人疑虑重重。或许，还有奥卢斯·希尔提乌斯，恺撒最忠诚的副官和好友：身为一位老相识，当年他们被困亚历山大城长达数月之久，而作为避难所的王宫和马格努斯港（Portus Magnus）见证了那段患难与共的战斗岁月。在眼前的危急关头，他或许依然值得克娄巴特拉信赖。除此以外，她一筹莫展，只能在焦急的等待中，眺望驻扎在古罗马广场和特韦雷岛上的军营，只见营中的篝火与密谋者在卡比托利欧山上生起的火堆遥遥相对，在夜色中闪耀着光芒。

众人主张进攻卡比托利欧山，一举消灭布鲁图和卡西乌斯，然而，此时安东尼出人意料地挺身而出，力挽狂澜。他决定与密谋者举行会谈，并提议于翌日召开元老院会议，从而证明自己不仅是一位经验丰富的战略家、出类拔萃的谈判家，还是一位有远见卓识的政治家。安东尼谨慎地使用手中的王牌，前往恺撒家中慰问他的遗孀——卡尔普尼亚。她将丈夫的大批文件和巨额遗产委托给他，相信唯有如此才能保证它们的安全。一夜之间，安东尼手中就多出了一笔金额巨大的财产：4 000塔兰特，相当于一亿斯特迪。尽管很难与现代货币进行换算，但其价值大约相当于7亿美元。就像一名赌徒突然拥有了堆积如山的筹码。他现在获得了可以左右赌局的实力。而刚刚到手的文件则成了他偷梁换柱的另一张底牌。据普鲁塔克称，这些文件记录了恺撒生前做出的所有决定和计划。就这样，在此后数周里，安东尼在恺撒拟定的名单中随心所欲加入自己中意的裁判官和元老人选，并宣称这些人选全部来自手中的文件，因此代表了恺撒的旨意。如法炮制，他还从监狱中解救了自己身陷囹圄的朋党，并召回遭到流放的市民。罗马人民的眼睛是雪亮的，他们将这些借已故恺撒之手获救之人戏称为"卡戎幽灵"（charonites），暗指他们受到了冥府渡神卡戎（Charon）的眷顾。

安东尼在看望卡尔普尼亚时，一定见到了恺撒的遗体。按照传统，他的尸首已清洗完毕，由送葬者涂抹油膏，并在口中塞入一枚硬币，用来献给冥府渡神卡戎，作为通向往生世界的路费。在穿上极尽奢华的服饰后，恺撒的遗体被停放在家中供人瞻仰，等待几天后到来的葬礼。

恺撒的生命时钟已经永远停摆，但在他的宅邸外，时光的洪流正在争分夺秒地奔向未知的未来。

当夜，安东尼命令士兵严守所有罗马城门。谈判正在彻夜进行。罗马人终于恍然大悟，原来密谋者和他们的支持者寥寥无几。舆论的天平开始倒向以安东尼和李必达为首的尤利乌斯·恺撒阵营。

翌日，元老们纷纷聚集在忒勒斯神庙中，这位大地女神在古罗马时代象征着繁衍和收获。声名狼藉的多拉贝拉在嗅到了强者的气息后，又一次改变了自己的立场，此刻已经加入了支持恺撒的元老阵营。神庙外，成群结队的老兵高声发出"复仇！"的呐喊，只有安东尼的喊话才能勉强使他们平静下来，而德西穆斯全副武装的角斗士则高呼"要共和，不要内战！"的口号予以回击。神庙内外弥漫着令人窒息的气氛。谈判桌上的双方剑拔弩张，互不相让。此时，安东尼用一番精彩的演讲说服了众人，他提出了一个妥协方案：以赦免恺撒刺杀者作为交换，保全恺撒生前的所有政府决策（恺撒法案）。显而易见，这将是一个皆大欢喜的局面：老兵们可以保住自己的田产，恺撒曾经提拔任命的元老、官员、执政官以及其他公差得以继续享有自己的官位和利益，同时密谋者也将保全性命免遭杀害。显然各方势力都有利可图。作为一种民主的范例，双方放下刀剑进行协商，并在法律和元老院的介入下共同构建未来。罗马暂时逃过一劫，一场内战因此得以避免。然而大家明白，这只是自欺欺人的权宜之策，就像一条已经决堤的大河，此后数年间注定将充满泛滥成灾的战乱和条约，见证反复无常的征服与背叛，以及安东尼和克娄巴特拉所经历的种种遭遇。这场元老院会议标志着恺撒阵营的胜利，同时也宣告了反恺撒阵营的失败（正如历史学家对两个派别的称谓）。无论如何，这都堪称安东尼的政治杰作：他手中没有军队，因此一旦爆发武装冲突，李必达将取代安东尼，成为获取胜利的首功之臣。此外，维持恺撒所有决策合法有效的决定，将安东尼变成了一位既得利益者，因为彼时他正手握执政官的大权。当他离开神庙时，俨然作为一位避免内战的国家救星，享受着众人的齐声欢呼。

为了理解之后的形势，在此对各行省根据恺撒生前拟定条款进行分配的情况做出补充：克里特岛划归布鲁图，非洲划归卡西乌斯，亚细亚划归特雷博尼乌斯，比提尼亚划归辛布尔，山南高卢划归德西穆斯。不经意间，一幅孕育着未来冲突的地理版图呼之欲出。

一方面，出于安全考虑，以布鲁图、卡西乌斯为首的许多刺杀参与者都没有出席这次会议。另一方面，所有支持他们的元老则悉数赶到会议大厅，并于随后来到山下的古罗马广场与安东尼和李必达一一握手。然而猜忌的阴影已经在双方交换人质的要求中初现端倪。安东尼和李必达同意将自己的儿子送上卡比托利欧山。安提乌斯，这个未满两岁的婴儿，就这样肩负起维持罗马稳定的历史重任。

夜幕降临，双方和解的晚宴正式开始。布鲁图双手缠着绷带前往李必达家中赴宴，而卡西乌斯则来到安东尼家中。席间的气氛可想而知。据卡西乌斯·迪奥透露，安东尼向卡西乌斯发问："你的短剑是否依然藏在袖中？"卡西乌斯答道："当然，这次是一柄长剑，如果你也心存独裁的妄想。"

恺撒遗嘱：被遗忘的安东尼和克娄巴特拉

宣读恺撒遗嘱成为连日来的重要时刻，此前它一直由罗马灶神庙中的修女保管。耐人寻味的是，提出公开宣读遗嘱，并亲自将它取回的人并不是恺撒的遗孀，他最亲近的人——卡尔普尼亚，而是他的岳父卢修斯·卡尔普尼乌斯·皮索——前文中赫库兰尼姆那座华美壮观的帕比里庄园的主人。原因何在？古罗马人归根结底依然生活在一个父权至上的社会中。尽管妇女解放已经成为一种不容忽视的趋势，但在许多家族中，决定的权利依然掌握在男主人手中，或者，在他缺席时，由"最有威望"的其他男性成员代替。婚后的夫妻关系分为两种，丈夫具有监护权或没有监护权，监护权象征着新娘的所有权。对于前者而言，妻子的"所有权"由父亲手中转移到丈夫手中。至于后者，即便在婚后，妻子依然是属于父亲的私有"财产"，丈夫对妻子不具有任何法律上的权利。这令我们想起一句耳熟能详的现代名言，"请求一位父亲允许自己牵过他女儿的手"。与其广为人知的表面含义有所不同，这一请求的本意不是为了象征性地牵起妻子的双手，共同迎接新生活，而是要求从父亲手中获得对他女儿的所有权（监护权）。而这句话本身不过是一种委婉的修辞语言，并不具有现实含义。

由此可知，恺撒和卡尔普尼亚的婚姻显然属于后者，因为取回遗嘱的人是他的岳父，而不是妻子。

一位最年长的修女，首席灶神修女（Virgo Vestalis maxima）接待了恺撒的岳父，只见他虬髯覆面以示哀悼。灶神修女包括6位负责祭拜灶神——掌管炉灶的古罗马女神——的女祭司。她们的神庙和修道院坐落在古罗马广场的中心，因为祭拜活动和神庙承载着罗马文化的核心精神，众所周知，神庙中的火种永远不能熄灭，否则值守的修女将会付出生命的代价（她们将被送上奎里纳勒山，因囚禁在位于科里纳门附近的邪恶场地牢中，在干渴和饥饿的折磨下死去）。自甘堕落与男性苟合的修女也将面临同样的命运：在神庙中担任祭司的30年漫长时光中，她们必须保持处子之身（从10岁时被选中开始，直到40岁才能"重获自由"），但在任职日期结束后可以进行婚配。卡尔普尼乌斯·皮索从年事最高的修女手中接过恺撒的遗嘱，在这些密封完好的卷轴上，恺撒的蜡印清晰可见。用来存放遗嘱的极有可能是同样密封完好的木箱。

遗嘱并未在恺撒家中进行宣读，而是选择了安东尼处理公共事务的府邸。

当时的场景仿佛历历在目。

府邸中的仆从早已对前来出席各种会议的达官显贵习以为常。然而在3月19日早晨9时左右，这里的气氛却令众人无所适从。房间中聚集着来自双方阵营的元老、裁判官、大批恺撒的心腹同僚，其中还包括他的旧部士兵以及众多亲属。与往日的会议不同，当天的仆从们嗅到了一股黑暗和滞重的气息，掺杂着紧张、悲伤和肃穆的空气中飘荡着一丝若有若无的期待。事实上，每个人都明白，遗嘱宣读后，他们生活的世界将迎来一场天翻地覆的剧变。在等待遗嘱的过程中，即将揭晓的谜底令人们心中充满对未知的恐惧，那是恺撒生前做出的最后决定，一切都将就此尘埃落定。众所周知，恺撒身后留下了一笔数目可观的遗产。除去卡尔普尼亚交给安东尼的4 000塔兰特，他的私产遍布罗马以及各个城邦。而且，这份卷轴承载着比金钱和财产更为重要的意义。那是一笔比黄金还要珍贵的无形财富：恺撒的政治遗产。成为恺撒的继承人，也将意味着在当今的共和政体中独占鳌头。

在一片寂静中，卷轴被打开了。时间仿佛在这一瞬间凝固，片刻之后，恺撒的遗言开始在空中回荡。安东尼目不转睛地注视着眼前的卷轴，他握住卷轴的手微微颤抖。宣读遗嘱的声音打破了空气中的宁静。众人全神贯注地揣摩着字里行间的含义，唯恐自己的理解产生丝毫偏差。有人在恍惚间仿佛听到了恺撒的声音，这位阴魂不散的统帅正在对罗马的未来发号施令。

事实上，作为舅舅的恺撒，将自己的三位外甥立为继承人的决定令众人始料未及："盖乌斯·屋大维获得了3／4的罗马，而卢修斯·皮那里乌斯和昆塔斯·佩狄乌斯共同继承剩下的1／4。"这位盖乌斯·屋大维，正是日后的盖乌斯·尤利乌斯·恺撒·屋大维，未来的奥古斯都。尽管只是恺撒的远亲，但相同的血脉却是不争的事实：他的母亲阿提娅就是恺撒的妹妹茱莉亚·米诺尔的女儿。这个似乎舍近求远的安排，在追求血统纯正的男性社会中却又显得合情合理。况且，恺撒的做法不乏先例：妹妹的女儿和外孙身上无疑流淌着恺撒的血脉，而他的女儿茱莉亚却不尽然，她甚至可能是妻子与异性偷情后诞下的。这是一个放之四海而皆准的道理。在某个非洲部落中，就沿袭着由妹妹的后代获得继承权的传统，因为相较于自己的孩子，外甥（女）才是自身血脉确凿无疑的传承者。

在遗嘱的结尾，为了确认他任命屋大维为继承人的愿望，恺撒增加了一项重要条款。据苏维托尼乌斯称，"他将盖乌斯·屋大维收为养子，后者作为恺撒的家人继承了他的姓氏"，这也意味着屋大维正式成为尤利乌斯家族的一员，也因此获得了恺撒授予的特权，可以自行决定何时采用盖乌斯·尤利乌斯·恺撒·屋大维的称号。转眼间，这位普通的青年就从恺撒手中接过了巨大的权力，并将从此被载入史册。

有人认为，这不过是一份临时遗嘱，因为就连恺撒也未曾料到自己会遇刺身亡。从遗嘱的字里行间可以看出，恺撒在遇刺当天并未觉察自身的险恶处境。众所周知，为了防止屋大维（和他的另一个外甥）拒绝接受继承权，恺撒在遗嘱中还任命了其他"第二顺位"继承人。他们是谁？答案是安东尼——基于他对恺撒无与伦比的忠诚，这一安排自然无可厚非——和德西穆斯，主要密谋者之一。随后，恺撒又在继承者名单中加入了其他刺杀参与者的姓名……

最令人诧异的或许是，恺撒在遗嘱中没有给克娄巴特拉留下只言片语，就连可能是自己亲生骨肉的小恺撒也一无所获。而母子二人很快就将迎来另一个沉重打击。

在他的遗嘱中，恺撒没有忘记罗马人民。他为每一位罗马公民留下了300斯特迪，这是一笔数目庞大的财富。而这还不是全部。他又向罗马城捐出了自己位于特韦雷河彼岸的恺撒庄园，这里将来可以改建为一座公园。而那里正是克娄巴特拉居住的地方。

换而言之，女王和小恺撒成了命运的弃儿。

在安东尼宅邸中宣读完毕后，恺撒的遗嘱还将被当众公布，以便每一个罗马人都能够亲耳听到他的全部遗愿。

全体罗马市民在获悉这一慷慨馈赠后的感激之情不言而喻，同时他们也为痛失一位如此伟大的领袖而黯然神伤。

克娄巴特拉的对策和安东尼的反击

克娄巴特拉将何去何从？她或许是安东尼宅邸之外第一时间获悉遗嘱内容的人。一位谋臣无疑立刻从现场为她带回了消息。这个聪明的女人对现实没有任何幻想。作为一位外邦王后，她清楚自己无望在爱人的遗嘱中占有一席之地。作为罗马至高无上的领袖，恺撒无法将自己的财富赐予一个外国王后，更不可能任命她为政治继承人（屋大维同样无权坐享其成——他必须为获得遗产努力争取）。他的儿子小恺撒也不例外。在那些辗转难眠的夜晚，她无疑反复思考过这些问题。唯一令克娄巴特拉始料不及的或许就是，恺撒居然将作为她起居场所的恺撒庄园赠给了自己的子民。

这一刻，克娄巴特拉如梦方醒：在恺撒的对手，尤其是罗马人民眼中，被排除在遗嘱之外暴露出恺撒对她的漠不关心，也将成为她不堪一击的标志。在四周暗潮涌动的敌意中正孕育着危机四伏的洪流，她明白罗马已非久留之地。午后，经过与谋臣的商议，她下令动身启程。她必须与时间赛跑，尽快逃离这座城市。目的地：亚历山大。

如果说克娄巴特拉对眼前的一切早有预感，那么安东尼则在始料未及的现实面前叫苦不迭。尽管他当时的精神状态并未出现在任何古代历史学家的记载中，但他深深的绝望之情可想而知。或许他也曾经盼望成为恺撒的养子，因此遗嘱的内容令他饱尝遭到"遗弃"的心酸苦涩。

屋大维，这位恺撒钦定的继承人并不能对他构成威胁——因为他还是个孩子。此时，安东尼正专注于恺撒将于明天举行的葬礼。作为恺撒的好友和远亲（他的母亲茱莉亚是尤利乌斯·恺撒的表妹），时任执政官的安东尼被委派发表葬礼演说。依照惯例，一旦遗嘱宣读完毕，安东尼就将正式召集亲朋好友为自己的演讲进行准备，同时与众人合计葬礼的筹备工作。或许是在妻子富尔维娅的怂恿下，安东尼做出了一个惊世骇俗的安排：在古罗马广场中心，恺撒遗体旁，竖起一座蜡质雕像，向众人展示恺撒遍布全身的伤口（正是这个女人，在自己的前夫克劳狄乌斯被政敌米洛的手下杀害后，向公众展示了他身上的致命伤口）。

恺撒的葬礼和安东尼的演说

在遇刺5天之后，尤利乌斯·恺撒的葬礼于3月20日清晨如期举行。按照葬礼流程，遗体将被运往古罗马广场，由安东尼发表庄严的演说。随后装有遗体的棺椁将被送往战神广场，那里安葬着恺撒年幼夭折的女儿茱莉亚，还有为他准备的火葬柴堆。然而事情的发展令众人始料未及，被排除在遗嘱之外的安东尼决心从恺撒之死中攫取政治资本，而他也将成为葬礼当天的主角。

在黎明的第一缕晨曦中，浩浩荡荡的人群开始向古罗马广场聚集，其中不仅有罗马市民。许多人星夜兼程从邻近城邦来到罗马，还有即将出发远征帕提亚的士兵，以及在老谋深算的安东尼煽动下赶来的恺撒旧部，他们将在当天的事件中扮演重要角色。

送葬的队伍开始向古罗马广场进发，走在队首的人高举火把，在众多送葬者的簇拥下，他们为逝者高唱赞歌，哀泣声悲天恸地。在众人的注视下，恺撒的遗体躺在历任裁判官扛起的象牙轿子中，轿子笼罩在一团暗红的金色光芒中。据巴里·施特劳斯回忆，现场还出现了戴着蜡质面罩的艺伶，只见他们身穿凯旋服装扮成恺撒的模样，根据罗马葬礼习俗，通过夸张的肢体语言缅怀这位伟大统帅生前的五次大捷。阿庇安补充道，队伍中不乏恺撒旧部士兵，他们像卫兵一样护送他完成这段最后的生命旅程。长队的末端，紧随棺椁走来的是恺撒的生前好友和家族成员。

缺席者的身份同样耐人寻味，其中就包括众多密谋者，他们明白，今天不是适合自己抛头露面的日子。此外，克娄巴特拉也没有出现。身为一名外邦王后，她没有资格进入罗马城的边界。但可想而知，她此刻正在特韦雷河彼岸那个金碧辉煌的宫殿中一刻不停地思念着自己的爱人，与此同时，离开罗马的准备工作也在进行之中。眼前的世界再次将她抛弃。

当送葬的队伍进入古罗马广场时，情绪激动的人群开始不约而同地放声痛哭。悲恸的哀号声响彻罗马城上空。泪水在女人们的脸颊上流淌，也冲刷着恺撒旧部士兵一张张棱角分明的脸庞。人们感到他们失去的不仅是一名统帅：随着这位父辈的离去，所有人都像被遗弃的孤儿一样不知所措。此时，在这片悲戚声中，传来一阵老兵们击打盾牌的声响，这是一种在阵前向敌军示威的罗马军团传统，同时也在向他们的统帅致敬。此时我们仿佛身临其境，耳畔充斥着喊叫声、号哭声以及节奏整齐的敲击盾牌声。棺椁四周的人们纷纷涌向前去，争相伸出手臂，似乎想要触摸，又仿佛是想要给予保护。

葬礼中，载着恺撒遗体的轿子被抬上了讲坛，放在一个事先准备好的小型金色建筑中，它的外观酷似维纳斯神庙，与恺撒的心脏咫尺相隔。冥冥之中，克娄巴特拉仿佛与恺撒相伴左右，在这个金色神龛所代表的维纳斯神庙中，就矗立着她那尊镀金青铜雕像。

恺撒遇刺时身穿的托加长袍浸满了鲜血，被置于这个光彩夺目的神龛穹顶上供人瞻仰。人们准备迎接安东尼咄咄逼人的演讲。看到他爬上讲坛，最后一次站在恺撒身旁，人群突然间鸦雀无声，只见他伸出胳膊，一只手高高扬起，毋庸置疑地示意自己的演讲即将开始。为了表示哀悼，身旁的人看到，在他面纱背后的脸颊上蓄着五天没刮的胡须。

悠远的回响穿越时空⋯⋯在莎士比亚笔下重见天日

面对人群，他究竟说了什么？演说的内容早已无从考证。只有两位古代作者，卡西乌斯·迪奥和阿庇安根据遥远的记忆对安东尼当时的演讲进行了重现和转述。安东尼夸张的表演在这些记载中一览无余。根据不同古代作者的记录，我将努力重现这个安东尼生命中的重要时刻，同时也是罗马历史上浓墨重彩的一页。而能够对两千多年前那场葬礼致辞掩盖下的政治演讲一探究竟，也不失为一种乐趣。

在一片梦幻般的寂静中，只见安东尼面对鸦雀无声的人群，威严的目光从古罗马广场上空扫过。随后他垂下头颅，仿佛正在整理思绪，片刻之后，他再次缓缓仰首。在阿庇安的记载中，他选择了这样的开场白："同胞们，面对一个如此伟大的灵魂，我个人的葬礼致辞微不足道，你们应该倾听整个国家的心声。"

对于眼前的一幕，苏维托尼乌斯这样描述道："作为追悼词，安东尼授意传令官当众一一宣读了那些曾经承载了人类和神圣荣耀的法令，以及全体元老为恺撒安全做出的宣誓，随后只是进行了简短的评论。"显而易见，从一开始，安东尼就打算大事渲染恺撒之死背后的冷血背叛，使他的对手沦为众矢之的。

安东尼继续向人群致辞。据卡西乌斯·迪奥称，他开始历数恺撒的先祖、血脉以及个人美德，尤其是他对待朋友的慷慨大度和面对敌人时一如既往的宽容仁慈。接着他又对恺撒生前的丰功伟业进行了一番缅怀。这份长长的清单见证了恺撒的彪炳战功和罗马人民从中获得的福祉："他的无畏和进取为我们征服了未知的疆域和陌生的土地；他将曾经陌生的土地变得触手可及，将曾经的蛮荒之地变成了一片沃野。事实上，如果不是一群嫉贤妒能的卑鄙之徒暗中兴风作浪，迫使他功亏一篑返回罗马，他想必早已征服了英伦群岛，远至北海沿岸的整个凯尔特王国也将成为他的囊中之物，如此一来，我们的国界将冲破陆地和人口的桎梏，一直延伸到海天相接的世界尽头。"

随着演说进入尾声，一股壮怀激荡的强烈情感喷薄而出。

"然而，天哪，我们的国父，最高大祭司，不容亵渎的圣徒，我们的英雄就这样死了。疾病没有将他打败，岁月无法使他屈服，在路途迢迢的远征中他毫发无损，在猝然而至的厄运中他安然无恙。然而就在这里，在罗马城墙之内，这个曾经从大不列颠凯旋的男人却遭人暗算……这个没有战死沙场的男人却死在了自己的臣民手中……这个男人死在了忘恩负义的同胞手中。恺撒啊，你的善良，你的神圣，还有你的法律将何以为报？在你制定的法律下，人们免遭同类相残的厄运，而你却惨死在朋友无情的屠刀之下。如今你就躺在这片自己曾经留下无数足迹的古罗马广场上，头上还戴着皇冠；你伤痕累累的身躯倒在了曾无数次面向人群发表演说的讲坛上。"

安东尼声情并茂的夸张表演令人仿佛身临其境。只见说完每一句话，他都要照例转向恺撒的遗体，伸手示意。此刻，阿庇安的记载中描写了一个特别的动作。据其他作者记载，安东尼对于展示自己的胸膛和肌肉乐此不疲，他经常将自己长及膝盖的无袖外衣缩在身体一侧，就像天神赫拉克勒斯那样。"随后，仿佛受到启发一样，只见他将自己的外衣像布带一样折叠缠绕起来，令双手可以自由活动。"

或许就在此刻，他从钩子上取下尤利乌斯·恺撒被鲜血浸透的托加长袍，手舞足蹈地在空中挥舞，试图吸引每个人的注意。卡西乌斯写道："啊，血染的白发，破碎的长袍，似乎命中注定在劫难逃！"

阿庇安接着写道，只见他提高嗓音，向卡比托利欧山伸出手臂，低吼道："朱庇特啊，罗马城的守护神，诸位天神，我在此郑重起誓，我已为复仇做好准备。"

话音刚落，许多元老隐隐感到一丝寒意从背后升起，他们从安东尼的语气中感受到一股扑面而来的敌意。安东尼知道如何通过语调制造紧张气氛，随即话锋一转用更为平和的语气补充道，赦免刺客的法令不失为一项善举，并呼吁人们应该"着眼现实，而不是沉湎往事……以避免陷入内战的困局"。每个人都明白，密谋者终将难逃死亡的惩罚。正如安东尼面对众神发出的誓言。

此时的演讲坛俨然变成了一座舞台，作为全场唯一的主角，站在恺撒尸体旁的安东尼，正陶醉在这场自导自演的独角戏中。

阿庇安写道，"只见他站在棺椁前，仿佛置身舞台之上，时而俯首躬身，时而昂首挺立，向恺撒献上天神般的赞美，双手高高举向空中，仿佛正在见证一位新神的降临"。在这冗长而乏味的陈述中（在一些历史学家看来，这不过是对传统罗马葬礼赞歌的过度"渲染"），人群跟随安东尼，对他口中喋喋不休的恺撒功绩和个人悲伤一一做出回应。此情此景仿佛教堂中正在进行的弥撒，信众对神父的祷词随声附和，又像是舞台上的歌手略加停顿，期待着现场观众的齐声合唱。在安东尼的演说中，煽动情绪的手段贯穿始终，没有一位听众能够像旁观者一样置身事外。在这里，他凭借匪夷所思的舞台直觉，展现出一种感染观众的罕见戏剧天赋和表演魅力。

一切还未结束。真正的演员此刻爬上讲坛，开始在这个"舞台"上庆祝恺撒的丰功伟业。其中一位演员扮成这位独裁者的模样，开始历数那些曾接受恺撒恩惠（或许不是救命之恩）的人的名单，当发现密谋者的姓名赫然在列时，人群开始沸腾起来。"尤为令众人后怕的是，那些曾经作为庞培同党被打入大牢的刺客，不仅没有受到惩罚，反而被恺撒提拔为罗马的地方长官，获得了管辖行省和军队的特权。"

安东尼深谙舞台节奏，并且进行了充分的准备。无怪乎这次演讲被莎士比亚选中，经过改编后在世界各地的舞台上循环演出，数百年间经久不衰。他甚至不惜断章取义来煽动观众。此时，恺撒的遗言被再次当众宣读。阿庇安继续写道，"当听到德西穆斯出现在恺撒的继承者名单中时，现场险些爆发一场骚乱"。

安东尼的这番话无异于火上浇油。早已咬牙切齿的罗马人民再也按捺不住心中的怒火。安东尼继续煽风点火。或许受到富尔维娅的怂恿，在频繁幽会声名狼藉的女伶丽科尔斯期间结识的众多剧场好友的共同谋划下，他通过当众展示恺撒尸体的蜡质雕像——正如前文所述——将整场表演的气氛推向了高潮。

阿庇安对当时匪夷所思的一幕这样描述道："在这令人窒息的时刻，空气中弥漫着一触即发的暴力气息。有人高高举起恺撒的蜡像，摆放在棺木上。而恺撒的遗体，此刻正躺在视线无法触及的棺木内。在机械装置的驱动下，蜡像自动展示着遍布身体和面部的23处野蛮伤口。目睹这一惨状的人们忍无可忍。他们哀号着卷起衣襟，将现场变成了一片火海。"

此时局势彻底失去了控制。顾此失彼的士兵们试图控制人群，却又担心蔓延的火势殃及周围的房屋、剧场和神庙。人们希望焚烧恺撒的尸体，却找不到合适的场所——究竟是在朱庇特神庙的中心，还是庞培元老院——恺撒遇刺的地方。

此时，或许在安东尼的授意之下，两位神秘人物的举动成为整个事件的转折点。他们抓起燃烧的蜡烛，试图点燃现场的灵床。

形势急转直下。普鲁塔克描述了恺撒遗体在一片混乱中遭到焚毁的情景："有人高呼处死刺客，有人挥舞着店铺中的板凳和桌子，将它们高高堆起，垒起了一个巨大的火葬柴堆。随后，在环绕四周的神庙圣殿默默注视下，遗体被人群拖上柴堆点火焚烧。"

火葬柴堆并不在安东尼发表演说的讲坛上，也不在恺撒遇刺身亡的地方。它位于距灶神庙数码之遥的古罗马广场，直到两千多年后的今天，依然有络绎不绝的游客来到这里，他们留下的玫瑰等鲜花和写有动人话语的纸片，日复一日地见证并诉说着恺撒的伟大。

熊熊燃烧的柴堆不断吞噬着人群抛入的各种祭品，这一幕远未结束。"更有甚者，现场的乐师和艺伶纷纷扯下身上的戏服……将它们抛入火焰，"据苏维托尼乌斯记载，"来自恺撒旧部的士兵将他们为葬礼专程带来的武器抛入火堆，主妇们甚至将自己的珠宝首饰投入烈火。"士兵们则奋不顾身地阻止火势向周围的建筑物蔓延。

然而，燃烧的柴堆不仅吞噬着各种物品，还为亢奋的人群提供了无数火把。人们很快便将愤怒的矛头转向了刺杀恺撒的密谋者，并试图用火把点燃他们的住宅。一股愤怒的人流向布鲁图和卡西乌斯的宅邸涌去，随后普布利乌斯·赛维里乌斯·卡斯卡，这个首先刺向恺撒的人也成了众人的目标，宅邸中的奴隶和德西穆斯的角斗士合力阻止了人群破门而入的行动。然而，现场死伤惨重，作为密谋者之一，卢修斯·贝利埃努斯的宅邸陷入火海。

此时发生了令人心碎的一幕，恺撒的一位好友，拖着病体的赫尔维乌斯·西纳，正迈着蹒跚的脚步赶往古罗马广场参加葬礼。人群将他错认为姓名相似的卢修斯·科尼利乌斯·西纳——这位执政官此前曾扯下身上的长袍，将恺撒斥为独裁者——在广场中央将他杀害。随后，苏维托尼乌斯补充道，"他们用长矛挑起他的头颅，在罗马城中招摇过市"。

有人怀疑，是安东尼一手策划和组织了这些针对民宅的袭击事件和搜捕行动，西塞罗就曾公然断言。士兵的疏于防范也为这种假设提供了佐证。然而，同样无法否认的是，在某些时刻，局势的发展完全脱离了安东尼的掌控。

恺撒的火葬柴堆被经过的人流不断抛入大量物品，熊熊的大火燃烧了几个小时。当火焰最终熄灭时，火堆中的人体遗骸和化为焦炭的骨头被恺撒的自由民收集，连同形状酷似维纳斯神庙的金色神龛以及其中血迹斑斑的长袍，被一同送往他位于战神广场的家族寝陵。

耐人寻味的是，在死后数百年间，从恺撒的骨灰中依然衍化出千奇百怪的传说。作为一本游客手册，12世纪开始流传的《罗马雅邦奇事录》（*Mirabilia Urbis Romae*）中就收入了一则中世纪古老传说，声称恺撒的骨灰被保存在圣彼得广场方尖碑顶部的镀金青铜圆球中。这一说法纯属讹传。

在这尊方尖碑背后还隐藏着一段引人入胜的历史。最初，它由首位埃及"总智"科尼利厄斯·加卢斯从赫利奥波利斯运往亚历山大城的尤利乌斯广场，随后于公元40年被卡里古拉运往罗马。1586年，教皇西斯笃五世下令将这座方尖碑移往圣彼得广场，他用一座十字架取代了原来的金属球，正如人们今天所见。被取下的金属球如今在卡比托利欧博物馆中展出，球体上遍布在1527年罗马陷落时，德意志雇佣兵发射火绳枪留下的累累弹痕。

在这一天行将结束时，安东尼已经成了无可争议的罗马统治者。他力压李必达，成为整个恺撒阵营毋庸置疑的主要领袖。凭借不可思议的政治智慧，他继续巩固自己的权力。以葬礼上的暴乱为借口，他授意通过了一项法律，禁止任何人在城中携带武器（罗马军团除外），从此杜绝了任何对手效仿德西穆斯调动角斗士或卫兵作为小型私人武装部队的可能，与此同时，德西穆斯已经沦为全体罗马人民的公敌。

密谋者们明白，他们已经全盘皆输，只留下了一个千疮百孔的罗马城，一些人龟缩在自己位于城外的庄园中，一些人则企图凭借自己从恺撒手中获得（在赦免中获得确认）的行省职务负隅顽抗。至于德西穆斯，已经率领他的角斗士撤入自己位于山南高卢的领地。卡西乌斯和布鲁图也在4月中旬逃离罗马。此刻，罗马城已经完全由安东尼和他的盟友掌控。

第四章

重返亚历山大

克娄巴特拉邂逅安东尼之谜

随着最后一缕火光从葬礼柴堆上消失，恺撒的骨灰长眠在战神广场的墓室中，陪伴在女儿身旁，历史的乐章终于重新奏响往日的旋律。克娄巴特拉去意已决。然而在动身返回埃及前，她需要一些承诺。此时只有一个人能令她感到安心和宽慰。于是找到他就成了当务之急。恺撒死后，身为执政官的安东尼（与此同时，多拉贝拉自封执政官）成为最高权力主宰，随着葬礼的结束，又成为恺撒阵营毋庸置疑的领袖。

克娄巴特拉需要什么承诺？最重要的是，两人是否有过一面之缘？尽管无从考证，但这种可能性确实存在。也许他们之间只有过书信往来。许多学者认为，安东尼不愿人们看到自己出现在这位不得人心的女王身边。这有损他的政治形象。

克娄巴特拉至少提出了三个请求。首先，她需要保证自己和小恺撒的安全。其次，她还要确保在恺撒死后，罗马对埃及的立场保持不变。在生前签署的协议中，恺撒对埃及给予了高度认同，并将它纳入了被称为"罗马人民的朋友和盟友"的小圈子。此外，他还承认埃及对塞浦路斯岛拥有主权，这是一块可以左右东地中海贸易通道和地缘政治的战略要地。最后，埃及国土上依然驻扎着至少16 000名恺撒留下的罗马军团士兵，负责维护这一地区的稳定。克娄巴特拉向安东尼提出了一个简单的问题：这些军团应该向谁效忠？是恺撒阵营还是反恺撒阵营？是安东尼还是布鲁图和卡西乌斯？在返回埃及之前，她需要一个合理的承诺，确保自己将来不会被废黜，甚至惨遭毒手。

安东尼向她做出了全面保证，同时认为离开罗马是她最好的选择。

对于两人是否曾经会面或互通书信，世人不得而知，但此刻一个更加大胆的猜测浮出水面：他们是否早已相识？两人是否曾经在某个场合与对方邂逅？

答案是：极有可能。克娄巴特拉在罗马停留期间，他们或许早已在不同场合相遇过。名目繁多的宴会和令人应接不暇的正式场合充斥着罗马的日常生活（尽管众所周知，按照传统，一位外国女王无权越过罗马城的边界）。但谁又敢轻易断言？安东尼或许早已造访了克娄巴特拉位于特韦雷河彼岸的宅邸。

而另一个猜想更加耐人寻味，他们或许早在许多年前就已经在埃及邂逅，甚至早在克娄巴特拉和恺撒的关系开始之前，那时她还只是一个情窦初开的公主，而安东尼则是一位入伍不久、身材魁梧的年轻军官。史料中不乏关于这次最初邂逅的附会之言。而真相如何？让我们一探究竟。

一场多年前的邂逅

让我们穿越时空，回到公元前44年3月15日月中日之前13年的公元前57年，彼时安东尼还是一位驻守在雅典城的年轻军官。他时年26岁，也许是27岁（奇怪的是，尽管他的出生日期有据可考：1月14日，但具体年份却比较模糊，也许是公元前83年，又或者是公元前82年）。正是在那里他遇到了盖比尼乌斯，而后者刚刚被任命为富庶的叙利亚行省执政官，这块战略要地大致自亚历山大勒塔湾起，覆盖了西里西亚和幼发拉底河之间的领土，以及南部的黎巴嫩和巴勒斯坦。盖比尼乌斯邀请安东尼投入自己麾下，并任命他为骑兵指挥官。安东尼对此欣然应允。这个野心勃勃的年轻人知道，摆在自己面前的是一个在军政两界崭露头角、建功立业的天赐良机。事实上，他很快就凭借自己的热情、勇敢和军事头脑脱颖而出。他凭一己之力在朱迪亚成功镇压了一场暴乱，并在执政官的授意下，率领罗马骑兵突入东方强敌帕提亚帝国的领土进行侦察。而真正令他声名远扬的当数远征埃及的军事行动，这次远征的目的是帮助克娄巴特拉的父亲，托勒密十二世奥勒忒斯重夺王位，此前他的女儿贝蕾妮丝勾结自己的丈夫，科马纳的阿基劳斯发动宫廷政变，将父亲赶下了王座。这似乎正是安东尼梦寐以求的丰功伟业。古往今来，埃及一直都是征服者的噩梦，上一位完成这一壮举的历史人物还是近三百年前的亚历山大大帝。埃及的东、南、西三面被茫茫沙海构成的天然屏障环绕，而北方的地中海洋面上终年游弋着一支强大的埃及舰队。安东尼凭借惊人的勇气和伟大的军事策略征服了贝鲁西亚，打开了从加沙通向埃及的门户，并在随后的战役中展示了自己的勇猛和战略头脑。此外，对于战败者他也表现出了宽宏大量，在敌军首领科马纳的阿基劳斯阵亡后，安东尼既往不咎，为他举行了一场王家葬礼。长此以往，安东尼不仅在自己的部下中建立了威望，甚至在亚历山大叛军中也如雷贯耳。在击溃叛军后，安东尼、盖比尼乌斯和托勒密十二世国王并驾齐驱进入亚历山大城。

安东尼在这座城市停留了数周时间，与东方世界的初次邂逅，他的内心仿佛被某种不明之物深深触动——就像吉瓦内拉·克莱西·马龙所说——散发着异域风情的原始希腊文化满足了他对未知世界的好奇。在帮助托勒密国王重夺王位后，他开始经常出入王宫内庭，在令人眼花缭乱的宫廷宴席中寻欢作乐。正是在这种场合下，安东尼迎来了与克娄巴特拉的首次邂逅。

彼时，她还是一位年轻的公主。眼前这个已是而立之年的男人似乎无法在少女心中掀起任何涟漪。除了例行公事的正式介绍，两人之间再无任何波澜。而不久的将来，那场令他们奋不顾身的爱情，在此刻却毫无端倪。阿庇安声称，谣言疯传，安东尼确实在第一眼看到克娄巴特拉时，就已经"按捺不住"对这位公主的一腔深情。但这些只是谣传，没有得到任何史料的证实。

好兵安东尼

而安东尼又因何与年轻的公主邂逅？尽管人们对于公主的少女时代所知甚少，但普鲁塔克却通过他的生动描述为大家呈现出一位年轻的军官安东尼："他有着高贵的气质和迷人的胡须，宽阔的额头和挺拔的鼻梁衬托出他英姿勃发的外表，足以与雕像和绘画作品中出现的天神赫拉克勒斯相媲美。此外，在古代传说中，安东尼代表赫拉克勒斯的后裔，是赫拉克勒斯的儿子安东的后代。而众所周知，安东尼也刻意通过自己的神态和服饰为这一传说添加佐证。每当出现在公共场合时，他总是将短袍缩入后腰，佩带一柄长剑，身披一袭粗布斗篷。"这也让安东尼看上去身形矫健、肌肉发达、体格强壮，令人不禁想起风靡古代的神话偶像——赫拉克勒斯。这种无处不在的男子气概显然散发着令女性无法抗拒的雄性魅力。

此外，他性格豪爽，风度翩翩，喜欢呼朋引伴尽享美食。普鲁塔克写道，"他自吹自擂，插科打诨，当众豪饮，与正在午餐的部下并肩而坐，以及在军营伙房站着进食等种种行为在士兵中引发了一股非同寻常的情感共鸣"。

与生俱来的柔情是他深藏不露的王牌："他的爱情生活不仅没有成为他的污点，甚至还为他赢得了普遍的好感，因为他总是无微不至地对待自己的爱人，而当自己的风流韵事被人取笑时，又可以一笑置之。"安东尼在对待部下和朋友时的慷慨无私为他的权力之路谱写了完美的开篇。

值得一提的是，安东尼的一生都因此受益颇多。

克娄巴特拉告别罗马

黎明时分，克娄巴特拉离开了恺撒庄园。这也为府内众人连日来忙碌而繁杂的准备工作画上了句号。克娄巴特拉或许还在临行前日举行了一场小规模告别仪式，向逗留罗马数月间相伴左右（以及在恺撒遇刺引发的动荡局面中对自己的保护）的守卫和随从表示感谢。他们仍将留在这座城市，而朝臣和近侍则要跟随她告别这座庄园，浩浩荡荡的队伍看上去就像一场盛大的王家游行。庄园中挤满了各式各样的车乘，从专门运送货物的普通骡车或牛车到日常供王室成员乘坐的结构坚固的四轮载客马车。许多马车上堆满了曾经用来装点庄园的王室家具，从克娄巴特拉的宝座到各种珍贵的丝绸制品，华美的宴会桌和众神雕像应有尽有。这不是一次简单的搬家，而是整座王宫的迁徙。各种文件和宫廷用品一道被装上了马车，最后不得不提的还有克娄巴特拉奢华的私人细软：不计其数的华美服饰，珠宝和餐具，水罐，还有分别用金、银、孔雀石和雪花石膏制成的容器，都小心翼翼地包裹在稻草中放入木箱。另外，还有一个无法忽略的事实，除克娄巴特拉之外，随行队伍中还能看到一位"国王"（她的弟弟托勒密十四世）和她的儿子——小恺撒的身影，以及两人各自的私人财物和贴身仆从。

克娄巴特拉姗姗来迟，只见她迈着端庄而缓慢的步伐向自己的马车走去，所到之处众人无不躬身施礼。在探身钻入马车前，她蓦然回首，眼前这座庄园曾经见证了一段静谧而欢乐的时光。她的目光扫过一扇扇窗户，圆柱间的帷幔在柔和的春风中翩然起舞，凉亭上优雅的木质格栅落入视线，她曾在这里守望罗马的黎明，手指轻轻划过木质蔓藤花纹，任由冷冽的空气拂过脸颊和发梢。在这个清晨，熟悉的黎明再次来临。克娄巴特拉闭上双眼，像往日一样深深吸气，让空气充满双肺。这将是她离开之前的最后一次深呼吸。只见她再次睁开双眼，脸上的表情骤然变得犀利而专注，随即转身钻入马车。这是一辆坚固而华丽的两轮马车，四根柱子顶端托起一个木质顶棚。仿佛一座安放在四轮之上的金色神庙，色彩明艳的丝绸帘布在木柱间随风摇荡。此时，克娄巴特拉向窗外投去最后一瞥，随后她优雅的身姿便和侍女们一道在那层东方丝绸之后消失不见。

随着一声令下，队伍出发了。女王的马车位于中间，周围簇拥着大批卫兵，甚至马车内也能看到侍卫手持刀剑严阵以待的身影。

出于安全考虑，他们选择在破晓时分离开，此时的罗马，街道上空无一人。庄园巨大的青铜大门在一片肃穆中打开，只见一列王家队列在火把的照耀下鱼贯而出。一支罗马骑兵部队已经在门外等候。这支庞大的卫队奉安东尼之命前来保护女王的安全。长长的队列从恺撒庄园走出，仿佛永远没有尽头。这支华丽而喧闹的车队将许多罗马人从睡梦中惊醒，从一扇扇打开的窗户中不断探出一张张写满惊愕的面孔。这支队伍将会去往何方？在当时微妙的政治局势下，他们选择了一条前往奥斯蒂亚的最快路线，女王将在那里登船远航。尽管恺撒庄园的私人码头停泊着一艘属于克娄巴特拉的豪华大船，但这艘船此时却显得不合时宜。据贺拉斯称，恺撒遇刺后，特韦雷河水位异常升高，在部分河段水已经溢出河堤。因此，女王的队伍也许要取道位于罗马南部的庞斯·萨布里西乌斯大桥，越过特韦雷河，前往奥斯蒂亚门，这是罗马城最大的南部门户。车队将从那里出发前往奥斯蒂亚。

今天，这趟旅程只有半小时车程，但在克娄巴特拉生活的时代，至少需要花费半天，甚至一整天时间。而这里还只是一场漫长而艰辛的旅途开始的地方。尽管今天的人们对此不以为意，但在古代，旅行是一项需要耗费大量时间和精力的工程，即便尊贵如克娄巴特拉也无法例外。

事实上，在到达奥斯蒂亚后，女王也无法立刻起航，将所有行李搬运上船就需要花费数个小时。因此，克娄巴特拉可能不得不在此留宿一晚，直到次日清晨才能登船出海。

1 200 英里的漫漫海上旅途

女王一行乘坐的可能是一些小型船只，这些长度在 30 到 45 英尺之间的小船不适合远海活动，但它们却是沿海岸线快速航行的理想之选。

再次置身波涛翻滚的大海之上，此刻克娄巴特拉的内心又将作何感想？在这一瞬间直觉告诉她，只有当脚下汹涌的海面变成亚历山大干燥的大地，空气中飘来非洲大陆那令她魂牵梦绕的土壤气息时，自己的生活才能重回正轨。未来正在远方向她招手。

或许，此刻她正将小恺撒揽入怀中，任长发在风中飞舞，目送港口和灯塔在视线中渐渐远去，心中明白，自己的生命即将翻开崭新的一页。她将永远不再回到罗马。安东尼派来的卫队也已经掉头离去，返回城中。此时距离波佐利港还有一天左右的航程，在那里，适合远洋航行的大船将载着她驶向亚历山大。

对于整个旅程第一阶段的情形，史料中并没有留下任何记载，但根据推断，她应该选择了海路，因为在耗时三到四天的陆地旅途中，她将处于危险之中。紧靠海岸线的航行更为稳妥——也更加节省时间。于是，一支小型埃及船队浩浩荡荡从奥斯蒂亚出发，一路往南驶向波佐利。

旅程伊始，海水随着深度和洋流的改变不断变幻着色彩。祖母绿色的海水在不期而至的特韦雷河沉积物中被染上了土壤的颜色。随后又毫无征兆地变成一片湛蓝，海豚发出此起彼伏的刺耳尖声，仿佛特意赶来为克娄巴特拉保驾护航。

1 200英里的海上航行开始了，在遥远的古代，这是一段极为漫长的旅程。起航前的准备工作不容丝毫怠慢，除了对每段航程进行周密计划之外，还要携带大量食物和淡水补给。不要忘记这是一场兴师动众的王室巡航，还有随船托运的各种行李，所有的一切都需要时间，而克娄巴特拉恰恰对此无能为力。恺撒突然遇刺，政治平衡被瞬间打破，克娄巴特拉或许已经自身难保。此外，她还被赶出了自己的住所。此时一个巧合或许为她赢得了片刻喘息：她的埃及船队已经整装待发，准备随恺撒发起对帕提亚王国的远征，这也让她在面对突如其来的启程时稍显从容。

然而，另一个困难接踵而至——糟糕的天气。受风暴影响，古罗马时代的航海活动在冬季基本处于完全停滞状态，地中海随时可能化身为生命的禁区。因此，航海活动主要集中在5月至10月间，也就是气候温暖的月份。而现实中，即便在冬季，海上交通也并未完全中断，但仅局限于应对特殊情况，如运送部队、赈济饥荒的口粮等。

不幸的是，恺撒遇刺时的季节正处于一年中海上航行的危险时段。除此之外，驶往埃及的航船还必须等待有利的风向，被称为地中海季风的夏季风为向南航行的船只提供了便利。在巴尔干半岛高压和埃及低压的共同作用下，这股季风为从西向东穿越地中海的航船提供了源源不断的动力，而这正是从罗马前往埃及的航向。

这也是克娄巴特拉没有立即动身的原因。除等待安东尼对恺撒生前的契约进行确认，并着手准备一场令人殚精竭虑的航行之外，她还要等待最佳出海时机。这就意味着，女王至少要等到月中日之后一个月，才有望赶上第一股地中海季风，尽管它们并不总是如期而至。毋庸置疑，她赶上了头班列车。事实上，众多线索，包括西塞罗的信件在内，都指向她在4月11日至14日之间的某个拂晓启程离开罗马。

抵达波佐利港后，女王眼前出现了一幕熟悉的景象：只见港湾内锚泊着一支庞大的埃及深海船队。久违的王权令她心旷神怡。

波佐利港是古代实至名归的航运枢纽，它是所有往来罗马贸易活动的必经之地（而奥斯蒂亚自克劳狄一世皇帝起才开始拥有大型港口）。就像一个现代化国际港口，来自四面八方的航道无不在这里交会，包括埃及在内的世界各国货轮纷纷云集此地。而现实中的情形只会更加壮观。

在这里克娄巴特拉感到前所未有的无拘无束，因为在邻近的那不勒斯，就像罗马帝国的大部分地区一样，希腊语得到了广泛普及。在这座按照希腊城镇规划建造的城市中，无处不在的希腊文化无声地诉说着它的希腊起源。

而此时她却分秒必争。她必须尽快返回埃及，登上自己的旗舰。那是整支埃及舰队中最大、航速最快的战舰之一，这艘当时的顶级战舰由克娄巴特拉亲自指挥。史料中没有发现关于这艘战舰的详细记载，但它可能是一艘大型帆船，或许与她日后在亚克兴海战中乘坐的"安东尼亚达号"一样，拥有雄伟的外观、高大的船体、巨大的风帆，以及数层船桨。这是一艘长度超过130英尺、船员多达200人的巨型战舰。舰队中还有其他相对较小的远洋航船，乘员在百人左右，其中就包括她从亚历山大带来的各种差役、谋臣、文人和艺伶。此外，船上还载有数量众多的卫兵，以及她的小丈夫——弟弟托勒密十四世的随从人员。在众人的注视下，女王率领这支小型船队离开了波佐利港。

这位埃及女王的突然造访和她的骤然离去一样引人注目。消息不胫而走，并注定成为连日来众人议论的焦点。码头上聚集着一小群围观者，他们用好奇的目光打量着这些不速之客，直到克娄巴特拉的船队起航出海。

漫长的归途

这注定不是一段惬意的旅程。当时的船只设计之初并未考虑运送乘客的需求，因而船上通常没有客舱，人们只能裹着毯子在甲板上席地而卧。同时作为洗漱和用餐场所的甲板上方搭着一层摇摇欲坠的防雨棚。克娄巴特拉显然没有受到丝毫影响（或许还包括她的一些重要随从），她全程都享受着非凡的待遇。

除此之外，海员中的迷信传统同样不容小觑。迷信思想在罗马人中风行一时，可想而知埃及人同样不能例外。航行过程中严禁跳舞，也不能修剪指甲或头发。登船时打喷嚏被视为厄运的象征，当事人会被遣送上岸。即便是夜晚的梦境也各有含义。例如，出现在梦中的不同动物分别预示着暴风骤雨或晴空万里。如果出海前在水中看到漂浮的木头，或者发现乌鸦落在院中，最好推迟出发时间：因为这些都是确凿无疑的海难征兆。在起帆前的祭祀仪式中同样会得到一切安全或者凶多吉少的预兆。最后，航海活动还要避开各种不祥的日期，比如8月24日、10月5日以及11月8日。此外，始终需要牢记的是每月的月末不要进入远海。

所有这些迷信活动都是近代科学出现之前的特有现象，在当时的世界中，人们无法理解风暴的起因或对闪电的成因做出解释。总之，大量限制出海船只这一"荒谬"行为反而卓有成效地减少了海难的数量，尽管骇人听闻的事故依然时有发生。在远海事故中，人员遇难的悲剧在所难免。与现代客轮不同，当时的海船并没有配备救生船或救生浮标，更无法奢望获得快速及时的救援，几乎没有人能够游泳逃生。因此，出海航行在当时无异于进行一场危机四伏的冒险。

然而此刻，或许女王早已将生死置之度外。克娄巴特拉不仅身为女王，而且被视为伊希斯女神的化身。因而，众人只等她一声令下就扬帆起航。

这是一趟漫长的旅程。据估算，从罗马驶向亚历山大的航行将耗费克娄巴特拉两到三周的时间。

让我们试着重温这条航线。船队经过一天半到两天的航行到达墨西拿海峡。然后从这里出发，穿越爱奥尼亚海，抵达扎金索斯岛，随后沿伯罗奔尼撒海岸线进行为期一天半的航行，来到特纳罗（马塔潘角）。当马塔潘角位于航向左侧时，克娄巴特拉的船队开始向克里特岛前进，这段航行将耗时一天左右，并从那里直接驶向亚历山大。他们极有可能需要绕过克里特岛南部海岸，在到达荒无人烟的库福尼西岛后，还要在远海的波涛中经过一周的颠簸，才能最终抵达亚历山大。

克娄巴特拉流产之谜

尽管古人早已对逆来顺受的生活习以为常，尤其是按照今天的标准，然而许多作者——西塞罗还特别在自己的信件中提及此事——依然声称，克娄巴特拉因不堪忍受旅途中如影随形的压力而发生了流产。

在目睹自己唾手可得的一切化为泡影之后，一场个人悲剧又接踵而至。身为一名女王，在人们为历史人物编织的重重光环背后，她同样是一名女性，与芸芸众生一样，需要历尽悲欢离合。

难道女王当时果真已有身孕？

据史料记载，克娄巴特拉在离开罗马时已经有孕在身，关于她怀有身孕的猜测一直以来都是学术界津津乐道的话题。女王和恺撒是否曾在特韦雷河彼岸的庄园中共浴爱河？在众多卫兵、副官和宫廷谏官的环绕中，他们能否避开众人的视线，享受片刻欢愉？或者他们只能在仓促的幽会中伺机温存，在罗马而不是亚历山大的夜空下共度春宵？在众目睽睽下频频厮混显然并非明智之举。恺撒是万众瞩目的焦点，而克娄巴特拉则饱受非议。此外，他在罗马已有家室。真相永远扑朔迷离。就在克娄巴特拉从罗马前往亚历山大的途中，西塞罗至少给自己的朋友，一位当时的大人物写了6封书信（在公元前44年4月16日和6月14日之间），对女王的落荒而逃幸灾乐祸，并反复提到了关于她遭遇流产的传言，尽管此事真伪莫辨。西塞罗在信中写道，"真希望关于女王和恺撒的传闻确有其事"，这显然将他获悉克娄巴特拉流产传闻后的欣喜之情暴露无遗。

如果流言属实，那么女王的遭遇着实惹人怜悯，夜幕降临海面，四周风平浪静，只见她离开众人，独自坐在船首（只有卫兵随时待命），默默注视着大海，身心俱疲。

划破夜空的希望之光

　　旗舰锋利的船首划开海面，耳畔不时传来船体在海涛拍打下发出的阵阵叹息。克娄巴特拉感到，漆黑的大海仿佛一位朋友，轻轻摇晃着身下的大船。索具的噪声、缆绳的嘎吱声，伴随着微风鼓动船帆的沉闷回响，愈发衬托出她此刻无处安放的心绪。女王仰头眺望夜空。那里的颜色比海面稍浅。无数盏亮点在她双眸中闪烁着光芒，就像夏夜中的萤火虫。置身星空之下的茫茫大海，此时的心情无法用语言描述。灿烂的群星就像一颗颗闪闪发光的宝石，仿佛触手可及。在它们柔和的光辉下，甲板上的一切无处遁形，就连一张张生动的面庞都清晰可辨。

　　航行在4月的大海上，一个个熟悉的星座清晰可见，例如，古希腊天文学家托勒密曾经提到的猎户座，又称仙后座（埃塞俄比亚王后）。

　　克娄巴特拉开始寻找少女时家庭教师曾教她辨认的那些星座。他们的声音仿佛依然在耳旁回荡。她总是津津有味地聆听他们口中的神话故事。出于对荷马的崇拜，她熟知《伊利亚特》和《奥德赛》的内容，并对奥德修斯的奇幻旅程如数家珍。即便她能将荷马史诗中的篇章熟读成诵，也并不值得大惊小怪，这是许多同时代希腊人的必修课。在希腊文化的世界中，早教无疑激发了她与生俱来的好奇和对知识的渴望。荷马史诗不仅是一部文学作品，从中还能获取包括历史、宗教、法律以及科技在内的各种知识。神话传说同样如此。它们并不仅仅是宣扬神灵和功德的虚幻故事，更是一座百科全书般的知识宝库，甚至还衍化成文化参照的基准：在一本书中汇集了涵盖多门学科的综合知识。它为世界的探索活动提供了跨越学科的手段，并构成了希腊文化精神的基本特征，同时还诠释了作为西方思维根基的博大精深。

在她的双眼中不仅流淌着往昔的美好回忆，还闪烁着对未来的迷茫和困惑，此时一名舵手的叫声从船尾传来，打断了她的沉思。只听他喊道："灯塔！"这突如其来的叫声瞬间令数小时来翘首以盼的众人如释重负。在他们前方，漆黑的海面和闪烁的星空相交之处，一束微光仿佛漂浮在地中海无垠的海面上。那正是亚历山大港的灯塔。

只见它时而隐没在翻滚的波涛中，时而或许由于气流而闪烁跳跃。尽管依然相隔甚远，但克娄巴特拉的舰队已经进入了灯塔的光线范围。

女王心中的宽慰可想而知。甲板上爆发出一阵欣喜若狂的欢呼，人们纷纷顺着身边手指的方向开始寻找。经过长达数周的海上颠簸后，这段旅程即将迎来尾声。

随着时间的推移，光束开始变得强烈而醒目。从亚历山大港灯塔射出的光线可以到达海天相接的尽头——30英里的距离。这是如何实现的？其中尤其凝结了孕育在这个非凡时代中的古代天才的智慧。这座灯塔是由建筑师尼多斯的索斯特拉特奉托勒密一世之命设计并建造的，而它最终建成于克娄巴特拉的先祖、托勒密二世统治时期。那是公元前280年，距离迦太基战争的爆发还有20年时间。尼多斯的索斯特拉特堪称一位名副其实的时代楷模。耗费800塔兰特巨资建造的亚历山大港灯塔，最终不负众望跻身古代世界七大奇观之一。

为了增加光束的传播距离，灯塔必须远远高出海面，因此他设计的塔身超过400英尺，高度相当于一座40层的建筑，其共由三个部分构成。在正方形的灯塔底座上矗立着一尊八边形的"塔身"，塔顶安有一个开放的圆柱体，或许还装饰着许多小圆柱。三种外形迥异的几何图形就这样融为一体。灯塔顶端，亚历山大大帝（也许是宙斯或波塞冬）的金色雕像熠熠生辉。雕像脚下，在一根根小圆柱间跳跃着一团火焰，那是夜航的水手赖以校正航向的参照物，更是旅途平安的象征。这团巨大的火焰在油料的帮助下熊熊燃烧，然而它的光线何以比肩现代灯塔，得以成功穿越近31英里的茫茫海面？原来奥妙就隐藏在一组镜面中，经过镜面反射汇聚而成的强烈光束可以到达目力不及的大海深处。但仅凭这些还远远不够。尽管没有任何证据，但如此高效的聚光效果很可能得益于构造独特的大型透镜装置（借助"灯泡"或"坡面"的帮助），与现代灯塔中采用的传统抛面镜构造有异曲同工之妙。在克娄巴特拉的时代，人们已经掌握了此类透镜的生产工艺，尽管当时的原料纯度尚且无法达到后来的标准。

夏米依向克娄巴特拉走去，两人并肩眺望灯光，神色迷离，几缕发丝不时在海风吹拂下拍打着脸颊。过去即将过去，未来正在前方等待她们共同创造和守护。

罗马城中有关她身孕和流产的流言真假难辨，但这些是非纷扰都已成为过去。克娄巴特拉已经投入了故乡的怀抱。

天空很快泛起鱼肚白，一抹淡蓝缓缓熄灭了满天星辰，只留下一盏灯火，在海岸线的黑色剪影映衬下闪闪发光——那正是亚历山大港灯塔。太阳即将升起，伴随第一缕晨光的到来，感谢太阳神降临的献祭仪式也将陆续展开，埃及人和希腊人将分别为自己的太阳神拉（Ra）和赫利俄斯（Helios）献上贡品。最重要的是，所有旅客都将为自己毫发无损地抵达埃及感谢众神的保佑。

此刻一幅令人叹为观止的景象在克娄巴特拉和所有乘客眼前展开。

灯塔中射出的光束仿佛在一瞬间一分为二。在它炫目的光圈旁出现了一束更加强烈的光线：那是冉冉升起的朝阳从灯塔后方投下的第一缕晨光。克娄巴特拉的舰队正迎着灯塔和它身后初升的太阳向前航行。短短十秒钟左右，刚刚爬出地平线的红日就为灯塔披上了一层完美的光晕。一轮扁平的椭圆形朝阳在这片古老的大地上缓缓升起，日复一日迎接着每个黎明的到来。只见它透过漫天飘扬的沙尘散发着红色光芒。4月正是坎辛热风（Khamsin）肆虐大漠的季节，这种狂风可以掀起恐怖的沙尘暴。大约500年前，一支进入埃及沙漠的波斯探险队就曾遭遇这种风暴，最终全军覆没。不断上升的旭日迅速摆脱了沙尘的包围，开始在橙色、粉色和黄色间不断变幻色彩，直到迸发出肉眼无法直视的耀眼光芒。克娄巴特拉一动未动，她闭目迎接扑面而来的暖意，仿佛正在等待一股澄澈的力量注入心房。当再次睁开双眼时，她看到整座城市和海面上迎面而来的片片船帆。那是一整支埃及舰队，从港口出发前来迎接自己的女王。举国上下都在等待欢庆她的归来。

亚历山大迎来自己的女王

克娄巴特拉华美的王船驶向停泊在远处的巨大旗舰，只见它优雅而华贵的轮廓此刻稍显娇小，就像在非洲清晨明媚的阳光中熠熠生辉的百宝箱。从岸上望去，只见金光闪闪的船身之上，各种旗帜、织物和缠绕柱间的丝绸帷幔在海风吹拂下优雅地起伏，女王正端坐在一顶被圆柱托起的华盖之下。桨手的动作缓慢而富于节奏，营造出一种近乎神圣的氛围。得到消息的亚历山大居民纷纷涌出家门，码头、河岸，甚至屋顶和露台上都挤满了前来围观的人群。人们争相一睹女王的尊容，以表达自己的敬爱和支持。眼前的盛况或许是由于这个女人掌握着生杀予夺的大权。随着她不断靠近王家码头，人群发出的尖叫声愈发清晰，铃鼓、长笛和叉鼓的声音汇聚成刺耳的聒噪，迫不及待地向她耳中钻去。

人群中开始唱起献给女神伊希斯的颂歌，那是在她神庙中的致辞迎来高潮时演奏的歌曲之一。人们不断加入合唱的行列，恍惚间，克娄巴特拉仿佛感到众人正在齐声为自己献上一首颂歌。直到此刻，目睹臣民对自己的敬爱，她才恍然大悟，原来自己一直都在恺撒庄园金碧辉煌的宫殿中忍受与世隔绝的寂寞，在罗马人如影随形的猜忌和仇恨中度日如年。只见她骄傲的身影伫立在船上，优雅地伸出右手向自己的人民致以问候，人群也随之欢声雷动。看着不断靠近的码头，船上的桨手纷纷将船桨高高抬起，指向碧蓝的天空。在一片寂静中，数名侍从敏捷地铺上登岸踏板。两列王家卫兵早已列队等候多时，队列的尽头站立着前来恭迎女王的高官显贵。

在另一侧，一片色彩鲜艳的盾牌和盔甲映入眼帘，只见一排士兵簇拥着驻亚历山大三个罗马军团的总指挥，同时到场的还有各罗马军团的指挥官、军团长。一身戎装的罗马士兵象征着对女王的尊敬，同时也体现了安东尼承诺遵守她与恺撒生前达成契约的诚意，眼前的一幕令克娄巴特拉如释重负，至少这向全体亚历山大居民传递出一个清晰的信息：一切如常。女王的权力较之以往甚至有增无减，因为失去恺撒的庇护后，她依然赢得了尊重。鼓声随即响起，仿佛远方传来的隆隆雷声。数英里外，散布在田间劳作的农民在鼓点的节拍中扬起了头，正在尼罗河三角洲沼泽中行驶的船只也感受到了这远方的鼓声。此刻，各种管乐器、竖琴和几十个叉铃正在共同演奏一首迷人的旋律。只见女王的身影出现在林立的船桨中，缓缓走下甲板。尽管经历了漫长的旅途颠簸以及女王登上旗舰前困难重重的准备工作，以埃拉斯为首的侍从依然创造了一个真正的奇迹。克娄巴特拉清新自然的气色令众人为之赞叹。她神态端庄地穿过一列列士兵，走向高官政要（这群人在她离开期间掌握着整座城市的命脉）。除罗马士兵之外，在场众人悉数躬身匍匐在女王面前。在简短的欢迎仪式和礼节（遗憾的是，关于现场情形没有留下任何记载）结束后，克娄巴特拉钻进一顶轿子，被高高举过众人头顶，踏上了前往王宫的旅程。前来欢庆的人群簇拥在她四周，众多王室卫兵就像一扇盾牌，阻止任何人向女王靠近。

克娄巴特拉周身散发着王室威严。只见她高昂着头缓缓向众人颔首致意，与此同时，她正竭力掩饰着自己汹涌澎湃的心潮。片刻之前，她刚刚踏入一片色彩的海洋，看到一张张热情洋溢的笑脸和阔别已久的欢乐臣民，还有各种令克娄巴特拉魂牵梦萦的气味：辛辣而干燥的大地，苦涩的沼泽植被，果香弥漫的鲜花以及沙漠特有的浓郁气息。她已经回到故乡的怀抱，是的，尽情沉醉在非洲大陆最古老也最强烈的原始魅力中。

一座荷马史诗《奥德赛》中的城市

只见克娄巴特拉继续向王宫前进，紧随其后的人群从围观者面前鱼贯而过，一切重新归于平静。这里是一个全新的世界。就在几天前，我们还身处罗马，置身拥挤的人群、高大的建筑和数不胜数的神庙之中，呼吸着春天冷冽的空气。而此刻，一丝疏离感扑面而来。首先映入眼帘的是一轮似火的骄阳。每一束阳光仿佛都经过了放大镜的聚焦，在头顶洒下一片炙热。与船上的光景不同，没有了海风的吹拂，此刻笼罩在炎热和潮湿空气中的人们无不汗流浃背。这里是非洲大陆，而且，位于尼罗河三角洲的顶端。这是一条隐形的大河，它就像树木的根茎一样在无数运河水道组成的网络中四处蔓延（因而得名鸟足三角洲），在注入大海之前，滋养了地域广阔的沼泽和湿地，面积之大以至从茫茫太空也能一眼看清。而这里铺天盖地的苍蝇同样令人触目惊心——它们数量众多，显然对人类的皮肤和眼睛情有独钟。让我们挥手驱散蝇群，继续探索这座城市。

彼时的亚历山大是地中海沿岸的第二大城市，规模仅次于罗马。展开一张尼罗河三角洲地图，亚历山大正位于海岸线上，地图上向西稍微偏左的位置。

令人诧异的是，埃及的首都并不在整个国家的中心地带，而是紧邻海岸边境线，被大海环抱，就像著名希腊城邦底比斯一样。那里坐落着众人仰慕的卢克索神庙、卡纳克神庙以及众多国王和王后山谷。原因何在？原来这座城市的创建者并非古埃及人，它是由亚历山大大帝于公元前332年建立（并非所有城市都能拥有如此精确的纪元）。这位伟大的马其顿军事统帅目标明确：这座城市肩负着成为世界现有主要商业港口之一的使命。尼罗河在它身后蜿蜒流淌，定期泛滥的洪水在肥沃的土地上滋养着广受欢迎的农产品。作为主要目的地，所有东方商品首先到达希腊，随后被运往西方。在沙漠深处的尼罗河沿岸地区建立的城市毫无存在的意义。在这块紧邻大海的土地上，亚历山大成为各种贸易路线的完美交会点——就像古代海上贸易活动中的香港——不断丰富和加强亚历山大在地中海地区的霸权统治。

亚历山大城的建立背后还隐藏着另一层寓意，承载着与希腊文化之间千丝万缕的联系。作为诗人荷马的忠实拥趸，亚历山大大帝对史诗《奥德赛》尤为青睐。最终被选为亚历山大灯塔建造地址的法罗斯岛，就曾在《奥德赛》第四卷中出现。想必亚历山大正是因此决定在史诗中描述的地点建造一座城市灯塔以示纪念，并借此向这部伟大的作品致敬。这场一个人的狂欢最终孕育出一座首都，见证了托勒密王朝的漫长统治，克娄巴特拉以及本书的故事也应运而生。

据称，这座城市的形状并非出于巧合，而是源自这位伟大马其顿军事统帅的又一次突发奇想。亚历山大希望在自己的设计图中再现那件令他爱不释手的短斗篷，这种轻便短小的斗篷通常使用胸针加以固定。在所有希腊人眼中，短斗篷是男性力量和雄性本能的象征。军队指挥官经常身披短斗篷，而男孩在进入青春期后也将获得一件短斗篷，作为他们即将迈入成年的见证。

　　遗憾的是，亚历山大大帝没能亲眼看到自己的城市最终建成（事实上，在横跨中东和亚洲的庞大帝国上，他至少下令建造了七处名为亚历山大的城市：亚历山大亚细亚、亚历山大布西法拉斯，以及分布于埃及、高加索、埃斯切特、尼西亚和特罗亚的其他五座亚历山大城）。亚历山大城并非凭空而来。此前这里已经建立了一处定居点，名叫拉克特，这是一座为了保卫沿岸地区不受海盗攻击而设立的军事要塞。这个小小的据点从此开始逐渐发展成为埃及亚历山大城中最古老的工人住宅区，它的希腊语名称含义为"埃及区"。这里也是规模最大的埃及居民住宅区，城市其他地区则以希腊居民为主。这就意味着，在亚历山大大帝和包括克娄巴特拉在内的所有托勒密王朝统治时期，埃及始终处于希腊人的控制之下，而亚历山大的统治阶级无非是一群鸠占鹊巢的入侵者。而身为原住民分布在整个国家其他地区的埃及人，最终无可避免地沦为这个国家的二等公民。希腊人长期占据王位，希腊语成为官方语言，众所周知的是，克娄巴特拉的名字就来自希腊语。就连一些耳熟能详的埃及名词也来自希腊语，例如词语"方尖碑"。它在希腊语中表示"扦子"的含义，被希腊侵略者略带鄙夷地用来指代所有雄伟精美的纪念碑。身为法老的后裔，埃及人是否对身边的种族主义气息有所觉察？显而易见，但这在当时尚未上升到种族隔离的高度，也没有引发任何暴力歧视活动。在法律和税收面前，希腊人和埃及人是否被区别对待？答案依然是肯定的。在克娄巴特拉出生的世界中，来自征服者的民族掌控了整个国家，将这里的居民置于枷锁之下，与最初波斯人的行径如出一辙，随后又成为罗马人争相效仿的"榜样"。然而，克娄巴特拉是唯一一位对埃及人民满怀体恤的王室成员，她说着他们的母语，走进他们的生活，对他们充满敬意。这也正是她广受爱戴的原因。

亚历山大的秘密

环顾四周，眼前这座城市没有比肩罗马的庞大规模，但这里人口稠密，众多广场、神庙和宫殿呈现出混杂的建筑风格。尤为引人注目的是，熙熙攘攘的人流和欣欣向荣的商业活动充斥城中的各个角落，令它迸发出大型港口城市特有的生机与活力，作为贸易活动的十字路口，形形色色的民族、种族和文化在这里汇聚共存。

亚历山大并不是一天建成的。它的地面由松软的沙土构成。除了最初的建筑雏形，亚历山大大帝本人或许也对这座城市之后的模样一无所知，因为他随后便踏上前往亚细亚的伟大征途，直到死后遗体才回到这里。亚历山大大帝死后不久，整个帝国就在他手下众多部将挑起的结盟和征战中四分五裂。埃及随之进入托勒密王朝时期，托勒密王朝的统治由此拉开序幕，克娄巴特拉也成了整个托勒密家族的末代统治者。她因此总是一身希腊女性的装扮，在希腊文化的耳濡目染下，将希腊语作为自己的母语。这段历史也颠覆了人们对古埃及的传统记忆，与拉美西斯二世或经验丰富的军事统帅图特摩斯三世统治下充满传奇色彩的法老王朝相去甚远。

因而，作为亚历山大大帝的继承者，托勒密国王才是亚历山大城的伟大缔造者。意识到这里即将成为王国的首都，他将（此前位于孟斐斯的）埃及宫廷迁移至此。此后，他的历任继承者不断为这座城市带来各种崭新精美的建筑，这个最早的定居点也因此化身为一座美丽迷人的"全新"城市，与那些数百年来在尼罗河畔兴起的城镇毫无共同之处。就像摩天大楼鳞次栉比的现代都市与中世纪时期的城镇之间的比较。它以希腊城市为模板，并进行了革命性改进。亚历山大的设计者是一位名叫狄拉克洛诺的建筑师，他秉承的理念简单而有效，至今仍被奉为现代城市的根基。这就是人们口中的希波达米亚方案，一位才智超群的希腊建筑师的天才之作，这位来自米利都的希波达穆斯生活在克娄巴特拉之前四个世纪。数千年来，城市的格局趋于杂乱无章，房屋比邻而建，街道只能在各式建筑物的缝隙中寻找空间。这就导致了混乱无序的城市布局和其中蜿蜒曲折的大街小巷。希波达穆斯对传统进行了彻底颠覆。城市建筑的出发点由房屋变成了街道。首先，围绕街道规划进行城市发展。这令日常生活的方方面面变得更加便捷，从物资运输到城市清洁不一而足。他秉承简单的理念：街道间垂直相交，形成了与棋盘相似的格局；东西走向的向阳街道被称为宽，而那些南北走向的街道则被称为窄。

成功总是一如既往源自简单务实的理念。这一全新的格局几乎为所有希腊城市奠定了基础，随后的古罗马城市，甚至像纽约一样的现代都市都将这一布局奉为圭臬。而"拿波里街"就成了此中典范：这条著名的街道笔直延伸，不偏不倚正好从那不勒斯城的中心穿过。

故而，亚历山大同样依照这一方案建造而成。它的主轴被称为卡诺皮克大道，纵贯城市的两端。总长度约为4.5英里〔对克娄巴特拉时代的居民来说，这一长度相当于40斯塔迪亚，作为典型的希腊计量单位，每个斯塔迪亚（体育场）长约200码〕。置身今天的纽约第五大道，可以切身感受亚历山大的精妙布局。只见街道穿行在拥挤的建筑物中，最终消失在地平线尽头。在遥远的古代，亚历山大就像19世纪末的巴黎或现代社会的纽约一样令人惊叹。对于初来乍到的外乡客，这座巨大的城市在令人焦虑、彷徨、无所适从的同时也充满了各种机遇。

卡诺皮克大道在某处与另一条名叫索玛（取自亚历山大大帝皇陵的名字）的大街垂直相交。两条路交会而成的十字路口构成了亚历山大城的中心地带，并一直延伸到城市主广场——阿哥拉。

漫步在克娄巴特拉的城市中

亚历山大可以为游客带来何种观感？让我们开始一段城中漫步。尽管并未身处任何一条主要街道，但眼前繁忙的景象却令人仿佛置身交通高峰时段的印度城市。高大优雅的建筑物包裹在浅色石膏装饰中。与阴雨绵绵的欧洲不同，这里气候温暖。随处可见的露台构成了城市中一道别样的风景。各式建筑的底层几乎布满了商铺和休闲场所，头顶的篷布为建筑入口和屋外的人行道洒下一片阴凉。五颜六色的篷布上印着各种条纹或装饰图案。而它们曾经的美丽早已在烈日的炙烤下消退无踪。只见一望无际的五彩篷布就像连绵不断的西藏经幡一样，穿过一个个交叉路口，一直向地平线延伸而去。

大街小巷中铺设着罗马常见的石板路，却散发出一股较之乌尔贝更加强烈的东方气息。长长的人行道上摆满了各家商铺用来招揽顾客的商品，几乎找不到落脚之处。为了躲避高高摞起的篮子、陶罐和挂满赤土陶杯的柱子或摊位前一堆堆色彩明艳的亚麻织物，行人不时被迫走下人行道。这里的日照较之罗马更加强烈，几乎令人难以忍受，城内的街区在炫目的日光暴晒下变得炙热难耐。双眼可以在数秒钟内适应篷布下幽暗的环境，暂时躲避篷布外肆意流淌的刺眼光河。引人注目的摊位上摆放着青铜器和各种金属制品，还有一眼望不到头的杯子，各式水罐以及挂着链子的油灯，几乎全都制作精美。供奉着各式神像的架子比比皆是，从大力神赫拉克勒斯和爱情女神阿佛洛狄忒到埃及众神荷鲁斯、伊希斯以及欧西里斯无所不有，此外还混杂着来自中东和波斯的神灵。他们都要接受塞拉皮斯的掌管，这是一位亚历山大人尤为偏爱和信奉的神灵。这些表面廉价平常的神像种类繁多，它们清晰地见证了这座城市繁荣的宗教和文化现状。

许多商铺中摆放着各种玻璃器皿。人们可以看到带有鲜艳条纹的油膏瓶子、精美的双耳小陶罐——薄薄的罐身仿佛触碰即碎，此外还有各式杯子、水罐，以及装饰精美的长颈花瓶。东地中海地区的玻璃生产工艺较欧洲其他地区更为精细，亚历山大的商铺中堆满了各种优质商品。

弥漫在城市街道上的芳香同样与众不同。在城中漫步时，空气中不时飘来焦木的气味。这种气味香甜无比，因为燃烧所用的木材生长在非洲，而不是罗马。每一个从欧洲长途跋涉来到亚历山大的旅人都对此印象深刻。香料铺中同样出售各种西方世界中闻所未闻的香料和香水，它们的产地位于遥远的中东城市，其中很多甚至来自印度。当一位亚历山大少妇擦肩而过时，空气中就弥漫着这种挥之不去的香味：浓烈而清新，饱含异域风情。显而易见，那些隐藏着克娄巴特拉秘密的香水、化妆品，抑或她的国际风范都是这个见证了她出生和成长的世界中浑然天成的产物，但在来自罗马的"异乡人"眼中，它们却似乎散发着无法抗拒的新鲜诱惑。

一袋袋堆放在商铺周围的调味香料（店内更为拥挤的存货，令人不禁好奇置身其中的店员如何挪动身体）诉说着遥远的商路记忆。只见店主一边用蹩脚但简单易懂的希腊语与一位顾客讨价还价，一边将一些珍贵的姜黄根茎——"印度藏红花"——小心翼翼地放入铜制小天平中。它在经过漫长的海上旅途后，从印度或者更远的地方来到这里。

街道上擦肩而过的一张张面孔闪烁着与这些待售商品相似的异国情调。有些行人明显来自希腊，有些人看上去更像中东人，就像那个橄榄色皮肤的大胡子男人，他来自阿拉伯半岛，此刻正与一个身材矮小、满头鬈发、大腹便便的迦太基摊贩进行着热烈的讨论。就在这时，一位身材修长的女子款款走来，洁白的牙齿在黑色皮肤的衬托下格外醒目。如果在现代社会，人们应该有幸在一场时尚 T 台秀中欣赏她婀娜的身姿。突然，一辆两头牛拉的大车出现在我们眼前，车上装着一大块来自阿斯旺的粉色花岗岩，毫无疑问它即将在亚历山大的某家雕像铺里脱胎换骨，化身为某位神灵的雕像。马车后面，两个走在大街中央的男人正在进行交谈。他们做工精美的服饰上饰有鲜艳的浮雕刺绣，从他们头顶样式陌生的帽子推断，两人应该来自遥远的国度，可能是叙利亚，也可能是亚美尼亚。三个琥珀色皮肤的男人没精打采地从两人身边经过。三人瘦削的身上，用东方面料裁减而成的服饰布满优雅的褶皱。尽管无从考证，但他们三人此行的目的或许是在红海上的某个埃及港口卸下随行的货物。士兵的身影在这里无处不在。三名士兵正在横穿马路，他们都是休假的罗马军团士兵，然后依旧全副武装。亚历山大驻扎着大批罗马士兵，一直以来他们的存在为这座城市带来了诸多治安隐患，尤其是在过去：强奸、斗殴、滥用职权的事件屡见不鲜。尽管亚历山大人对他们并无好感，但许多士兵已经在这座城市安家落户。

在这座城市中，街道上的每位匆匆过客都拥有自己的故事、语言、思想、饮食习惯和文化。亚历山大的街道令人不由得想起现代社会的伦敦和巴黎。

继续漫步，城市中的细微之处不断拨弄着我们的心弦。这无疑是一座巨大的都市，尽管拥有宽敞的街道，高大优雅的建筑物上浅色的外墙闪闪发光，但它同时也有着自己羞于示人的破旧和不堪。只见一簇簇干草在人行道上蓬勃生长，几只山羊在角落里翻找垃圾，驴子和母牛旁若无人地出现在街道中央。

亚历山大堪称一幅名副其实的拼贴画，来自世界不同王国的货物和人民在无形的商业之线牵引下，纷纷在这里留下了自己的剪影。在这里，希腊货币德拉克马为商业活动提供了基础。但如果有人拿出异域货币付款，人们也会毫不犹豫地接受，除非兑换汇率有失公允。这与每天在世界各地上演的现代货币兑换活动并无二致。

同所有希腊城市一样，一条宝贵的建议值得每位到访亚历山大的游客铭记于心，那就是对房屋的前门多加小心。与罗马不同，这里的大门有时会向外打开，因此被大门迎面撞上的危险不容忽视，尤其是置身狭窄的小巷之中。因此人们不仅习惯于在进门时敲门，出门前同样会敲门以示提醒。我们行走的街道在某个路口汇入了主街卡诺皮斯，又称卡诺皮克大道。只见街道两旁的柱廊中布满连绵不绝的店铺。正是这里无处不在的阴凉，开门迎客的店铺和不期而遇的老友令它成为最受欢迎的街边漫步场所之一，恍惚间令人仿佛置身于突尼斯或伊斯坦布尔的露天市场之中。各式各样的商品常常被摆放成堆，用来招揽顾客，待售的纺织品在半空飘舞，总在不经意间拂过行人的头顶。稍远处，男人们坐在简陋的板凳上，一边聊天一边喝着兑入香料的酒水。只见他们不时挥手拍打腿上的蚊子，亚历山大的蚊子数量惊人。行走在这条被人群和商品包围的"隧道"中，不时有小祭坛映入眼帘，在那些做工稍显粗糙的彩绘神灵画像下，充满异国情调的香料燃烧时散发出阵阵芳香。尽管毫不起眼，但这一至关重要的细节却提醒着我们，自己此时正身处一个宗教氛围极度宽容的（希腊化）城邦和世界之中。这一切都得益于宗教融合现象，来自不同宗教的众多元素互相融合，直到一个被不同民族和文化共同认可的多元神灵横空出世，正如埃及和希腊之间的相互融合。高度的开放性和文化的包容性共同确保，在不对罗马政府构成政治阻碍的前提下，人们不会因为自己的宗教信仰而遭到歧视。只有这一理念与着装自由、言论自由、表达自由以及互相尊重融为一体时，真正的文明才会出现。诚然，在改善共存环境、治理法外之地，以及限制作为统治阶级的希腊群体的各种特权方面，亚历山大依然任重而道远。然而较之别的城市，这里已经在许多方面遥遥领先。就此而言，或许只有罗马才能与亚历山大相媲美。

走在卡诺皮克大道上，听着耳边愈发嘈杂的说话声，亚历山大阿哥拉主广场很快就出现在了眼前。突然失去了阴凉的庇护，双眼一时难以适应大理石反射的炫目光芒。钻出狭窄的柱廊，眼前这片开阔地仿佛比现实中更加宽广。人们正三五成群地交谈着，贵妇躲在奴隶撑起的"伞盖"下从身旁走过，孩子们互相追逐嬉闹，士兵们迈着整齐的步伐，乞丐们正在乞求施舍。同时出现在眼前的还有亚历山大日常生活中的各色人等：摊贩们正在兜售各种商品——从油条到风味冷饮，甚至还有小小的幸运护身符——陈列在用带子挂在脖颈上的简易木板上。这些在历史课本和博物馆中难得一见的小人物，勾勒出数百年来包括亚历山大在内的每座城市日常生活的生动场景。

坐落在两条主街的交叉路口，阿哥拉广场拥有环视全城的完美视野。当你置身广场中心，面向北方的大海，卡诺皮克大道向东延伸来到一个全新的地区，这里的居民主要由希腊人构成，由于穿过了位于大道尽头的卡诺皮克之门（又称太阳之门），而最终被命名为尼可普里斯区（尼可在希腊语中意为"胜利"），多年以后，在相继消灭了马克·安东尼和克娄巴特拉的势力后，屋大维正是从这里进入亚历山大。一路向西，卡诺皮克大道揭开了城市的另一层面纱，一个名为拉柯蒂斯的埃及贫民区出现在眼前，作为这座城市建造伊始的中心，这里的主要居民由埃及人组成。贫穷是回荡在这个工人住宅区中不变的旋律。

在城市的南部，坐落着一个高档典雅的住宅区。在一个名叫玛瑞奥的大湖周围，城中最为富裕的家族（以希腊人为主）修建了自己的豪华庄园，以远离亚历山大城中令人窒息的生活。

站在这个得天独厚的位置——阿哥拉广场的正中心，我们面向北方。顺着这个方向，可以到达亚历山大的两座港口和那座不同寻常的灯塔。现在就让我们开启这趟探索之旅。随着不断延伸的脚步，遍布亚历山大城中心地区的艺术珍品开始呈现在我们眼前。举目四顾，在阿哥拉地区纵横交错的街巷网络中，散落着美妙绝伦的各种纪念碑，例如索玛——亚历山大大帝的寝陵纪念碑——和各式各样的花园。关于它们的外观没有留下任何记载，因此无法进行细致描述。然而在这些蔚为壮观的城市风景之外，还隐藏着另外一种市井气息浓厚的场所。除了无处不在的"咖啡"馆和各种休闲场所，城中还分布着数量众多的妓院，年轻女子斜倚在门口招揽客人。那些经过漫长海上航行刚刚上岸的人成了她们的主要客源。无怪乎随着港口的不断接近，妓院的数量也越来越多。

继续沿卡诺皮克大道向西行走，几分钟后，大海的声音开始愈发清晰。海的气息随之悄然钻入鼻孔。最后，一阵微风拂过发梢。在街道的尽头矗立着一扇通往港口的城门，这就是令人浮想联翩的月亮之门，穿过城门，一片波澜壮阔、无边无际的深蓝色大海豁然出现在眼前。门洞中无法长时间驻足。那里的大风总是卷起衣衫，令人不安地拍打着行人的皮肤。

继续向北，亚历山大的道路网络通过一条长长的防波堤将整座城市与灯塔所在的小岛连接起来。防波堤名为海波塔斯塔提翁，意为"七个体育场"，这同时也暴露了它的长度：1 300码。这项希腊工程学的杰作将我们引向了这个文明的另一处奇观——亚历山大灯塔。此刻她正威严地矗立在我们面前，即便在白天，从遥远的海面上也能轻而易举捕捉到塔身反射的白色光泽。

这座岛名叫法罗斯，世界第七大奇观正是因此得名。在部分地区，拉丁语中的"灯塔"一词也是由此衍生而来的（例如意大利语和西班牙语中的法罗）。

登上岛后，让我们试着攀登灯塔。在通过卫兵的岗哨，沿着无数级台阶登上塔顶后，一幅令人赞叹的壮美景色出现在面前。亚历山大城从我们脚下向远方伸展，在厚厚的城墙包围之中，散布在各处的神庙、宫殿和房舍尽收眼底。那座著名的图书馆清晰可见，而与之比邻的博物馆，堪称古代世界中独一无二的知识中心。稍远处，剧场的轮廓映入眼帘，竞技场则坐落在城外。在它们之间，散布着一片杂乱的犹太人居住区（在克娄巴特拉的时代，亚历山大拥有地中海地区规模最大的居民区）。

据狄奥多鲁斯·西库鲁斯记载，这里生活着超过30万人口，这也意味着，在约750万的埃及人中，有接近5%的人生活在首都亚历山大。

放眼亚历山大城外，一望无际的良田沃野和低矮的植被向远方延伸，棕榈树明艳的绿色穿过三角洲上湿热的薄雾，没入半空中盘旋的沙尘，逐渐消失在地平线尽头。白色的城市、绿色的植被、蔚蓝的天空和湛蓝的海面，共同勾勒出一座四色交织的亚历山大城，成为人们脑海中挥之不去的记忆。

从灯塔顶端，可以清晰地看到海湾被防波堤一分为二。位于右侧的是商业港口尤诺斯特斯（在希腊语中的含义是"快乐归途"），在一排排仓库的注视下，众多入港停泊的货船正在进行着紧张忙碌的装卸工作。左侧就是人们口中的马格努斯港，克娄巴特拉早晨登陆的王家码头就位于这座港湾内。放眼望去，女王那艘闪闪发光的大船依然停泊在港内。而旁边就坐落着令人仰慕的王宫区域，女王刚刚返回其中。我不禁好奇，此刻她是否也正从那里向我们投来注视的目光。

回到故乡的克娄巴特拉

作为一座散发着东方神韵的奇妙城市，亚历山大坐落在一张繁忙贸易网络的中心，同时还是一个富庶王国的首都。然而，埃及的国力在几十年间不断衰退，在王位继承战争的摧残下，这个古老的国度正在日益受制并屈服于一个正在地中海地区迅速扩张的新兴霸权国家：罗马。

这正是浮现在克娄巴特拉脑海中的问题，此时她正将头倚在巨大的窗户边缘，注视着港口和灯塔。她的目光不安地寻找着儿时熟悉的场景。她看到了自己早晨登岸的码头，那艘金光闪闪的大船依然停泊在那里。此刻，码头已经空无一人，归来时的欢快一幕逐渐被内心深处浮现的记忆取代。她凝视的目光开始变得僵硬而飘忽。当我们像故事开始时那样再次靠近她的双眸，其中的画面一目了然：那是亚历山大港，尽管我们清楚，这幅眼底的倒影被她赋予了更深的含义。这里是她的心灵港湾，置身王宫，面对眼前熟悉的环境，万千旧梦伴随昔日思绪涌上心头，犹如千帆竞渡般势不可当。面对瞬息万变的局势，这场寻梦现实之旅充满求生的渴求，是在对过往的追忆中寻求逃避和保护的孤注一掷。在她的双眼中，停泊在港口的金色大船俨然化身为自己的父亲。曾经，她无数次目送父亲从这里走向码头，步态威严地登船或上岸，身边簇拥着成群结队的卫兵、谋士和侍臣。她偷偷地注视着父亲，而自己的母亲却在宫中心急如焚地四处寻找她幼小的身影。这段记忆中的童年场景就像微风拂过心海，令人不禁对克娄巴特拉的童年时代充满好奇。

第五章

追忆恺撒

女王身世

    遗憾的是，关于克娄巴特拉的童年和青春岁月世人知之甚少，但眼前这座王宫无疑就是她的出生之地。那是公元前69年的某一天，也许是公元前70年，确切日期无从考证。她的父亲托勒密十二世，曾经自诩为"狄俄尼索斯再世"的国王奥勒忒斯，享有"吹笛者"的美誉。与罗马暴君尼禄相似，他同样热衷于在公共场所吹奏和演唱，尤其是在酒神节庆典期间，"吹笛者"的绰号也正是因此而来。然而，作为统治者，他却声名狼藉。托勒密十二世对于艺术和音乐的热爱远甚于治国安民的热情。正是在他的统治下，埃及经历了不堪回首的政治混乱和经济动荡。为了换取头顶的王冠，获得庞培和罗马政客——包括恺撒在内——的保护，他不惜做出豪掷千金的承诺。这些巨款的金额高达6 000甚至10 000塔兰特，后者相当于埃及政府的全年税收总额。如此庞大的数额令托勒密国王无法承受，他不得不求助于当时的银行巨头盖乌斯·拉比利乌斯·波斯蒂穆斯，后者趁机以高昂的利率向他提供贷款。正如前文所述，这就是埃及为了成为"罗马人民的朋友和友邦"所付出的代价。亚历山大居民不甘忍受这种仰人鼻息的生活。因此，当罗马人背信弃义，强行占领塞浦路斯这个富饶的埃及小岛时，一场人民起义随之爆发。托勒密十二世国王被迫仓皇逃往罗马，在那里，他一边在纸醉金迷的流亡生活中尽情享乐，一边不断拉拢贿赂政客权贵，直到自己如愿以偿重返埃及登上王位。随后作为回报，托勒密十二世不得不在罗马人的授意下，默许前文中的银行家拉比利乌斯出任财政长官，这位银行家的大肆敛财给这个古老的王国带来了灾难性后果，后来出于人身安全考虑，他不得不在武装保护下被遣返罗马。

托勒密国王奥勒忒斯留下的巨额债务令克娄巴特拉不堪重负。这也是促使恺撒前往亚历山大的原因之一，正是此次旅程见证了他与埃及女王的初次邂逅。恺撒此行的部分原因是要求偿还价值至少1 000万德拉克马的债务，同时对另外750万德拉克马债务进行"豁免"。

尽管托勒密国王堪称一位名副其实的庸君，但克娄巴特拉在他生前始终忠心耿耿，并因此获得了"爱戴父亲的女王"的绰号。倘若将她的全名译成英文，世人将看到一首献给父亲的赞歌："父辈的荣耀"（克娄巴特拉）以及"爱戴父亲的女王"（菲洛佩特），这是男性沙文主义社会中父权至上思想的产物。克娄巴特拉在冲破希腊－马其顿文化父权制结构时的驾轻就熟也随之跃然纸上。

然而，世人对她的生母却一无所知。有关她的姓名、相貌还有籍贯的真相始终扑朔迷离。有人看到她经常出入宫廷，因此可能是国王的秘密情妇，尽管她表面出身高贵，或许是一个来自孟斐斯大祭司世家的埃及女人，因而克娄巴特拉或许继承了一半埃及血统和容貌特征。

另一种说法认为，克娄巴特拉的母亲来自希腊。她的身份可能是国王的第一任妻子，根据托勒密王朝的王室婚嫁传统，或许来自国王众多姐妹中的一位，一个名叫克娄巴特拉·特里菲娜的女人。如果一切属实，那么在克娄巴特拉的血脉和相貌中无疑打上了希腊－马其顿的烙印。

童年时代

此刻克娄巴特拉正在穿过一条宽宽的走廊，所到之处，分列两旁的卫兵纷纷弯腰致敬，空气中弥漫着一片肃穆。重回故地，周围的气息、声音和光线都让她感到如此亲切。

她仿佛看到年幼的自己奔跑在这条熟悉的走廊中，紧追不舍的奶妈和侍卫不敢让她从视线中消失片刻。回忆的画面一幕幕闪现，只见记忆中的小女孩加快了脚步，乐不可支地期待着大人们手忙脚乱追赶自己的窘迫场景。逝去的岁月中流淌着令她心驰神往的童年回忆：那里有身穿亚麻衣服、戴着仿真珠宝的彩绘陶土玩偶，还有她心爱的摇摆木马。在那个遥远的年代，这些玩具见证了每一个孩子的欢乐时光，不同之处在于，克娄巴特拉的玩具更加昂贵和奢华。随着年龄的增长，各种室内桌游吸引了她的视线，例如在狭长的棋盘上使用不同棋子进行对弈的塞尼特棋，以及盘蛇棋——相当于古埃及时代的西洋棋或国际象棋。但谁会成为她的游戏玩伴呢？是周围年龄相仿的孩子们，这些出身显贵的子弟，为她勾勒出人生中第一幅宫廷生活的剪影。这也意味着，早在孩提时代，那个有朝一日将与她相伴终身的权力世界已经初具雏形。

然而，克娄巴特拉的成长经历远远不止于此。自幼年时代，她就被当作未来的女王进行培养。克娄巴特拉无疑见证了悠久的王朝传统走向终点。早在第一代法老统治初期，公主们就已经开始接受最为高贵和优良的教育。

克娄巴特拉走进一间小屋，准备更衣沐浴。只见她躺卧在一张铺着豹皮的华丽小榻上，口中不时啜饮滋补冷饮。一名仆人在她身后挥动着硕大的鸵鸟羽扇。

在她的视线之外，所有饮料和食物都要由仆人一一品尝，以防有人暗中下毒。彼时，试菜称得上一份令人心惊肉跳的特殊职业。

沐浴准备已经就绪。克娄巴特拉走向浴室，全身依然裹在那件精美的白色亚麻浴衣中。此时，两名侍女出现在她身后安静的随从中，只见她们手中捧着药膏、香水和亚麻质地的浴巾。克娄巴特拉在花园中穿行，仿佛置身一片绿洲之中，这里植被茂盛，芳香宜人，一片葱翠之中，各种动物不时闯入人们的视线，甚至还出现了一只孔雀的身影。她不由得驻足欣赏这座人间天堂（身后一小队随从也同时停下了脚步）。五颜六色的小鸟整齐地栖息在大理石水槽边缘饮水，它们悦耳的啁啾伴随着从喷泉中汩汩而下的水流声，共同演奏出一首大自然的乐章。

克娄巴特拉清楚地记得，早在孩提时代，她就曾目睹众多王侯贤哲、权贵使节在花园中徜徉漫步，那些做工精美的大理石长凳成为他们欣赏美景的歇脚之处。在这里，他们不再是俗世中的王公或哲人，而是回归人类本性，甚至重拾孩童般的天真。置身这片水声潺潺的静谧景致中，每个人的惊讶和艳羡之情无不溢于言表。

石头上的女王姓名

在大理石和圆柱的注视下，克娄巴特拉继续在王宫内廷中穿行。一座黑色石像突然吸引了她的目光。只见石像中的自己双目直视前方，步态庄严，优美的曲线在紧身衣的包裹下一览无余。尽管周身散发着毋庸置疑的埃及气息，但石像的细节却充斥着作为埃及主流文化符号的希腊元素。石像的外观健康而圆润，有着饱满的乳房、柔软的脸颊和丰润的双唇，曾经直插双鬓的清晰妆线（眼影）如今早已无迹可寻。此外，石像的左手还握着一只象征富足与丰饶的羊角。在她前额的蛇形纹饰中，三条眼镜蛇昂首挺立，无声地诉说着克娄巴特拉的丰功伟业，以及她为埃及王国带来的广袤疆土。较之纹饰中最多只有两条眼镜蛇的其他女王，克娄巴特拉为埃及开启了一个全新的时代。如今这片古老的大地将何去何从？罗马人能够信守承诺，确保她的王国实现完整和自治吗？焦虑开始在克娄巴特拉的心中翻腾，她陷入一阵深深的失落之中，女王随即加快步伐，将石像甩在身后，这尊石像现在依然保存在位于都灵的埃及博物馆中供后人瞻仰，尽管它早已破败不堪，面部也遭到损毁（至于这究竟是意外摔倒的后果，还是在她死后的"除忆诅咒"中无情的铁锤留下的杰作，已经无从考证）。在被埋藏上千年后，它的重见天日再次引发了世界的惊诧与好奇。这座克娄巴特拉的雕像，就连众多学者也无法对它的真伪达成共识。然而，在世人眼中，在最终找到它被发现的确切（未知）地点之前，亚历山大宫一直都是它暂且栖身的场所。

女王心不在焉地与一尊石碑擦身而过，碑文中用象形文字铭刻着她的姓名。与其他国王的名号如出一辙，女王的姓名也被刻在一个被称为圆廓的椭圆形花边中。

它采用了埃及通用的三种不同书写方式篆刻：分别是希腊语、拉丁语和埃及语。

实至名归的女王——克娄巴特拉

克娄巴特拉穿过一间间宫室，所到之处众人纷纷弯腰行礼。而克娄巴特拉是从何时开始掌握大权的？至今至少已有7年，尽管在此之前她早已对王位觊觎多时。作为钦定的女王继承人，她的姐姐贝蕾妮丝早在11年前就已撒手人寰。自那时起，尽管她的父亲依然在位，克娄巴特拉已然成为王朝第一顺位继承人。她也因此开始接受得体的教育，并展开巡视和访问，以便对这个或许即将由自己统治的国家有更多了解。她和弟弟的教育事宜由三名位高权重的国师负责：博狄诺斯，一位异常机敏精明的宦官；阿基拉斯，军队最高统帅；以及大祭司狄奥多土。此外，他的父亲还邀请罗马人充当"两名幼子的导师"，正如世人所见，这也为历史的走向埋下了伏笔。克娄巴特拉我行我素的自由天性，很快就令她和身居高位的国师产生了分歧，这也促使他们放弃克娄巴特拉，转而与她的弟弟结为同盟。

公元前51年，当父亲去世时，命运女神悄然降临，年仅19岁的克娄巴特拉已经做好了准备。在埃及最高祭司的见证下，她隆重出席了一场盛大奢华的典礼，地点或许在孟斐斯。她身旁就站着自己年仅10岁的弟弟。他们的婚姻承袭了托勒密王朝自古埃及沿袭至今的传统，两人分别自诩为古埃及家喻户晓的神灵伊希斯和欧西里斯。这是一桩有名无实的婚事。婚后，克娄巴特拉沿尼罗河畔展开了密集的全国巡视，以增加人民对自己的了解。从一开始，克娄巴特拉就凭借流利的埃及语赢得了广泛的关注和喜爱，而从不使用翻译的她也被视为所有托勒密国王中的异类。

为了巩固自己的权力，她开始利用旅途短暂的间隙拉拢支持者，编织关系网络，其中尤以位高权重的牧师阶层为主。克娄巴特拉是一位老谋深算的战略家。身为姐姐，她通过刻意淡化年幼弟弟的存在，逐渐将他排除在权力中心之外。所有硬币上只能出现一张面孔——克娄巴特拉，尤其在执政初期，所有女王画像一律采用亚历山大风格，这不仅可以凸显她与亚历山大大帝的直接联系，也为她的权力和行为披上了合法外衣。此外，所有官方文件末尾只能出现她一个人的签名。在世人眼中，克娄巴特拉已然成为号令天下的唯一合法君主。

然而，继位后的两年（公元前51—前50年）时间里，女王却举步维艰。因尼罗河洪水定期泛滥而造成的庄稼歉收，导致全国饥荒肆虐。克娄巴特拉竭尽全力维持各地稳定的食物供给，并下令各地区向灾情严重的亚历山大转运粮食。由于供给短缺，灾民纷纷逃离食物匮乏的尼罗河沿岸地区，涌入城市及其周边区域。在许多地区，暴动、抢劫和袭击事件层出不穷。最终，克娄巴特拉成功熬过了这段水深火热的艰难岁月。

在时光的流逝中，姐弟二人的博弈日趋激烈。事实上，这并不仅是一场两个人的缠斗，在他们背后，两派各为其主的谋士"集团"，不择手段地欲置对方于死地。

克娄巴特拉的聪明才智和难以捉摸的政治手腕此时得到了淋漓尽致的展现。据一块石碑记载，公元前51年，她曾乘船沿尼罗河前往赫尔孟提斯，亲自将神牛布希斯运往当地，用来代替此前死掉的那头公牛。在古埃及，公牛被视为太阳神的化身——被古埃及人称为阿蒙拉的最高神灵。此外，克娄巴特拉还为遍布整个王国的众多埃及教派献上慷慨的捐赠。通过取悦国内两大派别，（前文中的）牧师阶层和日益将她视为保护者的广大人民，克娄巴特拉实现了紧密团结国内宗教势力的目的。反观托勒密十三世，这位只懂希腊语的国王，只能在希腊圈子无处不在的亚历山大坐困愁城。

沙漠逃亡

公元前49年发生了一段有趣的插曲，彼时埃及被卷入恺撒和格涅乌斯·庞培·马格努斯之间的罗马内战。身为庞培众多儿子之一的格涅乌斯·庞培，奉父亲之命前来向克娄巴特拉索要船只和谷物，作为回应，她提供了满载谷物的60艘舰船以及从驻埃及罗马军团中挑选的500名士兵。关于克娄巴特拉和格涅乌斯·庞培会面的流言随即不胫而走。据称她将自己的身体献给了庞培的儿子、年轻的格涅乌斯，当时他的父亲最终取得罗马内战的胜利似乎已成定局。然而，这则谣言或许是克娄巴特拉死后被人恶意散布的，企图将她作为"埃及的梅萨丽娜"钉上历史的耻辱柱。此外，平心而论，众人眼中轻浮淫荡的梅萨丽娜，同样是一件流言蜚语的牺牲品。克娄巴特拉从未与格涅乌斯发生苟且之事。

然而，正是向庞培提供援助的行为，在亚历山大掀起了一场暴动，正在歉收年景和接踵而至的可怕饥荒中苦苦挣扎的亚历山大人指责年轻的女王将埃及（和其谷物）卖给罗马人。不出所料，三位德高望重的"国师"不顾国难当头，迅速加入抗议阵营，为时局火上浇油。

公元前48年，克娄巴特拉被迫逃离亚历山大，三位国师趁乱让她的弟弟托勒密十三世——一个任人摆布的男孩独掌大权。

这是一场鲜为人知却又惊心动魄的大逃亡。在漫长而辗转的旅途中，克娄巴特拉越过王国东部边界，穿过巴勒斯坦，最终在叙利亚南部停下了脚步。她在茫茫大漠中安营扎寨，一支雇佣兵部队驻扎在女王帐篷四周，负责保护她的安全（没有人知道，当时她用来支付雇佣兵军饷的钱款从何而来）——这罕见的历史一幕，听上去更像是发生在《星球大战》中的情节，倘若稍加联想，克娄巴特拉的伟大传说中的确充斥着各种似曾相识的桥段："王室"舰队、戈壁和荒漠、身陷战乱的女王、神出鬼没的叛军、营盘混战中灰飞烟灭的将士和车乘、个人英雄主义行为、风情万种的女人、背叛与出卖、富丽堂皇的宫殿、出其不意的突袭和慌不择路的溃逃。此外，在宇宙星系中作为藏身之所和战场的纳布星和霍特，在这里被地中海星罗棋布的岛屿和蜿蜒曲折的海岸线取代。历史的剧本和情节，就像千篇一律的戏剧场景，无时无刻不在现实的舞台上反复上演。

此处关于星球大战的应景对比并无冒犯之意，它的本意是想表达瞬息万变的历史转折，往往令好莱坞最著名的编剧也自愧不如。在汇聚了世界顶尖特效和无与伦比创作狂热的好莱坞梦工厂中，依然没有任何剧本能与克娄巴特拉的经历相提并论，因为她的生命本身就是一部高潮迭起、引人入胜的女性史诗。如果事先对她传奇般的存在一无所知，那么《埃及艳后》的电影将无从谈起。虚构的小说在真实的生活面前黯然失色。而此时此刻，被围困在大漠中心的女王又将面临何种境遇？

身首异处的庞培

在国际象棋中，如果她是一个无路可退的国王，身边守卫的兵卒屈指可数，可想而知对手很快就能将她置于死地。托勒密十三世正率领一群虎狼之师，驻扎在下埃及的贝鲁西亚，这里靠近加沙，位于三角洲西北角的西奈地区，他切断了女王的去路，随时准备发起最后一击。托勒密十三世距离除掉自己的姐姐只有一步之遥。

然而冥冥之中仿佛自有天意，唯有耐心等待的人，才能在人生的绝境中迎来转机，逃出生天（前提是身处逆境依然心怀希望）。这就是克娄巴特拉当时的真实处境。

此时，在克娄巴特拉的棋盘上并非只有两名棋手（她和她的弟弟）进行博弈，这里已经成为各方势力明争暗斗的角力场，而其中一方势力的突然介入，悄然改变了牌局的走势。他就是庞培·马格努斯。公元前48年8月9日，适逢庞培刚刚在希腊塞萨利地区进行的法萨罗战役中被尤利乌斯·恺撒击败，乘船逃入大海。他率领舰队驶向埃及，来到克娄巴特拉弟弟的营地，希望获得这位托勒密十三世国王的支持，庞培曾在他的父亲托勒密·奥勒忒斯流亡罗马期间给予帮助，并得到了这位埃及国王巨额酬金的承诺。庞培对自己当年的救命之恩笃信不疑，他不仅希望获得年轻国王的保护，还计划将富饶的埃及王国作为自己东山再起的跳板。然而故事的结局却令他始料未及。

公元前48年9月28日，庞培的舰队刚刚露出地平线，克娄巴特拉的弟弟就派出一艘小艇出海迎接。艇上载有三名乘员，除埃及军队最高统帅阿基拉斯之外，还有两名罗马士兵：分别是萨尔维乌斯和卢修斯·塞普提米乌斯，庞培认识后者，此人曾作为他的部下参加了此前的战役。庞培登上小艇时，三人一言不发——静默的空气中弥漫着诡异的气息。此时庞培对于刺杀自己的密谋依旧浑然不觉。小艇向岸边驶去。只见庞培的朋友和他的妻子科妮莉亚正从远处帆船的甲板上，忧心忡忡地观望着事态的进展，当他们发现国王的朝臣纷纷涌向海滩献上问候和敬意时，精神随即为之一振。然而就在庞培起身的刹那，塞普提米乌斯突然拔剑刺向他的后背，阿基拉斯和萨尔维乌斯也一拥而上。庞培的面部被长袍遮住，在劈头盖脸的攻击下轰然倒地，随后发生的一幕令人毛骨悚然。作者卢坎写道，"凶残的塞普提米乌斯扯下庞培脸上的长袍，那张曾令万人敬仰的面庞如今已经奄奄一息，只见他抓住庞培气若游丝的头颅，将他瘫软无力的脖子横在一条桨手的长凳上。接着，他挥剑切开颈部的血管和神经，反复用力斩剁颈椎——他们尚未掌握一剑砍下头颅的技巧……在高贵的眉毛衬托下英气逼人的一头长发，如今被粗暴地攥在手中——此时庞培的脸庞尚且残存一丝生气，喉咙深处不时传出咯咯作响的咕噜声，只见他双眼圆睁，目光空洞—— 一根长杆从下方刺入头颅……鲜血混合着体液和脑浆涌出头颅的场景惨不忍睹，皮肤随后被风干，当一切易于腐烂变质的人体组织被清理干净后，在有毒混合物质的帮助下，整张脸被制成了一个坚硬的标本"。

托勒密十三世为何下令置庞培于死地？为了博取恺撒的欢心，这是一颗扶摇直上的明日之星。彼时，庞培兵败身死，他的头颅被砍下后妥善保存，并将作为他的王权消亡的证据献给恺撒。仅仅4天后的10月2日，尾随庞培而来的恺撒就率领10艘战舰和4 000名将士（约3 200名步兵和800名骑兵）在亚历山大登陆。年轻的国王并未出现，而是派国师狄奥多土率领王室使团前来迎接恺撒——或许只有他才能在如此微妙的局势中找到最为得体的措辞。狄奥多土向恺撒献上庞培的戒指，上面刻有一头抓着短剑的雄狮。随后，在一个打开的木盒中,骇人的战利品赫然映入眼帘。然而,恺撒的反应却与众人的期待大相径庭。

面对庞培被砍下后又重新"修复"的头颅,恺撒泣不成声。或许恺撒当时只是故作悲伤,因为托勒密国王无疑帮他铲除了一位强大的对手。无论如何,此事后果严重:强大如庞培,一位备受尊崇的罗马之子,在未经元老院甚至恺撒同意的情况下,被一位异域国王擅自处死。对罗马的骄傲恺撒而言,这是最令人发指的罪行之一,他对托勒密十三世及其使节大发雷霆。在极尽侮辱之词后,喝令他们以最高礼仪厚葬庞培的头颅,并下令将庞培的尸身送还科妮莉亚,而后者,据普鲁塔克记载,"将尸身运往她位于阿尔巴的宅邸"(今天的阿尔巴诺拉齐亚莱,位于罗马附近)。

国师狄奥多土侥幸躲过恺撒的雷霆之怒。他逃出埃及,但在阴差阳错的历史轮回中,落入恺撒刺杀者(布鲁图或者卡西乌斯)之手,最终难逃一死。

恺撒下榻在王宫,曾经强大的埃及王国就此沦为罗马的保护国。几乎可以肯定,他曾闯入克娄巴特拉今天所在的浴室盥洗沐浴,随后下令召见姐弟二人以便确定储君人选。事实上,恺撒已然成为左右这场王朝博弈的仲裁者。托勒密十三世拒绝入宫,将这位罗马统帅的召见视为对自己的冒犯。而此刻身处茫茫大漠之中的克娄巴特拉,虽然有心入宫觐见恺撒,却又担心一旦失去军队的保护,听命于弟弟的雇佣军将随时可能在途中发动攻击,将她杀害。

美貌与智慧的化身——克娄巴特拉

此刻，克娄巴特拉正在沐浴更衣。白色亚麻长袍悄无声息地滑落地面。房间中只剩下女王一丝不挂的身体。地上的白色亚麻长袍和克娄巴特拉凹凸有致的曲线恍若一根燃烧的蜡烛，跳跃的火焰在熔化的蜡堆上不断摇摆。眼前匀称而紧致的身躯仿佛一具欲望的化身。她的双乳小巧而饱满，她的臀部紧实而精致，在纤细的腰身衬托下更显圆润宽大。女王光洁而平滑的身体宛若一具雕像，娇小而无瑕。克娄巴特拉不仅拥有惊为天人的容颜，她的身体同样令人赏心悦目，楚楚动人而又不失质朴纯洁。遗憾的是，关于她的身体没有留下任何具体描述，但根据史料中的相关记载（作者通常无缘亲眼见到，而是在她死后转述他人的描述或坊间传言），人们不难想象，克娄巴特拉美艳不可方物的秘密并非来自她的身体，而是隐藏在她一颦一笑的万种风情中。在现实世界，她的举止、声音和聪慧仿佛散发着神奇的魔力，令观者无不意乱神迷。正如面对一件乐器，欣赏把玩和亲耳聆听的感受显然不同。同样，诚如古人所言，那些接近克娄巴特拉的各色人等无不沐浴在意想不到的旋律之中，接受着纯真与优雅的洗礼，仿佛正在聆听一首不同凡响的女性交响乐章。她举手投足间的风雅、蓦然回首时的温柔和卓尔不群的身姿无不令人如痴如醉。如果再辅以她的柔声细语和远见卓识，她在以男性为主导的传统罗马男性世界中特立独行的秘密立刻呼之欲出。与特洛伊王子帕里斯如出一辙，克娄巴特拉的箭就像蝎子一样，迅速向这个男人毫无防备的后脚跟发出了致命一击。

克娄巴特拉迈步走向小小的浴池，浴室地面上铺着造价不菲的大理石。只见她若有所思地完成了最后一个下意识的动作：探出脚试探水温。随后，她缓缓步入浴池。一丝不挂的身体倒映在水中，婀娜多姿的身段完美而诱人，却又在她入水的刹那，伴随荡漾的水波分崩离析，化作无数流动的碎片。她的小腿首先没入水面，圆润的大腿紧随其后。双臀和小腹接着优雅地滑入浴池，仿佛正在钻入一件新衣。在双乳触及水面时，她稍作停顿，任由自己陷入水波温柔的怀抱。随后，她将全身浸入水中。

脑海深处，一段特殊的记忆浮现在眼前，那是一段甜蜜而狂野的回忆。在沙漠中那些不堪回首的日日夜夜，在因恺撒的召见而陷入进退维谷的困境时，唯有水流不离不弃，陪伴她共渡难关。

克娄巴特拉的思绪飘回那段难挨的时光，彼时她正在帐篷中和自己的贴身谋士度日如年。在茫茫大漠中，她唯一的希望就是抢在弟弟之前面见恺撒，并赢得他的支持。而她能够如愿以偿吗？前往亚历山大的旅途危机四伏。面对弟弟虎视眈眈的雇佣兵，她和自己的使团毫无生还的希望，因此她做出了一个大胆而冒险的决定。没有人想到，女王可以摆脱前呼后拥的卫兵和侍从，乔装打扮独自上路。因此，当一艘小船载着一男一女两名乘客悄然出现在亚历山大港的沉沉暮霭中时，并没有引起任何注意。她的孤注一掷大获成功。船上的乘客正是乔装出逃的克娄巴特拉和她的心腹——西西里的阿波罗多洛斯。

与尤利乌斯·恺撒会面的著名一幕

只见一艘小船在夜色的掩护下，悄然驶入亚历山大东部港口，不断向宫墙靠近。故事的高潮尚未到来。此刻危险依然迫在眉睫，王宫的守卫随时可能识破女王的伪装。因此阿波罗多洛斯决定将女王藏在用来装运毛毯的麻袋中混入宫内（对古希腊语文本的不实翻译，令许多人误以为女王当时被裹在毛毯中带入王宫）。他们刚一上岸，阿波罗多洛斯就用一条带子扎住麻袋，扛起藏身其中的女王向王宫走去。这一情节中隐藏着两条信息：作为女王的侍卫，能够将她长时间扛在肩上行走的阿波罗多洛斯一定是一位体格健壮的男性；与此同时，克娄巴特拉即便不像众多古代妇女一样弱不禁风，也一定是一位身材矮小纤细的女性（在古罗马时代，女性的平均身高只有5英尺）。

他设法在守卫的盘查下蒙混过关（是依靠数目可观的贿赂，还是得到了忠于女王势力的内部接应？世人不得而知），溜进王家花园，随后潜入恺撒的寝宫，谎称为他带来了一份礼物。

被众多电影争相演绎的经典桥段，此刻正在恺撒和克娄巴特拉之间真实上演。在1963年上映的影片中，当扮演埃及艳后的伊丽莎白·泰勒钻出一卷毛毯时，面前饰演恺撒的雷克斯·哈里森满脸错愕的（经典）表情已经成为观众心中永恒的记忆。

这或许是两位君主间最负盛名的一次历史会面。当时的情景究竟如何？麻袋中的克娄巴特拉在经过漫长的旅途之后，难道就这样拖着精疲力竭的身躯，蓬头垢面地出现在恺撒面前？据卡西乌斯·迪奥称，她发现了一种既能保持娇艳动人而又不失尊贵的方法，"事先特意进行的梳妆打扮无疑为她赢得了无限爱怜"。学者史黛西·希夫认为，旅途劳顿的克娄巴特拉根本无法保持"光彩照人"的发型。更为合理的推断是，她通过头上佩戴的一顶冠冕来彰显自己的王室尊贵。当时的场景可想而知，克娄巴特拉突然出现在恺撒面前，趁这位统帅惊慌错愕之际，尽情展现自己的妩媚、优雅、高贵和口才（她一定事先准备了一番完美的演说）。关于当时的情形，我们只能向古人寻求答案。普鲁塔克特别指出，"恺撒在先入为主的克娄巴特拉面前不知所措，他浑然不觉地陶醉在她的话语和优雅之中无法自拔"。卡西乌斯·迪奥再次补充道，"她是一位绝色佳人，仿佛娇艳欲滴的花朵，正值恣意盛放的时节，在她的声音中流淌着似水柔情，使与之交谈者无不感到如沐春风。人们情不自禁地为她的容貌和声音神魂颠倒。她可以令所有男人拜倒在自己脚下，即使是那个年事已高、无意儿女情长的男人"——正如恺撒一样。

两人用何种语言进行交谈？自然是克娄巴特拉的母语——希腊语。恺撒同样对这种语言运用自如。而真正令恺撒欲罢不能彻底沦陷的"灵丹妙药"是女王的声音，卡西乌斯·迪奥对此言之凿凿，"从克娄巴特拉出现的那一刻起，恺撒就已经为她的容貌和声音魂不守舍，并迫不及待地在黎明前急召托勒密十三世入宫，试图促使姐弟二人尽释前嫌：正如他早前曾自诩为克娄巴特拉的审判官一样，转眼间他已经急不可待地开始为她百般辩护"。

爱的初夜

刚刚出浴的克娄巴特拉正在擦拭凉水浸润后的身体，雪白的亚麻浴巾捕捉着肌肤上滚落的每一滴水珠。此时，她和衣躺卧在大理石睡榻上，身边塞满靠垫。房屋的角落和天花板上悬挂着数盏油灯，香炉中的乳香在空气中飘漾，其中掺杂着来自东方香料的气味。阳光穿过两扇窗户钻入屋内，精美的丝质窗帘在阵阵海风中起伏不止。

一双熟练的手正在为她按摩。克娄巴特拉俯卧在床上，后背诱人的风光一览无余，只见琥珀色的双手在手指的引领下顺着秀色可餐的身体向下游走，拇指在下背部两处迷人的凹陷中反复摩挲。熟练而快慢有致的动作，消除了每一块肌肉、每一寸肌肤下累积已久的紧张。克娄巴特拉闭上双眼。往事浮上心间，此刻触碰她身体的双手仿佛像恺撒一样坚定而有力，杀伐果断而又柔情似水。她无法忘记，每当自己的肩膀被这双手抚摩时，那股如电流般传遍全身的酥麻。这双充满渴望的手臂，将她拉向他强壮的身体，用炽烈的拥抱令她放弃一切抵抗，沉醉在令人窒息的雄性气息中。

难道这就是当晚发生的真情实景？克娄巴特拉笑而不语⋯⋯

在不同的故事版本中，那一晚两人情难自抑，颠鸾倒凤，一夜无眠。尽管无从考证，但众多学者的结论可能会令克娄巴特拉和恺撒的拥趸大失所望⋯⋯当夜两人并未行男女之事。

尽管可以将之归咎于恺撒对成熟少妇执着的迷恋，但也不应忽略克娄巴特拉当时只是一位21岁少女的事实。彼时年过半百的恺撒，对她来说可能年事已高（正如人们常说，"与她的父亲同岁"，鉴于古代早育的传统，甚至或许与她的祖父年龄相仿）。而年龄显然不是令克娄巴特拉无动于衷的原因。需要指出的是，这种年龄差距在那个时代并不罕见，尤其是在政治色彩浓厚的包办婚姻中更是不足为奇。在那个风平浪静的夜晚背后一定隐藏着更为现实的难言之隐。众所周知，托勒密王朝的婚配和生育只能在王室后裔间进行（克娄巴特拉或许不在此列，因为她的生母可能只是国王的一名妃子）。鉴于克娄巴特拉的第一任丈夫，同时也是她的弟弟托勒密十三世当时只是一个年仅15岁的孩子，考虑到他们由来已久的感情不睦，两人之间共享床笫之欢的可能性微乎其微。这也意味着，在初遇恺撒的那个夜晚，克娄巴特拉几乎还是处子之身，她也因此不会轻易就范。这就是恺撒当晚遭到拒绝的原因。

　　然而，此事不仅关系到一个王国的命运和女王的个人安危，或许还涉及一位伟大征服者的战场英姿和卧榻雄风。这是一个如肖恩·康纳利和乔治·克鲁尼一般满头银发、阳刚而不失温柔的情场浪子。此外，这个男人的权势和功名，或许比他的雄性魅力更为迷人，尤其是克娄巴特拉，众所周知，作为一个21岁（在那个女孩平均受孕年龄只有15岁的时代，已经稍显沧桑）的女人，她需要选择一个与自己的女王地位相称的男人作为伴侣。在尤利乌斯·恺撒和自己15岁的弟弟之间，答案不言而喻。最后，克娄巴特拉决定孤注一掷。她冒着生命危险潜入王宫，争取恺撒的支持和保护。鉴于她莽撞的作风和缜密的心机，她甚至极有可能已经在那个夜晚战胜心魔，将自己的身体献给了恺撒。这是克娄巴特拉与生俱来的本能。

无论如何，即便第一个夜晚在风平浪静中度过，两人也可能在之后的某个夜晚初试云雨，因为她可能在几个月后就怀上了恺撒的儿子。

作为一名处女或者缺乏房事经验的少女（已经无从考证），她的第一夜欢爱或许伴随着些许羞涩和尴尬。人们对克娄巴特拉的孤单无助一无所知。作为一个女人，她与芸芸众生一样要在焦虑、恐惧和怀疑的煎熬下独自迎接坎坷崎岖的生命旅程，然而世人对这样的克娄巴特拉视而不见，能令他们津津乐道的只有那位咄咄逼人、老谋深算的蛇蝎美人。

无论如何，恺撒或许都是第一个引领她发现情欲欢愉的男人。据称，自那一夜开始，两人就成了一对形影不离的伴侣，这段伟大而美丽的爱情故事也成为佳话。然而其中又有多少因两情相悦而奋不顾身的热情，抑或掺杂了几分为各取所需而逢场作戏的暗中考量？两人早已告别了不谙世事的纯真岁月。他们深谙男欢女爱背后的政治游戏。对恺撒而言，作为一名坚定而独立的统治者，克娄巴特拉比他的弟弟更为可靠。总而言之，二人的亲密关系为恺撒增加了掌控克娄巴特拉的筹码。另外，身为盟友的恺撒也可以成为克娄巴特拉夺取王位并使后人世代相承的强大保障。

在爱欲横流的儿女情长背后，同样赤裸裸的利益纠葛令两人愈发难舍难分。

困兽之斗

平心而论，克娄巴特拉不仅足智多谋而且胆识过人。在冒着生命危险孤身一人前往亚历山大之后，她又藏身于麻袋之中潜入王宫。她不知道恺撒对自己的突然现身将会作何反应……但依然决定孤注一掷——最终大获全胜。她在密会恺撒时展现出的女性本能，足以令元老院和全体罗马人民心有余悸。克娄巴特拉凭借自身的力量、坚定和野心迎接命运的挑战，这种世间罕见的生命力即便在两千年后的今天依然令人叹为观止。每当陷入孤立无援的境地时，背水一战就成了获得认同的唯一选择，因为没有人会在她一无所有时施以援手。而作为一个在男性世界孤军奋战的女人，她已经完成了通往卓越的人生蜕变。

这场出其不意密会恺撒的豪赌最终衍化成一场政治胜利。

当她的弟弟，托勒密十三世入宫觐见恺撒时，才发现自己的姐姐，那个此刻本应在沙漠帐篷中坐以待毙的女人，已经抢先一步结束了游戏。雪上加霜的是，恺撒还与她暗生情愫。当目睹克娄巴特拉（这个女人在理论上依然是他的妻子）与这位罗马统帅形影不离的场景时，他的惊诧和愤怒可想而知。

意识到败局已定的托勒密国王，就像一个委屈的孩子被夺走了心爱的玩具，迪奥对他的歇斯底里这样描述道："只见他怒不可遏地冲入人群，大声叫嚷有人背叛了自己，最后一把扯下头上的王冠扔到一边。"这位历史学家接着写道，这场闹剧在亚历山大掀起了一场暴动，"恺撒的士兵挟持了年轻的国王，埃及人民纷纷加入暴动，从陆地和海上对王宫发起进攻"。

当恺撒在集会中当众宣读了托勒密·奥勒忒斯——克娄巴特拉和年轻的国王共同的父亲——留下的遗嘱时，暴动才稍有平息，遗嘱中写道，依照托勒密王朝传统，姐弟二人将在罗马人民的庇佑下共同执掌政权。此刻的恺撒忧心忡忡：自己的部下寡不敌众，而他面对的是一个国家和一支对他虎视眈眈的埃及大军。他被迫做出进一步妥协，试图令各方势力保持冷静。他将塞浦路斯岛赐予克娄巴特拉被排除在遗嘱之外的年幼弟妹——阿尔西诺伊和小托勒密。关于他们的故事将另行讲述……

作为埃及名副其实的资源"宝藏"，塞浦路斯在地中海的棋盘上占据着至关重要的地位。凭借自己的铜矿储备，其得以对这种金属实行垄断控制，而其广袤的森林又为这个沙漠中的国家提供了丰富的木材原料。

鸿门宴

为了达成和解，双方一致决定在未来几天内举办一场盛大的宴会。然而，闷烧中的余烬随时都可能死灰复燃。年轻的托勒密十三世正式同意了这一安排，然而作为他的谋臣，诡计多端的博狄诺斯和阿基拉斯（此时狄奥多土早已出逃）已经背着天真的国王开始暗中密谋。两人不动声色地从沙漠中召回了托勒密王朝的军队，数周来，他们一直密切监视着克娄巴特拉空空如也的帐篷（或许克娄巴特拉的贴身侍女一直在帐篷中身着女王的服装，制造女王还在的假象以迷惑潜伏的眼线）。更为重要的是，他们策划了一场阴谋。目的是在宴会过程中对恺撒和克娄巴特拉进行刺杀。

对手清楚，恺撒正在使用缓兵之计，最终他一定会选择背信弃义，将王位归还克娄巴特拉。这对他们来说不仅意味着权力的终结，还意味着他们将被彻底挤出王国的统治阶层。已经成年的克娄巴特拉不仅不再需要碍手绊脚的国师，而且还对他们恨之入骨。

宴会当日，现场陈设极尽铺张奢靡，尽显王室威严。餐桌上，珍贵的餐具盛满山珍海味，杯盏中琼浆玉液浮光泛动。与此同时，在远离喧嚣的王宫内廷中，阿基拉斯或许正在对严阵以待的刺客面授机宜，等待动手的最佳时机。现场为数众多的罗马军团士兵为行刺增加了难度。但刺客坐拥"地利"之便，凭借对这座宫殿的了解，他们可以在对手觉察之前接近目标，趁其不备突然发动攻击。现在只剩下一个隐患：恺撒的理发师，一个似乎无足轻重的角色。此人生性多疑，对一切充满戒备，没有一丝风吹草动能够逃过他的双眼。形迹可疑的窃窃私语也不例外。据普鲁塔克称，就在所有人大快朵颐、尽情庆祝之时，这位理发师无意间撞破了这场箭在弦上的阴谋，他可能躲在门后，或者藏身暗处发现了阿基拉斯在密室中与刺客交头接耳的情景。真相无从考证。总之，他立即向恺撒报信，后者闻之暴跳如雷。

当时的场景可想而知。他接到密报后——或许通过理发师的低声耳语——立刻高声召集手下的罗马士兵，命令他们封锁大厅。现场鸦雀无声，只见恺撒的双眼闪烁着愤怒的光芒，他命令一名士兵将毫无戒备的博狄诺斯处死。话音未落，士兵的短剑就刺穿了他的身体。片刻之后，这个男人依然纹丝不动，仿佛一尊冰雕保持着之前的姿态。目睹这位诡计多端的谋臣血溅当场，人群尖叫着夺路而逃，大厅中只剩下博狄诺斯的尸体在地板上不住地抽搐。阿基拉斯，这位托勒密军队的最高统帅当场遭到搜捕，但随后他成功逃脱，并与自己的军队会合。名垂史册的亚历山大之围就此拉开序幕。

回顾整场阴谋，人们很难想象四年之后，回到罗马的恺撒会沦为另一场阴谋的牺牲品。在这场刺杀中，他在毫不知情的情况下依然迅速做出反应。而回到罗马，在3月15日月中日遇刺当天，他对众人针对自己的密谋早有耳闻，或许他甚至看到了自己的朋友，那位哲学家送来的密信内容。然而，这一次他却匪夷所思地无动于衷。原因何在？长期以来，这桩悬案一直令学术界百思不得其解。可能只有恺撒本人才能给出答案。

亚历山大之围：克娄巴特拉与恺撒身陷图圄

这座宫殿的每一个角落都能令克娄巴特拉触景生情，回想起自己和恺撒缠绵的往事。

忠诚的埃拉斯正小心翼翼地为克娄巴特拉的脸颊涂抹营养乳霜，这张经历了漫长海上航行的脸庞此刻写满忧虑。一群侍女一边在埃拉斯的带领下为女王的身体和面部进行护理，一边听她讲述旅居罗马时的所见所闻以及归途中的艰难险阻。

直到这一刻，卸下防备的克娄巴特拉才蓦然发觉，数周来如影随形的紧张和悲伤早已令自己身心俱疲。在女王躺卧之际，侍女们开始对她的双手和双脚进行护理（使用散沫花为指甲染色），此时屋顶隔板上的一处细节吸引了她的目光。只见华丽的木料上，一个巨大的豁口赫然在目。没有人注意到它的存在，或许是还没来得及进行修补。那是四年前，一枚从攻城机上呼啸而至的石弹留下的疤痕。那时她和恺撒已经被困城中长达数月，当时坐以待毙的恐惧此刻依然令她心有余悸。

这场战争仅仅持续了6个月，然而即便对恺撒而言，那也是一段异常惨烈的记忆。或许是由于眼前的敌人并非一支在正面战场严阵以待的部队，而是一头在亚历山大王宫波诡云谲的政治阴谋中孕育的怪物。

当恺撒首次踏上埃及的土地时，他并未意识到，等待自己的将是一场九死一生的恶战。

阿基拉斯与自己的部队完成会合，他的命令简单而直接：围攻亚历山大。除了托勒密王朝的军队之外，这支部队还包括来自叙利亚各省和西里西亚的匪徒和海盗，其中既有被判处死刑和流放的囚犯，也有逃离罗马领地的大批奴隶。参军入伍是他们获取合法身份的唯一出路。参战总人数达到20 000之众（还有获悉年轻的托勒密十三世被恺撒囚禁后群情激愤的亚历山大市民）。反观恺撒手下只有区区4 000名罗马军团士兵，他们接到的命令是构筑街垒、固守王宫。就连恺撒派出的两名谈判使者也惨遭毒手，一人丧命，一人重伤。在作者卢坎的描述中，进攻在"王宫上空从天而降的箭雨"中拉开了序幕。身经百战的罗马军团士兵顶住了一波又一波猛烈而骇人的攻势，各自为战的敌军被一一击溃。就在此时，克娄巴特拉的妹妹阿尔西诺伊，突然逃出王宫加入了叛军阵营，随即被暴乱的民众自行拥立为埃及女王。局势开始变得更加微妙。历史学家迈克尔·格兰特指出，"这一事件是对恺撒的沉重打击，因为它意味着，眼前的战争已经脱离了王室平定叛乱的范畴"。他已经被卷入了一场围绕埃及王位展开的权力争夺战。

　　随后的日日夜夜中发生的各种场景，此刻不断涌入克娄巴特拉的脑海。当时恺撒预感到死亡的阴影正在向两人逼近。陆地上的通道被全部切断，但海路依然畅通。敌人冲出大街小巷从四面八方向王宫发起攻击，但他们却忽略了恺撒身后的王家码头和浩瀚的大海。如果亚历山大市民能够夺取锚泊在港口之外的埃及船只，那么罗马人与外部世界的最后联系就将被彻底切断，陷入四面楚歌的绝境。恺撒迅速下令罗马战舰开出港口发起攻击，企图用涂满沥青的火箭引燃埃及战舰。然而在风向的帮助下，船上的火势开始向军火库蔓延，最终引燃了岸上的建筑。人们认为，亚历山大图书馆正是在此役中遭到焚毁的。事实上，今天的学者一致对这一历史谬论予以驳斥（如果史料所述属实，那么在数年后的奥古斯都时代，以斯特拉波和迪狄穆斯为首的众多古代博学之士将无从查阅资料）。因而，当时被大火付之一炬的显然只是几座港口附近的货仓，据历史学家卢西亚诺·坎福拉称，它们用来储存即将装船出港的书籍。恺撒此刻分秒必争。他以大火制造的混乱为掩护，在夜色中迅速出击，攻占灯塔，控制了通往海港的出口，并发出求援的信号。

阿尔西诺伊，这位敌方阵营的新女王下令处死阿基拉斯，令自己的心腹嘉尼米德取而代之，后者想出了一条歹毒的计策。借助大型机械装置，他将大量海水引入王宫水源所在地，导致那里的淡水逐渐变得无法饮用。但恺撒下令开凿水井化解了危机，这还要归功于他手下的罗马军团，这些能征善战的士兵不仅可以守卫城池，作为曾经的工匠、铁匠和木匠，他们还对筑路、开渠、凿井等工作得心应手。

另一段发生在亚历山大之围中的鲜活记忆此时浮现在克娄巴特拉眼前，那是一次令恺撒险些丧生的意外。当日的场景似乎依然历历在目……

站在王宫的顶部，克娄巴特拉看到恺撒正率领手下士兵奋力攻占防波堤，这道（著名的海波塔斯塔提翁）防波堤肩负着连接灯塔和陆地的使命。只见罗马人如潮水般涌上堤坝，并立即开始构筑壁垒工事，以切断埃及人进入亚历山大的通道。然而埃及战舰从后方快速逼近，随时可能切断他们的退路，罗马士兵瞬间乱作一团，不顾恺撒的呵斥转身逃窜，纷纷跳入海中，争先恐后游向停靠在防波堤旁的罗马战舰。尽管恺撒最终有惊无险地登上了自己的战舰，但紧随其后的人流很快就令船只因不堪重负而发生倾覆，大量士兵被沉船拖入水底。直到最后一刻，身披重甲的恺撒才跳入水中，高举随身携带的文书，冒着敌人的箭雨游行了近220码的距离。今天，普鲁塔克关于这一细节的转述遭到了大量质疑。然而，鉴于恺撒当时年逾55岁的年纪，这段插曲生动地展现了一个事实：这个男人不仅行动果断，而且体力充沛。出现在克娄巴特拉视线中的不是一位年近花甲的老者，而是一位正值巅峰的壮年男性。或许正是和女王的爱情令他生机勃发，促使他在战斗中以身犯险力挽狂澜……尤其是当他觉察到王宫中的女王投向自己的目光时。

最后，克娄巴特拉清楚地记得，令恺撒望眼欲穿的援兵如期而至，形势也随之转危为安。出现在埃及边境的并不是由罗马军团组成的部队，而是一支由帕加马的米特拉达梯国王率领，来自小亚细亚、叙利亚和阿拉伯的多国部队组成的联军。同时赶来的还有一支由安特帕提大祭司指挥的约旦大军，由与庞培势不两立的恺撒支持者组成。

与此同时，狡猾的恺撒释放了年幼的托勒密十三世国王，试图给他的对手制造混乱（王冠只有一顶——是选择年幼的国王还是新女王阿尔西诺伊？），数天后，两支大军在城外三角洲展开激战，战场所在区域名为奥尼阿斯之地。恺撒率领士兵迎来了有如"神兵天降"的援军，而他们面对的则是一支娃娃国王统率的埃及大军。持续数小时的战斗，以恺撒阵营的胜利告终，他的对手落荒而逃。托勒密十三世，这位同样为荣誉而战的国王，在仓皇逃窜中登上一艘战舰，然而，严重超载的战舰很快便沉入水底。狼狈落水的托勒密国王没能像恺撒一样化险为夷，沉重的黄金头盔令他最终溺水身亡。

当晚，恺撒大胜而归，城中百姓夹道欢迎（就在早晨，恺撒还是一位人人得而诛之的罗马暴君）。他随即下令将阿尔西诺伊投入大牢。众所周知，不久她就将出现在恺撒的罗马凯旋仪式中，被戴上镣铐游街示众。

恺撒无意将埃及并入罗马行省，让这块盛产谷物和原料的战略要地落入某位食言而肥、贪婪无耻的执政官之手。他深知这群来自元老院的蛀虫，除了结党营私、钩心斗角之外一无所长。

因此他决定留下一支由三个罗马军团（分别为第27军团和第37军团，另一支军团番号不明）组成的庞大驻军，并任命自己的心腹卢菲奥，全名盖乌斯·尤利乌斯·卢菲奥，作为这支武装的统帅。他是"恺撒手下一名自由民的儿子，同时也是恺撒的情人"，苏维托尼乌斯写道，他特意使用了"exoletus"①一词来暗示成人间被动的同性关系。

匪夷所思的是，除了罗马的妻子卡尔普尼亚，恺撒在亚历山大还拥有至少两名不同性别的情人——这一男一女分别是卢菲奥和克娄巴特拉。而这或许只是为了引起轰动而编造的谣言。

从那一刻开始，埃及王位已经成了克娄巴特拉的囊中之物，而迫于传统的压力，恺撒不得不象征性地将女王仅存的弟弟——托勒密十四世推上王位与她共同执政。

爱人恺撒和蜜月航行

带着脑海中残存的画面，克娄巴特拉再次睁开双眼。她的妆容已经完成，埃拉斯和女孩们正托着一面镜子，仿佛正在惴惴不安地

---

① 一种可以变性的龙隆头鱼。——译者注

等候审判。女王赞许地微微颔首。镜中的妆容堪称完美。然而此刻的克娄巴特拉却显得魂不守舍。身处亚历山大，她第一次在闪闪发光的铜镜中端详自己仿佛被迷雾笼罩的面容。这是一张陌生的面孔。只见镜中的双眼目光空洞，失去了往日颠倒众生的神采。熟悉她的人或许已经觉察到了异常，但为了顾及她的感受而三缄其口。此时的她需要一张"面具"，用坚定而充满活力的形象掩饰自己内心的情感，无尽的悲伤几乎将她拖入绝望的深渊，而对于未来她更是充满恐惧。只有侍女夏米侬和女王本人曾经触摸过她真实的灵魂，而那个时常在夏米侬怀中暗自垂泪的寻常女子，仿佛已经忘记了自己的女王身份。高处不胜寒。如果她任由自己被脆弱吞噬，整个国家都将陷入万劫不复，等待小恺撒的将是灭顶之灾。儿子玩耍时无忧无虑的笑容映入脑海，仿佛唤醒了她内心深处沉睡已久的力量和决心。只见她深吸一口气，步伐坚定地转身离开。

然而，在克娄巴特拉貌似坚强的外表下却隐藏着一个支离破碎、濒临崩溃的灵魂，命运就像一头饥饿的猛兽在她身后紧追不舍。每一个房间、每一阶楼梯、每一扇窗户都令她想起恺撒，他的声音、他的怀抱，以及他在暗无天日的亚历山大之围中对未来的乐观。她想念他的乐观与自信，就像窒息的人渴望空气。

一切都在情理之中。这座宫殿见证了恺撒和克娄巴特拉爱情的开始，在那段不堪回首的日子里，这座整个地中海上最华美的宫殿陷入敌人的包围，两人在对死亡的恐惧中度日如年。她清楚地记得自己在柱廊中狂奔的狼狈情形，也曾于午夜时分惊醒，在手握短剑的卫队护送下，仓促逃往安全场所。较之于宫殿，这里更像是一座巨大的城堡，广场、亭台楼阁、花园、画廊、喷泉共同构成了一幅美轮美奂的画卷，到处弥漫着奢华绚烂的希腊化趣味。在这片非同寻常的小天地中，两人陷入疯狂的热恋。生死未卜的恐怖气氛为他们的关系注入了一丝罕见而壮美的热烈。曾有无数次，他们听着耳畔守城士兵的嘶吼声，冒着头顶敌人铺天盖地的箭石，在周围令人魂飞魄散的战斗中向彼此许下山盟海誓。两人的关系中涌动着一股热烈深沉而又旁若无人的激情。那是战斗前热情似火的夜晚，也是激战后缠绵的拥抱，更是柱子后情不自禁的热吻。克娄巴特拉清楚地记得恺撒的胸膛紧贴着自己的身体，他火热的双唇和手臂仿佛散发着一种独特的魔力，令她无力抗拒。

曾经有无数次，她温柔地轻抚爱人的脖颈。尽管史料中没有任何记载，但这些激情燃烧的瞬间依然在世人的想象中恣意生长，它们在爱情的浇灌下，伴随着生命的喜悦和死亡的恐惧，在这片湮灭在时光中的大地上一同绽放。如今这片土地已经被千篇一律的建筑、餐馆和商店覆盖。包括克娄巴特拉、恺撒、罗马军团、亚历山大还有其全体居民（母亲、孩子、水手、仆人、缪斯庙的哲学家）在内的所有生命早已化作尘埃，尸骨无存。但他们为世界留下了一个匪夷所思的传说，在时光的长河中静静等待后世的探索和解读。

众所周知，恺撒于公元前48年10月2日来到亚历山大。让我们言归正传，假如出生于次年6月（公元前47年）的小恺撒确为恺撒的亲生骨肉，那么克娄巴特拉应该早在前一年10月就已有孕在身，而那时她刚刚与恺撒相识不久（或许就在初次相见的那天）。据历史学家迈克尔·格兰特称，她在12月就已经确定自己怀有身孕。在这个惊世骇俗的爱情故事中，每一个情节似乎都按照完美的轨迹发生在恰到好处的时间。必须强调的是，时至今日，为数不少的学者依然坚持恺撒并不是小恺撒的亲生父亲，并以此控诉克娄巴特拉为了政治利益不惜煽动舆论的险恶用心。

每当清晨来临，两人裹在色彩鲜艳的丝毯中，在一张大床上睁开惺忪的睡眼，身边堆满靠垫。克娄巴特拉将头枕在恺撒强壮的胸膛上，享受着他温柔的爱抚。这美丽的一幕来自人们对这段经久不衰的爱情佳话生动的演绎。

然而现实总是事与愿违。

生活中，恺撒和克娄巴特拉并未同床共枕，而这毫不奇怪。生活在古罗马时代的特权阶层中，甚至直到不久前，几乎所有夫妻都睡在不同的卧室，这或许是由于在他们的包办婚姻中缺乏爱情的滋润。克娄巴特拉和恺撒就遵守着这一与现代社会格格不入的风俗，但这并不妨碍他们在整个白天形影不离。然而事情或许另有隐情。格兰特本人特别强调，在那个长达数月的非常时期，身处同一座王宫的两人分别在不同翼楼过夜显得至关重要。在被围困时期，亚历山大王宫或许已经成为叛徒和刺客的藏身之地。正如现代王室成员在旅行时分别乘坐不同航班，以避免整个王室家族同时遇难的意外发生。因而，在卫兵和心腹的环绕下，分别前往不同翼楼就寝不失为一种更为稳妥的生存方式。

恺撒很可能隐居在一座楼阁，置身部下将士的保护之中，而年轻的托勒密十三世则带着数量庞大的宫廷随从居住在另一座宅邸中（其中就包括众多亚历山大的名门世家成员，以及臭名昭著的博狄诺斯）。另外，克娄巴特拉或许稍显形单影只，因为亚历山大人一致认为她大势已去、自身难保，因此陪伴在她左右的可能只有几名贴身心腹。此外，她的行宫还被围困在国境之外的沙漠之中。此时，克娄巴特拉一如既往地选择直面困境。在这具惹人爱怜的身躯中，或许就隐藏着一位孤身对抗历史的女王。

　　然而就在公元前47年3月27日，当战争结束后，克娄巴特拉和恺撒决定开始共度一段二人时光。恺撒的放纵令众多历史名人（甚至包括拿破仑·波拿巴在内）大跌眼镜，因为此时他的祖国正内患重重。时值他离开罗马一年之际，人民对安东尼的所作所为怨声载道，他利用自己身为意大利统帅之便，借恺撒缺席之机，大肆侵吞庞培被充公的财产，企图扩充势力。此外，尽管庞培在法萨罗战役之后一蹶不振，但共和派势力依旧蠢蠢欲动，伺机反扑。而长达数月的等待将是一场危机四伏的冒险，除了恺撒本人和克娄巴特拉，没有人知道他消失背后的真正原因。

　　此时，二人已经成为埃及的绝对主宰，并化身为彼此不可或缺的亲密盟友。克娄巴特拉为恺撒的政治野心提供财政支持，作为交换，他为女王治国安邦充当后盾。此时，他们决定共同开启一场梦幻之旅——尼罗河巡航。

　　这无疑堪称地中海历史上独一无二的历史事件。两位家喻户晓的历史人物，决定在全世界最令人心驰神往的国度进行一场浪漫旅行，仿佛小说中的情节在现实中上演。所有到过埃及的人都不会忘记金字塔和尼罗河畔卢克索的壮观日落，在火红的天空下，一艘艘帆船往来穿行在镜面般平滑的河水之上。恺撒从身后将克娄巴特拉拥入怀中，亲吻着她的脖子。这幅温存的画面并没有出现在任何史料中，但两人间的柔情蜜意不难想象。

然而，恺撒滞留埃及的决定只是一个匪夷所思的表象。恺撒必须确保这个刚刚恢复平静的国家，在他返回罗马后不会节外生枝，为此他将亲自访查民意乡情，试探教会立场。令恺撒寝食不安的另一个原因在于，克娄巴特拉统治下的埃及不仅是一个重要的收入来源，同时还担负着为罗马供应谷物的重要任务。

此外，恺撒的决定中还隐藏着其他不为人知的隐情。鲜为人知的是，身为统帅的恺撒不只是一介武夫，他还是一名求知欲旺盛的地理爱好者（详情参见他的备忘录）。就像所有罗马贵族一样，他从儿时起就对埃及的世界奇迹耳熟能详，而如今深入这个古老国度，对尼罗河沿岸流域进行探索的诱惑无疑令他无法抗拒。据卢坎记载，恺撒曾在一次宴会上亲口承认：“再没有什么能比尼罗河数千年来依旧扑朔迷离的泛滥原因和神秘源头更令我心驰神往了。与有幸一睹尼罗河的源头相比，罗马内战不值一提。”

而促使恺撒决定留在埃及的最终原因，是一具有血有肉的身躯：克娄巴特拉。世人曾无数次领略过克娄巴特拉无与伦比的口才天赋。卢坎的描述更加直白：“克娄巴特拉擅长施展魔术瓦解一位老者的防线。”与其称为“魔术”，诸如“口才”“诡辩之术”“引诱”“色相”之类的词语或许更为贴切。这些与生俱来的天赋冥冥中注定令各位罗马军事统帅陷入万劫不复的境地，安东尼即将成为下一个鲜活的例子。

两人于4月初动身起航，在随后的至少三个月中“不知去向”。

恺撒杳无音信。他的身影从军政两界的视野中彻底消失了。在罗马，各种猜测之声甚嚣尘上。例如，据西塞罗透露，关于恺撒遭遇不测的谣言不胫而走，尽管他实际上安然无事。恺撒很快便沦为各种流言攻击的目标。

这并非一次只有两个人的浪漫旅程。据阿庇安称，各种随行船只有400余艘。因此它同时也是一次兴师动众的军事探险。这归根结底还是一项政治任务，为了向天下昭告克娄巴特拉强大的后盾，从而巩固她的统治地位。

即便如此，对两人来说，这仍不失为一次名副其实的蜜月旅行。

阿庇安一语道破天机："恺撒率领400余艘船只浩浩荡荡沿尼罗河而上，携克娄巴特拉巡视全国，途中两人纵情欢娱。"此处无须赘述"纵情"细节，一幅活色生香的蜜月图卷已经跃然纸上，尽管此时两人尚未正式成婚。

两人乘坐的船只外形庞大。托勒密王室为此类航行量身打造的巨轮极尽豪华，其中就包括宏伟壮观的"浮宫号"。

在他关于亚历山大港的书中（书中的大量章节都得益于埃及作家阿忒那乌斯），希腊历史学家罗德岛的卡里克赛诺斯告诉后人，这些船只拥有适应内河航行的平坦船底，但高大的船体直插空中："上层船体尤其是与船首连接处高高耸起，呈现规则的圆弧状。"这些描述已经勾勒出一幅令人叹为观止的画面，而其他作者又补充了匪夷所思的细节。众所周知，这种巨轮的第一艘样船由托勒密四世下令建造，长度接近300英尺，高度超过一座7层的现代楼房：约90英尺。实际上，它就是一座可以在水上航行的建筑，与现代游轮颇为相似，或许甚至更胜一筹，堪称一座漂浮的小型宫殿。

就像现代社会的远洋轮船，每层甲板的外围都有供人行走的通道，此外船上还设有各种圣堂、小花园、沙龙、餐厅、回廊以及威严的金色雕像。理所当然，室内陈设也极尽奢华，黄金象牙、精美木雕以及各种装饰触目皆是，脚下或许还铺设着造价昂贵的大理石地板。可想而知，除弥漫着高雅气息的洗礼和沐浴场所外，还备有一间奢华的卧室作为这对情侣的爱巢。

只见这支船队沿着尼罗河蜿蜒航行，载有恺撒和克娄巴特拉的"浮宫号"巨大的身影被簇拥在各种船只中间。

船队缓慢地航行着，作为一次胜利游行，这也正是此次旅程的目的。这对爱人尽情享受着生命中无与伦比的欢乐时光。光阴流转，否极泰来。

能否对恺撒和克娄巴特拉尼罗河浪漫之旅的全部行程一一追溯？历史学家做出了尝试。在离开亚历山大的马里奥特湖之后，船队溯尼罗河三角洲而上到达赫利奥波利斯。在那里，恺撒和克娄巴特拉瞻仰了历史长达2 600年的金字塔群和狮身人面像。它们依然保存完好，轻盈的涂层质地平滑，在阳光下熠熠生辉。恺撒当时作何感想？克娄巴特拉又是如何将法老时代的前朝往事向他娓娓道来的？

他们无疑还曾拜访卡纳克神庙。恺撒是否曾像数代之后到访埃及的罗马皇帝、物理学家和内科医生一样，进入法老墓穴探访（彩绘墙壁上，他们的随手涂鸦依然清晰可见）？据考古学家兼古代史学者杜安·W. 罗勒称，恺撒和克娄巴特拉可能在赛伊尼，即今天的阿斯旺做短暂停留，古希腊天文学家埃拉托色尼正是在这里成功计算出了地球的周长。恺撒对这里的痴迷之情可想而知。亚历山大的学者和知识分子同样功不可没，或许正是在那里，恺撒收获了改革公历的灵感。最后，他们来到埃勒芬蒂尼，恺撒得以目睹尼罗河水位计，它曾出现在帕勒斯特里纳那幅著名的尼罗河马赛克画作中。这是一条由52级石阶组成的坡道，分布在墙体上的刻度用来在洪水期间测量水位。水位变化中包含着农业耕作所需的信息。

苏维托尼乌斯动情地写道："（恺撒）对克娄巴特拉宠爱有加，经常与她彻夜狂欢直至天明，他乘坐这艘满是房间的大船，深入埃及腹地，几乎抵达埃塞俄比亚，如果不是军队拒绝前进，他本可以挥师越过边境。"恺撒是否与亚历山大大帝遭遇了同样的困境，在抗旨不遵的士兵劝说下掉头返航，世人将永远无从得知。但此次旅程的匪夷所思由此可见一斑。而它的结束同样令人印象深刻。

最终，这场旅行不得不在5月底匆匆结束。恺撒收到了东线法尔纳斯告急的快报。在迅速返回亚历山大后，他随即动身前往叙利亚。6月初，恺撒离开埃及。他留下了一支由三个军团组成的庞大部队，共计12 000名罗马士兵由忠诚的卢菲奥统一指挥（为了支援克娄巴特拉，同时也对她的活动进行"掣肘"）。在他所谓的儿子出生时，恺撒并不在场，这可能发生在他离开埃及两到三周之后。然而，此后数月间，就在他盼望着在罗马与克娄巴特拉和小恺撒团聚时……生命的钟摆却在公元前44年3月15日停摆……在与克娄巴特拉咫尺之遥的地方。

某日清晨，在最后一次深情拥抱心中挚爱克娄巴特拉之后，他告别埃及和亚历山大，离开了这座天堂般的城市。

数年之后，另一个男人将会发出似曾相识的感慨，他正是马克·安东尼。

小恺撒的降生

穿过王宫中宽阔的柱廊，远处的几间房屋进入克娄巴特拉的视线，那是小恺撒出生的地方。她继续前进，仿佛要穿越时光，重返自己人生中的重要时刻——第一个孩子的降生。一位托勒密王朝的女王如何进行生产？就像那个时代的所有埃及妇女一样——双膝跪地。

世人如何得知女王的生产姿势与百姓无异？这还要得益于她在赫尔孟提斯建造的一座寺庙，自登上王位起她就与这里结下了不解之缘，因为她曾亲自为这座城市送来神牛布希斯。遗憾的是，这座寺庙已经遭到损毁（大兴土木的马穆鲁克骑兵将它夷为平地）。这是一座典型的埃及建筑，是克娄巴特拉为小恺撒建造的"生育之庙"（玛米西）。按照法老夫妻间的古老传统，托勒密王朝在女性生育后代时沿袭着一套复杂的仪式。只见画像中的克娄巴特拉双膝跪地，众女神在身旁予以帮助（鉴于亚历山大学者先进的妇科手术知识以及这场生产特殊的政治敏感性，没有人知道，在她生产时身旁有没有男性助产士进行协助）。在画像上方用象形文字写着她的新名字：“拉的母亲”（太阳神）。新生儿的上方绘有一只圣甲虫，象征着小恺撒的化身，冉冉升起的太阳之神。稍远处，两位牛头女神正在为小恺撒哺乳。小恺撒身旁还有一名幼儿——太阳神荷鲁斯。两名分别来自王室和神灵的婴儿同时出现尚属首次。

而其中隐藏的寓意可以帮助我们了解克娄巴特拉的真实内心：太阳神荷鲁斯肩负着为自己的父亲——死于非命的冥神欧西里斯报仇雪恨的使命。据迈克尔·格兰特记载，在托勒密王朝时期，太阳神荷鲁斯依然被称为“报父仇者”。因此，女王的用意昭然若揭：小恺撒将为恺撒的遇刺展开复仇。除了随之而来的血雨腥风，这还是一份公然的宣言：克娄巴特拉依然站在恺撒一边，与所有杀害他的凶手或任何推动共和的势力不共戴天。这份宣言也象征着从作为“地中海粮仓”的埃及向安东尼伸出的一束橄榄枝。

然而当时神庙或许还未建成。如今，克娄巴特拉将小恺撒作为天神的爱情结晶昭告天下，同时下令将自己怀抱小恺撒的图案铸造在钱币上。如此一来，小恺撒将不仅是她的儿子，而且还成为一份政治自白，向女王的每一位支持者和盟友，以及她极力拉拢的各方势力表明心意。在赫尔孟提斯和丹德拉的神庙中，女王和小恺撒的画像无处不在，同样旨在为克娄巴特拉与历史悠久的法老传统之间建立联系。这还不是全部。即便在仿照250年前的风格为自己创作画像的决定中，都清晰地隐含着对那些“气势如虹”的托勒密前朝女王的致敬，比如至今依然广受爱戴的阿尔西诺伊二世。克娄巴特拉需要重整旗鼓，背负历史的馈赠坚定地向未来迈进。

克娄巴特拉之针

克娄巴特拉巧妙"政治隐喻"的另一个象征来自恺撒瑞姆神庙，作为一座名副其实的恺撒纪念堂，这座宏大而非凡的建筑俯视着整个亚历山大港，然而恺撒本人却未能在生前一睹它的全貌。几个世纪以来，它一直广受尊崇，这里供奉着大量祭品，其中就包括金银制成的画作和雕像。作为城市的犹太社区领袖，亚历山大哲学家斐罗在大约一个世纪之后这样描述道，点缀其中的众多柱廊、图书馆、花园、拱廊以及宽大的露台蔚为壮观。其中无疑陈列着各式雕像，那些金质雕像象征着死后升天的恺撒，被祭司们用来举行缅怀仪式。匪夷所思的是，这座神庙并非由克娄巴特拉或安东尼建成，而是在屋大维时期完工，用来寄托其对养父恺撒的怀念。最后，让我们带着好奇回到现代世界。这座宏伟的神庙如今已经无迹可寻，只有几堵厚度12英尺的断壁残垣被发掘出土，但人们只需漫步在伦敦或纽约街头，就能领略它昔日的雄伟英姿。公元前12年，屋大维命人在恺撒瑞姆神庙之外竖起两座巨大的方尖碑。这两座从临近城市赫利奥波利斯运来的方尖碑，是图特摩斯三世的杰作，这位伟大的法老生活在距克娄巴特拉1 400年前的远古时期。这对高耸的花岗岩双塔来自阿斯旺，遍布象形文字的碑身高达60英尺，每座石碑重量超过200吨。它们被亲切地称为"克娄巴特拉之针"。在时光的长河中，它们或许曾在一场地震中轰然倒塌，深埋地下长达数百年。在重见天日之后，它们被埃及王室分别"献给"两个19世纪的超级大国——1819年赠予大不列颠，为了巩固两国外交关系；1881年赠予美利坚合众国，用来感谢其在埃及现代化进程中的慷慨捐赠。在经历了漫长的海上颠簸后，这两座方尖碑如今在两座世界都市——伦敦泰晤士河畔以及纽约中央公园中傲然挺立。然而，那些端坐在双层巴士中的游客，或从泰晤士河畔的方尖碑前飞驰而过的司机，抑或纽约中央公园中头戴耳机的慢跑者中，又有谁能真正参透眼前遗迹的历史风霜，抑或对克娄巴特拉之针曾经见证过的非凡瞬间了然于胸？寥寥无几，非常遗憾。沉浸在各自世界中的人们与这些历史的丰碑擦肩而过。如果有人愿意驻足片刻，那么他将有幸进入一段难以置信的时光之旅。

第六章

腓力比之战

忍辱负重

恺撒已死。克娄巴特拉返回亚历山大。保护自己、小恺撒和埃及的安全成为当务之急，来自埃及之外的威胁为克娄巴特拉带来了前所未有的挑战。首先，她着手在全国范围内整顿行政体系，以提高生产效率，只有一个经济发达的国家才能笼络盟友、扩充舰队，维持令人生畏的军事力量。即便对埃及作为罗马保护国的地位心知肚明，克娄巴特拉的政治理念依然着眼于实现独立自主，并捍卫托勒密王朝的文化和身份。

同时，女王还获得了大自然的慷慨馈赠：尼罗河。一场罕见的洪水为这个古老的王国带来了大片沃野，百姓开始相信，一个孕育着好运和丰饶的新时代即将来临。

克娄巴特拉利用持续数月的和平恢复并巩固自己的统治地位。出于对传统的尊重，女王身边的王位上坐着自己仅存的弟弟——与她共同执政的托勒密十四世。恺撒遇刺时，正是这位国王与同样身处罗马的克娄巴特拉朝夕相伴。

然而此时地平线的尽头却阴云密布。她的妹妹——阿尔西诺伊依旧阴魂不散。这个曾参与亚历山大之围的年轻女人，随后于罗马被戴上镣铐，在恺撒的凯旋式中游行示众。眼见罗马舆论为之哗然，为了迎合民意，恺撒下令将她释放。阿尔西诺伊随后逃入位于以弗所的阿尔忒弥斯神庙。作为古代世界的七大奇观之一，与其他圣所一样，这座神庙为所有避难者提供安全庇护。事实上，阿尔西诺伊在这里受到了盛情款待，据悉，担任神庙大祭司的一位宦官就对她以"女王"相称。因此，这个年轻的女人依然是克娄巴特拉的心腹之患。她并没有遭受牢狱之灾，只是在暂时失势后过着锦衣玉食的流亡生活，一旦受到支持者从亚历山大，甚至克娄巴特拉王宫中发出的召唤，她随时可能卷土重来。

而恺撒留在亚历山大的罗马军团则成了另一个棘手的难题，随着对帕提亚帝国蓄势待发的远征因恺撒遇刺身亡而暂时搁浅，驻防埃及的罗马军团数量也由原来的三个增加到四个。尽管他们的统帅卢菲奥是一位值得信赖的老朋友，但克娄巴特拉依然无权对眼前这16 000名罗马士兵发号施令。一旦落入对她虎视眈眈的罗马强人之手，这支大军就可以轻而易举发动叛乱，将她推下王位。而归根结底，在恺撒遇刺后，企图强势崛起的各方势力，无不对埃及女王手中的这支罗马军队垂涎三尺。她将如何决定这些罗马军队的命运？多拉贝拉率先发难，为了保住自己刚刚接到任命的叙利亚行省总督头衔，他不惜放弃了执政官的位置。他对权力与荣耀充满野心，而且不知疲倦地对参与刺杀恺撒的凶手展开追捕。在对时任亚细亚行省执政官的刺客盖乌斯·特雷博尼乌斯进行围捕时，多拉贝拉经过草草审判就下令将他斩首，并命人用长矛挑着砍下的脑袋，拖着无头的尸体穿街过巷，最后将其抛入大海。在众多刺杀恺撒的凶手之中，特雷博尼乌斯第一个命丧黄泉。

多拉贝拉在与恺撒刺客阵营的对抗中急需援兵，因此向克娄巴特拉寻求帮助。他开门见山地告诉女王："给我四个罗马军团和海军支援，作为回报，安东尼和我将承认埃及作为'罗马人民盟友'的地位。"与此同时，正在中东集结军队和拉拢盟友的卡西乌斯也提出了相同的要求。女王的决定事关埃及的未来和小恺撒的明天。最终，克娄巴特拉选择了多拉贝拉，这位不遗余力地为恺撒之死复仇的战友。多拉贝拉随即派出一位军团长接收四个罗马军团，然而，他刚一离开，这位军团长就将手中的军队"献给"了卡西乌斯。这次明目张胆的变节令人难以置信。或许两人之间早已暗通款曲。

事实上，这位名叫阿利恩努斯的军团长是西塞罗的故交，而后者与卡西乌斯和布鲁图同属反恺撒阵营。历史的大河中显然难免暗流涌动。据其他历史学家记载，简而言之，当这位军团长发现自己手中的部队在卡西乌斯面前是如此不堪一击时（四个罗马军团对七个罗马军团），他便不假思索地投降了。卡西乌斯一夜之间成为实至名归的中东霸主。在从指挥官手中兵不血刃地收编了四个罗马军团之后，卡西乌斯再次向克娄巴特拉施压——此时他将目光转向了如日中天的埃及舰队。面对卡西乌斯的步步紧逼，女王只能闪烁其词，说因遭遇严重饥荒，自己恕难从命（女王所言属实，埃及正因洪水而黑死病肆虐）。就在此时，局势发生了戏剧性的转折。隶属埃及管辖的塞浦路斯总督毫无预兆地背叛了女王，将舰队拱手送给了卡西乌斯。形势变得一目了然。塞浦路斯总督对克娄巴特拉的忤逆或许令他作为阿尔西诺伊支持者的身份暴露无遗，同时他还勾结卡西乌斯，共同密谋将她推上埃及王位。噩耗接踵而至，克娄巴特拉得到消息，失去罗马军团的多拉贝拉，被恶名远扬的卡西乌斯围困在叙利亚城市劳迪西亚，已经自杀身亡。

克娄巴特拉陷入了举步维艰的困境。她的盟友一败涂地，罗马军团丧失殆尽，王国内部叛党横行，就连价值连城的塞浦路斯岛也落入敌人手中。雪上加霜的是，中东地区正在沦为布鲁图和卡西乌斯耀武扬威的天下，亲恺撒势力的最后一丝抵抗也随之灰飞烟灭，埃及成为他们的下一个目标——一头富饶而肥沃的猎物——敌人或许有意废黜克娄巴特拉，扶持阿尔西诺伊取而代之。据阿庇安称，公元前43年年末，"卡西乌斯将他的目光转向了埃及……他一度认为，埃及的现状对自己的计划十分有利，因为在饥荒的蹂躏下，这个国家已经无力维持一支常备军队"。

克娄巴特拉内心的焦虑可想而知。她已经失去了恺撒的保护，而远在罗马的安东尼此时一面忙于巩固权力，一面还要疲于应对西塞罗家喻户晓的《斥安东尼篇》，在饥荒肆虐和强敌来犯的内忧外患之中，这个国家已经陷入山穷水尽的境地……而她又该何去何从？

事实上，女王并没有选择坐以待毙。在她身边的王位上又出现了一位新"丈夫"的身影。公元前44年8月末，托勒密十四世去世，死因至今仍扑朔迷离。许多现代历史学家怀疑，正是克娄巴特拉派人杀害了自己的弟弟，以防他成为傀儡卷入推翻自己统治的密谋。倘若传闻属实，其中渗出的冷酷和无情也将成为贯穿她一生的鲜活注脚。至此，克娄巴特拉的所有至亲几乎无一幸存——包括她的父亲、母亲、姐姐贝蕾妮丝四世以及她的兄弟托勒密十三世和托勒密十四世。唯一尚在人世的只有阿尔西诺伊，而克娄巴特拉已经对她起了浓浓的杀意。

身边的王位上坐着她的新"丈夫"，一位新国王：小恺撒。其中隐含的信息同样不言而喻。他的姓名托勒密十五世菲洛佩特，又译为"爱戴父亲之人"。而谁又是他的生父？或许正是传说中的恺撒本人。克娄巴特拉通过托勒密十五世菲洛佩特，用自己的方式向世人宣告，他才是恺撒的亲生骨肉，一位比在遗嘱中被收为养子的屋大维更加名正言顺的王位继承人。

然而在当时的历史环境下，这些围绕尤利乌斯·恺撒的公开宣言和有关王室出身的种种影射却来得如此不合时宜。此时，一名刺杀恺撒的凶手正率军向埃及扑来。一切似乎都已无可挽回。然而，仿佛往事重现一般，克娄巴特拉再次得到命运女神的眷顾，成功化险为夷。行军中的卡西乌斯接到布鲁图的快报，命令他班师回营，一个更大的威胁已经出现在地平线上。征服埃及并非当务之急，克娄巴特拉就这样逃过一劫。

悬在半空的手指

西塞罗伸出的手指仿佛一杆长矛，刺向与自己不共戴天的死敌。它高悬在半空，因紧张和愤怒微微颤抖。西塞罗刚刚结束了对安东尼的指责，挤满议员的大厅此刻鸦雀无声。接着，作为这番精彩演说的结尾，他像往常一样用左手托住下巴，目光径直射向各位元老，脸上露出了邪恶而鄙夷的笑容。整个元老院中爆发出一阵雷鸣般的掌声，其中还不时夹杂着抗议的叫嚷。这就是第一次《斥安东尼篇》演讲结束时的场景，此后西塞罗还将陆续在元老院发表共计14篇（据不同学者称，或许共有17或18篇）针对安东尼的著名系列演说。这些演说的名称包含了对《斥菲利普篇》的致敬，几个世纪前，演说家德摩斯蒂尼（Demosthenes）曾在当年那些著名的演说中对亚历山大大帝的父亲，马其顿国王菲利普二世进行斥责（广为人知的《斥菲利普篇》正是因此得名）。这些通篇充斥污言秽语的演说，有些从未在元老院中公开宣读，而是结集成册在罗马政界进行传阅。西塞罗对安东尼和他的盟友（尤其是他的众多兄弟）大放厥词，经常对无中生有的事和行为以及为人不齿的传闻，进行添枝加叶的夸张描述。或许正是拜西塞罗的蓄意诋毁所赐，在此后数百年的历史中，安东尼被塑造成一位以贪婪残暴、野心勃勃、耽于声色、贪图享乐著称的反面人物。在第二篇从未公开的《斥安东尼篇》中，他声称安东尼曾在一场婚礼中喝得烂醉如泥，以至在随后的国家会议中当众呕吐不止。他不断对安东尼侵吞庞培财产的行径发起攻击，声称他对声名狼藉的丽科尔斯，一名形迹可疑的"舞女"始乱终弃。西塞罗的百般诘问清楚地暴露出罗马每况愈下的局势。然而在这一切背后究竟发生了什么？

在《斥安东尼篇》问世超过一年之后，当时卡西乌斯对克娄巴特拉的进攻已经迫在眉睫。而这些演说从公元前44年9月2日，即恺撒死后近6个月开始，一直到公元前43年4月23日之间陆续发表。

在长达数月的时间里，罗马的政治军事版图经历了一场惊心动魄的剧烈变革，两位伟大的对手即将登上历史舞台：万众瞩目的安东尼自不待言，而屋大维的崛起尤为令人印象深刻。

正是在这几个月中，当远在埃及的克娄巴特拉全力巩固政权之际，安东尼和屋大维的罗马军团摩擦不断，伴随着臭名昭著的公敌名单出炉，数百条鲜活的生命惨遭屠戮。对于数月中众多历史事件错综复杂的细枝末节本文将不予赘述，但这段古罗马世界暗无天日的岁月，以及贯穿其中的历史脉络却值得我们一探究竟。

就在恺撒遗嘱被宣读后数天，屋大维登陆布林迪西。此前他一直跟随恺撒的罗马军团，驻扎在阿波罗尼亚，位于今天的阿尔巴尼亚境内，准备对帕提亚帝国发动远征。他奉命在此等候恺撒，并追随后者参加即将开始的远征（这也在某种意义上成为恺撒在遗嘱中确立屋大维为继承人的佐证）。

屋大维年纪尚小。作为一个未满20岁的少年，他却展现出令人难忘的谨小慎微和政治本能。恺撒身亡的噩耗无疑令身处军营的他陷入沉默，在获悉自己成为他的第一继承人之后，更是良久无语。出于安全考虑，屋大维的母亲阿提娅和继父菲利普斯恳求他放弃继承权，以免卷入恺撒之死引发的险恶政治冲突，然而他执意前往罗马，迎接自己的命运。在抵达罗马前，他分别拜会了恺撒生前的谋臣，其中就有位高权重的马库斯·诺纽斯·拜耳巴斯，以及其他德高望重的大人物，听取他们的合理建议。随后，他来到坎帕尼亚，大肆笼络恺撒旧部，寻求他们的支持。当他赶到罗马时，克娄巴特拉刚刚率领王室随从启程返回埃及。屋大维眼前这座城市的形势不容乐观。众所周知，作为毋庸置疑的主宰，不可一世的安东尼正忙于利用自己手中的恺撒备忘录，随心所欲在要害部门遍植党羽、安插亲信。

更有甚者，他还掌握着国库中用于远征帕提亚帝国的巨额军费（总数高达7亿斯特迪）。数周来，他分别向解甲归田的老兵做出妥协，授予所有西西里岛居民罗马公民身份，还根据恺撒生前的承诺制定了有利于犹太群体的规定，借此不断巩固和扩大自己的权力根基。

起初，安东尼对屋大维不以为意，然而很快，这个在安东尼眼中乳臭未干的孩子就令他刮目相看了。屋大维用令人目不暇接的耀眼政绩为自己赢得了人民的爱戴。比如，他独自筹措资金向罗马人民发放恺撒生前承诺的遗赠，还为庆祝法萨罗大捷出资筹办各种竞技赛事（包括角斗士比赛和战车比赛）。一场奇异的天象为沉浸在各种赛事中的罗马人带来了深深的震撼。此时距恺撒身亡已过去了4个月时间。一颗明星在天际出现，随后的7天中，它不分昼夜散发着夺目的光芒。通常，突然出现的彗星被视为一种噩兆，而屋大维却为它赋予了积极的神谕。他声称，这种星象预示着恺撒已升入天堂，加入了诸神的行列。他还为此命人将一颗名为"朱利安之星"的星星置于恺撒的雕像之上。据美国历史学家巴里·施特劳斯称，"这是一次构思巧妙的宣传"。以至众多预言家也对这种说法趋之若鹜，他们信誓旦旦地宣称，这颗彗星的出现，就像太阳一样，宣告了一个新时代的降临。

很快，安东尼和屋大维间积蓄已久的龃龉，就衍化为剑拔弩张的正面对抗，双方阵营也开始恶言相向。一贯以阴险狡诈著称的屋大维，暗中煽动所有来自马其顿的罗马军团背叛自己的统帅安东尼，并向变节士兵发放重金奖赏（向每人发放500德纳里，相当于两年的军饷）。令双方陷入胶着的拉锯战就此拉开序幕，在此后数月间惊心动魄的交锋中，安东尼对众多城市展开围攻，其中就包括德西穆斯负隅顽抗的摩德纳，甚至作为西塞罗口中的"人民公敌"，安东尼和屋大维以及其他两位执政官的军团间也冲突不断。这是一场名副其实的罗马内战。与尤利乌斯·恺撒生前的预测如出一辙。然而，局势风云突变：屋大维与安东尼达成协议，率领罗马军团上演了"进军罗马"的著名一幕（渡过卢比孔河后沿恺撒当年的行军路线前进），并在抵达罗马后威胁元老院，胁迫其授予他执政官头衔。几个世纪之后，在这一惊世骇俗的壮举感召下，拿破仑同样率领自己全副武装的部下，闯入法兰西议会成功夺权。此时，德西穆斯，这个曾在3月15日月中日前夜与恺撒共进晚餐，并前往恺撒宅邸劝说他出席元老院会议的叛徒，以一种惨烈的方式走向了生命的终点。在部下纷纷倒戈屋大维后，众叛亲离的德西穆斯带领少量高卢骑兵，试图翻越阿尔卑斯山脉，长途跋涉绕道投奔盘踞在马其顿的卡西乌斯和布鲁图。然而，刚一进入法兰西和瑞士之间的赛卡尼高卢领地，他就被识破身份并被杀死。他的头颅随后被砍下并送给安东尼。

　　此时，恺撒阵营的先头部队已经再次会师。在博洛尼亚郊外，位于雷诺河的一座小岛上，各方在众望所归之下正式达成协议。正是在这里，安东尼、屋大维和李必达的会面，宣告了后三巨头时代的到来（为了与恺撒、庞培和克拉苏组成的广为人知的前三巨头进行区别）。空气中弥漫着令人窒息的气氛。三人各自率领五个罗马军团前来会面，各方士兵剑拔弩张严阵以待。随后三人各带300名随从，先后上桥过河。首先登岛的李必达，在对岛上环境和神庙巡视之后，挥动战袍向众人发出一切安全的信号。见此情景，安东尼和屋大维这才留下随从独自登岛，三人之间进行了长达两天的密谈。

时至今日，当年的河流早已改道，河上的小岛也不知去向，然而，一块被世人遗忘已久的纪念碑依然静静躺在撒赛尔诺地区的荒野一角。这是众多为了纪念后三巨头会面地点而如雨后春笋般问世的纪念石碑中硕果仅存的一块。众所周知，安东尼、屋大维和李必达选择此处会面，是因为这里距离三人各自的势力范围路程相当。这座岛屿具备理想的安全条件，除四面环水的地理环境外，岛上的神庙在当时也被视为中立区域的象征。据考古学家尼古拉·卡索奈称，撒赛尔诺的地名几乎肯定来自头顶鹿角的凯尔特自然之神塞努诺斯（Cernunnos）。在古人眼中，这暗示着神灵栖身之处，同时也使这座"神圣"的小岛成为后三巨头会面场所的佐证。时至今日，在早已灰飞烟灭的远古异教圣所之上，一座教堂拔地而起，古老的本地信仰传统正在遭到基督教势力一如既往的蚕食。

安东尼、屋大维和李必达在这里达成一致，暂时搁置争议，共同建立一条反抗恺撒刺客联盟的统一阵线，作为如日中天的中东霸主，卡西乌斯和布鲁图成为首当其冲的目标。三人建立了一套三权分立的执政体系——所谓的罗马后三巨头同盟——借此对行省进行瓜分，并向士兵们许诺，将包括卡普亚、利基翁、贝内文托、维努西亚、努凯里亚、阿里米努姆，以及维伯在内的18座繁荣富足的意大利城市占为殖民地。这些城市俨然已经沦为任由他们瓜分的战利品。

此时，在遣散了各自的心腹后，三人共同炮制出一份写满仇敌姓名的死亡清单，这就是历史上臭名昭著的公敌名单。

国家公敌

试想某位无辜平民未经审判突然发现自己已经沦为死囚。仿佛你的头像被印上了一张"活要见人，死要见尸"的逮捕令，就像登上古代通缉令的要犯，随时可能遭到揭发或捕杀——杀人或揭发者甚至还能因此获得一笔酬金。作为内战的众多缩影之一，公敌名单的出现令人触目惊心。整个罗马社会仿佛沦为一台绞肉机器，无情地吞噬着名单中来自三教九流的受害者。阿庇安写道："有人因为手中的权力或私人恩怨而遭牵连。人们互相揭发自己的亲朋好友，欲除之而后快……在敌意和怨恨的驱使下，陌生的姓名不断涌入名单，那些敌人的朋友或是朋友的敌人同样无法幸免，就连拥有财富也会招致杀身之祸，由于后三巨头需要大量军费用于战争开销……那些被判处死刑并没收财产的元老数量高达300人，而同病相怜的骑士数量则接近2 000人。后三巨头的叔舅兄弟的姓名在流放名单中比比皆是，其中甚至还包括曾追随他们出生入死的军官部将。"

一场屠杀在所难免。在动身返回之前，三人派遣雇佣军率先潜入罗马城，杀了12名位高权重的政敌（西塞罗也在其中）。其中4人在毫无防备的场合被当场处决，有的血溅餐桌，有的横尸街头。

奉后三巨头之命赶到罗马的雇佣兵，在全城掀起了一股恐慌的浪潮。"人们四散奔逃，哀号声响彻全城，"阿庇安写道，"无处不在的抓捕和杀戮令所有人不寒而栗，由于对犯人的身份一无所知，一时间罗马市民人人自危，唯恐自己成为下一个受害者。"

几天后，后三巨头返回罗马，他们手下的士兵纷纷抢占战略要地，把守各处门户。公敌名单在城中四处公开张贴。名单上并没有列出全部公敌的姓名，而是隔三岔五进行补充，生死未卜的恐怖气氛在日复一日的煎熬中不断加剧。名单上还对民间捕杀和告密行为进行明码标价。阿庇安引述道："凡杀死国家公敌者务必上交人犯头颅，并凭此获得：自由民25 000德拉克马；奴隶重获自由，外加10 000希腊德拉克马，以及公民身份。告密者赏金数目同上。"恐怖的气氛在城市上空迅速蔓延，从左邻右舍到曾经发生口角的亲戚，全城百姓无不互相猜忌，风声鹤唳。

死亡宴席

第一个惨遭雇佣兵毒手的地方官是一位名叫赛尔维乌斯的护民官。以他当时的身份本可以高枕无忧，然而作为西塞罗的死党，他知道自己注定在劫难逃，因此大摆筵席，与家人和朋友诀别。就在席间宾主交谈进食之际，一群士兵破门而入，喝令众人不得轻举妄动。只见为首的百夫长一把抓住赛尔维乌斯的头发，将他拖下酒席，手起刀落，砍下了他的头颅，随后在魂飞魄散的满堂宾客面前捡起首级，扬长而去。

六亲不认

就连后三巨头自己的亲人也难逃沦为公敌的厄运。安东尼就将自己的一位舅舅，卢修斯·恺撒扔进了名单，而李必达的兄弟保卢斯同样榜上有名，但他得以成功脱身，随后逃往亚细亚，藏身于米莱托，"作为后三巨头之一李必达的兄弟，他凭借自己的声望在逃亡时获得了百夫长的暗中接应"，阿庇安写道。

父子反目

儿子为了吞占家产而出卖父亲的事件更是层出不穷。如此一来，家人间的信任何以为继？古代历史学家维莱乌斯·帕特尔库鲁斯感慨万千："妻子普遍忠贞，自由民的忠诚差强人意，可靠的奴隶寥寥无几，薄情之首当数儿子。"

无辜冤魂

公敌名单引发的暴力浪潮并未对幼小的生命网开一面，而出身公敌家族或成为身家不菲的遗孤往往就是他们背负的唯一罪名。阿庇安告诉我们，"其中一个孩子在和老师前往学校的途中不幸遇害，老师将他抱在怀里，用自己的血肉之躯抵挡凶手，最后两人双双遇难"。

忠贞的妻子

大多数情况下，名单上的人都会徒劳无功地东躲西藏。有人在幸运女神的眷顾之下，依靠妻子的帮助侥幸逃生。而这正是第16罗马军团前指挥官的亲身经历。这位曾追随恺撒征战高卢的指挥官名叫盖乌斯·安提斯提乌斯·雷吉努斯。据阿庇安记载，他的妻子"在夜色的掩护下，将他藏入下水道中，翌日前来搜查的士兵在散发着恶臭的阴沟面前望而却步。当晚，她将丈夫扮成一名烧炭工，手牵一头驮着木炭的毛驴，而她自己乘坐的轿子则在前方不远处带路。一名守卫城门的士兵感到事有蹊跷，决定对轿子进行搜查。忐忑不安的雷吉努斯快步上前，装作一名普通的路人，请求士兵不要为难这位夫人。士兵刚要对这位不自量力的烧炭工大发雷霆，突然他认出了眼前的不速之客（正是自己在叙利亚服役期间的长官），随即说道：'一路平安，将军，您永远都是我的将军。'"

不忠的女人

阿庇安还为我们讲述了一则凄惨的故事："有的毒妇对丈夫的背叛简直丧尽天良。其中就包括塞普蒂米乌斯的妻子，她与安东尼的一位好友勾搭成奸。担心丑事败露的她急于改嫁，通过自己的姘头请求安东尼除掉自己的丈夫。塞普蒂米乌斯的姓名随即被加入了公敌名单。在发现危险逼近时，他逃入妻子的房间躲避，浑然不觉眼前的女人就是那个出卖自己的荡妇。在佯装关切之后，这个女人将两人锁在屋内，直到闻讯赶来的杀手一拥而入。丈夫丧命的当天她就迫不及待地钻入了洞房。"

西塞罗的末日

公敌名单中最为瞩目的受害者无疑非安东尼的死敌——西塞罗莫属。他们之间的恩怨可以追溯到恺撒遇刺之前。早在担任执政官时期，西塞罗就曾下令处死了安东尼母亲的第二任丈夫，而幼年丧父的安东尼和他的继父情同父子。

然而真正将西塞罗送上绝路的，正是他一手炮制的《斥安东尼篇》。安东尼执意将西塞罗列入公敌名单，尽管并不认同这一决定，屋大维也只能无奈接受。西塞罗曾经试图远走他乡，但在福尔米亚通向大海的幽暗街道上，他乘坐的轿子遭到士兵拦截。看着眼前的士兵，这位大名鼎鼎的演说家意识到自己大限将至，随即示意奴隶放下轿子。"他抬起左手摸了摸下巴,"普鲁塔克写道,"一如往日,目光逼视着面前的雇佣兵……而他探出轿外的头颅随即被人砍下。"执行斩首的是一位护民官,马库斯·波皮利乌斯·拉埃纳斯,正是西塞罗曾经为被控犯下杀父罪行的他进行辩护。他在砍头时遇到了麻烦。阿庇安写道:"……他的接连三次尝试均未成功,最后这位笨手笨脚的护民官几乎活生生地锯下了西塞罗的头颅。"这场惨剧至此尚未落幕:据老塞内卡称,由于曾经执笔讨伐安东尼的檄文,西塞罗的双手被全部砍下,随后这些鲜血淋淋的战利品被送往古罗马讲坛进行展示,就在数月之前,他还曾站在这里对安东尼破口大骂。最后,西塞罗之死在一幕令人毛骨悚然的场景中尘埃落定。据称,他的头颅在被示众前,安东尼的妻子富尔维娅曾执意手抓头颅,咬牙切齿地向它啐出一口唾沫。她还将头颅摆在自己的大腿上,揪出死者的舌头,拔下发簪将它刺穿,并对这颗头颅尽情凌辱。还有传闻称,安东尼曾在宴会进餐时,将西塞罗的头颅摆在自己面前。而这多半只是后人为了诋毁安东尼而故意散布的谣言。

　　这场惨剧持续数月时间,公敌名单的余波直到公元前39年才最终烟消云散。开始的数周惨不忍睹。随着时间的推移,名单上的逃亡人数不断增加,一场大搜捕在意大利境内全面展开。名单中的人有的不顾一切设法投奔庞培的儿子赛克斯图斯,他所在的西西里岛成为所有逃亡者的避风港;有的则逃往东方,加入了中东霸主布鲁图和卡西乌斯的阵营。而后三巨头此时已经将目光投向东方,一场生死存亡的决战正在紧锣密鼓酝酿之中。

　　此时,天神恺撒(尤利乌斯)化身为一尊被顶礼膜拜的新神,横空出世。元老院通过决议，允许恺撒成为罗马诸神的一员，并为这位新神在古罗马广场修建了一座神庙。此举最大的受益者非屋大维莫属。正如施特劳斯所述，"屋大维因此成为神的子嗣，一位人神之子。被尊为最高主宰的屋大维也正式成为'恺撒大帝之神的子嗣'"。

克娄巴特拉勇闯地中海

天空一片漆黑，地平线的轮廓在闪电耀眼的光芒下时隐时现。舵手紧盯翻滚的波涛，努力捕捉海天之间稍纵即逝的异样，希望从中发现天气变化的迹象。白色的浪峰此起彼伏，风势渐强，黑云欲摧，飞鸟的身影已经消失不见。所有的迹象都指向了最坏的结果。无数双眼睛正在焦急地搜寻地平线。克娄巴特拉正置身其中。

地中海是一片危机四伏的海域，有时甚至比浩瀚的大洋更令人闻之色变，因为只需短短几个小时，它就能化身为一头嗜血的怪兽。而那将是令每位船员魂飞魄散的噩梦。

克娄巴特拉端坐在大船中部的华盖之下，纹丝不动。她双手紧抓王冠，四周华美的丝质帷幔薄如蝉翼，此刻正在海风中歇斯底里地颤抖。风势骤然变强。头顶的天空愈发灰暗。飞溅的浪花打湿了众人的脸颊，海面缓缓地上下起伏。仿佛一位巨人的胸膛正在发出风箱般深沉的喘息，就像一位即将醒来的巨人。大海已经失去了所有的颜色。平日泛出乌黑、亮蓝和碧绿的海水，此刻被笼罩在一片铅灰色的海面之下。在漆黑的苍穹下，克娄巴特拉的舰队航行在幽暗的大海上，他们无所畏惧的身影中仿佛散发着一股睥睨天下的光芒。在一片令人心如死灰的晦暗之中，就连这些五彩斑斓的船只也失去了往日的明艳色泽。作为整个地中海上最令人胆寒的一支海军，这些往日雄伟壮观的帆船此刻却显得如此脆弱和无助。面对咆哮的大海，那片片白帆就像巨人指间的羽毛一样微不足道。在这场与死神的对决中，克娄巴特拉庞大的旗舰在汹涌澎湃的大海中被高高抛起，就像一下失去了所有重量。在巨浪之巅，船首从波涛中一跃而出，仿佛就要腾空而起，转眼却又从小山般的浪尖一头向下扎去。瞬间就消失在护航船只和整支舰队的视线中。此时克娄巴特拉和所有船员纷纷瞪大双眼，随着一声爆裂的巨响划破天空，旗舰载着众人忐忑不安的期待砸向波谷。颤抖的船身不停摇晃着。整个船首钻入海中，在仿佛漫无止境的几秒钟后再次浮出水面，就像溺水的海员正在大口吸入空气。甲板上一片狼藉，东倒西歪的水手随处可见。海面漂浮着从船上飞落的各种物品。然而，此时众人已经无暇他顾。每个人都紧抓桅杆和拉索，在死神的脚步声中瑟瑟发抖。

克娄巴特拉为何出现在这片风高浪急的浩瀚大海中？

公敌名单引发的骇人屠杀事件传入克娄巴特拉耳中的确切时间无从考证。或许直到公元前42年年初，她才收到了完整的报告，也许是在春季。她或许会为西塞罗之死感到震惊，为恺撒封神的决定欣喜万分，而屋大维以神之子自居的消息无疑点燃了她的怒火，这也意味着他从此将成为小恺撒的直接威胁。面对与布鲁图和卡西乌斯一触即发的战争，迫切需要东线盟友的后三巨头此时向她抛出了橄榄枝。女王规模庞大的舰队对登陆希腊来说至关重要——形势日趋明朗——而那里将见证双方最后的决战。后三巨头为换取支持而为克娄巴特拉开出的价码不为人知，然而参照多拉贝拉一年前的做法，他们极有可能做出了承认埃及自治和小恺撒国王身份的许诺。面对卡西乌斯对埃及迫在眉睫的进攻威胁，克娄巴特拉除欣然接受外别无选择。因此，她武装了一支强大的舰队准备加入安东尼和屋大维的阵营，并将亲自上阵，统率这支恐怖的攻击力量。在托勒密王朝的历史上，从未有一位女王拥有过自己的舰队，一位活力四射、开拓进取、独一无二的女性形象至此跃然纸上。克娄巴特拉是希腊女王中的真正异类，只有另一位生活在400年前的伟大女王——哈利卡纳苏斯的阿尔特米西亚可以与之媲美。正如杜安·W.罗勒所说，这次远航不但加强了她同伊希斯女神间的联系，同时也在她与大海间建立了一条意味深长的纽带。这将是一番何等壮观的景象——一支庞大的舰队扬帆起航，仿佛一颗彗星拖着嵌满风帆的尾巴，浩浩荡荡划过蔚蓝的大海，将亚历山大灯塔甩在身后。

然而这次远征却最终沦为一场灾难。公元前42年的夏天，阿庇安提供了一个真实可信的细节，据斯泰乌斯·墨库斯，一位奉命前往拦截克娄巴特拉的敌军指挥官亲眼所见："支离破碎的船只残骸被海浪冲往遥远的拉科尼亚海岸，据说拖着病体的女王，历尽艰险才最终返回祖国。"

关于这一点，一个惊人的事实值得注意，在地中海底或许隐藏着这颗星球上规模最大、藏品最为丰富的"考古博物馆"。如果按照平均每天三艘沉船的速度（鉴于这片海域从直布罗陀直到黎巴嫩海岸的宽广跨度，这称得上一个合理的假设），在2 000年的时光长河中，海底沉船总数达到令人惊讶的200万艘。而每艘沉船通常都满载价值不菲的货物。

关于女王在海上航行中的种种遭遇，世人不得而知。或许只是地中海恶劣海况下的晕船反应令她身心俱疲。晕船是人类最严重的身体不适之一。无论如何，身为一名舰队指挥，这都是一次炼狱般的严酷考验。这次插曲之后，史料中再未出现关于克娄巴特拉的任何征战记载。直到遇见安东尼并坠入爱河后，她才作为一名统帅再次出现在战场之上。

这一事件从一个侧面展现了克娄巴特拉的手腕和远见。她成为伊希斯女神的化身绝非偶然，恰恰相反，这已经成为她维系王位合法性不可或缺的宣传手段。

作为伊希斯的化身，克娄巴特拉自然也就成了整个王国和全体子民的"母亲"。她就像所有母亲一样，为他们抵御外界的不公和危险、提供食物，并守护他们的未来。作为托勒密王朝的女王，她从古埃及的文化和宗教中获得了前所未有的启示。就像一位老谋深算的政客，克娄巴特拉运用自己的语言能力，对教会强大势力进行妥协和支持，以及与伊希斯等远古神灵的遥相呼应，使自己通过对人民和文化的亲近而深入民心，将自己塑造成一位国运民生的守护者。

然而她的构想不止于此，甚至第一个孩子小恺撒的降生都被用来进行宣传。克娄巴特拉和伊希斯间不乏共同之处，她们都是独自抚养后代（因为两人孩子的生父都不幸身亡），同时两人的后代并非肉体凡胎，而是神灵之后。这在小恺撒的出身中尤为明显。克娄巴特拉宣称他是恺撒的亲生骨肉，而后者被屋大维神化，加之克娄巴特拉本人也是一位女神的化身，因而小恺撒顺理成章获得了王位继承权，并成功与欧西里斯的儿子——那位长着鹰头的埃及神灵荷鲁斯建立了联系。

如此一来，克娄巴特拉的谋略超越了埃及的国界。事实上，对伊希斯的狂热崇拜可以追溯到远古时代的王国，而希腊人令她重获新生，尤其在希腊化时期，她被与德墨忒尔、爱葰以及阿佛洛狄忒等希腊诸神相提并论。在这场信仰大融合中，对伊希斯的崇拜几乎横扫整个地中海地区，尤其在女性世界中，这位女神还被特别赋予了促进生育和保护海员的美德。在罗马，这种崇拜风靡一时，为克娄巴特拉的宣传铺平了道路，通过自我标榜伊希斯，克娄巴特拉传递出一种令罗马人民瞬间心领神会的信息。

大战将至

正如历史学家安东尼·斯宾诺莎所强调的那样，随着时间的推移，人们逐渐醒悟，恺撒之死实际上是双方不可调和的矛盾的产物，这桩血腥暴行除引发罗马内战外，并未带来任何伟大的政治变革。就连西塞罗也在给朋友阿提库斯的信中写道，恺撒的阴魂不仅从未消散，反而在变本加厉死灰复燃，一味陶醉在月中日的回忆中无异于自欺欺人。密谋者们展现了无畏的勇气，但缺乏足够的远见卓识，大树虽被砍断，但并未连根拔起，新生的根茎继续茁壮成长。而此时，作为恺撒的庞大遗产，马克·安东尼和屋大维率领的19个罗马军团，就像一株参天大树正向布鲁图和卡西乌斯扑来，准备在决战中将他们一举消灭。

卡西乌斯和布鲁图着手巩固他们在小亚细亚和中东地区的统治，消灭残存的抵抗势力，诸如盘踞在罗德岛上的多拉贝拉的支持者。位于今天土耳其南部地区的利西亚小城克桑托斯同样不幸陷落。这些湮没在历史旋涡中的前尘往事，从未在人们心中激起过一丝涟漪，然而让我们驻足沉思。这些数以万计的无辜平民将以一种惨烈而痛苦的方式走向死亡。以克桑托斯为例，这座城市在经过漫长的围困后被敌军攻破，大批居民宁愿选择集体自戮，也不愿落入布鲁图的军队手中。普鲁塔克写道："他们想尽办法只求一死，其中包括男人、女人甚至幼儿，哭天喊地的哀号声响彻全城，有人纵身跳入火海，有人飞身栽下城墙，还有人将脖子伸向父亲手中的短剑，发出绝望的哀求。整个城市沦为一座人间地狱，有人看到一位妇女，脖子上挂着婴儿的尸体，套上绞索气绝身亡……"

人们以这种方式结束生命是为了避免更为恐怖的命运。罗马军团（以及他们的异族盟军）没有职业士兵令人肃然起敬的高尚风骨。这支在战场上令行禁止的军队中充斥着一帮目无法纪的亡命之徒。驱使他们参军入伍、在战场上出生入死的动力就是掠夺钱财、建功立业，而对于其中（作为辅助部队的）异族士兵，获得市民身份则是他们的主要动力。在强大的团队精神感召下，他们既崇尚纯粹的英雄主义行为，同时也具有流寇冷酷无情的暴力本能。攻城士兵为了抢夺财宝、食物和女人，肆无忌惮地大开杀戒，甚至手无寸铁的孩子也无法幸免，这种有恃无恐的集体兽行令人心有余悸。与历史上的所有军队如出一辙，罗马军团也会通过他们的野蛮行径达到震慑平民的目的。他们的与众不同之处来自其操练方式。罗马军团拥有堪比现代陆军的建制结构和职业素养，但在他们古老的基因中却流淌着凶残的兽性。此时，两支同样面目狰狞的军队即将一决胜负。

作为决战的一方，布鲁图和卡西乌斯的部队由19个罗马军团组成，其中只有2个军团拥有完整的建制，共有10万名士兵，包括8万名步兵和2万名骑兵。作为一支国际纵队，这支部队由来自高卢、卢西塔尼亚、伊比利亚、色雷斯、伊利里亚、帕提亚等罗马各行省的士兵，以及塞萨利骑兵和阿拉伯骑射手组成。

众所周知，决战双方将19个军团投入战场，参战总兵力共计10万人：其中包括8万名步兵和2万名骑兵。部分历史学家认为，史料中对双方士兵的数量有夸大之嫌，实际人数只有记载中的一半，然而即便在去除水分之后，双方参战士兵规模依然令人望而生畏。

布鲁图和卡西乌斯将战场选在了位于希腊的腓力比平原。一条名为艾格纳蒂亚大道的交通要道横贯整个平原。布鲁图和卡西乌斯分别将军队部署在道路两侧。两军间隔约1英里。一道长长的防御栅栏穿过艾格纳蒂亚大道，将双方的军营连接起来。位于军营两侧的山峦和沼泽提供了得天独厚的战略屏障。此外，艾格纳蒂亚大道在他们身后一直延伸，通向塞萨洛尼基港口，这也为粮食、武器和人员的补给提供了稳定保障。面对一场旷日持久的战役，这里无疑是他们最理想的营地。

而他们的敌人则面临截然不同的处境。安东尼和屋大维率领一支大军来势汹汹地渡过亚得里亚海（李必达带领9个罗马军团留守意大利，随时准备应对亚平宁半岛上可能发生的共和派政变）。然而就在他们登陆都拉奇翁并开始向前推进时，却发现敌人的海军已经夺取了亚得里亚海上的控制权。这意味着什么？与敌人不同，他们将无法从意大利获得兵员补充和任何支援，在后方给养无法到达前线的情况下，陷入孤军奋战的境地。祸不单行的是，屋大维恰恰在此时（病因从未公布）病倒了，他的健康状况在随后的整个战役中一直反反复复。战斗尚未打响，他就不得不在帐篷中度过了10天卧病在床的日子。

安东尼第一个踏上腓力比平原。孤身面对敌军，他立刻意识到自己的不利局面。除了后方的补给无法运抵前线，占据有利地形的敌军还切断了他的去路。他该如何应对？安东尼决定发起一场心理攻势。他在距离敌军仅1英里的地方安营扎寨，大量构筑栅栏和防御工事。他的胆魄令布鲁图和卡西乌斯的士兵始料不及，为他赢得了毋庸置疑的心理优势。然而，安东尼没有更多选择。他的营地（远离沼泽）是整个平原上唯一可以挖井取水的地方。

10天之后，声名远扬的病人屋大维乘轿到达战场。两位统帅明白，形势很快就将急转直下。多雨而寒冷的秋季即将来临，意大利的粮食和援兵却遥遥无期。必须尽快迫使敌人迎战。而在对方阵营中，出于同样的原因，卡西乌斯选择按兵不动。作为一名身经百战的统帅，他清楚地知道时间就是自己的盟友。很快，粮草告罄的敌人就将陷入军心涣散的困境。

然而，缺乏实战经验的布鲁图却想要速战速决，为恺撒暴政统治的余孽送去自由的曙光，同时阻挠后三巨头修建大坝，挫败共和派企图补给物资和从海上撤退的计划。在位于某座军营中心的古罗马指挥帐篷中，两人的交谈场景仿佛历历在目，只见布鲁图在卡西乌斯面前踱来踱去，对当前的政局和祖国的自由慷慨陈词，不时引经据典……而卡西乌斯坐在那里，目不转睛地注视着眼前的男人，不停转动金色指环，思绪早已飘向别处。

第一次腓力比之战

一英里外，敌方军营的指挥帐中，似曾相识的一幕正在上演，只见安东尼正与围拢在桌旁（依然高烧未退）的屋大维和罗马军团主要将领进行交谈。

此时，根据从战俘口中获取的情报和对敌军防线秘密侦察的结果，他们或许已经绘制出各种战场地图。如果不出所料，那么可想而知，安东尼应该正用双手支撑身体，俯身在桌面上寻找敌人的软肋。被油灯光芒映红的双眼，此刻正不断扫视着面前的地图。

正面进攻无从谈起。敌我兵力规模相当，而且深沟高垒的防御工事令对手可以高枕无忧。迂回包抄更是异想天开，因为敌营一侧被高山环绕，另一侧则遍布沼泽。难道只能坐以待毙？就在这时，安东尼微笑着抬头望向站在桌边的众人。或许他已经找到了答案。

布鲁图和卡西乌斯选择避而不战，因为他们可以源源不断获得各种补给。如果安东尼能够切断对手的海上补给线，那么陷入同样困境的敌军又将如何应对？失去了补给，他们将不得不出营应战。

这是一个大胆的设想，但如何才能将它变成现实？常年率领军团作战的经验，令安东尼对这支军队的军事实力了如指掌。这些罗马军团士兵不仅可以上阵杀敌，必要时还能扮演工程师、水管工、木匠和铁匠的角色。每个军团都像一台人才济济的完美战争机器，不仅能在战场上克敌制胜，还可以修筑路桥沟渠、建造城池。

这是一个简单的计划——用泥土和石块堆出一条穿过沼泽的"道路"，在水深处搭设木桥通过。一切行动都将秘密进行。安东尼下令，每日清晨全军出动，在敌营前列阵，放眼望去只见旌旗招展、人喊马嘶，仿佛所有主力已经倾巢而出。事实上，在芦苇荡中隐藏待命的大批士兵，即将展开一项悄无声息的工作。在最后看了指挥官一眼后，安东尼下令立即开工，角落中的屋大维，此时也一言不发地微微颔首。

经过十天没日没夜的抢修，罗马士兵在沼泽中筑起了一道长堤。一切就绪后，一支分遣队奉安东尼之命，在夜色掩护下沿这条"道路"穿过沼泽，占领了位于卡西乌斯军营和大海之间的高地，切断了他们的补给线。

翌日清晨，眼前的景象令卡西乌斯始料不及，但他并未向高地上的大股敌军发动攻击，而是下令在沼泽中修建一条同样的"道路"，并用栅栏进行加固，安东尼的先遣队因此面临腹背受敌、孤立无援的危险。这是卡西乌斯的神来之笔。

卡西乌斯无疑是一只久经沙场的老狐狸，而安东尼同样老谋深算，在识破敌人的战略意图后，他下达了进攻的命令。安东尼的部队随即向敌人发起攻击。两军激烈地厮杀，如野火般缓缓向卡西乌斯的军营蔓延，很快就将它占领并洗劫一空。与此同时，侧翼也爆发了激烈的战斗。布鲁图率军出营，向屋大维发起进攻。卡西乌斯·迪奥写道，交战双方的罗马士兵"喊杀声此起彼伏，他们手中的长矛撞击着盾牌，将一柄柄标枪投向敌人，与此同时，投石机和弓弩手不断射出石块和弓箭。最后，短兵相接的时刻到了……全副武装的步兵紧随骑兵部队蜂拥而上"。屋大维的部队无力支撑，四散溃逃。布鲁图率军紧追不舍，一举攻占屋大维的军营（尽管屋大维当时不在营中，他已经提前下令转移）。"因而他被认为已经阵亡，"普鲁塔克写道，"他的轿子空空如也，上面插满了敌人的流矢和标枪。"营中人员被全部处死，俘虏尽数遭到屠杀，其中还包括200名赶来增援的斯巴达士兵。

在一天即将结束之际，战况如下：安东尼占领了卡西乌斯的军营，同时，屋大维的军营也被布鲁图攻克。此时却发生了一个匪夷所思的插曲。卡西乌斯因为一个可怕的误会自杀身亡，这场悲剧或许应该归咎于他糟糕的视力！

让我们重现当时的一幕。在自己的军营被安东尼势不可当的大军攻陷之后，卡西乌斯率领残部退往一处高地。"他的视线一片模糊，只能隐约看到一片混战的景象（他的视力很差），"普鲁塔克写道，"身旁的骑士发现大队身份不明的骑兵迎面而来：这是布鲁图派来的部下，然而在卡西乌斯模糊的视线中，他们更像是对自己紧追不舍的敌军。"

这位统帅派出一名高级军官前去打探虚实。只见这伙骑兵热情地将军官围在中间，为发现一名幸存者而欣喜万分，他们纷纷下马上前与军官握手拥抱，然而，远处的卡西乌斯却误以为军官陷入敌人包围，即将惨遭毒手。见此情景，他带领一个名叫平达鲁斯的自由民钻入帐篷。"只见他将披风高高掀过头顶，"普鲁塔克最后写道，"露出了自己的脖子，并将它伸向自由民，命令他切开自己的咽喉。事实上，他的尸体被发现时已经身首异处。"普鲁塔克随后补充道，卡西乌斯命丧黄泉的当天正好是他的生日。

卡西乌斯之死给布鲁图阵营带来了沉重的打击，布鲁图并没有为他举行盛大葬礼，避免部队的士气因此陷入低落。但普鲁塔克继续写道，布鲁图因此陷入绝望，将他的朋友称为"最后的罗马人"。可想而知，这场意外不仅带走了一位能征善战的统帅，而且宣告了恺撒之死的关键人物，甚至身为幕后主谋之一的卡西乌斯就此退出历史舞台。这是在3月15日月中日当天就已经命中注定的结局，所有主要密谋者都无一幸免地付出了生命代价。现在布鲁图成了最后一条漏网之鱼。

卡西乌斯匪夷所思的身亡对整场战役的结局至关重要。共和派阵营就这样猝不及防地失去了一位能征善战的优秀统帅。

第二次腓力比之战

鏖战之后，两支盔歪甲斜、精疲力竭的军队撤离战场进行修整。随后的数天里，腓力比平原迎来了短暂的平静。双方士兵死伤惨重：布鲁图和卡西乌斯方面共有 8 000 人阵亡，而安东尼和屋大维所率部队的伤亡人数则高达13 000人。

此刻，布鲁图一定在思考未来。孤军奋战的他无法与卡西乌斯相提并论，后者拥有令他难以企及的作战经验。身为一名热衷哲学的政客，他对笼络军心的套路谙熟于心。他知道作为一名久疏战阵的统帅，自己无法获得士兵的拥戴。因此，为了赢得部下的支持，避免哗变，布鲁图许诺全军破城后可以在塞萨洛尼基和斯巴达肆意劫掠。就这样，这些城市和成千上万居民的命运被拱手交给了一群穷凶极恶的兵匪，而他们获得了烧杀淫掠的特权。

布鲁图对从屋大维军营中抓获的战俘同样视若草芥。历史学家弗朗索瓦·查莫特别指出，尽管布鲁图为了收买人心，将俘虏中的罗马公民全数释放，但他却惨无人道地下令处死战俘中的所有奴隶，因为养活和看管数量如此庞大的俘虏使他感到力不从心。

距他一英里之外，后三巨头军营中的形势同样不容乐观。一支载有两个恺撒精锐军团的庞大海军分遣队，在穿越亚得里亚海赶来增援的途中遭遇敌方舰队拦截，全军覆没。

不断恶化的天气更是雪上加霜。腓力比平原上阴雨连绵，寒气袭人，部分营地中甚至洪水泛滥（这或许是布鲁图的杰作，他的部队对一条溪流进行了改道）。面对接踵而至的给养短缺，他们甚至不得不派出整支罗马军团前往位于战场后方的希腊搜集粮草。

然而，卡西乌斯之死令全军士气高昂。布鲁图在战场上的无能已经成为一个公开的秘密。历史学家罗纳德·塞姆（Ronald Syme）的观点一针见血："布鲁图可以打赢一场战斗，却无法赢得整个战役。"

一筹莫展的布鲁图决定采用卡西乌斯的战略，通过避而不战对敌人进行消耗。

但此时布鲁图的手下却纷纷踊跃请战。每天，安东尼都派出部队在布鲁图营前列阵，高声辱骂敌方士兵，并煽动他们临阵脱逃。身经百战的安东尼是一位心理战行家。最终，布鲁图的东方盟军临阵倒戈，纷纷撤离战场返回祖国，这也成为压垮他的最后一根稻草。

最终，布鲁图在无奈中妥协，同意出战。那是公元前42年10月23日，距离第一场战斗刚刚过去20天。面对严阵以待的安东尼大军，布鲁图和卡西乌斯的部队在军号声中齐头并进，准备列队迎敌。两支强盛的古罗马大军进入对峙：只见连绵不断的盾牌仿佛两条一望无际的长龙在大地上向远方延伸，一列列盾牌上方，一片由短矛组成的森林拔地而起，这是罗马军团特有的标枪，木质枪杆末端的金属部分又长又窄，顶部带有一个实心枪尖。从空中俯瞰，罗马军团的阵形就像棋盘一样一目了然，成群结队的骑兵游弋在一个个百人方阵四周，各种旗帜迎风飞舞。

眼前罗马军团的阵仗颠覆了人们的想象。这些士兵来自罗马共和时期，而不是其后的罗马帝国（后者在不同电影中获得了更多刻画）。这一时期的铠甲上还没有出现金属条状的典型外观，而是一种锁甲外衣。士兵手中的盾牌呈椭圆形，而不是形如瓦片的方盾。即便如此，五颜六色的盾牌上还是涂着各自部队的徽章图案，盾牌上醒目的裂纹中，仿佛流淌着上一场战斗的鲜活记忆。此外，他们的头盔是各种书籍和纪录片中常见的典型外观，后颈带有一块巨大的"扇形"护甲，前额厚厚的面甲可以抵挡来自正面的攻击。这就是典型的"蒙特福迪诺"（Montefortino）式头盔，在球形头盔高高耸起的尖顶上，一簇醒目的鬃毛仿佛汩汩流淌的喷泉，在激战或行军时随风起伏。头盔两侧通常插有造型优美的猛禽羽毛，像触须一样指向半空（佩戴鸟类羽毛的习俗源自意大利战士的一个古老传统，时至今日，这种传统在贝尔萨格里和阿尔卑斯山地区的帽子上依然可以看到）。

与之后的罗马帝国军队相比，这一时期的部队装备简陋而原始。然而，正是这支罗马军团，在恺撒的率领下征服高卢，登陆不列颠群岛，跨过莱茵河，为德意志民族留下了刻骨铭心的失败记忆。庞培、卡西乌斯和安东尼手下的士兵正是身披这种铠甲，在西班牙、小亚细亚、埃及和北非的大地上留下了征战的足迹。正是这支罗马军团，在对胜利的渴望驱使下，塑造了古罗马的边界，并勾勒出延续百年的罗马帝国轮廓。

时间在长达数小时的对峙中悄然流逝，双方按兵不动。此时，一场心理战正在酝酿。通常由一名士兵对敌军统帅进行叫骂或者高呼战斗口号，成千上万名战友随之发出震耳欲聋的吼叫。敌军阵营则用长矛和短剑有节奏地撞击盾牌予以回应。前来助阵的蛮族方阵高唱本族战歌，并用双唇紧贴盾牌凹陷处，发出一种低沉的号叫，罗马人将这种声势浩大的噪声称为"盾牌之歌"，其与单词"男中音"（baritone）共用同一词根，其声调之低沉由此可见一斑。这种使用盾牌制造的低频噪声，不断刺激着敌军士兵的交感神经，令他们烦躁不安。

这种人山人海的战争场面在现代社会中已经难得一见。如今，只有置身体育馆中，在球员得分后高声合唱或齐声欢呼的人群中，才能感受到那种似曾相识的战场氛围。

眼前的场景蔚为壮观——成千上万名罗马士兵正摩拳擦掌跃跃欲试，一顶顶头盔在烈日下闪闪发光，一面面旌旗迎风招展，手按剑柄的士兵已经蓄势待发，浸满汗水的双手随时准备投出紧握的短矛。他们明白战斗一触即发，他们清楚这是最后的决战，他们知道自己即将成为历史的注脚……他们仿佛看到了死神在远方招手的身影……最令人震惊的是，这是一场发生在本应"情同手足"的两支罗马部队间的自相残杀。而这个双引号中的词语也从未像此刻一样触目惊心。双方阵营中的士兵大多互相熟识，有的甚至能在对方阵中发现自己的亲朋好友。一幕人间惨剧即将上演。

安东尼身穿统帅盔甲，强壮的胸膛轮廓分明。面甲背后的头盔中，一束冷峻的目光不停扫视着敌军，仿佛一头在笼中左冲右突的猛虎，正在寻找敌军阵形的破绽和主力部队的软肋，伺机予以迎头痛击。各种战略部署纷纷从记忆深处涌入脑海，此刻他就像一位国际象棋选手，心中正在进行落子之前的反复推演。

只见安东尼在阵中四处巡视，随时关注战场动向，鼓舞部队士气。他胯下的战马在静静的等待中不时焦躁地甩动头颅。而此刻远在后方的屋大维正在仰望天空。自大军开拔以来他一直神色茫然，较之兵戎相见的厮杀，他对扮演运筹帷幄的幕后角色更为得心应手。此时，屋大维的瞳孔中诡异地浮现出布鲁图的身影，只见他身穿紫袍出现在遥远的敌阵后方。这天早晨，在离开军营之前，这名刺杀恺撒的凶手向部队发表了一番爱国演说，他故作高深的哲学措辞或许令许多罗马军团士兵不知所云。他无从知晓，自己身为统帅的这次训示，作为每位指挥官鼓舞士气的例行演讲，将成为罗马共和时代落幕前的最后一次战前动员。几个小时之后，即将掀开崭新一页的古代史，为眼前的时代画上句号。几个小时之后，随着西沉的夕阳，罗马共和国也将带着它起死回生的所有幻想，寿终正寝。

较之安东尼和屋大维，布鲁图的软肋在于他无法完全相信部下的忠诚。普鲁塔克称，一些内线情报暗示了部队中有临阵脱逃的迹象。在缺乏军事魄力和战斗经验的布鲁图率领下，整个罗马军团军心涣散，士兵们担心自己会为统帅在战场上的天真行为付出生命代价。事实上，数小时后，叛逃就在众目睽睽下发生了。一名优秀的高卢骑兵策马奔向敌阵，公然倒戈，他的名字叫卡姆拉图斯。

在双方成千上万名士兵的注视下，布鲁图目睹了这不堪的一幕。他的双颊因暴怒而泛起红晕，为防止有人效仿，他抢在局势失控之前下达了进攻命令。仿佛一串余音不绝的回声，他的命令在此起彼伏的口令声中回荡在一排排士兵上空。军号发出了进攻的信号。只见一面面饰有军团和百人队徽章的旌旗纷纷指向敌军。随着成千上万张盾牌被高高举起，一片由长矛组成的森林开始如潮水般在空气中上下起伏。一时间，呐喊声、尖叫声和军歌声震耳欲聋。伴随着历史发出的咆哮，这一天注定将穿越千年的时光被世人铭记。

人间地狱

午后3时，夕阳西沉。原野上的光线似乎突然变得有些昏暗，仿佛鸟群从空中掠过。然而，天光暗沉的真正原因是双方遮天蔽日的箭矢、飞镖和投枪。空气中霎时充斥着成千上万支流矢发出的嗖嗖声，淹没了其他所有声响。仿佛成群结队的大黄蜂正带着毒刺，发出铺天盖地的轰鸣声。在那一瞬间，人们仿佛听到了死神降临的脚步声。说时迟，那时快，只见成千上万张盾牌被士兵高高举起，在头顶组成一张穹隆。整个罗马军团仿佛突然披上了一层铁甲鳞片。但大量箭矢依然找到了盾牌间的缝隙，士兵们纷纷中箭倒地。蝎子炮发射的巨大"弩箭"的破坏性更加触目惊心，这种安装在支架上的巨型十字弩炮堪比现代战争中的小口径加农炮。它们令人魂飞魄散的攻击，仿佛一道道闪电从天而降，劈向地面密密麻麻的士兵。其堪比外科手术的打击精度至今仍令众多专家叹为观止。

各种战争机器在震耳欲聋的轰鸣声中倾泻着死亡之雨。野驴投石机（字面意思为"一种野驴"）类似于一种弹射装置，在进攻时被布置在士兵后方，它可以向敌军抛射尺寸不一的石球，大小像椰子到西瓜一样各不相同。每颗命中目标的石球都伴随着一阵头骨碎裂的声音，石球落地弹起后继续横冲直撞，所到之处残肢断臂四下纷飞。盾牌空洞的崩裂声、头盔开裂的金属声、头骨沉闷的爆裂声、肉体鲜活的撕裂声、骨骼清脆的粉碎声……无不令人毛骨悚然，当各种声音同时涌入耳膜时，闻者仿佛置身人间地狱。无数士兵就这样被突如其来的死神夺去生命。

战场上的景象令人作呕。身边正在交谈的同伴，转眼间就成了一堆血肉模糊的盔甲。那些从未目睹这种惨状的士兵，开始在恐惧中发出阵阵干呕。但是他们已经无路可退。下一轮攻击接踵而至，这是一种被称为"吊索子弹"的武器。这种外形和大小都与飞镖相似的武器，具有匪夷所思的发射精度，与大卫击杀哥利亚使用的武器如出一辙。在空中飞速旋转的吊索发出一种唱诗班的合唱声，仿佛呜呜作响的警笛，在令友军士气高涨的同时，也使敌人万念俱灰，等待死亡之雨从天而降。这种铺天盖地的投射兵器拥有与现代兵器不相上下的杀伤力，因为铅铸的质地和细长的外形为它们赋予了骇人的能量和穿透力，足以击穿盔甲、撕裂肉体。

第一批阵亡名单统计完毕，而这只是整场战役的序曲。

此时，罗马军团开始尾随辅助军团向前推进。只见一堵由盾牌组成的高墙正迎面而来。来自不同百人队、战斗小队的士兵手持涂着明蓝色、绿色、黄色或红色的各色盾牌。盾牌上还饰有各种动物（作为不同军团或百人队的标志图案）、雷电、巨大星星的图案或用"网格线"加以点缀。除各作战单位标志图案，盾牌的外观风格迥异：与新兵朴实无华的白色盾牌相比，老兵手中五花八门的盾牌尤为醒目——同时更令人毛骨悚然。

左翼军团由布鲁图亲自指挥，或许这就是他们在进攻中勇往直前的原因。

敌军刚一进入射程，这些罗马军团立刻停止前进，侧转身体投掷短矛。坚硬的矛尖首先击穿敌人的盾牌，狭长的矛杆紧随其后，轻而易举地钻入破口，径直"奔向"敌人的身体。如果短矛未能命中身体，弯折扭曲的金属矛杆也将令盾牌无法继续使用。而在随后到来的近身肉搏中，一名失去盾牌保护的士兵只有死路一条。

就像机枪的一次齐射，宽边短矛给敌对罗马军团造成了重大伤亡，而布鲁图的士兵同样也要面对如出一辙的攻击方式。双方士兵使用相同的武器和手段上演着一场骨肉相残的罗马内战。

两条战线瞬间短兵相接。士兵们爆发出声嘶力竭的号叫，他们右手持剑，左手持盾，冲向近在咫尺的敌人。在一片嘈杂中不时传出盾牌撞击的闷响，仿佛枪杆纷纷掉落地面。各种金属兵器的撞击声接踵而至。撕心裂肺的吼叫声中混杂着模糊不清的哀号。利刃插入肉体会发出什么声音？在这场血战中，各种鬼哭狼嚎的声音汇聚成一首震耳欲聋的大合唱，令自诩为高级动物的人类无地自容。

此刻，庞大的人群陷入一片混战，他们挥舞着手中的短剑不断投入战斗，四周弥漫着死亡的气息。在这片一望无际的战场上，士兵们的身体就像翻滚的大海向着远方的地平线不断延伸，不同队列的纹章旗帜宛若帆船的桅杆，在风暴中的大海中上下起伏。对生命孤注一掷的渴望点燃了视死如归的古罗马士兵心底仅存的希望。

接到信号，布鲁图的骑兵部队出现在战场一侧。成群结队的高卢骑兵和各路盟军向安东尼和屋大维扑来，刺杀恺撒的凶手终于等来了援军。罗马军团在战马奔腾的铁蹄下溃不成军，骑兵手中的利刃就像一把把屠刀劈向躲闪不及的士兵。大批骑兵仿佛一只巨大的公羊撕开了对手的阵形，此时敌人摇摇欲坠的防线已经支离破碎，濒临土崩瓦解。布鲁图的战术大获成功：在己方阵营的冲击下，被一举突破的敌军开始四散溃逃。布鲁图已经胜券在握，这是一场酣畅淋漓的大胜。

然而此时另一片战场上形势如何？

在左翼战线，布鲁图一方进攻受挫。面对屋大维和马克·安东尼手下士兵的顽强抵抗，布鲁图的士兵开始节节败退，他们且战且退，"仿佛正竭尽全力阻止一台势不可当的机器"，阿庇安写道。

战役进入了关键阶段，卡西乌斯·迪奥仿佛身临其境一般，为世人生动重现了当时的一幕，字里行间渗透着恐怖的气息："战斗异常惨烈，短剑碰撞的声音令人心惊肉跳。最初，每个人都在求生的本能下奋勇杀敌，全力消灭每一个出现在眼前的身影。随着战斗在狂热和躁动中不断升温，战场上的厮杀开始全面失控，在屠杀的冲动下，人们仿佛将生死置之度外，对周围的危险视若无睹。有人甩开盾牌，扑向眼前的敌人，用对方的头盔勒住敌人，从背后发动攻击；有人剥开对手的盔甲，刺向他们的胸膛；还有人紧紧抓住敌人的短剑，使他们无力反抗，然后用对手的短剑刺穿他们的身体；有人用身体死死缠住敌人，以至两人都无法动弹，最后双双手握短剑变成冰冷的尸体。许多士兵被一击致命，而有些尸体则伤痕累累。他们甚至无暇查看自己的伤势，因为死亡比痛苦提前降临；死者甚至来不及发出临终的呻吟，因为他们根本无暇感受痛苦。有的士兵在消灭敌人的狂喜中忘乎所以，甚至忘记了自己同样置身生死边缘；还有人精神恍惚陷入麻木，对周围的一切视而不见。"

卡西乌斯·迪奥的描述再现了那场凶残而狂暴的战斗，秩序或战术荡然无存。每个人都凭着生存的本能大开杀戒。

在这场鏖战的尾声，布鲁图的部队已经精疲力竭。他的左翼不断从中心涣散，很快便陷入崩溃。此时，士兵们纷纷夺路而逃。转眼间，胜利女神已经在双方之间做出了选择，这也是她总是以双翅示人的原因：她在战场上空不断盘旋，然后毫无征兆地降落在其中一方头顶——以安东尼和屋大维为首的后三巨头阵营。

这是一场你死我活的血战。马克·安东尼明白一鼓作气的道理，他下令对敌营发动进攻，防止残敌负隅顽抗。冒着塔楼和栅栏后雨点般的箭矢，他的士兵一举荡平整个敌营，敌人被迫逃入深山老林或被赶入大海。安东尼命令手下将士穷追不舍，并身先士卒追击逃兵，他的心中只有一个目标——活捉布鲁图。

为了拼死保护布鲁图，许多人不惜牺牲生命帮他逃脱追捕。

普鲁塔克在此讲述了一段不同寻常的插曲，描述了一个布鲁图的手下勇气可嘉的形象，此人名叫路西里乌斯，他假冒布鲁图向敌军投降，要求面见安东尼。安东尼当然知道布鲁图的相貌，看到被押到面前的路西里乌斯，他立刻明白自己的部下搞错了。然而，根据记载，他故作宽容地说道（他经常以此面目示人，许多伟大的罗马军事统帅——尤其是恺撒——经常用同样的方式沽名钓誉）："你在寻找一个敌人，却带来了一位朋友。诸神在上，如果布鲁图此刻站在面前，我不知道应该如何款待他，但愿我们成为朋友而不是敌人。"话音刚落，他就拥抱了路西里乌斯，后者从此一直忠心耿耿地追随安东尼。

布鲁图的末日

马克·安东尼和屋大维望着尸横遍野的战场，只见到处散落着扭曲的遗体、蠕动的伤员、折断的长矛、毁坏的盾牌和丢弃的短剑，插在地面的旗杆上，一面面旗帜在悲伤中飘扬。在这块被死亡和荒凉统治的旷野上，鸟儿在落日的余晖里再次放声歌唱，和平的假象仿佛重现人间。在它们的瞳孔中，不仅倒映出激战一天之后的战场，还有为恺撒复仇后的释然。

此时，布鲁图早已如人间蒸发般不知去向。其实他并没有逃远，而是带着少量亲兵躲藏在一处人迹罕至的山谷，在这里他彻夜未眠，冥思苦想。正是身边的随从向世人透露了这短短几个小时的情形。作为一名饱学之士，在生命的最后时刻，布鲁图在哲学的世界中，而不是部下身上，找到了面对死亡的慰藉、启发和力量。他的脑海中浮现出一行行希腊诗句。同时，据卡西乌斯·迪奥记载，夜半时分，他似乎还曾吟诵某出悲剧中的台词，剧中的赫拉克勒斯在历经数次成功的考验后身心俱疲，满怀愤懑地长叹道："可悲的美德啊，你本是一家之言，我却将你奉为圭臬。而你不过是那无常世事的奴隶。"

深夜时分，向仆人交代完后事，老泪纵横的布鲁图请求朋友帮他自尽，但遭到一致拒绝。随后，有人大吼大家应该各自逃命，在一片混乱中，他带领两名随从不辞而别，其中一位名叫斯特拉托，是他学习修辞学时的挚友。三人全副武装，手握短剑。因为他们随时面临行迹暴露，成为俘虏的危险。突然，布鲁图靠近斯特拉托，双手抓住他的短剑刺向自己，在好友的怀中一命呜呼。根据其他史料记载，是斯特拉托在布鲁图的请求下，拔剑将他刺死，随后掩面大哭。据称，为了确保被短剑贯穿，布鲁图毫不犹豫地挺胸迎向利刃，展现出视死如归的勇气。

3月15日月中日惨案的最后一位始作俑者就这样走到了生命的终点，与恺撒之死如出一辙：他同样死于短剑之下，在痛苦中鲜血横流。此情此景使人不禁浮想联翩，倘若时光倒流，尤利乌斯·恺撒依然在世，一切又将如何？此时正值午夜时分，布鲁图本应身处罗马，赴宴归来的他正躺在妻子的怀抱中酣睡；卡西乌斯本有机会对自己朝气蓬勃的儿子言传身教；西塞罗本应在油灯的光芒下奋笔疾书，创作着被成千上万学童争相翻译的演说；恺撒本应置身中东某地的大帐之中，也许是叙利亚，在屋大维的陪伴下享受胜利的喜悦。此时，伤亡惨重的罗马军团将士，正奄奄一息地躺在腓力比平原的旷野之上，这些士兵本应跟随恺撒踏上征途，而他们中的大多数人本应安然无恙。

然而冥冥之中，那些看似孤立的历史瞬间总能带来意想不到的结局。此时，在战场附近的山谷中，马克·安东尼正站在布鲁图冰冷的尸体前。

他盯着眼前这具象征胜利的尸体。此时，愤怒的话语几乎脱口而出——就在数月前，他的兄弟盖乌斯就在布鲁图的授意下遭到处决，成为西塞罗之死的替罪羊。然而随后，他还是命人将裹着猩红色披风的尸体送给布鲁图的母亲塞维利亚。

然而，两起意外事件为这种说法蒙上了可疑的面纱。猩红色披风随后失窃，安东尼闻讯立刻下令将盗贼处死。那个体弱多病、不善征战的年轻男子为一切增加了变数。他就是屋大维。而这位年轻人身上不加掩饰的玩世不恭将成为他一生挥之不去的烙印。正是他下令割下布鲁图的头颅送往罗马，摆放在恺撒雕像的脚下。然而，据卡西乌斯·迪奥所述，"运送头颅的船只在巨浪中粉身碎骨，布鲁图的头颅随之消失在滚滚波涛之中"。实际上，史料中并未留下关于布鲁图的头颅被置于恺撒雕像之下的只言片语。至此，恺撒遇刺事件终于在旷日持久的余波中尘埃落定。此刻，在夜幕包裹下的腓力比平原上，历史又翻过了一页。一个全新的篇章在黎明中拉开了序幕，三位浴火重生的主人公将在这个爱恨交织的欲望之城书写崭新的篇章。他们就是马克·安东尼、克娄巴特拉和屋大维。

第七章

初遇安东尼

被命运眷顾的克娄巴特拉

大战之后的数天里，人们开始收集死者的武器，并对阵亡人数进行清点，战败方的遗物堆积如山，尸体上的值钱物品被洗劫一空。3万至4万具遗体无法全部进行火化，因此只有（胜利方）战功卓著的阵亡将士才能享有这份殊荣。一顶顶帐篷中，几乎清一色的希腊军医们正在紧张地忙碌着，他们为伤口止血和进行截肢手术时娴熟而迅速的动作将令现代外科医生为之目瞪口呆。尽管细菌在当时依然不为人知，但军医们明白，伤口受到致命感染之前的24小时，为治疗提供了稍纵即逝的窗口。现代麻醉术尚未问世，医生手中只有少量从鸦片中提取而来的混合物，然而这种疗效温和的止痛剂，在上千名源源不断涌入帐篷医院的伤兵面前不过是杯水车薪。许多人在撕心裂肺的痛苦折磨中死去。伤兵的惨叫和呻吟声回荡在空气中，逐渐减弱直到陷入死寂。

战俘们的命运同样凶多吉少。罗马军团中货真价实的职业军人将会普遍获得赦免，部分原因是他们随时可以经过改编加入胜利者的阵营。只有位高权重的军队将领才能体会真正的身份落差。然而，腓力比却见证了一幕幕匪夷所思的历史瞬间。此次战役中，屋大维展现出骇人听闻的冷酷与刻薄。他在对敌军士兵的虐杀中享受着近乎病态的乐趣，有一对父子曾经被押送到他面前，两人双膝跪地，请求获得赦免，然而屋大维却命令他们抽签决定生死。父亲主动提出代替儿子去死，于是屋大维亲手将他杀害，悲痛欲绝的儿子随后也自杀身亡。

在现代读者眼中，屋大维的冷酷似乎令人惊诧，或许正是内战中获得的无限权力在这位涉世未深的22岁青年心中注入了一股唯我独尊的暴戾之气。这种危险而复杂的情感在他不安的内心——与身边凶狠老练的士兵相比，体弱多病的屋大维毫无作战经验——埋下了傲慢的种子。而这种自负最终在战场上演变成对生灵涂炭的漠然。此时与他终身相伴的冷酷与狡诈已经出现端倪，也为他日后的帝国之路埋下了伏笔。

此时，马克·安东尼已经成为至高无上的主宰。他是这场胜利毋庸置疑的缔造者，成为众望所归的罗马之王。据阿庇安记载，彼时，他用赫赫战功为自己"在腓力比战场上赢得了战无不胜的美名，令后世不寒而栗"。

随后的日子，安东尼和屋大维决定对缔造三头同盟的公约条款进行修改。他们有效地削弱了李必达的权威，后者被指控与敌对势力暗中缔结条约（特别是赛克斯图斯·庞培和他不可一世的舰队），分裂罗马领土。在获得西班牙的同时，当时后三巨头中威望最小的屋大维还接受了一项得不偿失的任务，负责为腓力比战场上大胜而归的罗马军团士兵搜刮土地。安东尼得到了高卢和东方行省，而非洲则被划入李必达的势力版图。包括波河河谷和威尼托大片地区在内的山南高卢从此告别了行省身份，正式并入意大利，这见证了整个亚平宁半岛的首个统一政权，同时也构成了19世纪之前的意大利主要地理版图。

遵照这一协议，安东尼必须在布鲁图和卡西乌斯起兵的东方行省恢复秩序，对潜在抵抗势力进行镇压。这一地域"清洗"行动背后其实另有所图：为部队筹措巨额军饷，以兑现三巨头同盟建立时的承诺。

彼时，军队决定着历史的主旋律。罗马军团依然是决定权力归属的坚实后盾，大量军队是实现统治的必要保障，即便如此，庞大的军队依然需要军费供养，对捉襟见肘的军阀而言，城邦和百姓就成了强取豪夺筹措军费的目标。

因此马克·安东尼率领屋大维为他提供的两个罗马军团远赴东方，为了投桃报李，他向后者承诺以相同的力量投入在意大利剿灭赛克斯图斯·庞培的战斗。

正是这个关键的决定导致了他与克娄巴特拉会面。

然而是什么促使他离开罗马这座权力的中心呢？原因有二。其一，为了远离屋大维，在这位刚刚返回意大利的年轻人面前摆着一根难啃的骨头——向老兵们兑现发放赏金和分封土地的承诺。这项复杂而艰巨的任务势必引发众多棘手的难题。而在东方等待他的将是另一片不同的天地。那里为数众多的诸侯小国可以扩大自己的统治范围，为未来的宏图大业积蓄财力。其二，马克·安东尼心中对远征帕提亚帝国的伟业念念不忘，这项恺撒生前未竟的远征，已经成为自卡莱战役（在这场发生在11年前的战役中，数千名罗马士兵横尸沙场，其中就包括家喻户晓的罗马前三巨头中与恺撒、庞培齐名的克拉苏）惨败之后，忍辱负重的罗马人民翘首以盼的壮举。他时刻不忘一雪前耻，并企图借此跻身万神庙中功盖千秋的罗马军事统帅之列，与恺撒等一众罗马历史中鼎鼎大名的姓名平起平坐。

仿佛冥冥之中的召唤，安东尼来到东方，投入克娄巴特拉的怀抱。早在还是一位默默无闻的骑兵军官时，安东尼就曾在那里留下了战斗的足迹。当地迷人的风土人情无疑令他深有感触。他时刻期待着重温旧梦，回到被所有罗马人民视为文化家园的希腊进行朝圣，沉浸在各式各样的聚会典礼和传统日常中流连忘返。不仅如此，他还向往深入东方大地的埃及，进入这个令他魂牵梦萦并且散发着神奇魔力的古老国度。"古往今来，诸位征服者无不感同身受，"历史学家赫尔曼·本特森写道，"从亚历山大大帝直到恺撒和拿破仑，"他补充道，"安东尼如何能够无动于衷？……那里的百姓人人热情似火。这是一个罗马人首次领略东方大地和人民的风采。他为这片土地带来了一个崭新的时代，并给自己的同胞留下了不可磨灭的烙印。"

一位新的狄俄尼索斯

安东尼率领第28罗马军团的老兵建立了一块殖民地，这是他们解甲归田前的最后一场战役，随后他离开战场前往雅典，并将在那里度过冬天。

一幅古老而壮美的东方画卷在安东尼面前展开，而他已经迫不及待成为其中的主角。他下令修缮神庙，并为这座城市送来慷慨的捐赠。据他所知，早在公元前44年，布鲁图就曾在雅典作为哲学家受到了领袖般的欢迎。因此，安东尼同样处心积虑地频频参与各种文学谈话、神学启蒙以及竞技盛会。随后他还拜访了墨伽拉（Megara）和特尔斐（Delphi）圣堂，并决定对这两处庇护所进行彻底翻修。此外，他还以仲裁者的身份裁决司法纠纷，展示了客观冷静的头脑。换而言之，他摆脱了罗马统帅在希腊百姓头脑中粗鲁愚蠢的武夫形象。正如朱斯托·特莱纳所述，这是一场外交的胜利："这项政策为他赢得了'希腊之友'和'雅典人的朋友'的美誉；各种纪念他的庆祝活动层出不穷，美其名曰'安东尼泛雅典娜运动会'。"

持续数月的雅典凯旋式结束后，安东尼动身前往小亚细亚。在这里，纷至沓来的成功同样令他印象深刻。普鲁塔克的描述令人仿佛身临其境："国王们纷纷向他宣誓效忠，而他们的妻子早已春心荡漾，争相为他献上礼物。"然而，旅途中意志消沉的场景，难免为他的快乐蒙上了一层阴影。安东尼依然保持着穷奢极欲、无所事事、声色犬马的生活情趣，除腓力比大捷后从意大利追随而来的各色人等外，在他身边总是聚集着一帮出身底层且声名狼藉的下等货色。这是一个荒淫糜烂、粗野低俗而又愚不可及的"欲望朝堂"。普鲁塔克的描述一针见血而又令人忍俊不禁，字里行间总能令人想起那些似曾相识的"朝堂"，众多数百年间权倾一时的历史人物形象仿佛跃然纸上："像阿纳色诺里斯一样的锡塔拉演奏者，像许提一样的长笛手，还有那位名叫美提奥多鲁斯的舞蹈家，以及一群亚洲舞者组成的乌合之众，他们的厚颜无耻和愚蠢荒诞令乌烟瘴气的意大利小团体相形见绌，他们堂而皇之地涌入宫中，鸠占鹊巢成了这里的主人。自此朝纲日益废弛，所有人都沉迷于声色犬马之中无法自拔。整个宫殿被笼罩在熏香的烟雾中，与不绝于耳的赞歌和呻吟声终日相伴。"

而数百年后，人们依然可以从这些肺腑之言中感受到普鲁塔克对安东尼含蓄隐晦的宣传。

到达以弗所的安东尼愈发不可一世。为了对这位罗马巨头表示敬意，印有他头像的钱币开始被铸造发行。入城仪式的场景令人过目难忘。装扮成萨提尔和潘神以及酒神女祭司的男男女女走在队首，建筑物和道路上爬满了常春藤，齐特琴、风笛和长笛为前进中的队伍进行伴奏。人们纷纷从窗户中向外张望，队伍的两侧也挤满了层层叠叠的围观民众。他仿佛化身为仁慈温和的酒神狄俄尼索斯接受众人的庆贺。（能说一口流利希腊语的）安东尼，耳畔或许不时传来用希腊语发出的阵阵欢呼声，他隐约听到自己的名字被与那位希腊万神庙中至高无上的天神相提并论。同样的一幕在众多城邦中不断上演。

作为美酒、狂喜和放荡不羁的象征，狄俄尼索斯还与戏剧有着千丝万缕的联系，这也似乎在安东尼此次纵情逍遥的东方之旅中得到了完美印证和展现。

事实上，从"狄俄尼索斯"的昵称中——一位主要希腊天神——映射出各城邦和人民对安东尼的殷切期盼。历史学家约阿希姆·布兰巴赫认为，"这并不是一种单纯的谄媚之词。作为一个比苏拉、恺撒、布鲁图和卡西乌斯更加平易近人的罗马人，希腊和广大东方人民对他寄予厚望。无论在希腊还是中东，作为一个罗马人，安东尼受到了前所未有的热烈欢迎"。此外，今天所称的"媒体友好"行为，安东尼更是信手拈来。还记得那座被布鲁图在包围后摧毁的城市克桑托斯吗？安东尼为它的重建不遗余力，并豁免了该地区所有居民的赋税。他在劳迪西亚（多拉贝拉丧生之处）和塔尔苏斯如法炮制，而塔尔苏斯将在数月后见证他和克娄巴特拉的初次相遇。就是在这座城市中，他将遇到那个生命中的女人，而此时他并不知道，自己的人生将在那一瞬间被彻底改写。

此时，陶醉在成功之中的马克·安东尼并没有忘记自己此行的使命：恢复秩序，准备与帕提亚帝国的战争。因此，他对东部边境沿线的众多藩国首领展开巡访，向与刺杀恺撒阵营同流合污的叛徒发出警告。

尽管身处气氛微妙的正式场合，不期而至的邂逅中依然弥漫着别样的人生"风情"，唤醒了安东尼与生俱来的浪漫情愫。故事发生在卡帕多西亚，在位于科马纳的一个庞大村落中，生活着一位名叫格拉菲拉的动人少妇。她的丈夫，司战女神贝娄娜的大祭司统治着这座城市。安东尼对她一见倾心，两人随后产生了一段炽热而浓烈的持久私情。她明媚而耀眼的美貌有目共睹。但美丽并不是她的全部筹码。作为一名女性，她聪颖的天资和深厚的城府与克娄巴特拉极为相似。凭借与马克·安东尼的暧昧关系，她成功为自己的长子希希内斯戴上了卡帕多西亚的王冠。至于她的丈夫作何感想，世人不得而知，然而面对这位权倾天下的统帅和他手下的两个罗马军团，恐怕任何人都没有太多周旋的余地。她的手段与克娄巴特拉如出一辙，那就是出卖色相俘获安东尼，为自己的儿子登上王位铺平道路。此外，这并不是一段短暂的露水情缘。据史料记载，围绕此次朝代更迭引发的权力争夺持续了5年之久，因为彼时，阿里阿拉特十世已经成为卡帕多西亚的合法君主。因而篡位无法一蹴而就，最终，安东尼"亲自出马"废除现任国王，以卡帕多西亚的阿基劳斯之名，指定格拉菲拉之子为新国王。这段发生在公元前36年的插曲背后隐藏着怎样的秘密？几乎可以断言，尽管和克娄巴特拉拥有"稳定的感情"，安东尼依然和格拉菲拉保持着一段公开的关系。

在小亚细亚停留的数月间，安东尼召集不同城邦的国王和宗教团体领袖，力求扩大共识、广泛结盟，构筑日后讨伐帕提亚帝国的统一战线，同时巩固自己在东方的权力。

在他召见的众多君主中，克娄巴特拉便是其中之一。身为埃及女王的她，手中掌握着一支庞大的舰队和巨额财富，她的支持对即将展开的军事行动至关重要。

克娄巴特拉受到邀请

那是公元前41年的初夏。一个和煦的清晨，蔚蓝色的天空下，安东尼在一座白色大理石建筑中将一封信交给自己的心腹，他在信中邀请埃及女王前往塔尔苏斯，一座位于土耳其南部的城市。面前的男人名叫昆塔斯·德里乌斯，一位经验丰富的外交官，东方问题专家，同时也是一个贪恋杯中之物的享乐之徒，未来十年他将作为安东尼的谈判特使，全面介入重要和微妙的中东事务。在时代大潮的裹挟下，他凭借过人的机智，涉过权力世界的重重暗流险滩，最终全身而退。恺撒遇刺后，他从与多拉贝拉并肩作战的恺撒阵营摇身一变，成为与卡西乌斯同流合污的恺撒反对派；当后者在腓力比之战中遇难后，他又加入安东尼的阵营，并为之效力长达十年之久；随后，在亚克兴战役打响前夕，他再次转投屋大维，最终在奥古斯都的庇护之下安度晚年。这个头号"两面派"同时也被世人戏称为"一位为胜利而生的投机分子"。

在德里乌斯启程之前，安东尼邀请克娄巴特拉前来塔尔苏斯的信件全部石沉大海。原因不言而喻，而且关乎礼节。一位女王不能屈尊对一位罗马行政官进行答复，况且亚历山大的百姓中仍然弥漫着一股敌视罗马的情绪。那么这些信件的内容是什么？据普鲁塔克透露，女王受到召见，以便她可以"为自己因向卡西乌斯和他的罗马军团提供战争支援而受到的指控进行辩护"。这里暗示驻扎在亚历山人的罗马军团，在阿里埃努斯的率领下，未做抵抗就向卡西乌斯投降之事。

历史告诉我们，当时的克娄巴特拉确实身不由己，然而，安东尼或许想要弄清整个事态的来龙去脉，同时为腓力比之战之前埃及舰队未能前来增援寻找一个解释。历史再次告诉我们，女王当时在不期而至的海上风暴中被迫返航，然而安东尼需要一个答案。面对克娄巴特拉的沉默，他不得不派出一名心腹前往埃及。

当德里乌斯在亚历山大见到女王时，他立刻意识到，眼前这个气度非凡的女人可能会为安东尼带来巨大的帮助。普鲁塔克写道，"他随即对埃及人进行了一番恭维和盛赞，希望她'盛装前往西里西亚'，无须对安东尼这位最和蔼可亲、仁慈宽厚的统帅心存顾虑"。

克娄巴特拉同意在塔尔苏斯与安东尼会面。根据普鲁塔克的描述，起初，女王似乎对安东尼顾虑重重，并对自己赴约的前景惴惴不安。最终，她下定决心。她了解安东尼的为人做派，同时，她早已掌握了与罗马人的相处之道，并对自己在帕提亚远征中的重要性心知肚明。

在从德里乌斯口中获得了需要的承诺之后，克娄巴特拉开始准备与安东尼的会面。

从普鲁塔克对克娄巴特拉最广为人知的描述中，世人领略到一个女人的全部力量，相较于自己的女王身份，美貌、妩媚和征服男人的智慧才是她赖以生存的能力："在德里乌斯的游说下，回味着自己与恺撒以及庞培的儿子格涅乌斯之间的亲密往昔，她幻想着安东尼也将轻松拜倒在自己裙下。毕竟，别人眼中那个曾经乳臭未干的黄毛丫头，如今已经出落成一位心智成熟、风华正茂的绝世佳人，为了与安东尼会面，她准备了大量礼物、钱财和饰品，以衬托自己繁荣昌盛的出生地，但却暗自将所有希望寄托在自己颠倒众生的妖艳与魅惑之中。"

在公元前41年那个行将结束的夏天，克娄巴特拉率领她全副武装的舰队离开亚历山大港，向位于西里西亚的塔尔苏斯驶去。这场温柔的邂逅将在日后带来翻天覆地的历史剧变。

爱情开始的地方

西里西亚是一片位于安纳托利亚南部的山地，罗马的统治在这里只维持了短短数年。这一地区盛产建造船只的木材，曾经长期盘踞于此的海盗势力在一场著名的海战（科拉克森战役，公元前67年）中被庞培·马格努斯斩草除根。据史料记载，这块土地与托勒密王朝的渊源由来已久，作为东地中海上的商贸枢纽，以盛产铜矿闻名的塞浦路斯岛就坐落在它的海岸附近。作为西里西亚的核心城市，塔尔苏斯见证了安东尼和克娄巴特拉盛大的会面。城中散布着大理石建筑、柱廊、喷泉、雕像、图书馆，以及各种哲学和演讲学院。周围环绕着广袤的森林和山峦。一条名为西德努斯的河流穿过这座鬼斧神工的人间天堂，克娄巴特拉正是沿西德努斯河逆流而上到达塔尔苏斯的。

历史上，这条河流曾经见证了一段怪异的往事。在著名的伊苏斯战役前夕，亚历山大大帝在此沐浴时曾险些丧命。那是仲夏时节，为了消解酷暑的燥热，这位伟大的军事统帅在士兵面前脱下盔甲，宽衣解带，将全身浸入凉爽的河水中。或许是温度的反差令亚历山大突发不适。只见他脸色苍白、四肢僵硬，如果不是身旁的部下眼疾手快，他可能已经溺水身亡。不省人事的亚历山大被抬入帐篷，随后逐渐恢复了知觉。数百年来，这个故事在塔尔苏斯的居民口中代代相传，好事者极有可能已经为安东尼指出了当年悲剧发生的地点。

克娄巴特拉邂逅未来的爱人

这位埃及女王心中明白，与安东尼的会面将对自己的未来、儿子的统治以及整个王国产生至关重要的影响。在经历了王国争斗带来的连年动荡之后，安东尼已经成为绝对主宰，并将在可以预知的未来保持这一地位。因此她必须将他拉入自己的阵营，并使他相信建立在两人私情之上的政治联盟将带来利益最大化的结果，就像当初的恺撒一样。换而言之，她需要令人信服的论据说服安东尼与自己并肩作战。而这些论据从何而来？两千年后的今天，世人仿佛身临其境般对克娄巴特拉在这场邂逅中的手腕一目了然。她决定——在公共事务和私人生活中——同时出击，采取双管齐下的战略。在密探和信使的帮助下，她极有可能对安东尼前往希腊的凯旋之旅了如指掌，并注意到他被誉为"狄俄尼索斯"的舆论风向。这种表述如今可能会令人一笑置之，然而在遥远的古代，信仰在科技落后的蒙昧社会中根深蒂固，日常生活中充斥着各种神祇。将某人尊为天神非但不是单纯的谄媚，反而寄托着个人的信仰，以及对美好未来的向往。当然，虽然不尽相同，但今天的教皇、信众或普通百姓通过宣福礼被封为圣人时，情况大抵也是如此。两千年前的古人曾虔诚地将某些人类成员，尤其是伟大的军事领袖和施主奉若神明（恺撒至今仍被尊为天神，拥有自己的神庙、仪式和祭祀）。因而克娄巴特拉将自己作为伊希斯的化身广为宣扬也就不足为奇了。这段插曲对理解埃及艳后利用深入人心的神圣宗教信念，巩固自己与安东尼的同盟尤为重要。

如果他成为天下公认的狄俄尼索斯再世，那么即将赴会的她就是爱神阿佛洛狄忒（古罗马的维纳斯女神）的化身。而沿西德努斯河溯流而上来到塔尔苏斯的克娄巴特拉，更像是一位"踏浪而来的维纳斯女神"。就这样，克娄巴特拉决定将这次普通的外交会晤变成两位天神的结合。酒神的化身安东尼，掌握着使她年华永驻的神奇魔力；而作为爱神阿佛洛狄忒的化身，她则是爱情、美貌和繁衍生息的象征。

这是只属于克娄巴特拉的灵光乍现，进一步印证了她出色的头脑和过人的谋略，令几乎所有当代和后世君主相形见绌。

即将到来的会面必将为安东尼留下深刻印象，并令整个小亚细亚为之轰动，就像一场举世瞩目的现代王室婚礼。迈克尔·格兰特指出，两位在地中海地区家喻户晓的天神将以一种前所未有的方式完成结合。在古埃及，酒神狄俄尼索斯（安东尼）对应着冥府之神欧西里斯，阿佛洛狄忒（克娄巴特拉）则对应伊希斯，而她正是这位女神的尘世化身。

考虑到埃及民间传统的古老寓意，克娄巴特拉希望借此获得祖国人民的接受。身为欧西里斯（酒神狄俄尼索斯－安东尼）的妹妹伊希斯（克娄巴特拉）同时也是他的妻子，两人的结合也将因此变得名正言顺。众所周知，在托勒密王朝的传统中，兄妹联姻共同进行统治是很普遍的。

安东尼对此显然一无所知。在塔尔苏斯等候克娄巴特拉期间，他忙于出席各种派对、宴会和会晤，全然不知这个女人正在编织一张令他无处可逃的大网。在官方和宗教内涵之外，这次会面还弥漫着浓浓的私人感情。此时，克娄巴特拉已经带着前所未有的惊喜蓄势待发，准备迎接涅槃重生的历史时刻。

克娄巴特拉和马克·安东尼的梦幻邂逅

刚刚抵达西里西亚，克娄巴特拉就命人准备一艘大船，计划沿西德努斯河逆流而上，前往塔尔苏斯与安东尼相会。没有人知道，这条大船是否就是她与恺撒曾经在尼罗河上共度蜜月的"浮宫号"。

面对如雪片般飞来的信件，克娄巴特拉无动于衷，她就像一位姗姗来迟的电影明星，让安东尼和他的幕僚们望眼欲穿，直到船只准备就绪才决定动身。而这艘焕然一新的大船将在后世的记忆长河中驶过百年时光。

只见这艘巨船挣脱了锚链的羁绊，伟岸的身姿气势如虹地缓缓滑过水面，告别大海进入西德努斯河，向上游驶去。两岸围观的当地百姓紧随其后。成群的儿童奔跑着掠过目瞪口呆的老者，仿佛出现在他们面前的是一艘太空飞船。没有人曾经目睹过如此优雅奢华的盛况。消息像野火一样在整个地区迅速蔓延，甚至就连塔尔苏斯的居民也放下一切，争先恐后赶来瞻仰这漂浮在水面之上的奇观。

安东尼此时身在何处？他正在群臣的簇拥下端坐在塔尔苏斯主广场中心，等候着女王的到来。周围的众多围观者中不乏身份显赫的贵宾，大家正在翘首期盼这一历史性时刻的到来。克娄巴特拉一如既往的散漫姿态似乎令安东尼闷闷不乐，但他知道漫长的等待即将结束。

突然，周围出现了一丝异常。安东尼和他的幕僚左右张望。只见人群开始了不安的骚动。一股浓郁的芳香不断涌入整个广场。微风中散发出一阵陌生的芬芳，清新而刺鼻，仿佛上千种嗅觉同时涌入肺部。人群纷纷四处张望，试图找到这股异香的来源。在香气弥漫的空气中，一阵轻柔的声音从远方飘来。众人在莫名其妙之余茫然四顾，突然有人大声叫着指向河中，人群立刻涌向岸边，仿佛被一块强大的磁铁吸走。

安东尼和他的扈从在惊愕中发现，大理石和柱廊环绕下的广场瞬间变得空空荡荡。这块万众瞩目的巨大磁石正是克娄巴特拉。河面上她乘坐的巨船映入眼帘。

女王为自己的出场进行了用心良苦的准备，不断撩拨着众人的感官系统——扑面而来的芳香率先冲击着嗅觉神经，接踵而至的音乐将震颤的声波送入鼓膜，最后，一场视觉盛宴被呈现在众人面前。面对眼前令人难忘的盛况，就连安东尼也变得呆若木鸡。

平静的河面上，克娄巴特拉的巨船展现出壮美的身姿。通体金黄的船尾在阳光下熠熠生辉。长笛、扁琴和风笛飘扬的乐声中，一排排银光闪闪的船桨节奏肃穆地在水中上下翻飞。举目望去，一张张宽大的绯红色风帆仿佛一块巨大的红色云团悬浮在水面之上。获取这种颜料的代价众所周知。它只能从一种海螺中提取而来，产量稀少。即便一件普通的绯红色短袍已经造价惊人，更何况整张船帆！

正是这一张张船帆散发着遥远的芬芳，乘风潜入这座城市，包裹着此刻置身广场之上的人群。甲板上摆放着一座座巨大的香炉，焚烧着来自东方的香料和药物，散发出阵阵沁人心脾的甜蜜芳香。克娄巴特拉对营造这种充满新奇和蛊惑的"特殊效果"向来乐此不疲。然而高潮尚未到来……

大船在众多小船的护送下缓缓靠近，就像一只蜂后被簇拥在一群工蜂之中。一具具半裸的女性身躯点缀在张开的红色风帆之间，令安东尼眼前一亮。这些绝色尤物是克娄巴特拉的侍女。只见她们分别扮成海仙女和美惠女神，煞有介事地被布置在舵盘和锚链四周（实际上由女王最好的水手暗中操纵）。

她来了——克娄巴特拉。安东尼站起身，瞠目结舌。埃及艳后躺卧在华丽的凉亭下，身边的幼童宛若壁画中的丘比特天使，为她挥动着用鸵鸟羽毛制成的扇子。她置身一片如梦如幻的神话世界之中，宛如一幅栩栩如生的画作，弥漫着处心积虑的活色生香，最为令人惊艳之处当数她的维纳斯女神装扮，"就像画中的爱神阿佛洛狄忒一样"，普鲁塔克感叹道。换而言之，克娄巴特拉当时或许已经罗衫半解，甚至可能全身赤裸。至今为止，作为一位女王，以这种近乎一丝不挂的方式出席正式会面的情况史无前例。她的出场散发着 Lady Gaga（美国女歌手）的风采，如此惊世骇俗而又极富挑逗意味，但它的确令克娄巴特拉如愿以偿。因为马克·安东尼此刻的表情与电影《变相怪杰》中的金·凯瑞如出一辙，被惊掉了下巴。

他目不转睛地注视着这个女人，时而神色惊诧，时而像孩子一样欣喜若狂地望向幕僚和好友，发现他们和自己一样不知所措。而在场众人立刻意识到，埃及艳后正在用自己的身体向这位伟大的罗马军事统帅献礼。

面对这场即将到来的神话般的结合，人群将现场的气氛推向高潮，他们至今深信，阿佛洛狄忒兴师动众赶来与酒神狄俄尼索斯相会，最终两人将为了小亚细亚的福祉喜结良缘。

事实证明，克娄巴特拉对此得心应手。她深谙人性的弱点，懂得借助信仰和宗教的力量来满足人们的欲望。在洞察安东尼沉迷女色、派对和戏剧场面的软肋之后，克娄巴特拉在他身上故技重施。那艘"故弄玄虚"的大船和极度浮夸的到达方式，就是她费尽心机的证明。

然而，如果说安东尼的目标是征服一位女王（在政治领域易如反掌），同时也征服她背后的的王国，那么克娄巴特拉更加贪婪。她对安东尼进行处心积虑的引诱，希望通过他获得罗马对埃及、自己以及儿子恺撒里昂的保护。

安东尼受到邀请

当大船停靠在塔尔苏斯城内的码头时，安东尼和他的随从被淹没在一股更加强烈的芬芳中。初见克娄巴特拉的惊艳退去，他们已经恢复了刻板严厉的架势。至少表面如此。此时，他们在讲坛上正襟危坐，等待接见登岸的女王，以此彰显自己的尊贵地位。

铺展在大船和讲坛之间的广场此刻空无一人，两列罗马军团士兵正在手忙脚乱地阻挡着欢声雷动的人群。供女王上岸使用的踏板已经从船上放下。然而，克娄巴特拉的身影并没有出现。

对这种没完没了的把戏忍无可忍的安东尼，派出一名军官向她送去下船的命令。他的目光紧紧追随走向大船的士兵，在同一位克娄巴特拉的使者短暂交谈后，这名士兵从岸边转身返回，尴尬的神态一览无余。他走上前去，向安东尼报告说，女王并没有上岸的打算，而是邀请安东尼和他的重要军官登船相见。安东尼神色茫然地环顾四周，克娄巴特拉再次令他猝不及防。此时他才如梦方醒，这个女人一直都是这场游戏的主宰。安东尼抬头看向注视着自己的军官和同僚，他们脸上滑稽的表情令他哭笑不得。此时聒噪的人群还在等待着两人的会面，他决心亲自登船。表面上，此举是出于他的"和蔼与礼节"，正如普鲁塔克之后所述；实际上，安东尼正在迈向克娄巴特拉编织的大网。

女王在船舱中等待着他的到来，她的目光穿过格栅注视着安东尼的一举一动。她的双眼就像一头猛虎，在明暗交错的光线中紧盯自己的猎物。这是决定历史的时刻。一切都将取决于这位罗马军事领袖随后的举动。他会顺从地接受提议，还是寸步不让，强迫她下船上岸？

克娄巴特拉发现讲坛上一阵骚动。罗马人纷纷站起身来。难道他们被自己激怒了？时间仿佛在瞬间凝固。就在这时，她看到安东尼的身影出现在大理石广场后方，在部将和心腹簇拥下向自己走来，几乎可以肯定，昆塔斯·德里乌斯也在人群之中。克娄巴特拉眯起双眼，露出了笑容——她的计划得逞了。她转身命令手下对舱内大厅进行最后的装点——准备迎接两人即将到来的会面。

安东尼毫无戒心。他以为这只是一次普通的水上宴会，心中对品尝各种异域美食充满期待，但最重要的是，他渴望当面一睹"阿佛洛狄忒"的芳容。他带着愉快的心情，从容不迫地向前走去，仿佛自己就是这个世界的主宰。

只见这群罗马人开始登船，他们迈着纷乱嘈杂的步伐走上踏板，木质船体在众人脚下嘎吱作响。在悠扬的东方乐曲声中，他们受到了王室高官的躬身迎候，身姿妖娆的侍女身缠薄纱，不断向他们抛来迷离的眼波。燃烧的香炉飘散出令人心神荡漾的香料气味，船上弥漫着浓郁的芳香，置身其中之人无不昏昏欲睡。无处不在的面纱和鲜艳织物在风中摇曳着薄如蝉翼的身姿。以安东尼为首的罗马士兵恍若闯入了一场梦境。然而克娄巴特拉依然没有现身。此时的她身在何处？

在典礼司仪的引领下，他们沿着两排熊熊燃烧的火把进入船舱，蠕动的烟雾伸向空中，就像一根根芳香四溢的触须。就在几步开外，匪夷所思的一幕映入眼帘——一场盛况空前的宴会穿越时空，呈现在众人面前。让我们共同领略普鲁塔克在惊叹之余（与安东尼如出一辙）留下的描述："置身这无法用语言描述的场景中，灿若繁星的点点灯火令安东尼叹为观止。在众人的回忆中，四面八方同时闪烁着耀眼的光芒，有的来自地面，有的来自头顶。在独具匠心的布置下，它们从巧妙选择的角度投射出无数方圆不同的光斑，迸发出世间难得一见的炫目光芒。"

值得一提的是，普鲁塔克对当天宴会场景的描述发生在百余年之后。这也令文中出现的众多不实之处情有可原，其夸张的笔触让克娄巴特拉红颜祸水的黑色光环，成为世世代代罗马人民心头挥之不去的记忆。这里收录一段有趣的插曲。这位希腊作者称，这是登船后举行的唯一宴会；而另一位古代作者则提到了一连串派对，一次比一次引人入胜。此人正是希腊历史学家——苏格拉底。多亏瑙克拉提斯博学多识的埃及人阿忒那乌斯，我们才有幸拜读苏格拉底前言不搭后语的史料记载，从而继续本书的故事，探索那段隐藏在桌台和墙壁上的历史。在他留下的文字中，对克娄巴特拉的魅惑之术和令安东尼束手就擒的巧妙陷阱进行了生动和全面的再现。让我们跟随这位罗马军事领袖开启一场心灵之旅。

尽管置身船舱，空间依然非常宽敞。罗马人穿行在如星河般璀璨的火把和油灯中，它们无处不在，错落有致，仿佛夜空中繁星汇聚的一个个星座。墙壁上悬挂着用金丝银缕编织而成的毛毯和帷幔。房间正中摆放着为安东尼和他的朋友及亲信军官准备的躺卧餐桌，餐桌包裹着精美的外罩和价值不菲的丝绸制品。镶饰在床榻前的桌台上，摆放着金色的餐具和嵌满宝石的杯子。换而言之，餐具上镶嵌着货真价实的精美珠宝。安东尼完全迷失在一片珠光宝气之中。克娄巴特拉面带甜美的笑容向他进言：眼前的一切都是自己献上的礼物，由他任意处置。

据罗德岛的苏格拉底记载，翌日，克娄巴特拉再次邀请安东尼，连同他的好友和官员与自己共进晚餐，接连数日。

次日的宴会在她的操办下愈发丰盛豪奢。珍贵的金杯和精美异常的玻璃器皿令之前的一切相形见绌。她又一次为了安东尼倾其所有。不仅安东尼本人，就连他的每一位部将都带走了价值不菲的躺椅，就连躺椅的外罩和饮酒的金杯也未能幸免。每当夜半时分，罗马人纷纷起身告辞时，她早已为这些贵宾备好了车马、随从，埃塞俄比亚奴隶手中的火把照亮了他们的归途。

然而第四天时，克娄巴特拉突发奇想。她甚至花费1个塔兰特（约合今天的1万欧元，因为1个希腊塔兰特大抵与26千克白银价值相当）购入大量玫瑰，制成一张厚达1英尺的"花毯"，并将它铺在餐厅中。屋内的墙壁在触目皆是的玫瑰花环和花彩衬托下焕然一新。

史料中尽管不乏浮夸虚构之处，但克娄巴特拉为了这次会面不惜血本的做派在字里行间可见一斑。她早已不再是那个7年前在恺撒面前钻出麻袋的小女孩。如今，这个风情万种的女人游刃有余地撩拨着男人的本能，引诱他们一步步钻入欲望编织的陷阱。

安东尼第一次走入房间的场景可想而知，两人初次相会时的情形也随之跃然纸上。克娄巴特拉身在何处？显然不会像一位主人一样昂首挺立。她极有可能躺卧在床，身陷靠垫的海洋，一群天使模样的儿童缓缓为她摇动扇叶。也许这次她没有像刚刚乘船到达时那样一丝不挂，而是身着短袍，或许就是那件精致的白色褶皱短袍，无数次令她的曲线在公众面前展露。而这件透明的短袍无疑已经成为克娄巴特拉心照不宣的帮凶，足以令安东尼和他的手下激动万分。她乐此不疲地炫耀着在那个时代价值连城的珠宝：镶有蓝宝石、绿宝石、青金石和孔雀石的黄金戒指、耳环、胸饰和（被伊希斯视若珍宝的蛇形）手镯。作为身份的象征，她的前额或许佩戴着埃及女王的标志—— 一个蛇头高昂的蛇形饰物。

事实上，没有人知道这些珠宝中有多少出现在这次宴会上。总之，克娄巴特拉此刻化身阿佛洛狄忒，她就像一位不着寸缕的女神，周身几乎被淹没在独特的古埃及符号之中。卧榻上的女王美艳不可方物，全身的曲线伴随着每一次呼吸上下起伏，此刻她双唇微启，凝视着安东尼的双眸笃定自若，散发着炽烈和挑逗的光芒。

只见她缓缓起身，迈着庄严的步伐向这位罗马巨头走去，摇曳的身躯散发着曼妙的气息。四目相对之际，她倒向安东尼，将这位军事领袖包裹在一阵浓烈而诱人的无形芬芳之中，两人的目光紧紧缠绕，克娄巴特拉的双唇不经意间送向前方，仿佛正要献上温香而销魂的热吻。

安东尼嗅到了她的鼻息，迫不及待地想要将短袍下（近在咫尺）的诱人肉体拥入怀中，反复亲吻。片刻之后，克娄巴特拉欲拒还迎地向后退去，始终保持着若即若离的距离，看着眼前这位未来的爱人被熊熊燃烧的欲火吞没。

克娄巴特拉美貌之谜

在安东尼眼中，克娄巴特拉早已不再是他多年以前在亚历山大邂逅的小姑娘。当年恺撒身边那位稚嫩而坚定的爱人，如今已经蜕变成一位目光炽烈、妖冶迷人的少妇。

连日来，安东尼不断对她的邀请做出徒劳无功的回礼。然而挑战克娄巴特拉的冒险注定要以失败告终。就连普鲁塔克也说："安东尼试图以华丽和优雅取胜，但却在两个方面同时落于下风，他贫乏而粗俗的待客之道成为首当其冲的嘲笑目标。在注意到安东尼庸俗的士兵本性后，克娄巴特拉索性对他摆出一副针锋相对、无所畏惧的态度。尽管传说中她的美貌并没有令人过目难忘的独特之处，但她的存在本身却散发出难以抗拒的吸引力。归根结底，她待人接物的方式和言谈举止中的魅力总是能给人留下深刻印象。"克娄巴特拉的美貌和魅力在普鲁塔克广为人知的描述中呼之欲出。然而，我们能否有幸一睹她的真实容貌？

遗憾的是，克娄巴特拉的木乃伊尚未出土，因而世人无法重现她的容貌，或者通过提取 DNA 的方式获取她的种族或籍贯背景。关于她的历史记载少之又少。克娄巴特拉死后，以胜利者自居的屋大维下令将带有她肖像的雕塑、壁画、镶嵌画、画作和浮雕全部销毁，这位埃及末代女王几乎没有在身后留下任何信息和文字记录。

那么她的相貌究竟如何？她的鼻子是否确实硕大无比？后人普遍认为，克娄巴特拉拥有一个引人注目的鼻子。这一传说早已广泛流传。然而，只有17世纪的法国数学家、哲学家和神学家布莱斯·帕斯卡尔对此言之凿凿，他曾放言道："如果克娄巴特拉的鼻子更加小巧，整个世界的面貌将大为不同。"除此之外，他同样对克娄巴特拉的容貌一无所知，因而他的言论毫无参考价值。克娄巴特拉的大鼻子也从未出现在任何史料记载中，这一事实表明，她的鼻子或许并没有传说中那样令人过目难忘。

即便在两千年前，也没有人知道她的真实容貌。关于她的形象，相传在整个古罗马时代只留下两件实物：分别是矗立在维纳斯神庙中的镀金铜像，由恺撒下令建造；以及克娄巴特拉垂死时的画像，作为胜利的象征出现在屋大维凯旋的队伍中。

所有重现工作都将面临信息极度匮乏的挑战。应该如何补救？我们依然可以尝试根据仅有的信息绘制她的容貌。现存的半身像和雕像无法成为可靠的依据。而令人费解的是，出现在硬币上的女王肖像竟然与她的雕像毫无相似之处（或许只有一处例外）。埃及艳后的美貌也因此被蒙上了一层更加神秘的面纱。为什么会出现这种匪夷所思的情况？让我们进行一番仔细梳理。

克娄巴特拉的各式浮雕、半身像和雕像无不散发着独特的埃及风情。其中一尊被世代保存在都灵埃及博物馆中的雕像，近来就因与克娄巴特拉似是而非的联系成为关注的焦点。遗憾的是，克娄巴特拉的容貌并没有在天马行空的埃及艺术风格和苛刻的宗教氛围中获得真实展现。

在她所剩无几的半身像中，有两尊特别引人注目。其中之一出土于古罗马水利工程遗址，现存于梵蒂冈额我略俗艺博物馆中，而另一尊则保存在柏林老博物馆中。它们外形相似，都刻画了一位头顶盘着发髻的年轻女子，发带绕过前额。保存在柏林的半身像鼻子并不大，只是微微翘起。据专家鉴定，这是两座完成于罗马作坊中的大理石复制品，刻画了一位与克娄巴特拉一样梳着希腊发式的托勒密女王。根据推断，她们的身份可以是埃及艳后之前的任何一位女王，譬如贝蕾妮丝四世或阿尔西诺伊四世。然而一位罗马贵族为何会将一位乏善可陈的女王的雕像陈列在家中，除非她就是家喻户晓的克娄巴特拉，那个曾经威胁罗马统治的埃及艳后？这一论调令包括乌迪内大学的马泰奥·卡达里奥在内的众多专家深信，这就是"世人眼中"的克娄巴特拉（遗憾的是，两座半身像上均没有发现任何可以作为佐证的碑文）。耐人寻味的是，雕像中的人物是一位妙龄少女，而那正是克娄巴特拉作为恺撒的情人抵达罗马时的年龄。此外，雕刻工匠为这名女子赋予了柔和的五官，使她的面容与维纳斯女神更加接近。于是，两座少女时代的克娄巴特拉雕像，带着浪漫主义加工的痕迹被呈现在世人面前。

而出现在钱币上的女王，面容更加成熟，五官也更为清晰，鹰钩状的鼻子尤为显眼。半身像和钱币哪个更为可信？钱币诞生于一个物是人非的年代：彼时的克娄巴特拉不再是恺撒的情人，而是一位母仪天下的女王，身为国家和军队统帅的她正处于自己的权力巅峰。或许她正是因此决定（尽管只是一个假设，但也并非空穴来风）淡化自己的王室特征，甚至通过更多男性化的转变，为自己的权威赋予力量和信誉，以更加接近父亲的形象，实现权力合法化的目的（在古代，钱币一直是一种宣传工具）。

所以，真相就隐藏在这两张面孔之中：一张温婉阴柔，一张奔放阳刚。根据这些特征，能否勾勒出一张无限接近真相，至少真假难辨的"中间"脸庞？

身为一名人类学家和法医齿科专家，来自罗马宪兵队科学处的尚塔尔·米拉尼队长在一档意大利电视节目中进行了一次尝试，这次不同寻常的研究面临着各种挑战。在没有骨架或木乃伊的情况下，他们从各种雕像和钱币上搜集克娄巴特拉面部的人体特征数据。这不仅是一次名副其实的面部重建，曾经为她绘制肖像的各位艺术家仿佛穿越时光，共同见证了女王面容的合成。由熟悉女王容貌的艺术家铸造，并曾在克娄巴特拉时代流通的四枚钱币（尽管前文提到这些钱币出于宣传目的对女王肖像进行了改动），连同保存在梵蒂冈额我略俗艺博物馆和柏林老博物馆中的半身像，同时成为参考模板。此处略去技术细节部分的赘述，他们随后对各解剖点、角度和比例之间的关系和距离进行了计算，因为通过某些表皮区域可以探知潜在的骨骼结构。就这样，借助牙科、美容医学和整形外科的参数，他们对克娄巴特拉与作为参考的"完美"脸庞之间的面部差异进行了量化统计。值得一提的是，一张"完美"的脸庞可以分为三条大小相同的水平带。克娄巴特拉显然不在此列，她的脸部上端——前额部分——过低，中间部分的宽度又超过了"完美"脸庞的标准，高挺的鼻梁与标准相比过于突出。而她的脸部下端却与标准完美契合（锦上添花的是，她还拥有一张小巧的嘴巴和轮廓分明的唇线）。在此必须重申的是，尽管这是一个建立在科学原理之上的推断，但作为分析对象的艺术作品不同于血肉之躯，因而局限在所难免。然而，它却证实了古人的传言：克娄巴特拉的美貌来自她的妖艳。她那作为重要特征的鼻子不但没有被视为丑陋和畸形的象征（否则，那些对她充满敌意的古人一定会大事宣扬），反而与包括双眼在内的其他五官相得益彰、浑然一体。如今，在世人眼中，正是她的鼻子为整张脸庞注入了飞扬的神采。

另外，如果细数那些知名女演员的美丽面庞，总能发现某位佳人鼻子不够小巧，却为整张脸庞带来了迷人的活力。与克娄巴特拉同样有着希腊血统的玛利娅·卡拉斯就同时拥有高挺的鼻梁和甜美的歌喉，魅力十足。

遗憾的是，除此之外，无论是克娄巴特拉的外貌还是她的肤色都无法引发人们的讨论。身为一位希腊－马其顿后裔，族群甚至家族内部通婚的传统可能使她拥有白皙的皮肤，棕色、金黄或者红色的头发，以及一双灰白色的瞳孔。如果她的母亲——据某些推论称——是一位来自底比斯大祭司的随从，那么情况就恰好相反，她将因此被赋予更加黝黑的皮肤、卷曲的头发和黑色的瞳孔。作为第二种推论的佐证，在古罗马时代，理想女性的模板来自东地中海地区。这种女人为恺撒和安东尼招来更多嫉妒，同时也为他们赢得更多认可。

宪兵队科学处进行的重建工作尽管困难重重，却妙趣横生。面部参数显示，克娄巴特拉的脸部特征更接近高加索地区的人们而不是非洲人，甚至也很接近亚洲人。关于她天下闻名的鼻子，各种重要细节也纷纷浮出水面。她的鼻尖微微下垂呈鹰钩状，但总体而言，根据已有数据，鼻子尺寸大于平均水平。具体大了多少？作为参考，一个"完美"的鼻子高于脸部的距离相当于本身对角线长度的67%。而克娄巴特拉的此项数据高达73%，换而言之，画师对这个硕大无比的鼻子进行了微调，令它看上去更符合大众审美。这些都是宪兵队分析得出的结论。

面对这些钱币和半身像，人们在谈论克娄巴特拉的美貌时鲜有提及的一处特征令我们眼前一亮——她大大的双眼。或许它们才是埃及艳后风情万种的撒手锏，而不是她的鼻子或身高（克娄巴特拉可能身材矮小）。或许正是这双深邃而灵动的双眸令罗马军事领袖心甘情愿束手就擒。当然，她超凡脱俗的头脑同样不可或缺。

情欲的俘虏

尽管在他丰富的猎艳经历中不乏各种精明强悍的女性，但安东尼还是立刻沦陷了。所有史料对此毫无争议。卡西乌斯·迪奥直白地写道："安东尼在西里西亚遇到克娄巴特拉，从此陷入爱河，将礼义廉耻抛诸脑后，心甘情愿沦为她的裙下之臣。"阿皮亚诺的记载与他遥相呼应："……这个风情万种的女人令他一见倾心。熊熊的爱火最终为两人和整个埃及带来了一场灭顶之灾。"他还补充道，据称，面对克娄巴特拉的诱惑，"已是不惑之年的"安东尼"表现得像个孩子一样"。一向对克娄巴特拉充满敌意的约瑟夫斯证实了这一信息，他声称安东尼仿佛鬼迷心窍一般对克娄巴特拉言听计从、有求必应，完全不像一个坠入爱河的普通男人。

难道克娄巴特拉仅凭借缜密的心思，或者爱情的力量就能使安东尼投入自己的怀抱？或许她对这个男人一见钟情，掉进了自己设下的圈套。即便如此也情有可原，因为她面前的男人确实魅力四射——魁梧的身材、宽大而强壮的胸膛、宽阔的双肩，如赫拉克勒斯一般孔武有力的身躯，棱角分明、充满阳刚之气的下巴和一头蓬松的鬓发（而恺撒几乎已经成了一个秃子）。这个42岁的男人通体弥漫着雄性荷尔蒙的味道。如今，在世人眼中他就像一只银狐一样光彩耀人。除此之外，他的全身还笼罩在诱人的权力光环之下。作为西方世界权倾天下的男人，世人无不匍匐在他的脚下，而女人们也争先恐后对这位众所周知的好色之徒投怀送抱。有人说过，权力（随之而来的成功与财富）是女人最无力抗拒的诱惑。克娄巴特拉同样未能免俗，这位众人眼中魅力四射的领袖同样令她意乱情迷。

几乎可以肯定的是，在最初的几个夜晚，两人之间擦出了爱的火花。仲夏时节，一对正值壮年的男女置身梦幻般的大船上，在乐声缭绕的宴会中纵情欢笑。在欲望的世界里，两具温热的身体彼此靠近，互相纠缠，双唇紧贴，仿佛已经合二为一。在日复一日的痴缠中渴望将对方占为己有。

然而此时的男欢女爱只是一种表象。克娄巴特拉和安东尼之间彼此爱慕、难分难舍，很快便建立了意料之外的默契。不久之后他们在亚历山大的再次相会也印证了两人之间暗中滋长的情愫。

克娄巴特拉仅在塔尔苏斯停留数日，就为自己和祖国埃及赢得了至关重要的承诺。此行堪称一次匪夷所思的外交胜利。她带着自证清白的目的而来，离开时却收获了安东尼的重要让步。无可否认，没有人可以在这种气氛中展开外交谈判。在两人沉迷于酒席宴会中时，他们的特使承担了这项工作。克娄巴特拉就这样斩获颇丰。当她在剿灭反恺撒阵营战争中的通敌疑云消散后，安东尼再次承认了恺撒里昂（小恺撒）埃及合法君主的地位。面对迫在眉睫的帕提亚远征，为了换取女王的支持，他重申了埃及对重要岛屿塞浦路斯的主权。

克娄巴特拉步步紧逼。在她的要求下，安东尼下令对埃及王位的潜在竞争者展开血腥屠杀，那些可能对女王和她的儿子构成威胁的对手被斩尽杀绝。最危险的敌人是她的妹妹阿尔西诺伊四世，她曾一手在亚历山大策划了反对恺撒和克娄巴特拉的大规模武装暴动。众所周知，在身披枷锁、狼狈不堪地参加了尤利乌斯·恺撒的罗马凯旋式后，她重获自由并逃入了位于以弗所的阿尔忒弥斯神庙，在这座被称为古代世界七大奇观之一的神庙中寻求庇护。克娄巴特拉请求安东尼将她斩草除根。他随即向以弗所派出雇佣兵。然而，由于阿尔忒弥斯神庙所在的区域神圣不可侵犯，无法在庙内将她处死。因此她被强行拖出神庙，就地处决。在克娄巴特拉的暗示下，安东尼同样下令杀害了赛拉皮翁，他在担任塞浦路斯首领期间曾经背叛克娄巴特拉、安东尼和屋大维，为卡西乌斯提供舰队。

这个女人以风卷残云之势几乎一举扫平了所有内忧外患，保住了自己和儿子的权力宝座，同时巩固了她和罗马这个业已成为维系埃及安危的强大盟友之间的关系。这是一场全面胜利。

第八章

真爱背后

朝思暮念

当那段如胶似漆的日子在各种宴会的喧嚣中迎来尾声，克娄巴特拉登船启程返回埃及，安东尼也将率领他的部队再次踏上征途，为中东带去秩序和稳定。在对这场会面抱有的期许和目标之外，两人还给对方留下了始料未及的深刻印象。这个女人不同于他生命中出现过的任何女人，她明媚的天性令安东尼为之倾倒。而克娄巴特拉，一边胸有成竹地挑动着这个男人蠢蠢欲动的动物本能，一边迷失在他温柔体贴的男性魅力和周身散发的雄性荷尔蒙中，无力自持。不要忘记，克娄巴特拉首先是一个女人，而出身王室的她，却无法像安东尼一样放浪形骸，在短暂的肉体放纵和稳定的男女关系间进退自如。因而，这个野心勃勃、权倾天下的女人，极有可能对拥有一位朝夕相伴的爱人充满渴望。随着事态的发展，正如读者所见，她或许也对自己在这段关系中越陷越深的迹象有所觉察。这种情况显然令她猝不及防，这场处心积虑的会面背后隐藏着清晰的目标，为了使安东尼倾心于她，她甚至不惜将儿子留在家中，以便心无旁骛地投入他的怀抱。而这场"爱情意外"也令她方寸大乱。可想而知，两人对彼此的思念随着时间的流逝日益强烈，尽管他们都对此守口如瓶。

在中东，解决帕提亚帝国带来的边境威胁成为安东尼的当务之急。令人诧异的是，在对手的阵营中居然出现了一位罗马军官英勇的面孔，安东尼不得不在战场上面对一位叛逃敌国的罗马同胞。

此人就是昆塔斯·拉比埃努斯，他的父亲曾是恺撒最忠诚的支持者（打开《高卢战记》就能发现他父亲的身影，身为军团长的提图斯·拉比埃努斯总是与统帅恺撒形影不离），最终却选择与刺杀恺撒者同流合污。布鲁图和卡西乌斯曾派他出使罗马强大的敌国，试图与他们建立同盟，共同击败马克·安东尼和屋大维。与罗马不共戴天的死敌暗通款曲已经荒唐至极，而和他们并肩作战更是匪夷所思。帕提亚帝国国王奥罗德斯一世已经派出一支军队，在拉比埃努斯的指挥下向叙利亚和小亚细亚（土耳其）发动袭击。因此，安东尼在中东地区重新展开布局，加强了同犹地亚犹太势力的联系，作为这一地区的实权人物，牧师海卡努斯（又译许尔堪）和势力强大的总督希律安同时进入了他的视线。

在随后到来的11月，他决定动身前往埃及，与克娄巴特拉再续前缘。此时距离两人那次盛况空前的会面仅过了8周。他的决定背后或许隐藏着部分外交动机，然而有一件事确凿无疑。为了与她再次相见，他穿越了中东地区气候干燥的茫茫沙海，他对她的爱意由此可见一斑。埃及艳后自然没有令他败兴而归，因为她对安东尼的渴望早已泛滥成灾。

这是一次名副其实的私人拜访，身为军事统帅的马克·安东尼并没有率领一支声势浩大的部队进入亚历山大（当年恺撒佩戴罗马执政官徽章登陆时的窘境依然历历在目），而是扮作一位普通市民，身边没有一兵一卒进行护送。或许只有少量身着便衣的卫兵与他同行。

将来他也因自己的这一决定饱受诟病。"其时正当帕提亚大军对美索不达米亚平原虎视眈眈，随时准备进犯叙利亚的紧要关头，"普鲁塔克写道，"安东尼居然追随克娄巴特拉的脚步前往亚历山大。在那里，他像一个花花公子一样整日吃喝玩乐，挥霍着世间最珍贵的财富，那就是——时光。"真相已经无从考证，或许在安东尼眼中，冬季本就是用来养精蓄锐的假期，况且那时的地中海已经成为海员的禁区，面对恶劣的气候，即便规模庞大的军事行动也只能暂时停止。

就这样，两人开始了一段继塔尔苏斯相遇之后更具传奇色彩的亲密关系。这段旷日持久的"蜜月"在亚历山大的奇妙氛围中拉开了帷幕。

6个月的漫长蜜月

两人小别重逢的情形令人浮想联翩。安东尼此次微服出行，摆脱了烦琐礼节的束缚。只见安东尼走进宫殿，独自守候在大厅中，大厅尽头的门突然打开，伴随着急促的喘息声，克娄巴特拉飞奔而来，扑向那令她朝思暮念的炽热胸膛。安东尼的双手被淹没在女王艳丽的服饰中，强壮的手臂就像年迈的橡树上伸出的枝条，将她纤细的身躯揽入怀中。她的芬芳在两人四周弥漫，金色皇冠滚落地面，万千相思化作绵长的热吻，犹如吞没彼此的欲望之火，不断升温。语言在此刻沦为冗余，沉默代替了一切对白，双手和眼眸间流淌着无声的倾诉。纷乱的吻不顾一切地落在唇间、脖颈和胸前，衣衫褪去，沉重的喘息传入耳畔，迫不及待的双唇在与皮肤温柔摩挲时轻吟着一首直抵灵魂深处的爱情诗篇。

这一刻他们不再是统帅和女王，也不是狄俄尼索斯和阿佛洛狄忒，而只是一对彼此渴望的男女，彼此相爱，互相钟情。他们是安东尼和克娄巴特拉。

从这一刻开始，他们形影不离，一起度过每一分钟、每一小时，迎来每一个黎明，送走每一个黄昏。或许在历经了漫长的孤独后他们如梦方醒，只有对方的怀抱才是自己完美的归宿。他们欣喜地渴望与对方分享自己的快乐，心中明白，只有彼此相伴才能找到幸福。

即便无法身临其境，两千年后的今天我们依然可以对当年王宫中发生的一切感同身受。除了政治上的互相利用，他们同样渴望获得爱情的呵护：作为一个年轻的女人（恺撒的"遗孀"），克娄巴特拉一直忍受着孤独对她不公的审判；而安东尼则需要一位坚强、独立、体贴的女性相伴，成为自己的避风港湾，尽管他孔武有力，令无数女性为之倾倒。

他沉醉在与克娄巴特拉厮混的快乐时光中，将整个世界抛诸脑后，仿佛走火入魔一般忘乎所以。他脱下身上的罗马装束，换上了传统的希腊服饰和鞋子。

为了取悦自己的新欢，克娄巴特拉同样不遗余力。安东尼的每次心血来潮都会得到她的主动迎合。她的所作所为背后自然别有用心，但同样能够嗅出本能和欲望的气息，因为她已经无可救药地爱上了这个男人。她总能不断发现新的乐趣。在世人眼中，他们就像一对坠入情网的少年一样形影不离。他们一起玩骰子游戏、饮酒作乐、外出打猎，即便在他参加军事演习时，她也相伴左右。尽管一些古代作者将这一切视为得寸进尺的女王开始控制马克·安东尼的征兆，但世人只看到了一对热恋中的情侣。他们对午夜外出乐在其中，常常轻装简从，混入人群，漫无目的地穿行在亚历山大的大街小巷中，衣着打扮与普通人甚至奴隶无异。

在劳动者街区，安东尼时常在门外或窗前驻足停留，与屋内的居民插科打诨。据阿庇安记载，他甚至时常因此遭到打骂。难道真的没人认识这个男人？普鲁塔克给出了答案："大多数人对他的身份将信将疑。尽管如此，他的恶作剧依然令亚历山大人乐此不疲，人们礼貌而不失分寸地附和着他的玩笑。"

在这里，克娄巴特拉和马克·安东尼庹过了几个月情意绵绵的梦幻时光。狂欢的派对、亲密的漫步，以及血色残阳下静静依偎的身影，还有那些缱绻的夜晚共同见证了这场热情似火的爱情。

金色宫殿中的爱情和欢宴

尽管作为一名体力充沛的女性，克娄巴特拉将跨越山海阻隔的长途跋涉视若等闲，但只有亚历山大城内的托勒密王宫见证了她生命中的所有重要时刻。

数百年来，这里是与她同样来自托勒密王朝的历代"法老"生活的地方。从城市建造者，同时也是希腊化先驱的亚历山大大帝开始，每一任统治者都为这座城市的建筑和布局注入了全新的元素。克娄巴特拉所继承的是一座建筑史上举世无双的瑰宝，她对这座城市了如指掌，这是她出生和成长的家园。每一个角落都隐藏着逝去的时光，勾起她对父亲、母亲、乳母和兄弟姐妹的回忆，如今他们都已经与她天人永隔。这里有她和恺撒相遇的地方，还有他们身陷重围的宫殿，以及小恺撒蹒跚学步的那些房间。如今，她的生活正在书写崭新的篇章，在安东尼的陪伴下，整座王宫弥漫着"物是人非"的气息。

必须指出的是，更加庞大的占地令它与传统王宫毫无相似之处。就外观而言，它更接近位于北京的紫禁城，或是伊斯坦布尔的托普卡帕宫。它的名字就是：布鲁却姆。

这里可以被称为一块王室特区，一座名副其实的城中之城。这片区域顺海岸线延伸，几乎占据了亚历山大城1/4（也有说1/3）的面积，其中遍布神庙、柱廊、园林和数量众多的亭台楼阁。无处不在的雕像、镶嵌画和喷泉令人叹为观止。亚历山大大帝的陵墓就坐落于此，这里还分布着托勒密王朝历代君主的墓地，壮观的亚历山大图书馆以及闻名于世的亚历山大博物馆，在当时扮演着大学的角色。

在这片王家区域的中心还坐落着众多国王的府邸，这里是托勒密王朝的"总统官邸"，其中街道、园林、柱廊、建筑应有尽有，甚至还包括一家剧院。每一座建筑的室内陈设都融合了亚、非、欧三大洲的精华，为来访者留下了深刻的印象。

让我们插上想象的翅膀神游一番。走进一个房间，映入眼帘的极有可能是非洲象牙装饰的外观，从红海海龟龟壳中提取而来的涂层，天花板上覆盖着一层层来自印度洋牡蛎的珍珠母，一张张波斯地毯，深红色的帷幔，爱琴海采石场的大理石制作而成的雕像和石柱，非洲孔雀石杯，波罗的海的琥珀雕塑，非洲豹皮沙发以及中国丝绸床单。在用黎巴嫩雪松打造的家具上装饰着象牙和珍珠母，大门被包裹在炫目的青铜色中，天花板上的涂料散发着明亮的色泽，四周弥漫着木材强烈的异域芬芳。此外，床榻、酒杯和众多室内装饰都进行了细致入微的镀金处理。

卢坎的叙述印证了我们的推断，他对克娄巴特拉的宫殿进行了更加细致的描写，令人大为震惊，它的奢华程度无疑在整个罗马世界中闻所未闻："那里就像一座令任何一个穷奢极欲的时代都望尘莫及的神庙。天花板金碧辉煌，一根根横梁被纯金覆盖。整座宫殿熠熠生辉，遍布墙壁的玛瑙和斑岩代替了通常使用的大理石板，整座王宫的地板都使用黑玛瑙铺设。大理石色的乌木并没有成为覆盖每一扇大门的装饰，而是像常用的粗糙橡木一样，为整座王宫提供支撑。每个大厅都铺满象牙，手工涂漆的门上饰有印度海龟的龟壳，还镶嵌着密密麻麻的绿色宝石。床榻上的各种宝石闪闪发光，家具上镶嵌着黄褐色碧玉；光彩夺目的地毯大多在泰鲁斯深红色染料中经过长时间蒸煮，不断浸染之后将色素充分吸收，经过埃及刺绣和整经技术处理，散发着金黄或火红的光泽。"

安东尼和克娄巴特拉之间毫无底线的爱情（尤其从财务角度）在一则趣闻中得到了生动的展现。据史料记载，两人每次用膳的场景都堪称一场奢侈无度的盛宴。普鲁塔克本人声称，祖父曾向他讲述了一则自己有幸从一位朋友那里获悉的惊人"幕后"故事，这位朋友就是来自安菲萨的菲洛塔斯，身为医生的他曾凭借自己与女王御用厨师非同一般的交情偷偷潜入克娄巴特拉的厨房。

安东尼的日程忙碌而充满变数，因而无法判断他的用膳时间，厨房只好随时待命，（据普鲁塔克称）同时准备至少8只烤野猪和配菜，以及大量其他菜肴。尽管这看似是为一场盛大宴会进行的准备，据厨师称，实际用餐人数往往寥寥无几，通常只有12人左右，但每道菜肴的火候都必须保证完美无瑕，还要随时做好开席准备。因此，烤架上的肉总是堆积如山。他坦言，这里就像一家"随时准备接待不期而至的食客"的7天24小时不间断营业的餐馆。

卢坎的讲述为我们生动再现了安东尼和克娄巴特拉的奢侈生活，4年前的情景显然在他们的亚历山大"蜜月"中再次上演：

"此刻，只见一群侍女和整队仆人鱼贯而入。他们的年龄和肤色各具特色。一些人梳着利比亚发式，一些人顶着耀眼的金发……还有一些人来自终日接受烈日暴晒的民族，他们卷曲的头发从未在额前垂落。一些生不逢时的小伙子因遭到阉割而丧失了男性体征。

在他们前面还有一些年轻男子，他们的发育更加成熟，但他们的面容笼罩在头顶的光芒之中。"

有关宴会的描述还提到，各种山珍海味、飞鸟河鲜分别被盛放在黄金餐具中——它们多为被埃及人奉若神灵的飞禽走兽。赴宴者用玻璃圣杯中流出的尼罗河水濯洗双手，从宝石（可能是红玛瑙质地，就像那不勒斯国家地质博物馆中精美的法尔内塞杯一样，展现出希腊化时代的亚历山大风格）雕刻而成的高脚杯中啜饮美酒。所有赴宴者头戴由不易凋谢的甘松和玫瑰编织而成的王冠——在它们浸油的枝叶上，撒满了刚从隔壁田野采摘的异域肉桂和豆蔻。换而言之，现场的每个人都盛装华服、芳香袭人。据多位古代作者记载，在宾客们（困惑）的目光中，马克·安东尼还会不时站起身来，深情款款地为克娄巴特拉进行脚部按摩。

克娄巴特拉的珍珠

女王在安东尼身旁落座。此时的她浓妆艳抹，浑身珠光宝气。卢坎提到了一个有趣的细节："除了遍布全身的红海珍珠，她还不无炫耀地在脖子和头发上缀满沉重的珠宝。"克娄巴特拉将珍珠视为一种装饰，以至它们时常与她的肖像同时出现在各种钱币上。关于这一点，蒲林尼讲述的一则逸事值得分享。

这对爱人争相通过互赠礼物和快乐的恶作剧给对方制造惊喜。在一次宴会上，为了让马克·安东尼大吃一惊，克娄巴特拉取出了一颗世间稀有的东方珍珠。

蒲林尼称，克娄巴特拉拥有两颗世上最大的珍珠，那是来自东方国王的礼物，被她挂在双耳之上。

正在安东尼面对精美的菜肴大快朵颐之际，克娄巴特拉抱怨道，这些食物不过如此。看着眼前极尽奢靡的美食，安东尼反问：除此之外还能奢求什么？她不屑一顾地回答，自己一顿饭至少可以吃下1 000斯特迪。安东尼对此表示怀疑，于是二人决定打赌。第二天，克娄巴特拉命人准备了一场丰盛的宴席，尽管表面上与往常并无明显不同。对此不以为然的安东尼放声大笑，她向他保证，这场宴席的花费将达到赌注的价格，她将在宴会结束前凭一己之力吃下1 000斯特迪，随后第二道菜在她的示意下端上餐桌。在安东尼难以置信的目光中，侍者为她端来一个盛着醋汁的高脚杯。女王随即摘下一只耳环，连同那颗精美绝伦的珍珠一同丢入醋中，"醋的酸性足以将珍珠完全溶解"，蒲林尼写道。

从化学的角度分析，珍珠的主要成分是碳酸钙，当遇到醋酸浓度高于食用醋（5%～7%）的醋液时，其将会发生溶解反应。克娄巴特拉的珍珠在化学反应中变成了碳酸盐，释放出滋滋作响的二氧化碳泡沫和水分。如此一来，酸度得到中和的醋酸就变成了适于饮用的液体。

当珍珠完全溶解后，克娄巴特拉将它一饮而尽。故事至此还没有结束。女王又伸手摘下另一只耳环，准备如法炮制。眼看第二颗珍珠即将被丢入醋中，现场宾客之一的卢修斯·普纳库斯——作为此次打赌的仲裁官——在伸手阻止的同时，宣布克娄巴特拉获胜，另一颗稀世珍品就这样逃过了粉身碎骨的命运。

安东尼和克娄巴特拉死后，这颗珍珠最终来到罗马，并在这里被一分为二，成为万神殿中举世闻名的维纳斯雕像佩戴的一对耳环。蒲林尼幽默地写道："女王被捕之后……这颗珍珠被一分为二，罗马万神殿中维纳斯雕像的两只耳朵，有幸分别体验两人半顿晚餐的分量。"

这一桥段成为无数著名画家和艺术家争相塑造的主题，其中18世纪的乔万尼·巴蒂斯塔·提埃波罗就根据它创作出了威尼斯拉比亚宫墙上的传世之作。

安东尼的恶作剧

安东尼和克娄巴特拉在大部分时间里都形影不离。他们在各种别人眼中幼稚可笑的游戏中互相捉弄并自得其乐。普鲁塔克就曾记录了一则两人外出垂钓时发生的逸事。

某日两人登上一艘精美的游船，驶入亚历山大附近尼罗河三角洲地带的运河水网。船身仿佛滑翔在光滑的水面上。这条船拥有与众不同的外形。平直的船首高高耸起，顶部镶嵌着一个神兽的头颅。它的外观看上去与狼首人身神阿努比斯颇为相似，但那或许只是一种错觉。船体被包裹在黄金、象牙雕塑和凿制的银板之中。每侧船舷设有三条船桨，分别由一名桨手操作，只见船桨在整齐划一的节奏中上下飞舞，缓慢地勾画出令人沉醉的完美轨迹。船尾刺向空中，高度甚至超过船首，其在船身上方向前弯曲，犹如鲨鱼的背鳍一样陡然升起。在这片"背鳍"上，一条染成绯红色的丝带威严地随风摇曳。只见舵手坐在船尾凹陷处，动作利落而果断地操纵着两片侧向舵。甲板正中矗立着一座镶有木雕格栅的华美小屋。在屋内明暗交错的光线中，两具身躯情不自禁地互相依偎。借着角落中的光亮，朦胧中可以看到，安东尼的手正滑下克娄巴特拉的大腿，只见他抬手撩起女王的短袍，开始向臀部游走。女人也扭动大腿主动迎合着自己的男人，突然，一片阴影不期而至，就像一块帷幕将所有景象从眼前抹去，舵手刚刚改变了航行的方向。一头河马的脑袋出现在船首方向，鳄鱼的身影在四周游荡。但这并不值得大惊小怪，因为它们是尼罗河以及三角洲地带的常客。与此同时，在其他船上，护送安东尼和克娄巴特拉的私人卫队正密切关注着周围的风吹草动。这是一项艰巨的任务，因为这里植被丰美茂盛。只见他们穿行在成片的芦苇和莎草纸中，优雅的睡莲纷纷在水中张开扇子般的花瓣。散落在花瓣上的一颗颗小水珠像星星一样光芒闪烁。

　　游船滑入高大树丛投下了锥形阴影。一群野鸭向四周游去。这是一处理想的泊位。船停了下来，众人翘首以待，但直到几分钟后华美的船屋才掀起了门帘。安东尼首先现身，只见他正在整理自己的绣金短袍。克娄巴特拉紧随其后，众人见状纷纷躬身行礼。两人对这块熟悉的垂钓地点情有独钟。事实上，这只是他们逃离宫殿外出厮混的借口。此时，桨手和舵手已经登上另一艘船，将这对王室恋人留在这个小小的天堂。船上只剩下两名仆人为他们准备酒食和甜品。

在一块粉红色帘幕投下的阴影中，安东尼和克娄巴特拉依偎在靠垫上。女王将头倚在他的胸前，而他用手温柔地抚摩着她的长发。安东尼捉起她琥珀色的光滑手掌，两枚戒指映入眼帘，其中一枚戒指上的王室印章赫然在目。在他久经沙场、疤痕累累的粗糙手掌中，这只女人的手显得如此小巧。克娄巴特拉的手指感到了安东尼温柔的双唇，他正不断亲吻着每根手指。

两个小时在美酒和点心之间一晃而过，而安东尼却一无所获。他的鱼竿依然没有动静。克娄巴特拉努力掩饰着脸上嘲弄的笑容。尽管她始终一言未发，但这位罗马统帅对一切心知肚明，他的自尊在愈演愈烈的窘迫中隐隐作痛。他随即借口向一名侍从走去。他的计划是这样的：他授意手下带着从当地渔夫手中弄来的鱼，悄悄潜入水底，挂上自己的鱼钩。随后他返回女王身旁，继续与她嬉戏玩闹。几分钟后鱼竿突然弯曲。只见他一跃而起，佯装兴奋地与自己的猎物进行了一番短暂而激烈的搏斗……直到一条大鱼被拖出水面，他将鱼迅速扔给侍从，唯恐克娄巴特拉发现那是一条死鱼。安东尼再次将钓线抛入水中，一眨眼的工夫，又一条鱼鬼使神差般上钩了……接着又是一条。克娄巴特拉对他的勇气和好运赞不绝口，只见她瞪大双眼，脸上写满了惊讶和兴奋，而实际上她早已识破了他的把戏。此时一条巧妙的对策已经浮上她的心头。

翌日，她向众多朋友大事宣扬安东尼匪夷所思的垂钓收获，并邀请他们加入下一次垂钓之旅。安东尼欣然应允，心中暗自盘算着如何故技重施。在船上，众人目睹安东尼抛下鱼线之后，克娄巴特拉命令自己的侍从抢先潜入水下，赶在安东尼的手下到来之前将一条蓬托斯咸鱼挂上了他的鱼钩。随后她面带微笑，静观其变。当安东尼听到鱼竿弯曲的声音时，立即照常开始了他故作吃力的抓鱼表演，直到将一条如假包换的咸鱼拖上河岸。众人见状无不捧腹大笑。普鲁塔克继续写道，克娄巴特拉这时对他说道："伟大的统帅啊，把鱼竿留给我们这些统治法罗斯和卡诺普斯的凡人吧。城邦、王国和大陆才是你的猎物。"这则普鲁塔克记叙的简短逸事，经过后人恰到好处的演绎，展示了克娄巴特拉作为一名女性的真实一面。即便在游戏中她也希望掌控全局并厌恶失败。

知识的圣殿：亚历山大博物馆和亚历山大图书馆

这对爱人并没有一味在简单的消遣中虚度光阴。他们同样享受着文化的熏陶，而在亚历山大城中就有一座货真价实的知识圣殿。它就是亚历山大博物馆，这座介于大学和修道院之间的宏伟建筑，成为两人频繁光顾的场所。

亚历山大不仅是一座贸易城市，还是整个地中海上至关重要的文化枢纽。而它并不是历史上唯一的知识灯塔。雅典、帕加马、罗德岛和以弗所分别在不同的时代和知识领域占据了举足轻重的中心地位（以以弗所为例，它曾是古代医学和外科学中心之一，正如今天的亚特兰大、巴尔的摩以及美国和世界各地同类城市一样，遍布研究中心和顶尖医学院）。

亚历山大的第一位统治者，生活在克娄巴特拉之前约300年的托勒密一世，凭借雄厚的财力为古代文化植入了两颗跳动的"心脏"：亚历山大博物馆和那座举世闻名的图书馆，它们共同构成了一座非同凡响的知识圣殿，成就了人类世界在这一领域的千古绝唱。世人真切地见证了人类第一次有组织地迈向科学思想和科学研究的步伐。

让我们一起走进亚历山大博物馆。不要被它的名字迷惑，它和现代社会的博物馆毫无关联。这里没有展出任何古代工艺珍品。在克娄巴特拉的时代，它扮演着类似大学或研究学院的角色。穿过入口处的一根根石柱，立刻感到仿佛置身于一个知识的蜂巢，身旁是来来往往的人群，而他们唯一的活动就是酿造知识的蜂蜜。行走在大厅和庭院中，你立刻就会觉察，这里的人与刚刚在街道上擦肩而过的路人截然不同。这里看不到商人、士兵或领航员的身影，取而代之的是来自世界各地的学者。许多人来自希腊，还有人来自小亚细亚和中东地区。这里显然并不缺少从波斯和印度远道而来的东方面孔。当他们与其他学者交谈的身影出现在柱廊中时，你一眼就能分辨出那些充满异域风情的装束。

漫步在亚历山大博物馆风格各异的房间中，蓄着长长胡须的面孔令人目不暇接，那是希腊哲人智者亘古不变的象征。这些学者带着各自国家和城市最开化的思想齐聚于此，在智慧的融合与碰撞中博采众家之长，从而——在百家争鸣中——为知识的世界孕育和开拓全新的边界。

在这里，他们不仅可以随心所欲地在图书馆中查阅任何典籍，还可以通过辩论和自修拓展自己的学识。人们纷纷开设讲座传授知识。换而言之，这正是现代大学的真实写照，演讲大厅、自由访问的图书馆和研究实验室一应俱全。这幕我们习以为常的景象，在公元前40年却像是穿透黑暗的一束微光，在不可思议之中孕育着未来的希望。

许多迎面而来的人都在此居住，亚历山大博物馆就像一座修道院，设有一栋供各位学者起居的翼楼和一间集体用餐的食堂。这里还有一条环绕着半圆形座椅的室外步道，那是人们享受新鲜空气的去处。

在克娄巴特拉之前的两个半世纪中，众多不朽的人物都在这里留下了生活和学习的足迹，他们的发现为知识的历史奠定了基础。譬如埃拉托色尼，作为一名哲人、数学家、诗人、天文学家以及亚历山大图书馆第三任馆长，他凭借自己的地理和历史著述蜚声世界。正是他算出了地球的周长，误差（据悉）仅有1.5%。这一举世瞩目的成果透露了一条重要信息：地球是球体的概念早在2 300年前就已经获得了公认。

在这里，不同学科的知识都取得了初步发展，在数学领域，欧几里得被誉为"几何学之父"；在医学领域，希罗菲卢斯成为有史以来第一位解剖学家；在物理学领域，兰普萨库斯的斯特拉托提出的真空理论，帮助另一位学者泰西比乌斯发明了水泵和排水系统。总而言之，现代知识正是在这片土地上得以生根发芽。

而这里同样诞生了许多文学、抒情诗和挽歌领域大名鼎鼎的人物，比如卡利马科斯和忒奥克里托斯。卡利马科斯是那个时代最伟大的作家，他甚至曾经设计出一个行之有效的检索系统，为亚历山大图书馆中浩如烟海的典籍提供索引。

继续漫游，我们发现一伙人正用谨慎的目光注视着通往亚历山大博物馆内院的道路。在一名扛着一箱莎草纸的工人的掩护下，我们通过了一座检查站，来到走廊的尽头。庭院内的光线和静默吸引了我们的注意。只听一个声音正在说出一个个希腊语单词。我们继续走进整栋建筑最隐秘的区域。在穿过一道道武装岗哨之后，（无处不在的岗哨监视着整个区域和来往人群）我们在柱子突出的底座上歇脚。只见面前的男人正在讲解各种天体的运行规律。我们发现讨论的焦点或许并非太阳系的中心究竟是地球还是太阳——亚历山大的学者早已知道太阳是中心，而地球围绕它进行公转。天文学巨匠，萨摩斯的阿里斯塔克无疑是第一个将太阳视为中心的人，他还尝试测量地球的大小，以及它和太阳之间的距离。这些本应发生在NASA会议上的对话，如今——容我重申——却回响在这片2 200余年之前的时空之中。所有人正在屏息凝神倾听阿里斯塔克阐述自己的观点。克娄巴特拉和安东尼的身影出现在人群中。他们头上没有王冠，身边没有随从和仆人。两人身上穿着精致而不张扬的便装。此时他们不再是国王和王后，而是两位求知若渴的听众。他们正在旁若无人地侧耳聆听。

知识的命运：世代流传还是毁于一旦

我们起身离开。就在几码远之外，矗立着一座宏伟无比的古代图书馆，馆藏典籍可能多达80万册。

这座建筑的本来面貌早已无从考证，但不难想象其中无处不在的大理石装饰，木质桌子整齐地排列在阅览室中，供人们查阅典籍。光线是阅读莎草纸的关键因素（用来解决视力问题的镜片是否已经问世？我们无法排除这一可能），阳光较之油灯自然更为可取，因为后者毫无遮挡的火焰对莎草纸构成了巨大的威胁。阅览室通常带有宽大的窗户或小型庭院，以便人们在充足的光线中舒适地查阅典籍。根据常识，这些阅览室应该与图书馆其他建筑进行分隔。鉴于亚历山大炎热潮湿的气候和沿海城市的地理位置，脆弱的莎草纸必须储藏在通风良好的室内干燥环境中，防止霉菌的滋生。150年后的罗马，另一个海滨城市奥斯蒂亚，在一座位于波特斯的大型谷物仓库中，我们发现了一个类似的预防案例。为了防止大量谷物受损，仓库被抬升之后脱离地面（和四周的墙体也没有接触），地板间的空隙至今依然清晰可见。

直射阳光同样会造成珍贵文件的损毁，因此成卷的莎草纸可能被保存在阴凉处，通常被放置在密封的箱子中，这样也可以使它们免遭昆虫蛀蚀。这一系统主要用来保存极其珍贵的典籍和专著，在对它们进行查阅时必须倍加小心。

难以想象有人可以在阅览室内自由走动，随意挑拣自己喜欢的书籍。工作人员或许会协助学者们确定手稿的位置，他们穿行在迷宫般的书架和橱柜之间，对借阅者的信息进行登记，确保书籍在归还时完好无损。为了保证莎草纸的安全，很可能只有他们才拥有用手触摸书架的特权。这显然只是基于常识做出的一种推测，因为我们并没有掌握任何相关记录。此外，图书馆还会为入库的专著制作手抄本，或许这就是供学者们查阅的副本。

不断涌入的典籍和随之而来的抄本令书架间的空间变得异常拥挤，于是在塞拉皮斯神庙中又开设了一座小型图书馆。这就是传说中的塞拉比尤姆图书馆。

假设此刻你漫步在图书馆的走廊中，置身于古代知识世界的心脏地带，所有当代知识都汇聚于此，饱含了一代代思想家的累累硕果，在昏暗的光线中，你与年轻的工作人员擦肩而过，而他们正为身后须发花白、满脸皱纹的学者引路。在目光交错的刹那，你看到他的脸上同时闪烁着老者的智慧和青年的好奇，在探索世界的无限渴望中焕发出动人的神采。

在你四周，一排排首尾相衔的书架向上直达天花板。它们的设计采用对角线布局，取代了常见的水平布局，由此形成的大量菱形空格可以用来堆放莎草纸而不会发生倾倒滚落。由卡利马科斯发明的著名卷录不时出现在固定间隔上。在众多悬挂的便笺上，用小图标注明了当前区域莎草纸的分类。卡利马科斯试图将图书馆中的全部书籍纳入六个文学类别（分别为修辞学、法律、史诗、悲剧、戏剧和抒情诗）和五个"体裁"分区（分别是历史、医学、数学、自然科学和杂项作品）。在便笺上，我们发现这些书籍被按照作者姓名的字母顺序进行排列。扫视着眼前的姓名，许多大名鼎鼎的人物映入眼帘，我们好奇地选取了其中一位。在默诵下号码和书架分区之后，开始了寻找。就在几步之外，我们来到了正确的分区前，一堆堆莎草纸出现在眼前。我们要找的书会放在哪里？很简单——每卷莎草纸所在的书架上都悬挂着一个目录便签，注明了书籍标题、作者姓名和籍贯、他父亲的姓名、学生信息，以及若干文化背景，并附有内容简介。抽出一卷莎草纸的瞬间总是伴随着一股莫可名状的兴奋。当我们诚惶诚恐地将它打开时，一行行排列紧凑的希腊语字迹完美无瑕地呈现在眼前（此时距离古登堡印刷术的出现还有1 500年）。克娄巴特拉时代的人类知识精华正躺在我们的手心。此刻我们仿佛置身世界文化的边疆。四周弥漫着一望无际的黑暗。这种感觉令人心旷神怡，因为一切都是如此柔和、轻盈和微妙。在这张薄薄的莎草纸上，淡淡的墨迹中寄托着一个男人寻找自我、探索世界的心路历程。

眼前的一切都将被荡平和摧毁……而关于这场浩劫降临的时间和方式依然众说纷纭。

有人认为，公元270年，奥勒良皇帝对持有异见的芝诺比娅女王发动了一场毁灭性战争，令整个地区饱经蹂躏，其中克娄巴特拉的王宫、图书馆和亚历山大博物馆甚至可能因此被夷为平地。

还有人认为，鉴于亚历山大博物馆在多年后依然出现在一些记载中，因此这场灾难发生的时间是公元391年，当时忒奥迪希斯颁布法令，取缔所有异端教派。神庙纷纷遭到拆毁或被改建成教堂，牧师惨遭杀害，任何天主教之外的异教活动无不沦为宗教狂热的受害者，这幕惨剧也唤起了我们对时政问题的重视。正是在这种政治气候中，亚历山大家喻户晓的女学者希帕提娅，在城中被一伙天主教暴徒残忍地当街杀害。无可否认，这不仅是对希腊宗教的攻击，也是向希腊思维方式的全面进攻。它宣告了这一人类历史上杰出时期的落幕，这一时期自古希腊时代开始，在亚历山大大帝的传承下，点燃了希腊文化的火种，孕育出探索周围世界和人类内心的自由意志，并将在罗马帝国时代继续得到发扬光大。诚然，古代世界中充斥着为数众多的神灵，但归根结底，依然遵循着一种囿于世俗的思维方式。

位于塞拉皮斯神庙内的塞拉比尤姆图书馆，作为亚历山大的第二座图书馆，也遭到摧毁，这座主图书馆的"副馆"，连同其中成千上万卷莎草纸希腊典籍（传说甚至多达20万～30万卷）一起灰飞烟灭。然而，也有许多学者认为，亚历山大图书馆得以在这场人民宗教文化一神论引发的浩劫中幸免于难，但包括弗朗克·卡尔蒂尼和卢西亚诺·坎福拉在内的一些作者认为，阿拉伯世界对埃及文明的征服却宣告了它在劫难逃的宿命。

公元642年，在哈里发奥马尔的命令下，亚历山大图书馆所有馆藏手稿被付之一炬。一位中世纪（13世纪中期）的作者告诉我们，这些书卷被用作士兵土耳其浴加热的燃料，整整用了6个月才将它们全部焚毁。

如果这就是它们真实的归宿（没有人可以确定），那么伴随着火炉上方的烟囱中腾空而起的烟柱在空中飘散的就是普罗大众世世代代累积而成的思想和感悟，正是他们孕育出古代世界耀眼璀璨的人类思想。卡尔蒂尼教授补充道："亚历山大图书馆中的希腊藏书在7世纪中叶烟消云散的事实不容置喙。"这也得到了另一组数据的再次证实。正是从那一时期开始，从埃及流入的希腊文明在整个地中海地区被强行中断。由此形成的断层直到9世纪才得到了妥善弥合，当时的阿拉伯穆斯林世界（也就是叙利亚穆斯林和伊朗穆斯林）全面恢复了希腊传统，开展研究活动，并在12世纪成功将其引入西方。

克娄巴特拉的文化

克娄巴特拉熟悉图书馆的每一个角落。她悠然自得地坐在长凳上，就像一位即将告别校园生活的大学生。或许由于太过熟识，学者和图书管理员们时常忘记出现在自己面前的是一位女王。生活中，她就像一位平易近人的女性，凭借敏锐的才智与众人展开交谈，时常迸发出各种奇思妙想。

所有这些并不是她与生俱来的天赋。或许没有一位地中海女性能够有幸接受克娄巴特拉唾手可得的精英教育。她的教育背景在人文学科的训练中体现出一种希腊化特征。像所有孩子一样，她从学习希腊语的读写方法开始大声背诵字母表，并对刻在木板上的字符进行临摹。而这些只是她的起点。真正的差别来自她出生并成长的王室氛围。她的老师无一不是亚历山大的一流哲人和学者。她向他们学习背诵当代神话和传奇史诗。随着年龄的增长，她或许可以凭借自己的出身从图书馆中获得一本《奥德赛》或《伊利亚特》。

对于自己崇拜的作家荷马，克娄巴特拉可以大段背诵他的作品，就像意大利人对但丁的名作《神曲》一样熟读成诵。她的才情毋庸置疑。作为一名兴趣广泛的女性，她对知识充满无边的渴望。

一位女王也是埃及最后一位法老能够背诵荷马史诗，或对尤利西斯和阿喀琉斯的光辉事迹耳熟能详难免令人惊诧，但我们同样不应忘记，拥有希腊－马其顿血统的克娄巴特拉并不是一个真正的埃及人。她或许可以对埃斯库罗斯、索福克勒斯和欧里庇得斯笔下的悲剧人物如数家珍；她还可能对伊索的寓言故事谙熟于心，并在反复诵读米南德的喜剧作品时露出会心的微笑。

在整个女王生涯中，修辞技巧是她在公共演说中必须掌握的基本技能。她接受了运用语言和肢体进行有效辩论的课程。肢体语言、气息吞吐、头部的位置和双眼的情感流露都在沟通中发挥着至关重要的作用。停顿同样是一种行之有效的手段。这是古往今来的律师政客们屡试不爽的伎俩。你需要掌握在"声情并茂"中说服听众的能力。

克娄巴特拉同样需要掌握一些修辞技巧，练习从控方或辩方律师的角度提出令人信服的论据，并学会对突发事件和各种意外应对自如。

她的成长经历就是从一所非同凡响的学校毕业的过程。她遇到的几乎所有君主、国王、达官显贵或罗马士兵都是依靠攀附权贵获得了自己的地位。他们的心智底蕴显然无法与她同日而语，她在谈判中压倒对手的能力由此可见一斑。

如果将这些辩论天赋和演讲策略赋予一具思维缜密、充满感性的年轻躯体，出现在我们面前的将不再是一位唯唯诺诺的女王，而是一个无往而不胜的女人。这与历史的发展一致。

克娄巴特拉著述之谜

在图书馆的书架上，克娄巴特拉有没有以作者的身份出现在那些浩若烟海的书籍、莎草纸和专著之中？这是一个合情合理的问题，身为一名受过教育的知识女性，她在包括毒物学在内的众多领域拥有专业知识，而毒药恰恰将在本书结尾扮演重要角色。

在阿拉伯语史料中，克娄巴特拉的身份是一名学者，断然不是一位蛇蝎美人。离奇的是，史料中对她国色天香的容貌着墨不多，仅仅提到了她的文化和知识，并将她描绘成一位哲学、数学和科学领域的专家。而必须强调的是，这些史料的作者都生活在克娄巴特拉生活的时代之后数个世纪。与她间隔最近的科普特主教也生活在公元7世纪，换而言之，距离克娄巴特拉去世已经过去了700年之久。

据他们证实，克娄巴特拉的著作分别涵盖了医学、美容、药物和毒物领域。遗憾的是，这些书籍的名称或类目早已无从考证，因而无法确定它们的存在是否确有其事，抑或只是为了凸显她的广博学识而制造的噱头。

然而，克娄巴特拉的手迹或许依然有迹可循。一份公元前33年2月23日的王家法令留下了两块残片。这些莎草纸残片最初在20世纪由一支前往开罗南部城市阿布希尔·埃尔·麦勒克的德国探险队发现，目前收藏于柏林。它们曾被用来制作包裹木乃伊的制型纸壳，也就是传说中的木乃伊盒子。

莎草纸上的内容妙趣横生，据记载，安东尼手下一位名叫普布利乌斯·卡尼狄乌斯的部将，在谷物出口和酒类以及其他产品进口中被赐予永久税收豁免权。这里涉及的商品并不是微不足道的数量。这名部将显然掌管着一个小型进出口商业帝国。据莎草纸记载，此人每年获准从埃及出口至少300吨谷物并进口5 000罐美酒，却无须为此缴纳一个德拉克马的税款。人们不禁浮想联翩，这种特别授权是否得益于安东尼的暗中美言，除此之外，他获得这种财政豁免的方式着实无法自圆其说。

据莎草纸记录，普布利乌斯·卡尼狄乌斯拥有的耕地，包括用于耕种和播种的牲口，以及运送谷物的船队同样永久享有一切税收豁免特权，无须向前来检查的人员支付任何费用，也不需要负担他们维持士兵的开销（这一切都让人对埃及农民习以为常的财政剥削忧心忡忡）。

法令末尾赫然出现了一行希腊语：有待完成。来自鲁汶大学的比利时莎草纸专家彼得·范·米隆认为，这就是克娄巴特拉的官方授权。根据托勒密王朝传统，身为女王，她是唯一有权批准此类文件的人。因此，是否能够认定这就是她的签名手迹？这个结论令人几乎无法反驳，尽管无法排除在女王的授意下，王家书记员代笔签署的可能。此时，她的声音仿佛穿越千年的墨迹回荡在我们耳畔。

克娄巴特拉重燃希望

12月末的某天。夕阳西沉，天空被染成了一块巨大的红色幕布，勾勒出一幅独一无二的埃及画卷。亚历山大的天然海港中，几艘返航的帆船滑过平滑的海面，驶向码头和长长的海波塔斯塔提翁防波堤的怀抱，低沉的夜色衬托出帆船黑色的剪影。平静的一天即将结束。灯塔庞大的轮廓俯瞰着港口和城市，仿佛一尊巨大的石头卫兵，面前的一切尽收眼底。随着时间的推移，它那耀眼的光束在镜面的反射下变得更加强烈。一群海鸥从海港上空掠过，它们正在寻觅今夜的栖息之处。

一双明亮的眼眸正欣赏着这一抹来自天堂的掠影，那是今人永远无缘领略的风光。这束目光仿佛越过了灯塔31英里长的光束。它们凝视着地平线，旁若无人地沉浸在一股萦绕心头的思绪之中。在海风中突然拂向脸颊的发缕也没能惊扰这束坚定的目光。这双眼睛的主人正是克娄巴特拉。

此刻她蜷缩在一座凉亭中，置身坐垫、毛毯和迎风飞舞的丝绸之中，只见她用膝盖顶住下巴席地而坐，在安东尼温柔的臂弯中寻求庇护，他强壮的身躯为她带来一丝暖意。两人裹在一条带着金色刺绣的厚毛毯中。这似曾相识的表情也曾出现在她生命中的另一个瞬间。那时，与她相伴左右的人还不是安东尼，而是她的第一个男人——尤利乌斯·恺撒。此时她一言不发，看上去心神不定，思绪万千。

马克·安东尼觉察到气氛的异常，但他同样一言不发。他在等她率先打破沉默，他看出克娄巴特拉有话要说……安东尼伸手从银盘中取出一颗椰枣。又甜又大的椰枣开始在他的口中融化。正当他就要将第二颗椰枣送入口中时，她转过身。望向他的双眸闪烁着兴奋一场的光芒。"我怀孕了。"她说道，话音未落就一头扎进他的怀抱。而安东尼呆若木鸡，拿着椰枣的手也停在了半空。此时只见他双眼凝视远方。片刻之后，他满面笑容地将克娄巴特拉揽入强壮的臂弯。儿子的诞生将为两人的爱情，尤其是他们之间的政治盟约提供完美的保障。

两人都不是第一次为人父母。安东尼膝下已有多位子女，其中与富尔维娅所生的两个孩子——在故事的开始已经登场——他疼爱有加。尽管他已经与孩子们分别长达数月之久……克娄巴特拉同样有一个儿子，小恺撒。但这次怀孕对两人都具有非同寻常的意义。

首先，这个新生命象征着两人爱情的结晶。此外，即将诞生的并不是一个孩子，而是一对双胞胎，这一男一女也将因此获得非同寻常的姓名：月亮和太阳。或者，克娄巴特拉·塞勒涅（古希腊月亮女神）和亚历山大·赫利俄斯（古希腊太阳神）。

这令人浮想联翩的一幕应该出现在公元前41年年末到公元前40年年初之间某个寒冷的冬日。确切的受孕月份已经无从考证，但想必发生在两人在亚历山大那次相遇之后不久。这对双胞胎的出生日期迷雾重重，应该介于公元前40年春末到同年12月之间。

作为一名母亲，克娄巴特拉命运多舛：小恺撒出生时，恺撒不在身边，而这对双胞胎同样要在安东尼缺席的情况下来到人间。那时他早已离开，祖国罗马的严峻局势令他归心似箭。

许多历史学家认为，克娄巴特拉的怀孕并非偶然，而是一次处心积虑的选择。在两人的儿女情长之外，安东尼如今在罗马权倾朝野。对克娄巴特拉来说，怀上他的孩子意味着自己在埃及的权力得到巩固，同时避免了在地中海的博弈中陷入孤立。根据托勒密王朝的传统，她或许还需要一个女儿来充当小恺撒未来的新娘。

在她的一生中，克娄巴特拉无疑一直对怀孕之事格外小心。据考古学家杜安·W.罗勒称，她无法忍受孕期的身体不适，也不能承受分娩和成为母亲带来的风险。按时亮相已经成为她身为女王的一项日常惯例。可想而知，烦琐的健康检查、孕期呕吐以及进行分娩，无不对她和孩子的生命带来实际的危险，更不用说她作为母亲需要担负的种种责任，尽管身边为数众多的奶妈可以帮她排忧解难。安东尼的出现可谓恰逢其时——王国没有面临内部危机，埃及的边境也没有强敌环伺和战争威胁，而这个权倾天下的男人已经拜倒在她脚下。作为一位深谋远虑的母亲，克娄巴特拉的决定堪称无懈可击。

而克娄巴特拉如何避孕？当时又有哪些避孕措施？尽管身为女王，克娄巴特拉依然采用了许多埃及妇女习以为常的传统民间偏方。首先是物理方法。自法老时代开始，就流传着一种使用动物内脏做成的避孕套（尽管没有任何确切证据），在防止怀孕的同时，它还可以阻断性病传播。从一种可以追溯到新王国时期（公元前1567—前1075年）的埃伯斯莎草纸中，我们获取了大量信息。为了防止怀孕，莎草纸上的记录中提到了一种由面包、刺槐、蜂蜜和椰枣制成的棉塞。据专家称，发酵的刺槐可以创造不利于精子存活的环境，发挥杀精剂的作用。另一份文件记载，在卡洪城的一份莎草纸中，语言直白地描述了一种令人忐忑不安的混合物，由鳄鱼或大象的粪便与蜂蜜或一种凝胶液体混合而成，塞入女性生殖器中使用。这同样不失为一种更加温和的、集化学和物理功效于一体的避孕措施。

在随后的罗马时代（包括蒲林尼的记述在内）的众多史料中都提到了串叶松香草，这种生长在昔兰尼加的温和植物，被用作医治百病的灵丹妙药，既可以作为一种药效强劲的催情剂，也被作为一种每月服用一次的避孕药草。遗憾的是，这种植物早在古代就因过度采伐而灭绝，但同属植物曾在实验室测试中短时间内中止了母鼠的繁殖。

克娄巴特拉是否曾经使用过这些千奇百怪的混合物已经无从考证，但与其他埃及妇女不同的是，在她手中还握有一张不为人知的王牌。身为一位毒物专家，她完全有可能掌握了能够暂时中止女性受孕或破坏男性精子功能的混合物和配方。无论采用何种方式或使用何种药物——仅仅基于假设——她无疑可以准确地控制自己的受孕时间。

第九章

无尽的梦魇

如梦方醒

公元前40年春，地中海上的航运迎来复苏，在克娄巴特拉陪伴下度过了一个缠绵的冬天之后，马克·安东尼告别亚历山大，启程离开埃及。严峻的形势令他归心似箭。短短数月间，地平线上再次乌云密布，一路向罗马和中东边境席卷而来。普鲁塔克写道："正当安东尼在无谓的演说和幼稚的游戏中虚掷光阴时，两份密报不期而至。其中来自罗马的消息称，他的兄弟卢西乌斯和妻子富尔维娅与屋大维的对抗已经演变为一场战争，在战场上一败涂地的两人从意大利仓皇出逃。另一个消息更是雪上加霜，帕提亚大军正在拉比埃努斯的率领下征讨亚细亚，从幼发拉底流域和叙利亚到吕底亚和爱奥尼亚之间的地区危若累卵。"尽管安东尼一直以来对意大利发生的一切并非一无所知，这些消息依然不啻一道晴天霹雳，为他照亮了眼前梦魇般的现实。这个古老的国度为何在短短数月间就从腓力比大捷的云端跌入了内战的深渊？

安东尼带着阴郁的心情抵达此行的首站雅典，在得知自己的兄弟卢西乌斯成了屋大维的手下败将并遭到囚禁时，本就低落的情绪此刻沉到了谷底，屋大维现在成了亚平宁半岛的主宰。

这一复杂的时期在各种史籍中占据了大量篇幅。本书将尝试对主要历史节点加以总结，尤其是在诸多历史事件之外，马克·安东尼展现出的全新性格——从他的雄心壮志到非同凡响的行动力，以及他的个人魅力、（数不胜数的）风流韵事，还有他和不同女人（数量众多）的私生子——刷新了我们对他的固有认知。

腓力比大捷之后，各自为政的安东尼和屋大维进行了分工。一方面，马克·安东尼的任务是安抚和稳定中东局势，为讨伐帕提亚的重要战役做好准备，这个敌对帝国的疆域大致从今天的土耳其东部地区一直延伸到伊朗。另一方面，屋大维将返回意大利，通过分配土地对10万名老兵进行安抚，帮助他们安居乐业。这件饱受诟病的差事充满风险，因为用来赏赐老兵的土地和财产原本属于他人所有。试想在现代社会中，为了解决成千上万名老兵的退伍费，政府公然纵容他们强占普通百姓的住宅、公寓和土地，从而导致一座座城市被占领，大量普通家庭（而这些意大利人与罗马人水火不容）遭到驱逐，流离失所。为了满足老兵的要求，至少18座意大利城邦被选中成为牺牲的目标，可想而知，这些城邦奋起反抗，要求与其他城邦公平和平等地分摊这项"赋税"，更多的城邦闻讯纷纷加入抗议的队伍。成群结队的抗议民众涌入罗马城。据卡西乌斯·迪奥记载："有人妄图诉诸武力，而有人早已忍无可忍，有人悍然霸占私产，而有人坚决保卫家园。"

尽管有意居中调解各派纷争，然而既没有安东尼的个人魅力又缺乏经验的屋大维只能坐视局面恶化、冲突爆发，最终造成人员伤亡。他本人甚至险些在剧场中因微不足道的琐事被一群士兵打死。安东尼权衡利弊，或许他寄希望于借助这场混乱登上权力的顶峰。安东尼的妻子富尔维娅和他的兄弟——时任执政官的卢西乌斯，同样与他心照不宣。罗纳德·塞姆特别指出："一场两面三刀的闹剧正式上演。在老兵面前，他们对屋大维横加指责，坚持只有安东尼才拥有最终决定权——作为腓力比大捷的缔造者，他的威望一时无人能及。另外，他们支持无家可归者争取自由和权利——同时不忘再次为马克·安东尼这个炙手可热的姓名和他虔诚的事业宣传造势。"反观罗马，此时陷入了粮食的短缺。尽管在腓力比平原大败而归，广袤的海洋依然是共和派势力的天下，赛克斯图斯·庞培的舰队继续兴风作浪，阻断了所有运往首都的补给。

公元前41年，压倒骆驼的最后一根稻草出现了，屋大维决意抛弃年仅16岁的克劳迪娅，她是富尔维娅在与保民官克劳狄乌斯的第一段婚姻中所生的女儿。为了和安东尼结成同盟，屋大维于公元前43年迎娶克劳迪娅为妻（屋大维在一封信中一口咬定自己的妻子依旧是处子之身）。

战争随即爆发。卢西乌斯在普莱内斯特城集结忠于自己的罗马军团，向罗马进军。面对一触即溃的敌军，他兵不血刃地攻入罗马，受到了民众和元老院的热烈欢迎，然而数周之后，战场上的失利就接踵而至，卢西乌斯被迫逃往佩鲁贾避难，在这里他陷入了屋大维的包围。此时正是公元前41年，马克·安东尼正在亚历山大金碧辉煌的天堂中和克娄巴特拉孕育着爱情的结晶。

围城持续了数月之久，卢西乌斯和这座城市最终因不堪忍受饥饿的折磨选择投降。屋大维展开了史无前例的报复行动。整座城市被洗劫一空，许多居民惨遭屠戮，最后佩鲁贾在熊熊大火中被夷为平地。此时此地与发生在腓力比平原上的一幕如出一辙，屋大维突然露出了他暴虐、残忍的野蛮本性。历史学家苏维托尼乌斯写道："面对乞求宽恕的居民，他回答道：'尔等死有余辜。'"更有甚者，他还从拒不投降的俘虏中选出300名元老和骑兵押往罗马。在古罗马广场上，屋大维下令将他们全部处死在尤利乌斯·恺撒的圣坛之前。那是3月15日月中日当天……最后，他还对公敌名单进行了补充，亲手掀起了又一场腥风血雨。就这样，屋大维重新夺回了整个亚平宁半岛的控制权。

佩鲁贾大捷（大屠杀）之后，安东尼的部将作鸟兽散，纷纷逃离意大利。他的兄弟卢西乌斯战败被俘，但却匪夷所思地获得屋大维赦免，后者在与卢西乌斯握手言和之后将他派往西班牙，出任总督一职（一年后，他就在任职地死于非命）。另外，富尔维娅毫发无损地离开意大利。或许屋大维还寄希望于通过对两人的赦免，为与安东尼的谈判留下余地。

安东尼和富尔维娅暴风骤雨般的会面

这就是安东尼来到雅典与富尔维娅再度相逢的背景。两人的会面将是怎样一番情景？如果数月前与克娄巴特拉在亚历山大的重逢洋溢着喷薄欲出的激情，那么这一次相逢则弥漫着无法压抑的怨恨。

铁石心肠的富尔维娅是一个名副其实的悍妇。众所周知，据史料记载，她曾经双手抓住西塞罗被砍下的头颅，用发簪刺穿他的舌头。为了对抗屋大维，正是她与自己的小叔卢西乌斯联手组建了一支军队，以至卡西乌斯·迪奥留下了这样的评价："这有什么值得大惊小怪的？就因为她佩带短剑，亲自向士兵发号施令，并时常大声呵斥部下？"两人相见后立刻暴跳如雷，不约而同地提高了嗓门，不堪入耳的话语在吼叫声中飞向对方。这不仅仅是一场夫妻间的争吵，它还承载着更多期待。

安东尼指责她是造成一切失利的罪魁祸首，正是她对意大利的局势应对失当，从而引发了自己与屋大维的战争。

众多历史学家称，富尔维娅对于自己在意大利期间丈夫身边发生的众多政治绯闻耿耿于怀（克娄巴特拉自不待言，卡帕多西亚的格拉菲拉也榜上有名），必须指出，这也导致了他长期远离罗马的权力中心，给屋大维的为所欲为打开了方便之门。

对安东尼来说，平息富尔维娅的怒火绝非易事，作为一位精明能干且活力四射的女性，她的影响在罗马国内深入人心，就连将她围困在佩鲁贾的敌军士兵也久仰大名。据学者朱斯托·特莱纳记载，在一次考古发掘中出土了大量罗马军团投石兵发射的锥形铅制箭头，双方士兵会在箭头刻上针对敌军的挑衅留言，有时甚至包括各种污言秽语。一枚在佩鲁贾出土的箭头被保存在国家考古博物馆中，上面赫然刻着"射向屋大维的屁股"。另一枚箭头则对卢西乌斯稀疏的头发进行嘲弄。而第三枚箭头上的问候无疑准备献给富尔维娅。由此可见她在敌军士兵眼中的地位可以与一名统帅相提并论："我正飞向富尔维娅。"

在许多历史学家的记述中，富尔维娅汹涌的醋意在这场暴风骤雨般的会面中尤为瞩目。作为一个女人，她充沛的精力和桀骜的性格与克娄巴特拉不相上下（此刻安东尼这个先后落入两位悍妇之手的男人理应获得一种历史思绪之外的人文关怀和同情……）。然而，如果以这种刻板印象对那个时代的所有女性一概而论显然有失公允。诚然，妇女解放在当时已经开始萌芽，这还要归功于几十年前元老院做出的一个历史决议，妇女可以在她们的丈夫或父亲去世后继承家族遗产，尽管她们无权对这些遗产自由处置。在此之前，只有诸如兄弟或丈夫之类的男性亲属才拥有这一权利，这也导致世世代代的罗马妇女都在男权阴影下苦苦挣扎。从那时起，叱咤风云的女性人物不断涌现，她们开始在日常生活习惯，甚至夫妻房事中追求独立的自我。而富尔维娅——归根结底——是一个完美的典范。

这一时期古罗马社会的妇女解放程度，或许是在整个西方历史中妇女境况与现代社会"最为接近"的时期。此句中的双引号不可或缺，因为这些被剥夺了政治权利的妇女，她们享有的公民权利也少得可怜，尤其是底层人群还要受到各种名目繁多的制约。归根结底，我们所谈论的依然是一个由男性主宰的社会，在这里，正如前文所述，男人可以肆无忌惮地发展婚外关系（而女人的偷情行为却被严令禁止）。只要愿意，男人可以拥有一到两名情妇，她们的地位自然低于他的正室。这并不仅仅是为上流社会男性量身打造的特权，就连一名鞋匠也可以守着几房太太坐享齐人之福。法律对此并无禁止。

在谈到富尔维娅的妒火时，还有一个不应忽略的因素。在罗马的上流社会中，情投意合的恋人寥寥无几，所有的婚姻背后几乎都隐藏着家族间的利益交换。新婚夫妇不得不和毫无感情的配偶同床共枕。在作为血统延续关键的后代出生后，夫妻二人难免各自寻欢作乐——在罗马社会中享有择偶自由的男人们通常明目张胆地另觅新欢（通过婚外情或寻花问柳的方式）；而女性面临的处境则更为复杂。各取所需的家族联姻通常发生在成熟男性和年轻少女之间。在完成传宗接代的任务后，这些年轻的女性被迫独守空房，面对年龄堪比自己父亲的年迈丈夫，她们无法产生丝毫兴致，这或许正是她们对丈夫的婚外情事乐见其成的原因。这些正值盛年的女人，为了寻爱偷欢不得不避人耳目，并需要承担由此产生的一切风险。这是在谈论安东尼、克娄巴特拉、富尔维娅、屋大维以及所有历史人物时应该时刻牢记的原则，以免将现代的刻板印象强行带入古代世界。基于现代社会的准则和价值对古人情感世界的解读同样有失公允。这无疑是一个似曾相识的社会，但与现代社会却有着本质上的区别。

据著名古罗马史专家、学者罗梅罗·奥古斯都·斯塔里奥称，屋大维统治下的罗马，也就是我们正在描绘的时代，甚至还出现过一种"爱情四重奏"，指的是不同夫妻以令人惊讶的频率随意分享伴侣。显而易见，我们正在谈论的是一种上流社会的普遍现象，也就是本书所有主人公出身的贵族阶层。另一个令人震惊的事实是拉丁语中"老姑娘"一词的缺失。含义与之最为接近的词语（vetula virgo）在英语中译为"老处女"（old virgin），而它所强调的是一个女人的身体和不太迷人的外表，而不是她没有丈夫的事实。

这种现象的根源是上流社会一贯活跃（而极为现代）的夫妻关系，女士很少形单影只：外表不是问题。维莱乌斯·帕特尔库鲁斯（不要忘记他对富尔维娅的敌意）就曾说过，她唯一的女性特征来自她的身体。换而言之，正是她的社会地位、个人财富和家族权势为这首爱情四重奏定下了基调。

此外，分娩期间女性居高不下的死亡率（过高的婴儿夭折率和背负传宗接代的责任，造成产妇大量死亡），导致上流社会中没有数量充足的女性，这一说法也并非无中生有。

显而易见，所有这些都不妨碍女性可以向丈夫发泄妒火的事实，尽管这看上去更像是一个特例，但这或许就是富尔维娅面临的处境。关于这一点，博洛尼亚大学罗马史讲师弗朗西斯卡·塞内里尼以布鲁图和波尔西亚的关系为例，强调了一个事实：她的要求更多停留在知性层面和共同的政治愿景，而不是与他的众多情妇分享丈夫，对此她没有任何可以抱怨的理由。

如果出现任何嫉妒的征兆（只是如果），那一定是由于富尔维娅和安东尼各取所需的婚姻中掺入了感情的成分。我们将会看到，这将成为安东尼在两性关系中一个不变的因素。尽管身为一名无药可救的好色之徒和"芳心纵火犯"，他的强壮、功名、权力和体贴依然能令女性欲罢不能，开朗幽默的天性为他增添了一抹孩童般的天真，以至除了爱欲和激情，他还能唤醒一种类似母爱的情感，令女人深陷爱河无力自拔。此外，他的政治地位和手握的巨大权力也为他的社交魅力增色不少。

安东尼的粉红军团

安东尼一生中有过多少女人？事实早已无从考证，史料中甚至还出现了他保持同性关系的记载。重点在于，作为一种文化现象，罗马男子在成长过程中可以同时保持双性恋倾向。作为主动而非被动一方的男性，无论选择异性还是同性交配都是可以接受的行为，因为罗马男子对同类的全方位压制已经超越了性别的界限。他们在性行为中的支配对象不仅是异性，还包括其他同性。这就是通常带有"惩罚"意味的同性行为的对象总是来自底层的奴隶或囚犯的原因。这并不妨碍男人之间或女人之间存在伟大的爱情。然而女性间的同性行为却被嗤之以鼻，这是因为在一个由男性主宰的社会中，它剥夺了男性主宰女性快感的权利。

安东尼的一生共有6段有据可查的亲密关系。每段关系都为我们揭示了他截然不同的内心世界。公元前60年，他与法迪娅开始了第一段关系。时年23岁的安东尼和她的感情背后并非毫无私心。彼时安东尼正因为捉襟见肘的财政状况焦头烂额，而法迪娅的父亲——一位家境殷实的自由民昆塔斯·法迪奥帮助安东尼走出了困境。西塞罗此后曾在他的《斥菲利普篇》中对两人曾经结婚生子的事实进行影射。然而这一指控毫无根据，因为罗马法律明令禁止贵族与女自由民通婚。这段感情更像是一种妍居关系，安东尼或许还与她育有子女，尽管数量和姓名已经无从考证，因为法律不会承认他们作为合法后代的身份。

在大约30岁时，安东尼迎娶了他的一位表妹，时年20岁的安东尼娅·希布里达。在这场婚姻中，同样出于财务原因，年轻的新娘被许配给安东尼，因为他当时已经债台高筑，深陷财政危机。新娘的家庭可以从中获取什么好处？身为前任马其顿总督、执政官和军事统帅，新娘的父亲盖乌斯·安东尼乌斯·希布里达当时被流放至凯法利尼亚岛，或许他希望借此机会东山再起，因为彼时的安东尼是一颗正在冉冉升起的政坛新星。这段婚姻没有留下任何愉快的回忆。安东尼从未停止对妻子的背叛，在他的众多情妇中就包括名噪一时的女伶丽科尔斯。或许希布里达也同样欺骗了安东尼，因为安东尼在和她断绝夫妻关系时，就曾痛斥她和多拉贝拉勾搭成奸，真相已经无从考证。两人的女儿安东尼娅最终作为安东尼结盟的政治筹码，嫁给了特拉勒斯城中一位老迈但富有的大人物皮托多鲁斯，这座城市坐落在今天的土耳其南部。

女伶丽科尔斯是安东尼的第三位挚爱。两人的关系开始于公元前49年，当时安东尼34岁。丽科尔斯的妖艳在整个古罗马时代无人能及。身为一位罗马权贵的奴隶，较之本名弗伦妮娅·丽科尔斯，她的艺名西塞丽丝更加广为人知。为舞台演出之便，她的主人豢养着一群男女伶人，这些伶人同时也是他向各种上流宴会"进献"的玩物。丽科尔斯曾是他的头牌名媛：容貌姣好、身价不菲的她很快就重获自由，从而更加体面地出入于罗马城中各种上流宴会场合。她的主人正好借机拓展自己的关系网络和个人权势。而丽科尔斯本人也从中获益良多：在少女时代，她就和布鲁图发生了关系；之后又与马克·安东尼坠入爱河，令他神魂颠倒。同样身为名人，两人的私情在罗马掀起轩然大波，据西塞罗称，安东尼无视自己的已婚身份，公然前呼后拥地与她乘轿在罗马城内招摇过市。这无异于现代社会中政府官员偕情妇公车出游。最糟糕的是，据西塞罗称，安东尼待她如女主人一般，仿佛丽科尔斯就是自己的妻子。这种含沙射影的指控本来足以给安东尼的仕途带来毁灭性打击，因为丽科尔斯当时的身份不过是一名在罗马社会被公认为底层公民的娼妓和女伶。或许是迫于来自恺撒的压力，安东尼才无奈结束了这段关系。而她转身就投入了另一位罗马名人的怀抱——来自维吉尔和贺拉斯圈子的诗人科尼利厄斯·加卢斯。加卢斯将她视为自己的缪斯，就像卡卢图斯眼中的莱斯比娅一样，而当她为了一位名不见经传的莱茵河边境指挥官离他而去时，加卢斯陷入了深深的沮丧。他的诗人朋友试图鼓励他重新振作，但收效甚微（维吉尔曾用一段话描述过这位痛不欲生的朋友）。想要理解丽科尔斯在罗马社会中的影响和她的做派，玛丽莲·梦露可以作为参照：两人都曾分别与政治家（布鲁图／肯尼迪）、野心派（安东尼／乔·迪马吉奥）和知名作家（加卢斯／亚瑟·米勒）传出绯闻。历史的轨迹总是惊人地相似。

随后富尔维娅正式登场。两人于公元前47年结婚，当时安东尼年近36岁，膝下育有两子，分别是马库斯·安东尼乌斯·安提乌斯和尤利乌斯·安东尼乌斯。

普鲁塔克在谈到她时说道："她既不会纺纱织布，也不懂操持家务……却妄想唯我独尊，号令三军。"他随后补充道，"克娄巴特拉应该感谢富尔维娅对安东尼的驯服，使他养成了唯唯诺诺、受女人支配的习惯。"换而言之，经过富尔维娅的充分调教，克娄巴特拉可以随意对这个顺从的男人呼来喝去。

安东尼同样被认为对女人心怀畏惧，或许只有被强势女性征服才能给他带来安全感。他生命中最重要的三位女性——丽科尔斯、富尔维娅和克娄巴特拉莫不如此。

接下来出场的是屋大维娅。公元前40年，安东尼在43岁时与她结婚。与富尔维娅个性迥异的屋大维娅，将用行动证明自己是一位忠诚可靠的伴侣。她为人堪称正派，在为安东尼生下两个女儿后（大安东尼娅和小安东尼娅），她依然对家中安东尼与其他女人生的孩子视如己出。

最后一位是和他育有三名子女的克娄巴特拉。这三名子女分别是克娄巴特拉·塞勒涅、亚历山大·赫利俄斯和托勒密·费拉德尔甫斯。安东尼和她维持了迄今为止最长的一段关系——至少11年。尽管他在此期间还与格拉菲拉维持着私情，甚至还和屋大维娅举行了一场婚礼。

安东尼和克娄巴特拉结婚了吗？这个问题至今尚无定论，依旧众说纷纭。然而，即便两人有过夫妻之实，他们的婚姻在罗马也无法获得法律承认。

归根结底，每一段关系都揭示出安东尼不同的性格底色。他既可以热情似火地与各种性感尤物坠入爱河（丽科尔斯、格拉菲拉和克娄巴特拉），也可以接受婚姻中冰冷的算计、与妻子长相厮守、生儿育女（法迪娅、安东尼娅·希布里达和富尔维娅），直至找到一位像屋大维娅这样的贤妻良母，这或许是他唯一一段"正常"而又真诚和谐的夫妻关系。这些推测显然建立在我们对他的印象之上，而在古代作者笔下，他经常被塑造成一位荒淫无度的暴君。为了让他声名狼藉，这些史料不惜偏袒他的宿敌屋大维。抛开遭到篡改和歪曲的史实，正如我们所说，掺杂在政治或财富收益中的个人利益依然是安东尼每段关系永恒的基调，即使令他深陷其中的爱情也不能例外。然而，还有一个因素反复出现。亲屋大维派的宣传为他贴上了"被女性主宰"的标签，除此之外，马克·安东尼还经常拜倒在强势女性的脚下。他被正式记录在案的（多达6段）关系和（8名）子女清晰地勾勒出他在所有关系中反复无常的心理特征。需要补充的是，在那个云谲波诡的历史时期，这是面对合纵连横的巨大压力被不断放大的贪婪心理的典型写照。安东尼穿过这片风暴肆虐的历史深海，不顾一切地享受着生命的过程，直到53岁告别人世。

安东尼和屋大维娅的婚姻

让我们言归正传。在孩子们的陪伴下，安东尼和富尔维娅在雅典度过了公元前40年的夏天。他们还不知道，这将是全家最后一次团聚。

夏天快要结束时，安东尼率领他的罗马军团前往意大利解决与屋大维的争端，将妻子留在了科林斯附近的西锡安。然而此去竟成永别：随后的几周，抱病在身的富尔维娅健康状况不断恶化，最终英年早逝。后世作者认为，她是死于悲伤和心碎，因为安东尼始终对克娄巴特拉念念不忘。这种解读或许有些牵强附会，但富尔维娅的世界在那一刻可能已经天崩地裂：她失去了意大利的一切，被迫流亡国外，而身边的丈夫却曾和一位异族女王同床共枕，甚至还育有子女。作为一位始终斗志昂扬的女性，彻骨的悲伤并非完全不可战胜，而一直令她饱受折磨的痼疾或许才是真正的致命元凶。

刚刚到达意大利就惊闻噩耗的安东尼，当时一定痛不欲生。无论世事如何变迁，两人一直真心相爱。

尽管匪夷所思，但正是富尔维娅的死为意大利的局势带来了转机。随着这个令安东尼和屋大维反目成仇的女人成为历史，两人迅速抓住时机达成协议，一场大战就此避免。他们再次划分了领地：屋大维的领土向西直达大海，安东尼的领土向东直达幼发拉底河，两人领地间的分界线穿过阿尔巴尼亚的斯库台湖（当时位于伊利里亚境内）。罗马随之迎来各种凯旋入城仪式并举国大赦。安东尼身穿东方服饰，而屋大维（一身戎装）穿着西式装束频频出席各种宴席酒会……同时，为了巩固他们重修旧好的协议，一场欢快的婚礼接踵而至：这对新人分别是安东尼和屋大维娅——屋大维的妹妹。

在这段时间（3年左右），克娄巴特拉似乎彻底被从记忆中抹去。诚然，马克·安东尼面临一堆等待解决的棘手问题，但他曾经对她忘乎所以的激情和依恋此时似乎已经销声匿迹。所有过往像肥皂泡一样消散，他又一次成了别人的新郎。这当然是出于政治原因，但屋大维娅是一位特殊的女性，最重要的是，她不再是一个天真无邪的小女孩。

年近三十的屋大维娅——即将跨入罗马中年妇女的行列。她和几个月前刚刚去世的前夫育有子女。因此这是一对鳏夫和寡妇的结合：安东尼当时已有五个孩子，而屋大维娅有两个。但她还带来了一份额外的惊喜。在嫁给安东尼时，屋大维娅已经有孕在身，那是她的第三个孩子，她已经怀上了亡夫的孩子。

随之而来的是一个法律问题。根据罗马法律，一位寡妇在前夫去世后的10个月内不能改嫁，以确保她再婚时不会带着与新任丈夫家族血统不同的身孕。因而安东尼和屋大维娅需要获得元老院的特许才能成婚。

这场婚礼没有为后世留下任何记载或描述，但当天的情景想必略显诡异：身怀六甲的屋大维娅依然在为自己的亡夫服丧，而安东尼则对自己与克娄巴特拉之间的关系闪烁其词，尽管他对两人曾结婚一事矢口否认。

屋大维娅和安东尼的结合无疑缓和了舆论，至少平息了罗马传统势力的怨言，恺撒的旧部同样如释重负，内战的危险已经解除。因为正如塞内里尼教授强调的那样："奥古斯都的宣传机构将把屋大维娅作为罗马传统典范的完美化身进行宣扬，不露痕迹地迎合了时代环境。普鲁塔克将她描述为'女性的宝藏'，与被誉为传统母仪典范的楷模完美契合。"屋大维娅的优点远不止于此：她娇小可爱，五官精致，总是与安东尼形影不离，是一位真正的妻子。她忠贞不渝，随时准备解决各种问题。

这桩婚事为长年饱受战火蹂躏的亚平宁半岛带来了短暂的和平和希望。安东尼和屋大维娅的头像甚至还像家喻户晓的康科迪亚女神一样时常出现在铸币上：这是罗马女性的肖像首次在钱币上出现，就像众多学者指出的那样，旨在凸显屋大维娅前无古人的女性风采。

正如历史学家迈克尔·格兰特所说，就连维吉尔也肯定了这段和平和富足时期中蕴藏的巨大希望，并将自己《牧歌集》中的第四段牧歌献给一名将为世界开启黄金时代的虚构青年。难道他就是安东尼和屋大维娅即将出生的儿子？

> 圣洁的露西娜啊，请保佑这婴儿，它的诞生预示着，
> 黑铁时代行将就木，黄金时代降临人间，你的天神阿波罗
> 已经君临天下。

事实上，一切似乎都进展顺利。就连赛克斯图斯·庞培也同意订立和约，一直以来他的舰队封锁了海上交通，罗马也因此陷入饥荒。这次和解同样伴随着大宴宾客、领土瓜分、大赦天下，那些在恺撒死后的公敌名单时期跟随小庞培逃亡西西里岛的部下也获得了补偿。

据悉，赛克斯图斯·庞培旗舰上庆祝和平的宴会中充斥着放肆的言论。尽管并未出席，但克娄巴特拉忧郁的身影依然盘旋在空中，她已沦为人们的笑柄。她与安东尼的关系继续在罗马世界广为流传，成为流言蜚语滋生的温床。

屋大维同样迎来大喜的日子……如天神下凡

这是安东尼和屋大维之间仅有的一次和睦相处。几个月来，他们的关系逐渐缓和。在此期间，众人兴高采烈地见证了一场婚礼：新郎正是屋大维。

屋大维对利维亚一见倾心，尽管她当时已经嫁作人妇（她的丈夫正是屋大维在腓力比战场上的对手），而且有孕在身。公元前38年年初，利维亚的丈夫在屋大维的胁迫下与她离婚，而屋大维不等孩子出生就迫不及待地与她成亲。世人再次见证了一位怀着身孕出嫁的新娘，而新郎却不是孩子的父亲。

实际上，除了感情因素之外，这桩婚事也是他为了登上罗马世界之巅做出的精心布局，他借此巩固了与某个重要贵族阶层的联盟。民间各种流言甚嚣尘上，包括"幸运的新郎三个月后喜得贵子，而这已经成为一句民谚"，卡西乌斯·迪奥不无讥讽地写道。

有流言称，新娘的前夫似乎也出席了婚礼（因为大家都能从中获得政治收益），在这场被戏称为"十二天神"的别致宴会上，所有宾客分别装扮成不同天神的模样。屋大维显然以阿波罗的装扮示人，或许是作为对安东尼和克娄巴特拉分别被誉为东方狄俄尼索斯和阿佛洛狄忒的回应。今天的王室婚礼上不会出现这种情况，但正如前文所述，在探索罗马世界的过程中，必须时刻准备迎接包括风俗习惯在内的各种差异。在这场盛大宴会进行的同时，全城百姓正因赛克斯图斯·庞培发布的海上禁运令饱受饥荒的折磨。在对手的宣传中屋大维被描绘成一位暴君，这一记载躲过屋大维支持者的重重审查，为我们重现了历史的真相。

让我们就此为这段错综复杂的历史画上句号。这场婚礼结束之后，安东尼返回希腊指挥作战行动，他的部将——尤其是普布利乌斯·维迪提乌斯·巴苏斯——捷报频传，一举荡平了盘踞在中东的帕提亚势力。他在一次匪夷所思的溃逃后抓住机会，处决了罗马"叛徒"拉比埃努斯，随后在金达鲁斯山大捷中实现了罗马的荣耀，为15年前的卡莱惨败一雪前耻，那次战役同样发生在7月9日。正是凭借这次具有重大时代意义，但从未真正获得历史学家重视的胜利，维迪提乌斯获得了在公元前38年11月27日举行的罗马凯旋式恩赐。

遗憾的是，意大利的局势开始恶化。在诸多条约、协议，以及未来婚约的保证下，一场海战依然在赛克斯图斯·庞培和屋大维之间爆发了，后者接连遭遇失利。安东尼匆忙赶回意大利与屋大维会面，他们重新签订条约，为后三巨头同盟延长了5年期限。双方不厌其烦地对（安东尼的儿子安提乌斯和屋大维年仅2岁的女儿茱莉亚）彼此之间的婚约做出承诺，协议内容包括互相进行军事援助：安东尼承诺派出100艘装备船首撞角的战舰参加与庞培的战斗，而屋大维向安东尼的东方战场投入2万名士兵，专门用于伟大的帕提亚远征。我们重提这一条约的原因在于，它为未来两人之间的战争埋下伏笔：事实证明，不久的将来，屋大维就撕毁了协议。

这是两人在战场之外的最后一次会面。下一次，他们将率领舰队和大军决一死战。

安东尼再次召唤克娄巴特拉

在与屋大维会面之后，安东尼携妻儿返回希腊，然而刚刚到达科孚岛，安东尼就要求屋大维娅返回意大利。原因何在？这个决定一直以来都备受争议。有人认为它合情合理：当时屋大维娅已经怀有5个月身孕，按照惯例，罗马统帅的妻子——特别是有孕在身时——不跟随丈夫参加军事行动。

另外，甚至包括一些古代作者在内的其他学者认为，这一行为证明，安东尼显然已经厌倦了屋大维娅和他们的政治联姻。他的心脏依然在为克娄巴特拉阵阵悸动……

普鲁塔克手法纯熟地描写道："他对克娄巴特拉的爱，就像无可救药的顽疾，曾经在机缘巧合下被短暂驯服，陷入漫长的休眠之中，如今伴随安东尼接近叙利亚的脚步再次熊熊燃烧，势不可当。而最终，正如柏拉图所说，他那如野兽般放纵不羁的灵魂挣脱了伦理的束缚，安东尼派出方泰乌斯·卡彼托前去迎接克娄巴特拉，并把她带到叙利亚。"

无论如何，这将是安东尼最后一次见到自己的妻儿（两位长子除外）。此刻他的心中只有克娄巴特拉。

一个清晰的目标占据着他的脑海。征讨帕提亚帝国的重要战役需要依靠稳定的后方，以保证前线的补给、武器、人员以及最为重要的军费来源。因此，安东尼着手对整个中东重新洗牌，在迈克尔·格兰特的记载中，他与一些君王建立了牢固的纽带，这些统治者实际上变成了罗马的藩属王。这标志着罗马在该地区统治政策的转变。如狼似虎的总督对每个行省进行压榨剥削的历史将不复存在，取而代之的是一个个根据风土民情独立自治的邦国（包括征收大量赋税，这是一座帕提亚远征行动的真正金矿）。在所有藩属国中，埃及拥有独一无二的重要地位。与众多藩王一样，克娄巴特拉等待着安东尼的召见，此时，她已经跟随奉命前来迎接自己的安东尼的心腹盖乌斯·方泰乌斯·卡彼托抵达安提阿。

坐落在今天土耳其和叙利亚边境一带的安提阿，曾是当时地中海沿岸的第三大城市，仅次于罗马和亚历山大。令人惊诧和痛心的是，这座梦幻之城几乎没有留下任何遗迹。时光令人不安地抹去了历史的篇章，代之以虚无和沉寂。这种现象理应唤醒我们对当下的珍视，也许眼前的一切大多终将灰飞烟灭。

安东尼和克娄巴特拉之间发生在公元前37年年末的那场会面如何收场，世人一无所知，但当时的场面可想而知。请忘记两人在亚历山大相见时克娄巴特拉气喘吁吁地奔向安东尼怀抱的画面。尽管无从考证，此时的女王心中极有可能交织着愤怒、悲伤和嫉妒的情绪。她有充足的时间为这一刻进行准备，她的语言直指要害，没有遗漏任何细节。或许是受到情感的左右，令她的话语失去了理智。会面中克娄巴特拉一定表现得咄咄逼人，热血沸腾，所有行之有效的演讲技巧，在女性本能的驱使下通通化作摧城拔寨的武器。

她一定反复摩挲着安东尼的脸庞，毕竟两人已经多年未见。她难免抱怨他从未探望自己的亲生骨肉，作为一名父亲却长期不在身边，无异于将这对双胞胎弃之不顾。但是，在嫉妒和悲痛的驱使下，她一定会对他和另一个女人的婚姻发起诘难……更何况他们还育有两个女儿。我们认为，这是她一生中最为激烈的情绪爆发，或许在整个古代历史中也绝无仅有。值得强调的是，刨除情感因素，这也是一场"地缘政治"引发的怒火和愤恨：克娄巴特拉感到，为了促成安东尼和屋大维的联盟，自己遭到了无情的抛弃。遗憾的是，尽管她对屋大维娅的嫉妒被古代历史学家如实记录，但关于这次漫长的会面，史料中依然没有留下只言片语。即便确有记载，想必没有人愿意面对一个陷入对另一个女人的怒火和仇恨中的克娄巴特拉，而当时她正在为自己沦为地中海地区大国角力游戏的弃子耿耿于怀。

即便如此，有一件事不应忘记：克娄巴特拉并不天真，她清楚地知道，安东尼急于召见她是出于帕提亚远征的需要，因此这是她逆天改命的良机。作为一个女人，她拥有伟大的战略头脑；作为男人手中的棋子，她同样也觊觎着他们的权力。她知道收网的时机已经成熟。克娄巴特拉的出现或许伴随着怒火、嫉妒、政治阴谋和惊人的口才释放的巨大能量。安东尼即将面临一场完美风暴的考验。

可想而知，他只能任由女王宣泄心中的怒火，随后试图进行辩解，声称他和屋大维娅的婚姻只是一场政治表演。然而这一定为她的愤怒火上浇油。安东尼只能唯唯诺诺，随时准备满足克娄巴特拉心血来潮的想法，对这位——我们重申——征讨帕提亚帝国的主要盟友和后盾有求必应。随着事态的发展，这次会面的后果已经呼之欲出。

首先，亚历山大·赫利俄斯和克娄巴特拉·塞勒涅这两个名字已经分别被赐给女王的一对双胞胎。部分原因是，正如现代作家迈克尔·格兰特所称，根据希腊传统，太阳和月亮是天生的一对胜利使者。

此外，安东尼还向克娄巴特拉做出了巨大妥协，将数量庞大的领土赠送给她，其中就包括一些当时举世闻名的优质原料产地：

- 腓尼基。
- 大片西里西亚领土，位于今天的土耳其南部。
- 德卡波利斯的部分领土（由 10 座位于今天叙利亚、约旦和以色列境内的城邦组成）。
- 承认了她对塞浦路斯及其利润丰厚的商业和矿产的控制权。
- 位于红海沿岸纳巴提亚的部分地区，以及对黑海沥青的垄断开采权。
- 以土利亚，位于加利利北部。
- 分布在朱迪亚的椰枣棕榈和香脂灌木种植园（声名远扬的"基列香油"或"朱迪亚香油"），作为一种医药原料和香水，其价格是天文数字。

马克·安东尼依靠这些"昂贵的礼物"，成功平息了克娄巴特拉的怒火，使她的野心得到了安抚。或者更加直白地说，割让领土是与女王重修旧好的真正谈判中必不可少的环节。令人震惊的是，克娄巴特拉一夜之间轻松超越了自己的父亲，跻身托勒密王朝最重要的女王之列。她的统治疆域几乎相当于数百年前托勒密二世菲洛佩特建立的王国。陶醉在喜悦和野心中的克娄巴特拉决定更改公历：克娄巴特拉元年就此问世。

在罗马，甚至包括安东尼支持者在内的众多民众都对这些让步嗤之以鼻。但安东尼不为所动，继续集结大军，准备入侵强大的帕提亚帝国。

令人望眼欲穿的帕提亚远征

公元前36年春，安东尼将手下所有部队集结在祖格玛城（该城位于今天的土耳其南部）。克娄巴特拉也来到他身边：两人已经在前一年冬天重归于好。一切都毫无悬念。事实上，埃及女王又一次怀孕了。令人诧异的是，他们的孩子似乎更像是一种政治工具，而不是爱情的象征。由于缺乏具体细节，我们将不对此事刨根问底。然而毋庸置疑的是：两人间的一切似乎都恢复了往日的模样，从这一刻起，他们将并肩作战直到生命的终点。

克娄巴特拉无疑备受震撼。他们面前的阵势蔚为壮观：这是一支规模空前的罗马大军。据普鲁塔克称，盟军的加入使这支部队的人数接近10万之巨（6万名罗马军团士兵，1万名包括罗马人在内的伊比利亚和凯尔特骑兵，以及来自其他王国的3万名步兵和骑兵）。尽管这一数字或许有夸张之嫌，但它依然堪称一股令人胆寒的力量。恺撒在自己亲手策划的帕提亚远征前数日遇刺身亡，但正如他曾经计划的那样（很可能安东尼希望通过继承他的军事遗产，来证明自己比屋大维更有资格成为罗马的荣耀），此次入侵的方向被选在了北线而不是更为合理的西线。这是一次神来之笔：不出恺撒所料，帕提亚人被打得措手不及。

然而，一次战术失误为这场战役带来了灾难般的后果。为了加快进军速度，对米堤亚首都弗拉斯帕形成包围，安东尼在今天的乌尔米耶湖附近分兵两路，只留下两个罗马军团携带所有攻城器械在后方压阵。敌人发现了他们的软肋，上千名骑射手随即展开进攻。在这场屠杀中，不可或缺的攻城器械被全数摧毁。此时，眼看取胜无望，安东尼最重要的盟友，亚美尼亚国王阿塔瓦德斯弃他而去，带走了自己的7 000名步兵和6 000名骑射手，骑射手的存在对保护罗马人免遭敌军攻击尤为重要。很多人相信，屋大维正是这次倒戈的幕后主使，一直以来他都与这位国王保持着频繁的书信往来。

安东尼的部队包围了这座城市，但已经于事无补：在各个方向的进攻无功而返后，他最终决定撤回罗马。敌军的不断袭扰，将这次行军变成了一场惨绝人寰的溃逃，罗马军团士兵不是在饥寒交迫中一命呜呼，就是在雨点般的箭矢下沦为活靶子。此情此景令人不禁想起二战中意大利军队从苏联撤退时的惨状。危急关头，据说安东尼曾命令一个名叫拉姆努斯的卫兵发誓，一旦接到他的信号，就用短剑刺穿安东尼的身体，并砍下尸体的头颅，防止他被敌军生擒活捉或死后被人识破身份。不幸中的万幸，这一计划最终没有实施，但这次行军九死一生的惊险由此可见一斑。

无可否认，战场上的罗马军团奋不顾身，英勇顽强。正是在此役中出现了同时被普鲁塔克和卡西乌斯·迪奥提到的"龟甲阵"（"testudo formation"）——用密集排列的盾牌保护方阵的上方和侧翼不受攻击，形成一个个移动的堡垒。这种方阵坚固而牢靠，人员、马匹和战车可以在如瓦片般排列的盾牌"屋顶"上行进自如，作为一种并不常见的战法，士兵偶尔会用它来跨越护城河和窄壕。其还被发展成一种攻击敌军要塞的战术：罗马军团士兵爬上"龟甲"顶部，搭起一座金字塔状人梯，攻破敌军的城防。

当安东尼带着自己远征大军的残兵败将最终抵达地中海岸时，根据现代历史学家的说法，他已经损失了25%～40%的兵力（换言之，人员损失在2.5万～4万）。这个大败而归的男人，急需得到克娄巴特拉的支援。

在等待女王筹集军费、武装士兵的时间里，罗马人度日如年，但最终她还是率领自己的舰队如期而至，这让所有人都如释重负。她还为安东尼带来了他们刚刚出世的孩子，一个名叫托勒密·费拉德尔甫斯的男婴（与那位为埃及征服了最多领土的托勒密国王同名）。克娄巴特拉的命运有别于常人：她的每个孩子降生时，亲生父亲都不在身边。

儿子的姓名仿佛是对安东尼的无情嘲讽：他梦想为罗马开拓史无前例的版图，一场胜利就可以让他获得比肩恺撒或亚历山大大帝的威望，而他最终却要独自承受罗马历史上最为苦涩的一次惨败。克娄巴特拉必须全心全意为她的男人修补千疮百孔的灵魂，然而祸不单行，另一个噩耗从意大利传来。

屋大维在纳洛丘斯（Naulochus）城外一场史诗般的海战中击溃了赛克斯图斯·庞培的舰队：他仅仅付出了3艘战舰的代价，就击沉了28艘敌舰，并俘虏了其他125艘敌舰。曾经不可一世的海上霸主为何如此不堪一击？这还要归功于一位英勇善战的老将——阿格里帕。没错，他正是罗马万神殿的建造者。阿格里帕是一位名副其实的军事天才，他彻底颠覆了海战规则，将由水手主宰的海上对抗转变为短兵相接的白刃肉搏。而他的撒手锏就是一种被称为"扒钩"的迦太基古老发明。这是一种装有四个钩爪的鱼叉，外形酷似一枚小型船锚，拴在一条长长的绳索上，使用己方战舰的特制"弓弩"射向远处的敌船，命中目标的鱼叉死死钩住船身，通过绳索将敌船拖向己方船只；两船贴近后，船上运载的士兵随即发起攻击，这就是当时的"海军陆战队"。敌军水手只能束手就擒。

故事至此还远未结束。屋大维已经占领了西西里岛，将李必达——他已经隐居在自己位于西塞罗海角的别墅中安度晚年——赶出了后三巨头同盟，使自己成为亚平宁半岛和罗马西部领土实至名归的主宰。

坏消息接踵而至。安东尼随后获悉，自己的老对手作为胜利者在罗马受到了欢迎，在纷至沓来的荣誉中，就包括一座为他而建的凯旋门，人们甚至还为他竖起了一尊黄金雕像。随后他庄严地宣告内战正式结束。屋大维毋庸置疑地成了舞台的主角。而安东尼只能独自咽下失败的苦果。

克娄巴特拉绝食风波

时间来到公元前35年，这一年对克娄巴特拉、安东尼和屋大维来说同样至关重要。因为这三位幸存的历史主角即将做出的选择，决定着三块大陆的未来。

第一道裂痕随之出现。

年初，驻防叙利亚的安东尼正在着手整顿军队。他从敌方阵线中嗅出了分裂的迹象：米堤亚人与帕提亚人渐生龃龉，甚至还向他发出了结盟的信号。一个复仇的良机不期而至，罗马人可以借此一举攻克自己的宿敌。但兵力不足的问题随之出现。许多老兵已经不在人世，只有意大利可以提供安东尼需要的精兵强将。因此，他要求屋大维遵守在塔兰托协议中做出的承诺，为自己提供2万名士兵。

然而，看到安东尼身陷困境，野心作祟的屋大维不但没有伸出援手，反而准备落井下石。他仅向安东尼派出2 000名军团士兵和区区70艘战舰，而当初安东尼调拨给他的100余艘战舰在纳洛丘斯之战中几乎完好无缺……同时，为了让自己的施舍更加露骨，他还委托安东尼的妻子屋大维娅将这份军事援助承诺告知她丈夫。

屋大维深知马克·安东尼的软肋来自他和克娄巴特拉的关系，并充满挑衅地委托他的妻子带去了一份荒诞无稽的军事援助承诺。这是一次赤裸裸的挑衅，目的就是期待他断然拒绝，被迫放弃来自罗马的支持。

生死攸关的时刻到了，我们的故事也将就此进入尾声。

安东尼站在命运的十字路口。他可以选择偕屋大维娅回到罗马，努力在祖国重塑自己在远征帕提亚失败中蒙上阴影的权威和形象。而这无疑意味着他——至少在眼下——要放弃克娄巴特拉，以及自己梦寐以求的东方荣耀和权力，但前途未卜。

或者他还可以将所有赌注押在东方，重新开始新的征程，并在不断的胜利中积累可以与屋大维分庭抗礼的威望、权力和财富，并最终将他击败。换言之，凭借东方的资源和势力，在罗马东山再起。克娄巴特拉的支持是这一切构想必不可少的条件，但这必然意味着放弃屋大维娅，并将无可避免地与屋大维彻底决裂。这将是一场无路可退的豪赌。

安东尼在那段日子中内心的煎熬可想而知，这是决定自己未来的关键时刻。

而克娄巴特拉呢？她对此有何看法？女王对形势了如指掌。她决定——绝食。

让我们重新梳理，试着弄清原委。面对安东尼可能偕屋大维娅返回意大利的现实，克娄巴特拉的内心陷入焦虑，这不仅是她对他的感情使然。作为一名经验丰富的政治家，她明白，如果安东尼和屋大维达成共识，自己和孩子们就都将被置于危险的境地。她和屋大维之间断然没有实现和平或妥协的可能。主要原因来自小恺撒，正是他的存在对屋大维的政治形象构成了挑战，在屋大维将自己塑造成恺撒唯一继承者的同时，这个男孩却以恺撒的直系后代自居（或者至少克娄巴特拉这样声称）。两年之前，缺乏军事经验的屋大维还无法对埃及构成真正威胁，然而如今，在那场战胜赛克斯图斯·庞培的伟大海战和安东尼远征帕提亚失利的背景之下，形势早已今非昔比。倘若克娄巴特拉想要保住自己在地中海的权力并为儿子赢得一个安全的未来，她就别无选择：只能与安东尼共进退，祈祷他在下一场与屋大维（如今已无法避免）的冲突中获得胜利。而他如何才能成功？

首先必须使安东尼远离屋大维娅。克娄巴特拉对这个带来政治威胁的女人恨之入骨。此外，她还对这个危险的情敌满怀嫉妒，因为她曾夺走了自己的男人。因此，为了说服安东尼，她不惜以绝食相逼，任由自己变得形销骨立，以此表明一旦遭到抛弃后的求死之心。

　　普鲁塔克写道："她整日几乎水米不进，每当安东尼前来探视时，她总是一副失魂落魄的样子，在他离开后，又陷入痛苦和沮丧之中。她故意在大庭广众下哭泣，但随即抹去眼泪，故作掩饰，仿佛担心引起安东尼的注意……谄媚之徒对克娄巴特拉曲意逢迎，纷纷指责安东尼薄情寡义，置这个一片痴心的女人的生死于不顾。在他们口中，屋大维娅与他结婚只是为了她的哥哥和国家利益，她还利用自己作为安东尼妻子的身份为所欲为。而克娄巴特拉—— 一位拥有万千子民的女王，却作为安东尼的情人遭到唾弃，而她对此没有丝毫怨言，只为能够与他长相厮守，离开他的陪伴，她必死无疑。最终，他们成功令安东尼回心转意，怀着对克娄巴特拉可能轻生的担忧，安东尼返回亚历山大。"

　　不管安东尼此举是出于真情实意还是政治考量，都已无从考证，他最终选择了和克娄巴特拉一起留在东方。在信中，他要求当时已经抵达雅典的屋大维娅交出军队、补给和他们的长子，然后返回家中。

　　可想而知，消息一经传出，就在罗马引起了轰动，屋大维佯装受到冒犯，命令已嫁作他人妇的屋大维娅搬离她一直居住的安东尼宅邸。然而，作为一名伟大的女性，屋大维娅为了缓和局势，劝说自己的哥哥抛开私人恩怨，以免再次将罗马拖入内战的旋涡：她将一如既往留在家中，仿佛安东尼就在身边一样养育他们的孩子，包括他与富尔维娅所生的孩子。作为一名女性，屋大维娅展示出有目共睹的伟大智慧和美德。

与此同时，安东尼犯下了又一个政治错误，为自己的信誉再次蒙上阴影。在纳洛丘斯海战中全军覆没之后，赛克斯图斯·庞培逃往小亚细亚避难。获悉安东尼失利的消息，他试图与帕提亚人缔结条约，希望在这个罗马宿敌的支持下开辟自己的势力范围，重新投入罗马政治权力的角逐。马克·安东尼发现了他的行踪，随即派出一支由军团长马库斯·提提乌斯率领的大军展开追捕，小庞培被捕后并未依据罗马公民的权利接受正式审判，就被提提乌斯下令处决，至于这一匪夷所思的行为究竟是安东尼的命令还是其自作主张已经无从考证。

消息如闪电般划过地中海。屋大维抓住机会，以最高规格沉痛哀悼赛克斯图斯·庞培，显示出他令对手相形见绌的宽大胸襟，再次赢得了元老院和民众的支持和拥戴。

安东尼和克娄巴特拉最后的胜利

安东尼清楚东方战场的胜利将决定自己的未来，公元前35年的夏季和秋季，他都辗转奔忙于叙利亚和朱迪亚之间，在筹备进攻的同时，巩固与各藩国的联系。正是在这种背景之下，他为自己的女儿和特拉勒斯城的一位上流人物举办了一场婚礼，正如前文所述：这个不幸的女儿不久就离开了人世，而她生前诞下的女婴最终嫁给了史称波列蒙一世的本都国王，成为王后。匪夷所思的是，安东尼的 DNA 在他死后通过自己的孙女继续进行着统治，尽管她的领土只是一块弹丸之地。她的姓名是什么？本都的皮托多里斯……

公元前35年和前34年相交的冬季，安东尼和克娄巴特拉在亚历山大进行大战前的准备：一场入侵之战已经箭在弦上。然而，在最后时刻，安东尼改变了目标，他决定将进攻的矛头转向亚美尼亚王国。原因何在？首先，罗马人民对于两年前（阿塔瓦德斯）国王临阵脱逃的行径依然耿耿于怀，正是他的背叛导致帕提亚远征以惨败告终。此外，安东尼还收到了亚美尼亚国王和屋大维暗中勾结的情报：对他发动攻击，可以在未来的东方战场翦除一位危险的对手。安东尼率军长驱直入，俘虏了叛徒国王，在占领亚美尼亚全境之后，他留下部分罗马军团驻防，将亚美尼亚变成了一个罗马行省，随后班师凯旋，返回埃及。

诚然，帕提亚人毫发无损，但这次远征依然为罗马征服了毗邻敌国的领土，具有重要的战略价值。

然而，消息传来，舆论并没有随之平息：罗马在风雨飘摇中取得的领土扩张并没有化解人们心中的芥蒂，因为敌人依旧安然无恙——或许恺撒可以做得更好。因此，安东尼作为一名伟大军事领袖的光芒正在日益暗淡，部分原因在于屋大维正在竭力抹杀他的功绩。然而，来到埃及，人们眼前却呈现出了截然不同的景象。公元前34年秋，当安东尼返回亚历山大时，他受到了英雄般的礼遇。在这一时期铸造的钱币上，一面铸有安东尼头戴亚美尼亚王冠的肖像（为了缅怀亚历山大大帝的壮举，他同样征服了亚美尼亚），克娄巴特拉的头像则出现在另一面。

此外，一场盛大的凯旋仪式正在筹备之中，与众多罗马凯旋仪式不同的是，这场凯旋仪式由克娄巴特拉亲自筹备。

只见卡诺皮克大道的主街上张灯结彩。全城百姓纷纷涌上街头争相一睹这百年难遇的盛况，有人趴在窗前探身张望，有人登上屋顶极目远眺。凯旋仪式的队列如期而至。罗马和埃及旌旗在队首迎风招展，囚犯的队伍紧随其后，亚美尼亚国王阿塔瓦德斯和他的家族成员也在其中。这是一次公开羞辱，围观的人群对他破口大骂，肆意侮辱。国王戴着象征王室身份的银质镣铐（一些史料认为是黄金镣铐）。这时，人群中突然爆发出一阵欢呼。马克·安东尼的两轮战车出现在国王身后。安东尼没有穿着罗马统帅的戎装，而是一身天神装扮：宛若狄俄尼索斯下凡。只见他头戴常青藤冠，身着藏红色华服，足蹬长靴，手握圣杖。众所周知，他乘坐的两轮战车正是狄俄尼索斯的象征（与罗马酒神巴克斯如出一辙，他的战车经常出现在博物馆石棺上的雕刻中）。当然，如今看来这更像是一场狂欢游行，而不是宣扬军威的胜利阅兵。但是，正如我们所见，作为一种时代象征，这场游行的影响已经深入人心。无怪乎安东尼如此装扮，今天他不仅是幸福和自由的化身，还成了解放的象征，是希腊万神殿中受万众膜拜的天神之一。

许多百姓生平首次目睹这种游行盛况，人们无不对这个克娄巴特拉统治下的伟大新时代满怀憧憬。

游行继续进行，士兵依次列队通过。此刻克娄巴特拉身在何处？她正等候在游行路线的必经之地——塞拉皮斯神庙中。在众多圆柱和珍贵大理石的环绕下，一座大型银色舞台在这座建筑中拔地而起。只见舞台四周卫兵林立、旗帜招展。女王端坐在舞台之上，身下的黄金宝座在阳光下闪闪发光，仿佛一尊从金色火焰中升起的神像。当亚美尼亚王室家族来到她面前时，这些阶下囚既没有摇尾乞怜，也没有低声下气地向她致敬（尽管据卡西乌斯·迪奥所记载，这些行为已经事先获得了承诺）。他们怀着极大的勇气，无视女王的身份，而是对她直呼其名。这次冒犯也将令他们付出高昂的代价。事实上，在亚克兴大败之后，克娄巴特拉就下令将亚美尼亚国王处死。

游行结束后，安东尼为亚历山大人民奉上了一场满是表演和礼物的盛宴，或许——据包括史黛西·希夫在内的多位作者称——克娄巴特拉还亲自向亚历山大市民分发食物和金钱，借胜利之机运用政治伎俩笼络人心。

然而庆典活动的高潮尚未到来。

数日后，应安东尼夫妇之邀，全城市民来到体育场，只见那里矗立着一座巨大的银色讲坛，上面赫然摆放着两张黄金王座。

现场人头攒动，摩肩接踵，一双双眼睛闪烁着期待的目光，盼望着即将到来的惊喜时刻。这时，伴随着一阵排山倒海的欢呼，安东尼、克娄巴特拉和他们的孩子身着怪异的服装出现在人们面前。他们着装的含义不言而喻。安东尼身着狄俄尼索斯/欧西里斯的装束，克娄巴特拉则装扮成伊希斯女神再世的模样。两人结合的神圣寓意再次得以展现。女王是整场仪式中当之无愧的主角。据史黛西·希夫记载，她身穿一袭褶皱长袍亮相，身上的条纹装饰闪闪发光，裙摆上的流苏一直垂落至脚踝。她头顶的皇冠上想必还饰有三条神蛇的图案。

只见安东尼起身张开双臂，示意人群保持安静。台下随即变得鸦雀无声。只有一个婴儿在母亲的怀抱中不停哭喊。这时，他用希腊语开始高声演说。而这些回荡在空中的话语将被载入史册。

他首先宣布克娄巴特拉为"众王之女王"、恺撒里昂为"众王之王"。随后演讲正式开始。安东尼当众肯定了恺撒里昂作为恺撒和克娄巴特拉后代的身份。此番声明，据卡西乌斯·迪奥称，构成了对屋大维的致命一击。此时此刻，恺撒里昂自然继承人的身份令屋大维这个恺撒可怜的养子黯然失色。

接下来到了见证历史的时刻。身着狄俄尼索斯的装束，安东尼宣布将罗马领土和众多行省分别赠予女王和她的后代。首先，克娄巴特拉和恺撒里昂被再次确认为埃及、塞浦路斯、非洲和柯里叙利亚的统治者。其他子女分别身着即将成为自己领地的新王国传统服饰等待接受分封。最年幼的托勒密·费拉德尔甫斯，全身亚历山大大帝装扮，获得了幼发拉底河以西直到达达尼尔海峡，包括叙利亚、腓尼基和西里西亚在内的广袤领土。亚历山大·赫利俄斯，身着米堤亚和亚美尼亚服饰，获得了亚美尼亚、米堤亚以及帕提亚帝国（留待日后征服）。而他的孪生妹妹克娄巴特拉·塞勒涅则得到了昔兰尼加和克里特岛。

典礼接近尾声时——在安东尼演讲时一片寂静的大厅——爆发

出震耳欲聋的欢呼声。人们见证了这个家庭和睦的感人瞬间，孩子们和父母互相拥吻，随后各自在卫兵的簇拥下起身离去；卫兵中既能看到全副武装的亚美尼亚人，也能发现马其顿人的身影。

安东尼这番惊世骇俗的举动，作为亚历山大赠予被载入史册，同时也宣告了克娄巴特拉卓绝的胜利。有了这些刚刚割让的领土，女王不仅可以恢复托勒密王朝有史以来的最大疆域（仍属希律王统治的朱迪亚除外），而且至少在纸面上将位于亚细亚的大片敌国领土收入囊中。亚历山大赠予真正铸就了克娄巴特拉的神话地位。

然而来自罗马的反应却截然不同。

第十章

亚克兴之战

隔空上演的口水大战

罗马人民大失所望，安东尼在亚历山大举行的庆祝活动，令他们感到自己对亚美尼亚的胜利遭到了不公的剥夺。人们的失望无以复加，因为罗马凯旋仪式中历来有着向民众分发食物和金钱的传统。此外，安东尼已经离开罗马长达数年之久，而这些领土赠予充分印证了他在克娄巴特拉面前卑躬屈膝的流言。

屋大维同样备受困扰，因为他将恺撒里昂被承认为恺撒唯一合法后代视为对自己的冒犯。

一场口水战就这样隔空上演，屋大维和安东尼为了打击对手无所不用其极。

在元老院中，屋大维控诉安东尼沦为克娄巴特拉的玩偶，沉迷于东方风情无法自拔。安东尼则就李必达遭遇不公罢黜、擅自占领西西里岛，以及未能派遣军团和舰队等事宜向屋大维发起针锋相对的质问。

为了推翻恺撒里昂作为恺撒唯一合法继承人的结论，屋大维公然造假：在他的指使下，盖乌斯·欧庇乌斯（一位恺撒的密友或许在屋大维的胁迫之下）伪造了一封信件，他在信中矢口否认恺撒里昂就是这位伟大军事统帅的儿子。

随后安东尼展开反击，开始为自己塑造罗马基本价值捍卫者的形象，并不遗余力地诋毁对手的合法地位。

而罗马市民对这场冲突有何反应？事实上，罗马社会从中一分为二：克雷西·马洛内教授曾经指出，拥护传统的极端保守派选择站在屋大维一边；而年轻的贵族和知识分子则成为安东尼的支持者——尽管奉行百无禁忌的享乐主义，人们却在他对生活的热爱中嗅到了一丝清新的空气，而他对希腊化世界的开明态度也备受人们推崇。

在纷至沓来的指控中，安东尼被描绘成一个酒鬼；与此同时，屋大维的卑微身世成为街谈巷议的话题，有人甚至将他描绘成磨坊主的孙子和一位零钱兑换商的后代（"你母亲出售的面粉来自阿里西亚最破旧的磨坊，被尼鲁鲁姆沾满铜臭的双手反复揉捏"，这一含沙射影的暗示被苏维托尼乌斯记录在案）。

克娄巴特拉同样沦为被攻击的目标。就是在这一时期，她被贴上了"水性杨花"的标签，还成为诗人贺拉斯口中的红颜祸水，这一绰号一直流传了几个世纪。

当然，有关他们风流韵事的指控最为恶毒。安东尼与克娄巴特拉的关系以及他向来放浪形骸的私生活毫无悬念地成为屋大维的攻击目标。而安东尼同样找到了对手的软肋：他宣称屋大维之所以被恺撒收养，得益于他年轻时恺撒男宠的身份。此外，安东尼还指控屋大维使用滚烫的核桃壳烧除腿毛，为双腿"打蜡"的习惯显得不伦不类；安东尼甚至还指责屋大维在一次宴会上曾拉起一位执政官妻子的手，在她丈夫面前将她拖入卧室，随后这位妻子被带回餐厅时双耳通红，鬓发蓬乱。

两人的往来书信中也充斥着激烈的辱骂和控诉。苏维托尼乌斯选取了一封安东尼的私信，生动再现了两人当年火药味十足的语气（和旺盛的情欲）："这就是你幸灾乐祸的理由？就因为我和埃及女王同床共枕？她是我的妻子！这可不是一时兴起心血来潮——我们已经度过了九年时光。你自己又是个什么东西？你背着德鲁希拉都干了什么？我祝你身体健康，在这封信之前都有谁上过你的床？是特尔图拉、特兰提拉、鲁菲拉，还是西尔维娅·提提色尼娅？也许你一概来者不拒。你在哪里和谁鬼混跟我有什么关系？"

屋大维的政变和宣战

公元前33年年末，安东尼和屋大维之间无法弥合的裂痕已经成为公开的秘密，两人的战争不仅无法避免，而且日益逼近。

安东尼正在亚美尼亚为发动新一轮帕提亚远征的条件进行评估，此时后方突然告急。当意识到与屋大维的战争已经迫在眉睫时，他决定前往小亚细亚，并命令手下的罗马军团主力向以弗所集结，他将在那里建立部队的冬季营地。

他向克娄巴特拉发出了相同的命令，女王将率领她的舰队与自己的爱人会合。

安东尼导演了一场巧妙的政治冒险。公元前32年新年伊始，他的两位忠诚支持者被任命为执政官（格涅乌斯·多米提乌斯·阿赫诺巴尔布斯和盖乌斯·索修斯），两人受命对安东尼做出的所有决定予以批准，其中就包括著名的亚历山大赠予。

这个烫手的山芋被扔给了两位新任执政官和元老院。会议于2月11日召开，屋大维没有出席。据史料记载，阿赫诺巴尔布斯没有表明立场。与此同时，索修斯发表了一番声援安东尼的演说，对屋大维进行了猛烈攻击。索修斯还提出了一项谴责动议，但遭到当场否决。

屋大维的回应如闪电般迅疾，他发动了一场载入史册的政变。应元老院召唤，他带领几个士兵在武装支持者的簇拥下进入元老院大厅，站在两名执政官之间，用一场演说为自己的行为进行辩护。随后，他宣布解散元老院，重新召开会议，并承诺将当场公布有关安东尼的惊人内幕。在现代民主社会，屋大维的行为将被界定为建立在威权之上的独裁专政。当然，罗马帝国并不是一个民主社会，但这些接踵而至的事件，将给这位被尊为奥古斯都的罗马帝国之父模糊、暴虐、冷酷的公众形象再次蒙上阴影。

两位执政官离开罗马以示抗议，并随其他三四百名元老一起投奔安东尼阵营，由此可见安东尼依然享有广泛的拥戴。

此时，我们身处公元前32年4月，马克·安东尼和克娄巴特拉正在萨摩斯岛上共度来之不易的短暂假期。两人无忧无虑地送走了最后一段欢乐时光。随后，他们前往雅典，在那里纪念两人的盛典和演出不断上演，克娄巴特拉试图通过大量馈赠再次赢得民众的拥戴。就在这时，安东尼做出了一个艰难的决定——他抛弃了屋大维娅。此刻，他已经选择了东方和克娄巴特拉：这是埃及女王对罗马赢得的第一场胜利，也将成为她唯一的一场胜利。

而屋大维娅有何反应？这一刻她陷入了深深的悲伤，普鲁塔克这样写道："传说她带走了安东尼所有的孩子，除了跟随父亲的长子。她泪流满面，想到自己也可能成为开战原因之一，她就更加痛不欲生。但是，罗马人无不为她感到惋惜，对安东尼更是如此，尤其是那些亲眼见过克娄巴特拉的人，他们知道屋大维娅拥有埃及艳后无法企及的美貌和年华。"

显而易见，安东尼破裂的婚姻是对屋大维的又一次沉重打击（尽管事实上这或许正是他求之不得的结果），但屋大维却因此获得了另一张底牌，这次他必须耐心等待合适的出牌时机。在和屋大维彻底摊牌之前，安东尼决定起草一份遗嘱，并根据罗马传统，委托两位密友马库斯·提提乌斯（杀害赛克斯图斯·庞培之人）和卢修斯·穆纳提乌斯·普兰库斯，将遗嘱交给维斯塔贞女保管，准备在他去世后公布。

然而，在将文件交给维斯塔贞女后，两人前往屋大维营中，向他泄露了遗嘱的内容，安东尼起草遗嘱时两人就在现场，因而对遗嘱内容一清二楚。屋大维得知，安东尼除承认恺撒里昂为恺撒亲生骨肉，确认将遗产（和领土）留给他和克娄巴特拉的子女外，还要求死后安葬在亚历山大。

屋大维用高官厚禄犒赏了两个叛徒：马库斯·提提乌斯被任命为执政官，而穆纳提乌斯·普兰库斯将出任监察官。正是这位穆纳提乌斯·普兰库斯日后提出了"奥古斯都"的称号，令屋大维永载史册。

就在这时，屋大维却干出了一桩亵渎神明的勾当：他将维斯塔贞女手中的遗嘱据为己有，并在元老院当众宣读。至于他只是将最不可告人的部分别有用心地公之于众，还是如众多学者所称，进行了大量篡改以激起公共舆论的蔑视，都已经无从考证。有人甚至认为，整份遗嘱都是屋大维的凭空捏造。

无论如何，此举获得了预期的反响。元老院和部分民众勃然大怒，他们将这一切视为一种背叛，尤其是安东尼希望被安葬在亚历山大而不是罗马的决定。至此，公共舆论开始倒向屋大维，人们纷纷抛弃安东尼，加入屋大维的阵营。

与屋大维并肩作战的还有那些所谓的金融游说团体。安东尼决定将征税权下放给各东方藩国，让他们实现充分自治，这最终导致——就像罗纳德·塞姆所说——"在安东尼的体制下，权力被下放给东方附庸国王以减轻帝国负担，这不仅减少了帝国的收益，而且限制了罗马金融家和包税人的剥削范围。利益本能地披上了正义和爱国的外衣，宣泄着自己的愤怒。"商人、元老和骑士阶层支持屋大维开战，将东方领土视为他们在胜利后唾手可得的猎物和待宰的肥羊。

屋大维此时春风得意——他同时获得了人民和资本的双重支持。

此时，他说服元老院褫夺安东尼后三巨头之一的地位，革除其所有权力和公职，将他贬为一介平民。

他随后要求元老院宣战。然而敌人是谁？不是众人意料之中的安东尼，而是克娄巴特拉。此举的精妙之处在于，这场战争将不再是一场罗马人之间的自相残杀，而是用一位异族女王作为替罪羊，点燃罗马人心中的爱国热情。此外，迈克尔·格兰特指出，"其实屋大维的真实意图，是使安东尼的罗马支持者们改变他们对（克娄巴特拉）的立场，留出回心转意的余地"。

按照古罗马惯例，对克娄巴特拉的正式宣战发生在一场庄严的典礼上。屋大维率领队伍前往坐落在马切罗剧场对面的贝娄娜神庙，这位司战女神的神庙当时尚未完工。在那里，他声色俱厉地发表了一番讨伐克娄巴特拉的演说。随后根据传统，他接过一根沾有鲜血的长矛，将它掷向矗立在神庙外的宣战柱。

战争开始了！

亚克兴之战前奏

这是公元前32年的秋天。安东尼和克娄巴特拉正在对一支庞大的军队进行检阅，这支军队由30个罗马军团组成，拥有2.5万名轻步兵和1.2万名骑兵。

其中11个罗马军团被派往埃及和昔兰尼加，而剩下的19个军团将成为进攻屋大维的主力部队。

带有纪念意义的钱币在此时被大量铸造，留下了关于这段历史的鲜活证明：每一枚硬币的一面都铸有雄鹰图案以及军团名称番号的标志，另一面则铸有一艘克娄巴特拉的战舰。

这对王室夫妻从雅典出发前往佩特雷，这里是他们钦点的冬季行宫。安东尼的部队中并非只有罗马和埃及士兵，其中还包括各藩国国王派来的盟军，一些熟悉的名字引人注目，仿佛散发着一股传奇的气息：科马根的米特里达特、色雷斯的萨达拉斯、帕夫拉戈尼亚的费拉德尔甫斯、上西里西亚的塔尔孔德穆斯以及利比亚的博库斯……就连米堤亚国王也派来了一队人马。其中还能看到卡帕多西亚的阿基劳斯，正是马克·安东尼把他推上了王位，令安东尼念念不忘的格拉菲拉的儿子也在这支军队中服役。假如克娄巴特拉得知这一消息……

在这支庞大的陆军之外，还有一支海军力量。安东尼在以弗所至少集结了8 000艘船只，其中的500艘将被用于他与屋大维的战事。

屋大维的情况如何？他已经动员了16个罗马军团，包括8万名军团士兵（大多为身经百战的老兵）和1.2万名骑兵。包括海军陆战队和辅助部队在内，共有10万大军和400艘战舰供他调遣。

数周来，安东尼在沿海地带和希腊群岛上大举驻军，打造了一条军事据点链条（科孚岛、伊萨卡岛、扎金索斯岛、迈索尼、马塔潘角、克里特岛和昔兰尼加），沿途监视着从埃及远道而来的军事补给。如今看来，这无疑成了他的阿喀琉斯之踵，或许还是左右战局的关键因素。安东尼离开"家乡"劳师远征，将自己脆弱的补给线暴露在敌人的攻击范围内，而屋大维则在位于意大利附近的战场上气定神闲，因为他可以源源不断地获得人员、食物和武器的快速支援。

然而这场战役将在哪里打响？安东尼和克娄巴特拉为什么选

择固守希腊沿岸，而不是登陆意大利，与敌人展开一场大规模陆地对决？

他们究竟有何顾虑？原来他们因位置过于靠南而无法入侵意大利。

安东尼非常清楚，在屋大维的诽谤产生效果之后，率领一支军队踏上故土——尤其是在克娄巴特拉的陪伴下——将引发意大利民众的抵触和反感，使自己成为众矢之的，因而他决定另辟蹊径。安东尼没有主动发起进攻，而是选择"守株待兔"：他试图迫使屋大维离开意大利半岛前往希腊，这样自己就能不费吹灰之力地将他击溃，然后乘胜登陆意大利。安东尼知道时间对自己有利，因为屋大维财政吃紧，他需要速战速决，因此一定会主动求战。

安东尼和克娄巴特拉的战略可谓用心良苦，部分原因在于：众所周知，屋大维在一场陆战中毫无胜算，因此他们率领舰队埋伏在安布拉基亚湾内等待对手的到来。

一切都将发生在这片景色壮美的天地中，只见露出浅蓝色海床的海湾镶嵌在碧海蓝天之间，海风不时掠过发梢——置身其中，生命成为一种油然而生的本能，而孕育其中的热情更是喷薄欲出。然而，这里即将成为见证仇恨和死亡的修罗场。

屋大维清楚，与安东尼在陆地开战意味着巨大的风险。应该何去何从？他决定改变游戏规则。他将避开安东尼令人望而生畏的陆军……而是在海上与他一决胜负。他的舰队，尤其是他伟大的将领，那个曾在一场宏大海战中击败赛克斯图斯·庞培的男人——阿格里帕，是他取胜的全部希望。

阿格里帕：屋大维手中的王牌

与屋大维同岁的阿格里帕出身平凡，但两人自幼一起玩耍。他们有着共同的成长经历，当恺撒遇刺的噩耗传来时，两人正身处于阿波罗尼亚的军营中。从那时起，阿格里帕一直追随屋大维至今。

作为一位出色的战略家，他是罗马历史上最伟大的统帅之一，无疑也是那个时代最杰出的海军将领。恺撒之后，他是第二位率领军队越过莱茵河的罗马指挥官。他拥有惊人的体能，在作家维莱乌斯·帕特尔库鲁斯笔下，阿格里帕"从未被疲劳、失眠和危险击垮，无时无刻不对拖延深恶痛绝，始终保持雷厉风行的作风"。

现在他来了，带着自己与生俱来的天赋，准备为敌人献上出其不意的"惊喜"。在与赛克斯图斯·庞培的战斗中，正是依靠他天才般的构想，"扒钩"装置才得以启用。而此刻他正在思考什么？

很快，阿格里帕就用一次出人意料的突袭宣告了战争的开始。

公元前31年3月伊始，冬季中断的地中海航运活动尚未恢复，阿格里帕无视命运的安排，发动了一次大胆的突袭：他从布林迪西和塔兰托起航，带领半支舰队向安东尼位于迈索尼的军事基地发动进攻，负责守卫的盟军首领毛里塔尼亚的博古德在战斗中阵亡。占领这座重要基地后，阿格里帕有效切断了从埃及出发的海上运输线。此外，这座基地还为他的后续进攻提供了依托。

一些现代历史学家相信，安东尼的整场战役部署就是因为这次行动而功亏一篑。阿格里帕老谋深算的战略天赋和他在亚克兴之战中扮演的关键角色显而易见。

安东尼和克娄巴特拉的部队遭遇了他们的首次叛变，相隔不远的斯巴达城邦倒戈加入了屋大维阵营。

而噩耗接踵而至。在一次协同作战中，屋大维几乎与阿格里帕同时行动，他穿过大海，率军在伊庇鲁斯登陆，随后一路向南如入无人之境。

与此同时，阿格里帕指挥他的舰队再次出海，占领了安东尼和克娄巴特拉的另一处军事据点：科孚岛。

屋大维的战略意图因此暴露无遗：海陆并进，双管齐下。当安东尼和克娄巴特拉为一场陆地大战展开部署时，屋大维已经劈波斩浪，切断了对手的补给线路，并从海上对敌人形成有效包围。在陆地上，屋大维同样向安东尼快速推进，安东尼被迫迅速调动他的罗马军团。当两支军队陷入对峙时，海上的威胁接踵而至：阿格里帕攻克了安东尼又一座据点莱夫卡扎，从而从海上对他完成合围。安东尼的舰队此刻在"家中"遭到软禁，被封锁在安布拉基亚湾内。安东尼庞大军事部署的反应迟钝得令人惊讶，阿格里帕的战略素养和战术运用同样令人叹为观止。

仔细审视之下，正如历史学家和古代战争专家乔瓦尼·布里吉所说，尽管安东尼身为罗马最伟大的统帅之一，但他无疑毫无军事天赋：作为一位蹩脚的指挥官，他时常犯下致命的战略失误，从而造成了帕提亚远征的灾难性结局——当时他兵分两路，导致携带大炮和围城器械的部队遭到歼灭——和亚克兴之战中的自杀行为。布里吉对亚克兴之战的评价一针见血："这场不切实际的敌我对弈实际上输赢已见分晓——安东尼的舰队主力在他发起的连续作战中疲于奔命，被困在安布拉基亚的战舰在数量上处于明显劣势，已经无法获得补给和增援。"

给安东尼和克娄巴特拉迎头痛击的不仅是阿格里帕的精明和战略；如期而至的寒冬同样令整个舰队苦不堪言；营养不良和疾病吞噬着舰队的战斗力，大批士兵弃船而逃。

在几个月的僵持中，双方按兵不动，等待时机。

春天的到来并没有令局势产生一丝改变，夏天接踵而至。潮湿闷热的空气为痢疾的传播提供了便利，尤其是携带疟疾的蚊虫大量滋生，令安东尼的部队叫苦不迭。部队在沼泽地区安营扎寨，解决营地中数万士兵的排污问题成为一项艰巨的任务。

尽管屋大维的营地位于米卡里特奇高原上（海湾北部），那里通风更好，气候宜人，但他也饱受缺水之苦。

两支部队互相挑衅。安东尼在海峡南岸筑起另一座营地，做好开战准备。然而，在察觉敌人所处的困境后，屋大维拒绝迎战。消息突然传来，他的骑兵（在泄露遗嘱的叛徒马库斯·提提乌斯率领下）在卢罗斯谷地大胜安东尼。这给安东尼部队的士气造成了毁灭性打击。盟军国王帕夫拉戈尼亚的费拉德尔甫斯和色雷斯的罗伊米塔尔克斯，甚至就连最忠诚的多米提乌斯·阿赫诺巴尔布斯也叛逃投敌。尽管沮丧万分，安东尼依然派人将他的所有行李连同仆人和朋友一并送往敌营。

即便如此，安东尼依然试图通过声东击西的方式冲破封锁，在派遣舰队出海的同时，用陆地行动分散敌人的注意力。随着这次行动以失败告终……更多盟友弃他而去，其中就包括加拉提亚的阿明塔斯国王和他的2000名骑兵；希腊总督紧随其后；甚至还包括昆塔斯·德里乌斯，这位智谋多端的外交官曾成功说服克娄巴特拉前往塔尔苏斯与安东尼会面。

空气中弥漫着宿命的气息……

8月末，在经过至少4个月的海上封锁之后，最后一次战争会议在安东尼和克娄巴特拉的营地召开。

最后一次战争会议

事已至此，似乎每个人都很清楚，他们无法赢得亚克兴之战，当务之急是设法摆脱眼前的困境。两种备选方案被摆上台面。

第一个方案来自陆军司令普布利乌斯·卡尼狄乌斯·克拉苏，安东尼最忠诚的部下之一。他的计划一目了然：让克娄巴特拉率领她的舰队返回埃及，全军向色雷斯或马其顿进行战略撤退，在那里寻找有利地势与屋大维进行决战。而且盖塔国王德罗弥凯特斯曾许诺为他们提供一支强大的军队。卡尼狄乌斯强烈坚持，任何一位像安东尼一样只有陆战经验的指挥官，如果头脑正常都不会将强大的军队装上战舰，投入徒劳无功的海上突围行动。

克娄巴特拉提出了另一个重要计划：她数量庞大的战舰负责从海上突围，与此同时，卡尼狄乌斯率领部队从海岸撤退，前往约定地点，等待突围的舰队和增援部队前来会合。气候因素也是促使女王做出这一提议的原因之一：她不想冒冬季来临时依然被围困在巴尔干半岛的风险。最后，她反复质问，如果采用卡尼狄乌斯的陆地方案，制海权将被拱手交给屋大维，到时自己的舰队如何能够返回埃及？

在这些战略构想中，安东尼权衡着最佳方案，最终他决定采用克娄巴特拉的提议：他将率领所有可用战舰全力突破海上封锁。

今天，历史学家们依然对这一决定背后的真实动机，以及克娄巴特拉在其中发挥了怎样的作用充满疑问。

然而，有一点毋庸置疑：亚克兴之战将无法被定义为一场真正的战斗，而是一次打破海上封锁的突围行动。如果战斗打响，布里吉教授重申道，充其量也只是为了打开进入外海的通道，这支千疮百孔的舰队已经不复昔日雄风。与此同时，卡尼狄乌斯的任务是率领陆军脱离战场。用一个委婉的方式说，这一方案的本质就是在海陆两线同时进行的"战略"撤退。

"结局将会如何？"每个人心中都惴惴不安。在近代科技问世前的古代社会，人们不仅从神庙圣坛举行的祭祀中寻找答案，还会求助于无处不在的各种预兆。根据普鲁塔克和卡西乌斯·迪奥的描述，此处列举若干如今看来离奇荒诞的预兆。

● 在克娄巴特拉的旗舰"安东尼亚达号"上，一个可怕的征兆出现了：一群飞鸟闯入船尾下的燕窝，将燕子赶走，并杀死刚刚孵化的幼鸟。

● 位于阿尔巴的一尊安东尼雕像突然大汗淋漓，数天中不断渗出鲜血且无法擦拭干净（雕像出汗或渗血的现象拥有古老的渊源）。

● 古罗马竞技场中的朱庇特战车发生损毁。连日来在希腊海上闪烁的亮光突然升入天空。

● 一股来自埃特纳火山的熔岩流摧毁了大量城邦。

最后一天

在战斗开始前数天，安东尼下令焚毁多余船只——多为小型运输船。屋大维和他的手下站在营中观望，只见一缕缕烟柱在海风中盘旋着升入天空。在幸存的230多艘船中——最初的500艘战舰如今损失过半——有60艘由克娄巴特拉提供。此时，阿格里帕和屋大维正率领他们的400艘战舰在海面上严阵以待。这将是一场万劫不复的战斗。

此时，2.2万名罗马军团士兵和2 000名弓弩手即将登上安东尼的战舰，他们被正式告知需为即将到来的恶战做好准备。安东尼随后下令全体登船——这显然是一个荒唐的命令，因为士兵的重量将增加船体吃水深度，战舰将为此付出速度和敏捷的代价，这在依靠船桨提供全部动力的海战中不啻一场灾难。领航员在询问原因时被告知，这些士兵登船是为了堵截逃跑的敌人。

在部队登船过程中，马克·安东尼从一名站在麻袋堆旁的百夫长身边经过。他们看着对方。两人曾经在无数次战斗中出生入死。百夫长的身上布满疤痕，他对即将到来的海战无动于衷。据普鲁塔克记载，他对安东尼说："嗨，将军……你为什么对我的伤疤和短剑视而不见，反而对这堆破船寄予厚望？把海战留给埃及人和腓尼基人吧，让我们回到熟悉的陆地，大不了和敌人拼个你死我活！"安东尼一言不发地盯着他，随后转身离开，只是做了个手势，扫向他的目光仿佛在说"好样的！"。这番对话来自普鲁塔克的记录，完美地诠释了许多士兵在被迫面对陌生战场环境时内心的困惑。

与此同时，在发现敌人的举动后，屋大维将8个罗马军团和5个禁卫军团共计4万兵力送上了自己的战舰。安东尼和屋大维所挑选的都是身经百战的老兵。

然而三天来，双方舰队被恶劣的天气困在岸边，一股强劲的西风令安东尼驶入外海的计划成为泡影。两支舰队的战舰连绵不绝，船首的撞角涂着鲜艳的色彩，旁边还绘有眼睛的图案，密密麻麻的船桨宛如一片茂密的森林，这些都是那个时代的顶级战舰。

趁着大战前的平静，让我们了解一下这些战舰的构造。

从空中鸟瞰两支舰队，可以发现一个细微的差异：安东尼的战舰明显更加庞大，它们通常配备自上而下三层船桨甲板，顶层和中间各有两名桨手，一名桨手位于底层；而屋大维的战舰，一般只有两层船桨甲板，每层分别由两名坐在一条长凳上的桨手进行操作，船上搭载的桨手数量惊人，据美国大学讲师西·谢泼德称，前者拥有286名桨手，而后者为232人，船只的最大航行速度分别可达7.7

节和9.65节。换言之，屋大维的战舰体型更小但速度更快。

各位一定记得威廉·惠勒执导的电影《宾虚》中出现的著名场景，一个身材敦实的男人通过击鼓协调桨手的划水节奏。然而事实却不尽然：当时，一名被称为"号子手"的船员负责统一步调，他坐在船尾，用自己的叫喊声或长哨声控制节奏。

另一个惊人的特征是矗立在甲板上的战斗高塔，就像要塞上的敌楼，它们被称为塔楼，战舰越大，塔楼的数量越多。以迦太基战争为例，有些战舰上的塔楼多达8座：2座位于船尾，2座位于船首，其余4座分布在中间。与城堡一样，这些高塔上有士兵驻守，并备有石块、箭矢，以及各种攻击敌人的投掷武器。理所当然，这些战舰无不全副武装，船首骇人的青铜撞角高悬在水面之上，甲板和高塔上架设有弩炮之类的作战武器，这种大型十字弩能够以致命的精度发射箭矢和石块。

9月2日，战斗即将打响。安东尼和屋大维分别进行了战前动员：安东尼将屋大维斥为败类；屋大维则呼吁为罗马人的尊严而战，谴责克娄巴特拉对罗马人民权利的无情践踏，痛斥安东尼对埃及女王唯命是从。屋大维围绕这一点大做文章，他提醒自己的士兵，安东尼现在动辄以欧西里斯或狄俄尼索斯自居，并鼓励他们忘记他的罗马人身份，今后用塞拉皮斯代替他的本名安东尼。

屋大维随后登上一艘利布纳（一种单甲板轻便海盗船，罗马人为其增加了一层船桨甲板），他将在这艘配有两层甲板的轻型战舰上进行观战，因为阿格里帕才是真正的战场指挥官。

战舰纷纷驶入各自的战位。

在屋大维的部署中，撒丁岛总督马库斯·路利乌斯占据右翼，阿伦提乌斯居中策应，阿格里帕坐镇左翼。屋大维乘坐利布纳轻型战舰游弋在战场右侧，那里是主将的传统阵位，然而这场战斗的真正指挥，如前文所述，却是阿格里帕，而未来的奥古斯都一如既往地在战斗中隐身。

而反观安东尼一方，他部署了3支各由60艘战舰组成的编队，自己加入右路编队，将左翼编队交给了盖乌斯·索修斯，中路编队的兵力部署明显较弱。他的策略很简单：将敌人引向左右两翼的庞大编队，此时等候在战线后方的克娄巴特拉就可以安然无恙地穿过中路空当，一路奔向外海。

安东尼发出信号，带领他的舰队驶向海湾入口，随后由南向北"一"字排开。敌人就在前方不到一英里处，战舰分成两排在海面上依次展开，形成了一个半圆形阵地，就像一只张开的口袋，随时准备吞噬安东尼和克娄巴特拉的所有希望。

安东尼乘坐小艇在舰队中来回穿梭以鼓舞士气。屋大维在他的利布纳轻型战舰上做着同样的事情。

陆地上，两支部队停止了互相试探。他们在岸上的驻地间隔合适，此时正在各自的"领地"上关注着这场海战。

对峙在9月2日炙热的烈日下持续了数个小时。海面上的舰队就像一群巨大的恐龙随时准备扑向对手，一切仿佛静止了，直到正午时分。

当太阳达到顶峰时，一丝微风从天而降。战斗开始了。数以万计的士兵即将迎来生命的最后时刻。

亚克兴海战

　　安东尼向舰队下达了前进命令。岸上的士兵发出排山倒海的欢呼声，目送着同伴投入战斗。索修斯率先从左翼发起攻击，短短几分钟，他的编队已经冲出一英里，霎时间，遮天蔽日的飞石、箭弩夹杂着标枪从天而降，如疾风骤雨般砸向双方战舰的甲板。为了躲避骇人的喙形撞角对船身的撞击，阿格里帕命令舰队向身后的开阔海域撤退。这看似平常的部署实则暗藏玄机，他希望借此将安东尼的重型战舰诱入外海，那里宽阔的洋面可以为自己小巧快速的战舰提供充足的运动空间，从而发挥舰船性能和数量的压倒性优势；同时，阿格里帕还指挥舰队向侧翼展开，试图对敌军进行包抄合围；但安东尼的舰队及时察觉了对手的异动，也开始向两翼散开。碰撞不可避免。两支舰队冲入对方编队，陷入激烈的缠斗。目睹这些海上巨舰的运动如此灵巧而迅速，令人不禁对古人丰富的木工知识和精湛的造船技艺心生赞叹，这些能工巧匠凭双手建造的完美船身，在海面上劈波斩浪，如履平川。指挥官和船员们的操纵技能同样令人印象深刻，他们可以在极短时间内掉转航向，以迅雷不及掩耳之势向敌方舰船发起攻击。这一切都离不开高度的协同和默契，更与良好的训练和铁血的纪律密不可分。

　　激战中的海面不时传来船身碰撞的闷响，不堪重负的木板发出刺耳的哀号，呐喊声、嘶叫声此起彼伏。整块船板崩裂发出的清脆声响震动着士兵的耳膜。人们惊讶地发现，两支舰队展示了迥然不同的作战风格。一艘屋大维的战舰正掠过海面全速前进，从两侧船舷伸出的木桨分为上下两层，以整齐划一的节奏在怒海碧波中上下翻飞，仿佛一头正在呼吸的神秘生物，巨大的鱼鳃不断开合，它正在冲向一艘移动缓慢的庞大敌船。船首凸出的喙形撞角在泡沫四溅的海涛中若隐若现，就像深海怪兽的巨口令人不寒而栗。显而易见，它的目的是对敌船进行撞击，但攻击方式却出其不意。与一般鱼雷不同，它没有选择与敌舰船身垂直的前进轨迹，而是沿着精心测算的斜角接近目标。看着全速逼近的敌船，安东尼战舰上的士兵惊慌失措，在甲板上乱作一团，手忙脚乱地为一架装备了"铁爪"的弩炮进行发射准备。这是一种铁爪形状的锚枪，一旦命中来犯之敌就能牢牢抓住目标，将失去速度的敌船拖至侧舷，战斗塔上的士兵严阵以待，随时准备用手中的箭弩和长矛上演一场血腥屠杀。然而命运却和他们开了一个致命的玩笑，慌乱之中，仓促发射的弩炮无一命中目标，屋大维的战舰像一枚高速行驶的鱼雷快速逼近，撞击在瞬间发生了。在最后时刻，船桨被收回船舱，以防被碰撞产生的巨大冲击折断，而这正是安东尼的庞大战舰所无法完成的操作。剧烈的撞击随之而来，首先是船桨依次碎裂发出的脆响，喙形撞角撕开船体的闷响紧随其后，同时伴随着船体互相挤压的刺耳噪声。屋大维的战舰并未就此罢休，它带着长途奔袭的巨大能量横冲直撞，坚硬的喙形撞角像刀锋一样切入敌舰船身，汹涌的海水从巨大的破口奔涌而入。此刻，两艘战舰仿佛合为一体，一起在波涛中起伏摇摆。船身的切口处闪烁着金属的寒光，那是船首撞角，它可以在碰撞发生的瞬间从战舰上自动脱离。这并非设计失误，而是建造者刻意为之。撞角的作用就像蜜蜂的毒刺：它们可以在撕破船身的同时嵌入猎物的身体，与之一道沉入深海。

在遭到撞击的战舰上，箭矢、石块、标枪如飞蝗般从塔楼落下，屋大维的士兵伤亡惨重。塔楼上的士兵率先察觉到了倾斜的征兆，船身正在发生令人不安的侧倾，奔涌而入的海水很快灌满了船舱。位于下层的桨手纷纷涌上甲板，与罗马军团士兵挤作一团，使场面更加混乱。然而，对敌舰的攻击从未停止，只见它正在掉转船头，全力躲避雨点般的投掷武器。两枚燃烧的弹丸正中目标，引燃了屋大维的战舰，火势迅速蔓延，滚滚升起的浓烟在海岸上也清晰可见。与此同时，在遭到撞击的船只上，情况更加危急。此时被撞的船体已经发生了无可挽回的倾斜，正在沉入海中。船上人员别无选择只能跳入大海。对许多人来说，结局已经注定。在这种情况下，几乎没有人能够泅水逃生，落水的士兵还来不及反应就被身上的盔甲拽入海底。短短几分钟后，船身已经消失无踪，海面上漂浮着一片紧抱浮木的幸存者。在这些人中，我们发现了那个曾与安东尼对话的百夫长，他又一次大难不死：数小时后，屋大维的战舰会将他和其他士兵一同救起。他们或许是战场上的敌人，但体内同样流淌着罗马人的血液。

发生在眼前的撞击并非孤立事件，整片海域的碰撞声此起彼伏。有些喙形撞角并没有嵌入敌船腹部，与之一同沉入海底。以下是卡西乌斯·迪奥关于这场战斗的描述："凭借小巧和快速的优势，屋大维的战舰发起势不可当的攻击，试图将敌舰撞沉，随后迅速后退，以便再次发起突然袭击，或者在重创敌舰后放弃眼前的猎物，寻找新的目标，周而复始，不断对敌人发起出其不意的攻击。

出于对投掷武器和近身肉搏的忌惮，他们在接近敌人完成撞击后不会恋战……而安东尼的士兵则会用持续而密集的石块和标枪回敬攻击者，并向任何来犯敌船发射武器。如果命中目标，就能占得先机；如果不幸失手，自己的战舰将遭到撞击。屋大维的士兵就像一支骑兵部队，他们忽而进攻，忽而后撤，在进退之间收放自如；而安东尼的士兵则更像是重甲步兵，等待敌军靠近后全力阻挡他们的进攻。"

然而喙形撞角的进攻并非总能如愿以偿。安东尼的巨型战舰拥有坚固的船舷，经常令屋大维的船首撞角无功而返，或是在撞击中弯曲折断。因此，数艘屋大维的战舰同时向安东尼的战舰发动攻击的情景屡见不鲜。士兵们不停发射箭矢，标枪以及各种各样的投掷武器将这场战斗变成了一场堡垒攻防战。死亡之雨从安东尼战舰的塔楼顶端倾泻而下，甲板上血流成河。

克娄巴特拉夺路而逃

外海上的鏖战持续了2个小时。此时风势开始变强，并在下午2时和3时间达到最大。克娄巴特拉下令升起风帆，向整支舰队发出了前进的命令。此刻，战斗依旧在进行。阿格里帕和屋大维的战舰无法绕过敌人的前线，随着两翼向南北延伸，阵线被不断拉长，中路愈发空虚，而这正如安东尼和克娄巴特拉所料。就在这时，防线被撕开了一个缺口，女王率领的60艘战舰随即一拥而出，她的行动几乎令所有人大吃一惊。在双方士兵眼中，这更像是克娄巴特拉毫无征兆的临阵脱逃，而不是一次深思熟虑的军事行动。安东尼紧随其后，就像最后一次战争会议上所预示的那样。所有人都蒙在鼓里，就连卡西乌斯·迪奥在这场战斗发生的 200 年后也这样写道："安东尼以为自己的舰队在被击溃后慌不择路地逃跑——而不是接到了克娄巴特拉的命令——于是也加入了逃跑的行列。"

关于克娄巴特拉被战场惨状吓得夺路而逃，安东尼紧随其后的说法持续了几个世纪。现代学者为他们洗刷了临阵脱逃的罪名：与传闻相反，尽管冒着被俘或被杀的危险，克娄巴特拉在下达命令时依然展现了冷静的心态。克娄巴特拉满载王室珍宝的战舰已经证实，这是一次精心策划的冒险行动——没有人会在参加海战的战舰上装满珠宝。正如我们所说，这是一次冲破封锁的突围行动。显而易见，克娄巴特拉的舰队并没有进行任何战斗准备。

看到女王离开，安东尼立刻乘船追赶，并登上克娄巴特拉的战舰和她一起逃离了战场。

在安东尼的计划中，舰队中的其他船只应该能够跟随自己脱离战场，加入克娄巴特拉的舰队一起突围。有卡西乌斯·迪奥的记载为证，"一些战舰挂起风帆，还有士兵将塔楼和作战装备抛入大海，以减轻逃跑时船身的重量"。然而只有少量战舰成功逃出。至于是无法从一片混战中全身而退，还是只有少数指挥官接到了安东尼刻意保密的通知都已经无从考证。无论如何，计划奏效了：安东尼成功拯救了部分舰队，尤其是克娄巴特拉的金银财宝。只有少量敌舰进行追赶。而他们的指挥官，斯巴达王子厄里克莱斯，几个月前刚刚背叛安东尼加入屋大维的阵营。尽管如此，他还是截获了一艘为旗舰护航的战舰，这艘护卫舰在遭到撞击后船身发生倾斜，而这位王子缴获了一堆价值不菲的餐具。克娄巴特拉和她的金银财宝全部安然无恙。

燃烧的大海

在他们身后，激烈的战斗仍在继续。安东尼的舰队依然进行着顽强的抵抗，尽管他们的统帅早已逃之夭夭。此后的数小时中，战斗逐渐白热化，士兵们纷纷登上对方的船只，打算死战到底。据卡西乌斯·迪奥记载，屋大维的罗马军团士兵乘坐小船接近安东尼的战舰，他们折断船桨，破坏方向舵，爬上甲板与敌人展开激烈的肉搏。安东尼的军团士兵同样英勇善战，他们用长矛和石块进行还击，许多敌军刚一登上甲板就被利斧劈开了脑袋。眼前的战斗让我们不禁想起城墙攻防战中的殊死对抗。

战斗仍在继续，这仿佛是一场没有胜利者的恶战，只留下在自相残杀中失去生命的无数罗马冤魂。最后，屋大维迫不得已使用火攻。他对这些战舰和财物觊觎已久，然而随即意识到要想赢得战斗自己已经别无选择。卡西乌斯·迪奥以一位战地记者的口吻描述了这触目惊心的场景："战场形势急转直下。屋大维派士兵使用燃烧物从不同方向对敌人发起进攻。他们向身边的敌人投掷火把，同时使用投石机向远处的敌人发射装有木炭和焦油的燃烧罐；安东尼的士兵全力拦截从天而降的火把。一枚火球突破防守击中木质船身，巨大的火焰轰然升起。起初，他们依靠船上的淡水成功扑灭了几处较小的火势；而当淡水即将告罄时，他们开始从海中取水……与此同时，意识到败局已定的士兵将沉重的斗篷和尸体抛入火堆：被层层覆盖的火势开始逐渐变小，似乎即将熄灭；然而，随着风势变大，火借风势越烧越旺，抛入火堆的东西也被点燃……就这样，有的士兵在被火吞没前就已经在浓烟中丧生，有的士兵在熔炉般的烈焰中被活活烧死，还有的士兵在燃烧的舱室内一命呜呼。一些被严重烧伤但尚未断气的士兵扔掉了手中的武器；有人被远方射来的流弹击伤；有人纵身跳入大海，溺水身亡；还有人负伤后被海浪吞没或是葬身鱼腹。"

成千上万名罗马军团士兵，无数男人和孩子，葬身海底。百夫长与安东尼的对话此刻就像无声的控诉，久久回荡在四周。一支大军登上战舰，踏上危机四伏的战场，用自己的生命为这对王室夫妇赢得了逃生的机会。

下午4时，战斗结束了，安东尼的大部分战舰抬起船桨以示投降。周围的景象令人毛骨悚然：海面上散布着燃烧的船只，一股股浓烟从船上升入天空，还有一些快要沉没的船只漂浮在四周，无处不在的尸体和碎木在波涛中上下起伏，幸存者紧抓浮木、挥舞手臂发出求救的信号。

据普鲁塔克记载，马克·安东尼方面当日阵亡5 000人；但另一位古代作家奥罗修斯认为阵亡人数多达1.2万人，另有6 000人受伤，其中1 000名伤员在次日死亡。

在这场长达4小时的鏖战中，安东尼损失了至少140艘战舰（遭到击沉或俘虏），占整个舰队兵力的六成。然而，关于屋大维的损失却没有留下具体数据。

卢修斯·阿奈乌斯·弗洛鲁斯在他的《罗马史纲要》（*Epitome of Roman History*）中称，接连数日，波浪不断将双方将士色彩鲜艳的遗物冲上海滩。在这夸张的笔触背后却隐藏着无可否认的历史真相。

古代历史中最为血腥的一章已经落下帷幕。亚克兴之战将作为一段历史，为一代代学者、考古学家、历史学家和学生所熟知；而直到近期，我们才借助交叉引用数据和研究，真正了解了当年发生的一切。

安东尼和克娄巴特拉所谓的临阵脱逃实为一场精心预谋的计划，随后他们本应与卡尼狄乌斯的陆军进行会合。然而，这一切并没有如期发生。令人遗憾的是，克娄巴特拉的舰队径直驶向了亚历山大，既没有与陆军会合，也没有表现出执行第二阶段行动计划的意图。然而，克娄巴特拉和安东尼的希腊冒险最终还是因意外而宣告破产。在岸上士兵的注视下，埃及女王的舰队扬长而去，安东尼的舰队紧随其后，在无能为力地目睹了这场海上大败和无数战友葬身大海之后，这位后三巨头之一手下的罗马军团士兵纷纷倒戈，投向屋大维。指挥官卡尼狄乌斯无力阻止，只能连夜出逃。

乔瓦尼·布里吉教授通过条理清晰的点评，言简意赅地将亚克兴之战的失利归结为以下几点："这是一次彻头彻尾的失败，为了保住几艘（甚至不属于他的）埃及战舰，安东尼葬送了一支军队（士兵大部分并未登船），他自己的舰队同样损失惨重。这次行动对安东尼来说与自杀无异（他再也无力招募这样一支因为他的背叛而愤然归降屋大维的精锐部队），但女王的做法同样令人费解。她夺路而逃的目的是什么？她的个人命运和王国的未来归根结底都与安东尼休戚相关。面对强大的罗马，孤立无援的埃及连一个月都无法支撑。有人引用卡西乌斯·迪奥的话为这一疯狂的举动进行辩解，据他透露，安东尼曾经表达过胜利之后在罗马恢复共和制的意向，而这正是他遭到女王抛弃的原因。安东尼本想通过突围的舰队将敌人引入外海，随后对他们进行阻击，但他是否清楚克娄巴特拉进入外海返回埃及的意图？恐怕未必。而且最初，关于他们比敌人更为笨重的战舰能否成功脱身就曾引发强烈质疑。

关于亚克兴之战，法国历史学家弗朗索瓦·查莫曾经写道："这最后的时刻为希腊化时代奏响了挽歌。那个300年前亚历山大大帝开创的匪夷所思的优雅时代，带着浸润其中的文化和传统在公元前31年9月2日中午12点到4点之间停止。从那一刻起，地中海的历史只有一张面孔，那就是罗马。"

对安东尼和克娄巴特拉来说，清晨醒来，他们失去了成为一个伟大王国无可争议的君主的机会，这一生的梦想已经结束。

第十一章

穷途末路

何去何从？

　　安东尼久久凝望着地平线，但他的双眼空洞无神，似乎还散发着不同往常的颜色。他搜寻着那条直线，仿佛在寻找一处避难所，寻找一个从头再来、逆天改命的方法——这次他一定会反败为胜。但这些都是幻觉，一切都已结束，留给他的只有失败的苦涩。安东尼面色惨白，一脸茫然。他的头发在风中无助地飞舞，就像战场上飘扬的旗帜。三天来，他一动不动地坐在船首，仿佛化作了一尊石雕。失败的滋味难以下咽，这是帕提亚远征以来他再次品尝失败，但这次失败更令他痛彻心扉，因为他输掉了与屋大维的关键一战——而对手只是个孩子。两场失利埋葬了两个梦想：他既没有成为恺撒之后最伟大的罗马军事统帅，也没能击败自己的敌人。现在的他已经一无所有，前路渺茫，甚至没有归途。他想起了所有失去的朋友，还有那些无数次跟随自己出生入死的老兵。有多少冤魂已经葬身海底？"安东尼亚达号"旗舰上弥漫着压抑的气氛，安东尼静静地躲在这里。据普鲁塔克记载，他沉浸在对克娄巴特拉的愤怒和羞愧中无法自拔。或许他意识到了她的通敌行为，明白是她令自己陷入万劫不复的深渊。马塔潘角清晰的轮廓出现在他眼前，他感到有一只手搭上了自己的肩膀，那是一只女人的手。埃拉斯和夏米侬，两名女王的侍女试图帮助他排遣内心的孤独。据普鲁塔克称，在这两个女仆的撮合下，安东尼和克娄巴特拉恢复了交流，接着共进晚餐，最后同床共枕。其他运兵船也加入了他们周围的舰队；船上是安东尼从这场大败中死里逃生的朋友和支持者。

在一片消沉的气氛之中，克娄巴特拉表现出异常的清醒。她下令全速前进，在惨败的消息到达埃及之前赶回亚历山大，唯恐获悉战况的百姓发动叛乱，推翻自己和小恺撒的统治。为了确保万无一失，靠岸前她还命人在船首挂上花环，制造凯旋的假象；与此同时，甲板上的船员还在长笛的伴奏下高唱凯歌。

他们刚一上岸，战败的消息立刻不胫而走，但此时政权已经再次回到他们手中。他们很快得知，安东尼的大军已经倒戈，加入了屋大维阵营，卡尼狄乌斯不得不连夜出逃，最后一丝希望破灭了。

安东尼陷入沮丧。普鲁塔克再次刻画了一个万念俱灰的男人："安东尼离群索居。他在两位朋友的陪伴下，心神不宁地四处漫步，他们分别是希腊修辞学家亚里斯托克拉底和罗马人路西里乌斯。他在亚历山大的小屋靠近法罗斯岛，那里还有一个码头。安东尼在那里过着远离人群的生活，声称乐在其中，并对泰门的生活方式充满向往，因为自己对他所经历的苦难感同身受。他同样对朋友忘恩负义的行为感到气愤，进而对所有人充满怀疑和仇恨。"

正当安东尼在亚历山大港简陋的行宫中自我放逐，追寻他所谓的泰门式生活期间，克娄巴特拉已经展开了冷酷无情的复仇行动。

她下令处死了亚美尼亚国王阿塔瓦德斯，以及众多对她的失败幸灾乐祸的亚历山大达官显贵，接着便陷入了对未来的深思。屋大维兵临城下只是时间问题，她需要早做打算。

远走高飞

克娄巴特拉最具"法老"风格的逃跑计划是和安东尼携手在非洲或东方建立一个新王国。或许她曾设想过在希腊和大希腊地区开辟一片殖民地，号召广大青年跟随魅力非凡的领袖（她和安东尼）登船远行，抛弃自己的故乡。

然而作为这个疯狂计划的一部分，他们首先需要大量船只。克娄巴特拉立刻将她的部分舰队运往红海，进入位于苏伊士湾的一处海湾。这需要做出无懈可击的计划，此外还要穿越广袤的沙漠。迈克尔·格兰特称："对于这次壮举的细节我们一无所知，船只可能被运上巨大的木质框架，在木架下安放滚筒或车轮，在人力推动下进行20多英里的路程。"然而到达目的地的船只刚一下水就被纳巴泰国工马里卡付之一炬。命运对克娄巴特拉和安东尼的冷酷无情还没有结束。

女王并没有灰心丧气，而是设法令自己的爱人重新振作，此时他正将自己关在那座巨大灯塔下的避难所中。她劝说安东尼返回王宫，并在他的生日1月14日当天举办了一场非同寻常的派对。"场面极其绚丽奢华，以至很多宾客前来赴宴时还一贫如洗，散席回家时已经腰缠万贯。"普鲁塔克告诉我们。

在时间的见证下,这位军事统帅重获新生。安东尼和克娄巴特拉之间形成了一种"唇亡齿寒"的默契:两人早年间在派对、放荡、浮华和奢靡中营造的"亲密无间"的关系已经烟消云散,取而代之的是一种"生死与共"的关系。他们的朋友无一例外,都从一开始就接受了同生共死的命运。他们整日寻欢作乐、挥金如土,轮流举办派对和宴会。

这幕末日将至的颓废景象令观者触目惊心。克娄巴特拉和安东尼的内心想法不难揣测。在经历了最初的迷茫之后,他们奋力抗争,而现在结局已经近在眼前。他们清楚敌军进入亚历山大的那天就是自己的死期,因而他们努力直面命运、笑对人生,在美好生活中及时行乐、享受生命。秋天到了,屋大维的军队将在冬季结束时如期而至,这是每个人醉生梦死的最后机会。有人将在生命的终点走向死亡,而有人将落入曲折离奇的命运迷宫。

仿佛作为内心世界的印证,克娄巴特拉开始为自己和安东尼建造一座巨大的陵墓,就在伊希斯神庙附近。

她还为王朝传承筹备了一场盛大的全城庆典,旨在增强百姓的忠诚,并庆祝安东尼的长子安提乌斯和小恺撒同时步入成年。

这还远远不够。她非常清楚,屋大维的到来将对恺撒里昂构成严重威胁。因此,公元前31年新年过后,克娄巴特拉开始为她的儿子逃亡印度准备船只、财产和一支由心腹组成的护卫队。

数周后的春日,马克·安东尼和克娄巴特拉决定主动联系屋大维,并向他送去书信。此外,克娄巴特拉还随信送上了自己的王室徽章，并向屋大维保证，如果自己的孩子可以继承王位，她将以自己退位作为交换。屋大维留下了徽章，没有直接答复。

安东尼同样向屋大维献上了一份礼物。他派人送出一封书信，在信中回忆了他们之间的友谊和两个家族的私交，两人少年时代的顽皮往事，以及共同经历的浪漫冒险。随后，他还向屋大维透露了最后一名刺杀恺撒的刺客德西穆斯·图利乌斯的藏身之处。这一次，屋大维同样笑纳了这份大礼（并立刻派出雇佣兵前往图利乌斯躲藏的科斯岛将他处死），但没有做出答复。

安东尼随后将自己的长子安提乌斯，连同一笔巨款送给罗马的屋大维，称如果他愿意接受，自己将退出政坛，告老还乡。屋大维留下巨款，送回了两手空空的安提乌斯，仍旧没有答复。

这时，克娄巴特拉又写了一封信，并随信奉上大量金银珠宝，请求屋大维保护自己的后代使他们拥有王位继承权。这次，屋大维的回复令女王进退维谷：他提议女王杀死安东尼或将他驱逐出城，而自己将对她的更多合理请求仔细考虑。布里吉教授指出："屋大维头脑清晰、直截了当而且冷酷无情。在他眼中，安东尼和克娄巴特拉手中的筹码与自己的囊中之物又有何分别。"

许多对克娄巴特拉心怀敌意的古代作家都将这些书信和屋大维提出的要求视为女王日后背叛安东尼的证据。

总之，屋大维对所有提议无动于衷。首先，因为他没有被收买的理由；其次，处于强势地位的他不屑与对手讨价还价。但归根结底在于他对埃及和其财富充满渴望。他的实力来自手中庞大的军队——刚刚收编了从安东尼阵营倒戈的罗马军团——但军费开支是一笔不小的数字。这还没有包括那些对许诺给自己的土地望眼欲穿的意大利老兵。因此，为了平息罗马军团的怨气、降低叛乱风险，屋大维以克娄巴特拉的巨额财富向他们做出保证，从而暴露了自己的恶毒用意和野蛮嘴脸，与放纵土兵全城洗劫的卡西乌斯和布鲁图之流无甚区别。

公元前30年夏天，屋大维准备对安东尼和克娄巴特拉残余势力发起总攻。

他的计划很简单：在东西两线对埃及展开钳形攻势。他只需集中兵力进攻三角洲地区和亚历山大；一旦首都沦陷，整个王国就成了他的囊中之物。

公元前30年夏：战事一触即发

早在亚克兴之战前，安东尼就曾在亚历山大西面的昔兰尼加和利比亚部署了4个罗马军团，用来抵御可能来自西线的进攻。这支部队由军团长卢修斯·皮纳里乌斯负责指挥，身为恺撒的外甥，皮纳里乌斯曾被写入遗嘱作为恺撒的继承人之一。皮纳里乌斯向来对安东尼忠心耿耿，甚至还曾经率领一个军团参加了腓力比之战，然而亚克兴之战结束后，善于见风使舵的他将自己的部队交给了屋大维的一名手下——特意乘船从罗马前来的科尼利厄斯·加卢斯。还记得他吗？就是那位与舞女丽科尔斯疯狂坠入爱河，遭到抛弃后又痛不欲生的诗人。此时他再度登场，率领安东尼的罗马军团旧部向亚历山大挺进。

攻占西线防御要塞，据首都仅186英里的帕拉托里厄姆〔Paraetonium，如今它的遗迹矗立在著名旅游胜地马特鲁（Mersa Matruh）附近〕成为当务之急。加卢斯从海上发起进攻，率领舰队突袭并占领了这座城市。

安东尼闻讯率军驰援，企图利用自己作为指挥官的个人魅力收服旧部。他来到城墙下，直接对这些曾跟随自己出生入死的士兵进行喊话，然而科尼利厄斯识破了他的诡计，随即——据卡西乌斯·迪奥记载——"下令鼓号齐鸣，防止士兵被他的声音蛊惑"。

安东尼随即发动了一次海上进攻。他派出士兵乘船驶入看似疏于防范的港口，然而这是一个圈套：加卢斯趁着夜色在水下铺设了巨大的锁链，并佯装放松戒备，引诱安东尼上钩。当船队进入港口，开始向码头靠近时，他下令拉起长链封锁港口，切断了敌人身后的退路。一时间，只见燃烧的箭矢和梭镖如雨点般从天而降，甲板上一片火海，眼前的场景与亚克兴之战如出一辙，剩余的船只也沉入水底。这对安东尼来说无疑是一场灾难，他被迫再次吞下失败的苦果。意识到帕拉托里厄姆已经失守，他只得返回亚历山大。一路上加卢斯的部队对他紧追不舍。

返程途中，另一个噩耗接踵而至：位于亚历山大东面的防御重镇培琉喜阿姆（Pelusium）已被敌军攻克。当安东尼忙于他出师不利的海上行动时，屋大维将它一举攻陷。

屋大维率领一支大军在城外安营扎寨，阵中包括大量来自各中东王国的盟军，在这些曾经听命于安东尼的藩王就包括朱迪亚的希律王。没错，就是他。

这座城市被兵不血刃地征服了。身为培琉喜阿姆埃及驻军的指挥官，总督塞琉古向屋大维献城投降。许多古代作家怀疑克娄巴特拉在安东尼背后与屋大维订立密约：作为交换，女王可以保住自己的埃及王位。尽管无法辨别真伪，但这一说法似乎不太可信，因为克娄巴特拉的报复接踵而至：当她获悉这座城市不战而降的消息后，立刻下令将塞琉古的妻儿全部处死。

培琉喜阿姆的陷落发生在仲夏时节，尽管确切时间无从考证，但所有迹象都指向7月末。屋大维不愿贻误战机，命令各罗马军团向亚历山大进行急行。186英里的距离，这些罗马军团在短短数天就走完了。公元前30年7月31日清晨，亚历山大城已经出现在屋大维视线之中。

焦急的等待

连日来亚历山大的街头巷尾弥漫着怎样的气氛？可想而知。亚历山大之围已经过去近20年，但当年的画面对中老年人来说依然历历在目。如果帕拉托里厄姆的失守只是一道涟漪，那么培琉喜阿姆沦陷的消息无疑掀起了滔天巨浪。史料中并没有记载任何惊心动魄的场景，但恐惧无疑占领了城中的房屋和街道，商铺纷纷关门闭户。连日来，以中产阶层为主的市民纷纷举家逃离亚历山大，在他们乘坐的马车上装满了贵重财物、精美的家具以及随身物品。而普通百姓同样抛弃了他们的住宅，头顶日常用品、手中牵着孩子逃亡去了。人们前往远郊的乡村，寻找可供藏身的避难所。街道上布满行色匆匆的士兵，三五成群的市民正七嘴八舌地打探最新消息，搜集传播着荒唐可笑的小道新闻，到处弥漫着如临大敌的气氛。仓库中堆满了谷物和其他食品。各处城门戒备森严，港口同样重兵把守。货船纷纷起锚，驶向遥远的外海岛屿或海岸：船上不仅装着大量货物，有时还能看到拖家带口的逃难民众。

神庙中聚集着前来向众神祈求奇迹的人群。克娄巴特拉深受爱戴，人们无疑正在为她祈祷，为王朝和王国祈求平安。

最后，在一些精美的住宅和店铺黑暗的后堂中，可以看到秘密集会的军官或士兵，他们正在决定自己的命运：继续效忠安东尼还是效仿其他城市和军团投奔屋大维？

随着时间的推移，这些行为在极度痛苦的煎熬中变得越发明目张胆。

克娄巴特拉隐藏的王室珍宝

不经意间，无孔不入的焦虑开始肆意蔓延，它渗入住宅墙壁，越过门槛，闯入千家万户，溜进客栈，滑过酒桌，潜入港口，直奔仓库角落，最后钻进深宫内廷。据普鲁塔克记载，克娄巴特拉并没有坐以待毙，而是背着安东尼与屋大维频繁通信，协商投降事宜。这场秘密交易为众多对她怀有敌意的古代作家提供了证据，将她钉在了背信弃义的耻辱柱上，让她沦为一个"出卖"培琉喜阿姆要塞换取自身安全和头顶王冠的毒妇。两人暗中勾结的可能无法排除。然而，当时的氛围可能与人们想象的不同：对手确实可能通过信件对女王进行别有用心的拉拢和安抚。因为屋大维担心克娄巴特拉销毁手中的王室珍宝。

事实上，人们对此类流言早有耳闻，有普鲁塔克的记载为证："鉴于克娄巴特拉在伊希斯神庙附近拥有一座精美高大的纪念碑和众多墓室，她在那里收藏了价值连城的王室宝藏——金银珠宝、象牙、乌木和肉桂；但她同样在此堆放了大量火把和引线。因此，屋大维由于担心这些宝藏被毁，唯恐这个女人在绝望中将这些财富付之一炬，因而一边向城市进军一边不断承诺对她从轻发落。"

在这些王室财富之外，埃及才是屋大维的主要目标，这个国家拥有取之不尽的宝藏。克娄巴特拉已经走投无路，她或许意识到，自己的对手正在谋划一个更加深谋远虑的地缘战略布局：女王已然成为屋大维实现构想的障碍，因为她的存在将对罗马在中东和北非的霸权构成威胁。和约已经无济于事，埃及王国已经在历史中失去了生存空间。一个罗马统治下的地中海世界呼之欲出。

7月30日，前夜

王宫内一片死寂，到处弥漫着莫可名状的冰冷和空虚，只有几个仆人快步走过。香料正在小香炉中燃烧，怡人的芳香充斥着每一个角落，其中还混入了内廷花园中观赏植物的芬芳。正是这属于夜晚的气味，如此迷人而浓烈，它曾经见证了安东尼和克娄巴特拉的爱情，如今却散发着扑面而来的末日气息。没有宴会，没有庆典，空气中飘浮着一团滞重的沉寂，迎面而来的侍臣个个愁容满面，面对吉凶未卜的明天，一张张面孔上满是紧张和焦虑。明天他们就将迎接从天而降的未来。是生存还是死亡？这座宫殿的新主人又将是谁？

几天前，马克·安东尼回到亚历山大。他情绪低落，郁郁寡欢，对周围的一切漠然置之。前线传来的消息同样糟糕：屋大维已经在卡诺皮斯城扎营，距离亚历山大王宫只有数小时路程。

连日来，安东尼一直与自己的心腹部署防务，权衡所有——然而屈指可数——摆脱困境的对策。较之敌军，他的部队在人数和准备上都处于劣势。而且，他们的部队士气低落，难堪大用，军中涌动着一股临阵脱逃的暗流。港口停泊的舰队成了安东尼聊以慰藉的另一件武器。就连已经长大成人的恺撒里昂和安提乌斯也出现在军官座席中，身不由己地卷入眼前的纷争。他们的父亲无疑应该为他们安排一个万无一失的脱身之策。此时，他的心中一定填满了怒火。

克娄巴特拉呢？我们不知道她是否出席了会议，但她极有可能不遗余力地出谋划策，因为她的城市、王国、后代，还有自己的生命都到了生死存亡的关头，而她显然不是一个听天由命的女人。

一些现代历史学家认为，导致两人的关系陷入紧张的原因或许在于，自培琉喜阿姆的诡异投降风波之后，关于她和屋大维暗中媾和的流言就不胫而走（事实上，塞琉古在面对一支势不可当又已经胜利在望的敌军时所做的选择完全不难理解）。

在命运到来的前夜，安东尼和克娄巴特拉会不会各自度过？或许没有哪位将军在面对一位来势汹汹的强大对手时，会抛下一切与爱人共度良宵。他一定会热血沸腾、争分夺秒地计算自己可用的兵力，预测敌人可能的战略，筹划一次出其不意的进攻行动。

就其个人而言，克娄巴特拉总有一天会走下历史舞台，享受儿女绕膝的天伦之乐，他们的命运无疑是她最深的牵挂。尤其是恺撒里昂，他将成为她和安东尼之后首当其冲的受害者。女王在极力安抚众人的同时也一定对他满心牵挂。平复他的心绪不是一件容易的事：在17岁的年纪，他对父母以及自己的处境心知肚明。这个男孩赢得了广泛的同情。显赫的出身为他赋予了不可思议的人生，却也无时无刻不使他面临死于非命的危险，而他唯一的过错或许就是恺撒儿子的身份。谁能冷酷无情地将一个孩子置于死地？那是一个双眼泛着生命之光的无辜灵魂。无疑有人会说这事关罗马大权：他将成为屋大维潜在的对手，反对派将聚集在他身边对抗屋大维。然而我们却在其中再次窥见了屋大维的残暴本性。这个数百年来被顶礼膜拜的男人内心，隐藏着一个阴险恶毒的灵魂。事实上，我们的错误在于通过现代视角审视古代世界。屋大维的冷血、精明和残酷是一个不争的事实，但他的行为与包括克娄巴特拉在内的任何人并无二致。在这些令人触目惊心的冷酷和残忍背后，隐藏着那个时代的固有底色。在那个与现在不同的古老世界中，有一套与现在截然不同的道德准则。作为旁观者的我们无须评判。

然而，百年沧桑也无法冲淡亲情的温度。最终，克娄巴特拉蜷缩在熟睡的托勒密·费拉德尔甫斯身后，将他弥漫发香的幼小身躯拥在怀中，就像她和恺撒里昂在罗马听到恺撒死讯时所做的一样。那一刻，她对这位伟大统帅的思念比以往更加强烈。此刻他怎能不在身边？这里是他们曾经并肩作战的宫殿。或许他能找到比马克·安东尼更好的对策。如果恺撒依然在世，他们一定不会坠入这场从亚克兴开始一直萦绕不散的噩梦。

7月31日，凌晨：兵临城下

此时太阳尚未升起，海面风平浪静，天空一片澄澈。明媚的一天即将开始，置身其中令人不由得对生活充满热爱。然而，亚历山大即将迎来历史上最为苦涩的时刻。奇怪的是，码头上没有丝毫动静，街道上也空无一人。一群安东尼手下的罗马高级官员正在灯塔上注视着地平线。身为一名伟大而勇敢的统帅，忠心耿耿的总指挥普布利乌斯·卡尼狄乌斯·克拉苏的身影想必也出现在人群之中。眼前的景色美得令人窒息。当时众人所在的位置——从战略角度来看——相当于今天的一颗间谍卫星。尽管无从考证，这位统帅爬上灯塔或许是为了向自己的对手一探究竟。灯光早已熄灭，以免灯塔成为敌人的参照物。所有目光都投向东方，汇聚在那条从亚历山大向培琉喜阿姆延伸的道路上。那是屋大维的必经之路。

此刻，在黎明的晨曦中，那条尘土飞扬的道路就像一条苍白的丝带，消失在黑色的海岸植被之中。所有罗马军团士兵身上都裹着沉重的红色制式披风。尽管已经入夏，但凌晨时分高高的灯塔上潮湿的海风依然令人无所适从，甚至士兵身上的铁制盔甲就像冰块一样寒意刺骨。

转眼间，天空仿佛蒙上了一层橘红色的光晕。第一道刺眼的光束突然出现。在阳光洒满亚历山大之前，城中的人们照例在灯塔顶部看到了火红色的光芒。对一代又一代亚历山大人来说，灯塔顶部的第一缕阳光宣告了一天的开始，就像熠熠生辉的大本钟发出的报时声一样。然而，此时此刻，它却像是死亡的丧钟。每位官员的脸上都是一夜无眠的倦容，他们不仅要阅读气喘吁吁的信使送来的公文，还要面对城市地图为制订防御计划绞尽脑汁，或者在乱作一团的人群中写下自己的遗书。

普布利乌斯接过一杯热酒准备驱散体内的寒气，他被朝阳映红的脸颊消失在银色的酒杯后，酒杯上的浮雕中一群丘比特正簇拥在酒神狄俄尼索斯四周。就在他举起酒杯一饮而尽时，许多人发现他未加修饰的脸颊上覆盖着一层花白的短须。这张陌生的面孔加剧了众人心中的不安和恐惧，尽管没有人愿意承认。

突然，有人大声惊呼："快看！他们来了！"

普布利乌斯放下酒杯，抬起手背揩拭嘴角，一面眯起双眼仔细观察，一面低声苦笑道："一望无际……"

阳光已经射向地面，淹没了依然笼罩在清晨薄雾中的良田沃野。然而，一幕令人不安的景象出现在道路尽头，那是行进中的罗马军团扬起的尘土，就像一片巨大的云团，在地平线上壮丽的红色光圈照耀下呈现出闪闪发光的轮廓。此时，根据经验，普布利乌斯·卡尼狄乌斯和他的部下能够通过沿途的扬尘判断出这支军队的规模。那看上去就像一场正在逼近的沙尘暴。

统帅走下灯塔向地面上的部队发号施令。一位军官和几名士兵留在灯塔顶端，负责报告敌人的动向。此刻，所有人都陷入了沉默。

阳光抢在屋大维的部队到来之前穿过亚历山大城的东门，太阳之门并非徒有虚名。越过城门后，长长的光线继续向前，瞬间照亮了亚历山大的主街卡诺皮克大道，跨越时空与7月20日凌晨的日出完美契合。路易莎·费罗和朱利乌斯·马利教授的近期研究表明，那一天正是亚历山大大帝的诞辰。今天，这非同寻常的奇观依然清晰可见，空无一人的街道让一切一览无余。只有一头骡子静静地站在马路中央，刚刚逃出正在研磨谷物的面包作坊。

太阳之门，早晨6时：准备迎敌

一匹风驰电掣般跑过的探马出现在通往亚历山大的道路上。

四下空无一人，只有马蹄声在周围回荡。往日，这条街道早已挤满了进城的人流，其中不乏带着锥形头饰的农民，马车上堆满货物和农产品的商贾，还有乘轿出行的文官……然而今天这里却冷冷清清，一片寂静。马背上的骑手掠过一排房屋，屋内空空如也，屋门大敞。远处出现了几座用树枝搭建的圆筒状农舍，那是尼罗河三角洲地区特有的古老棚屋。在屋大维的罗马军团到来前，所有人都已经仓皇逃命。眼前的骑手也是最后一名侦察敌军位置的士兵，从他快马加鞭的速度中可以得知，敌人应该就在附近。他在人们的注视下朝亚历山大城墙的方向疾驰而来，路边名门望族的墓地和墓碑被飞驰的骏马甩在身后。此刻，骑手来到城墙外长达1200英尺的巨大赛马场。年轻的骑手显然惊魂未定，他毫无勒马收缰的打算，所有负责瞭望的士兵都感到了一丝本能的不安。他像一道闪电穿过太阳之门，军官和战友们立刻围拢过来，给这位精疲力竭、满身尘土的年轻人端水解渴。他在众人的注视下大口喝水，从嘴角溢出的水流顺着脸颊和脖子淋湿了盔甲。就像一位冲过终点的马拉松选手，他努力调整着杂乱的呼吸，但在场的每个人都等待着他带回的消息。就在他将要开口之际，周围的罗马军团士兵突然闪开了一个缺口。只见马克·安东尼正在普布利乌斯·卡尼狄乌斯和其他军官的簇拥下向他走来。骑手顿时紧张起来，此刻手忙脚乱的他已经来不及擦去身上的水迹和尘土。安东尼近在咫尺，与他四目相对。他甚至可以感到安东尼的呼吸和身上的药膏气味。他说出了自己看到的全部景象：敌军数量庞大、士气高昂，不出一个小时就能到达。安东尼看着眼前的士兵，心中明白数月来的等待和恐惧终于成为现实，命运即将迎来落幕的时刻。他拍了拍骑手的肩膀，随即迅速和部将消失在众人的视野中。

命令已经下达。仍然滞留城外的人员奉命撤回城内，随后城门被下令关闭。太阳之门由两条独立的通道组成，每条通道上方都建有一个拱门：一条供进城使用，另一条供出城使用。每侧城门各有两根巨大的塔柱。要想关闭城门绝非易事：数年来，城门从未遇到需要关闭的情况。空气中的盐分和沙尘使青铜铰链氧化，表面被侵蚀出一层硬壳。一队罗马军团士兵使出了吃奶的力气，最初纹丝不动的大门在他们的合力推动下才终于开始缓缓移动。此时大门伴随铰链的松动发出凄厉的哀号，小撮的铁锈不时掉落地面。最终，沉重的大门闭合，巨大的金属门闩突出沉重的声响。门后还用厚重的木板进行支撑加固，亚历山大彻底沦为一座与世隔绝的孤城。与此同时，屋大维即将兵临城下的消息开始在城中扩散。昨夜几乎无人入睡：每个人的瞳孔中都闪烁着恐惧和焦虑。

在太阳之门附近的一座城防高塔上，安东尼挺拔的身姿清晰可见，只见他身穿精美的战甲，表面凸起的金属轮廓令胸肌和各处肌肉的位置一览无余，一头浓密的鬈发令人过目不忘。他正在与身边的卡尼狄乌斯和几个军官进行交谈。恺撒里昂和安提乌斯的身影似乎也在其中。

早晨7时：屋大维的第一支侦察部队

几乎又过了一个小时。在灯塔顶部负责瞭望的军官突然听到一名军团士兵的叫喊，只见他正指向道路远方出现的几个黑点，那是敌人派出的第一批侦察兵。卡尼狄乌斯和安东尼立刻接到了报告（几乎可以肯定，他们使用了可以发出闪光信号的透镜或是彩色信号旗）。

不久，城墙上的守军也发现了那些不断增大的黑点。一小队身手敏捷的骑兵正在快速靠近。他们在距离城墙数百码远的道路起点处勒住了缰绳，徘徊在蝎子弩致命射程之外的安全区域，这种大型十字弩发射的长箭拥有惊人的力道和准度。

战马焦躁地甩动头颅。美轮美奂的亚历山大城和它的城墙、房屋以及各式建筑在屋大维的骑兵面前一览无余。而在他们右侧，海面上高耸的灯塔正俯瞰着这片大地。驻足观望的骑兵隐约看到几个晃动的人影，那是正在远远向他们眺望的卡尼狄乌斯的军官和军团士兵。

第一批骑兵出现在城墙上引发了一阵明显的骚动，报警的号角声开始在空中回荡，恐惧的浪潮席卷全城，此时弃城而逃为时已晚。城门早已关闭，敌人兵临城下。

早晨 7 时 30 分：如期而至的屋大维军团

灯塔成了屋大维的罗马军团行军时的参照地标。尽管为了防止被敌人利用，灯塔已经被连夜熄灭，然而它雄伟的轮廓和明亮的颜色在黎明时分依然格外醒目，为前进的部队指明了方向。这"短短"12.5英里的距离并不是一段轻松的路程：这些罗马军团士兵的双腿刚刚经受了155英里急行军的考验。

罗马军团行军的声音几乎被海涛声完全淹没。他们所到之处总是伴随着一阵不祥的喧闹，成千上万副盔甲上的金属条发出的刺耳噪声，各种兵器发出的金属碰撞声，还有叮当作响的锅碗瓢盆声，以及数以万计军团士兵的脚步声，这些声音无不令人心惊肉跳。这种压抑的噪声在大军进入视线之前就已经令人不寒而栗。

大约10分钟后，敌人的罗马军团来到了道路的终点，甚至前排士兵的徽章都已经清晰可辨，后面的队伍依然笼罩在飞扬的尘土中，而屋大维的身影就隐藏在其中某处。

早晨7时30分：屋大维眼中的亚历山大

马背上的屋大维头戴铜盔，被簇拥在部将之中。他不禁对眼前这座美丽的城市心生赞叹，它无处不在的异域情调中弥漫着摄人心魄的东方气息。面对这座生命中第一次出现在眼前的城市，屋大维心潮澎湃：他已经听过关于这座城市的太多传说。恺撒对亚历山大之围的描述为他打开了一扇了解亚历山大的窗户。

屋大维从震撼中回到现实，紧闭的城门立刻引起了他的注意。安东尼和克娄巴特拉不会重蹈培琉喜阿姆不战而降的覆辙。

见此情景，他下令部队在赛马场附近的小山丘上扎营。他丝毫不敢轻敌。尽管安东尼主动出击的可能性微乎其微，屋大维还是选择了一处居高临下、易守难攻的地点，并将骑兵部署在阵前，同时传令士兵深沟高垒、安营扎寨。

早晨8时：马克·安东尼最后的胜利

马克·安东尼无时无刻不在关注着敌军的动向，作为一位身经百战的指挥官，他深知屋大维的罗马军团在日夜兼程急行军之后已经人困马乏，他决定在对手立足未稳之际发动进攻。安东尼提前将骑兵埋伏在位于城墙外的竞技场附近，随后他率领部队从侧门出城与之会合。只见戴着头盔的安东尼在马背上注视着自己的士兵，在一番简短的动员后——时间不允许他进行冗长的演说——立即发动进攻。

屋大维这边负责保护罗马军团的骑兵部队面对突如其来的进攻猝不及防。他们在安东尼部队的攻势下溃不成军，或许不得不扔下伤亡人员，夺路而逃。安东尼的攻势并没有减弱的迹象，而是将目标瞄准屋大维的军营，此时敌人的骑兵已经退入营中。谁知道呢？安东尼或许想要趁敌军顾此失彼之机，一鼓作气突破防线、攻入大营，在一片混乱之中，或许他有机会手刃自己的对手。这难道不正是亚历山大大帝当年的用兵之道？这将是何等惊心动魄的一幕。试想屋大维阵亡后，作为唯一的幸存者，安东尼重掌罗马大权就只是时间的问题了；此外，恺撒里昂还为恺撒派的胜利披上了名正言顺的外衣。

然而孤军深入的骑兵很难突破罗马军团大营，他们需要步兵的配合。安东尼初战告捷后，部将卡尼狄乌斯见状立刻打开城门，果断按照事先约定，派出至关重要的地面部队进行支援。与援兵会合后，安东尼继续乘胜追击；与此同时，屋大维的士兵已经克服时间紧迫的困难，在仓促中稳住阵脚，并加强了营地防御。守军展开了激烈的抵抗，攻击随之迎来尾声，安东尼下令收兵。回城之前，他命人使用弓箭将传单射入敌营，许诺给弃暗投明的士兵每人发放1 500德拉克马。显而易见，埃及和亚历山大的丰饶富足久负盛名，只需要一纸承诺就能"收买"士兵为其卖命；然而这也暴露出士兵参军打仗背后的唯一真实动机：金钱和掠夺。这与海盗如出一辙。

这场冲突只是一次数百名骑兵和步兵参与的小规模战斗，两军主力并没有卷入其中，即便如此，它也足以令过去几个月中噩耗不断的安东尼一方士气大振。

上午10时：屋大维重振士气

安东尼的孤注一掷令屋大维和他的部将猝不及防。他们本以为只会遭遇零星的抵抗，直到自己的骑兵部队在这位后三巨头之一的进攻中溃不成军。硝烟散去，屋大维亲自整顿军纪，并对安东尼的挑衅进行了巧妙而狡猾的回应。卡西乌斯·迪奥这样写道："他决定亲自向士兵宣读劝降传单，同时痛斥安东尼，唤起士兵们对接受劝降的羞耻之心，使他们忠于自己的事业：这样，他们才能怀着对安东尼的蔑视，奋不顾身地投入战斗，迫不及待洗刷叛徒的嫌疑。"

上午11时：安东尼探视克娄巴特拉

安东尼此时还不知道，这将是他的最后一场胜利，不过他似乎重新找回了往日的激情。回到亚历山大，他受到了部将卡尼狄乌斯和士兵们的热烈欢迎，他随后率领几名刚刚跟随自己冲锋陷阵的骑兵战士前往王宫探望克娄巴特拉。据普鲁塔克记载："安东尼走进王宫，尽管依然身披盔甲、腰挎短剑，他还是拥抱了克娄巴特拉，他还特别介绍了一名今天作战英勇的骑兵战士。作为奖励，克娄巴特拉赐给那位战士一套铠甲和一顶黄金打造的头盔。"令人遗憾的是，普鲁塔克补充道，"这名士兵在收下礼物的当晚就投入了屋大维的阵营"。

午后 2 时：屋大维军营

大概在正午时分出现了一个奇怪的插曲。也许是被热情冲昏了头脑，也许是受战场上双方力量的悬殊困扰，安东尼向屋大维提出了一个盛气凌人的建议：二人进行决斗。

当看到来信内容时，帐篷中的屋大维不禁哑然失笑。在回信中，屋大维拒绝了这一提议，还不忘揶揄道……自己有很多种死法供他选择。

在当天剩下的时间里，一切风平浪静。屋大维继续加固营地，当务之急是为筋疲力尽的将士争取喘息的时间。罗马军团士兵在为最后的决战养精蓄锐，城墙内的人同样对此心知肚明，这也加剧了他们内心的沮丧和恐惧。

夜幕下的亚历山大

整个下午，从高大的建筑物和灯塔上向下俯瞰，罗马人的两座军营尽收眼底：屋大维在东，加卢斯在西。游弋在海面上的敌方战舰控制了整片海域。这座城市已经陷入重围。克娄巴特拉和安东尼此刻插翅难逃。

在此期间上演了怎样的剧情？令人不可思议的是，尽管两人的故事（和结局）已经家喻户晓，但关于他们生命最后时刻的史料却少之又少。目前流传的故事存在两个版本，分别出自普鲁塔克和卡西乌斯·迪奥。必须说明的是，两人的记载为还原整个故事的来龙去脉和最终结局提供了唯一线索，除此之外的一切内容纯属演绎。即便如此，我们依然可以在记忆的空白中对当年的情景进行令人信服的重建，同时牢记一个事实：历史的真相将永远不为人知。为了实现文化诚信，这种澄清至关重要。

王宫之夜：最后的晚宴

安东尼知道自己在劫难逃。他将再也无法看到冬天的雪花，看着自己的孩子长大成人，也将永远无法端详自己衰老的面庞。他的生命只剩下几个小时，他的人生已经走到尽头：明日此时，他或许已经告别人世。此时此刻还能作何感想？当他心有不甘地看着那些奔向未来的鲜活生命时，内心的愤怒和彻骨的绝望可想而知。谁知道呢？他心中也许还酝酿着反败为胜的计划。

值得一提的是，以现代眼光审视其他时代是一种普遍存在的错误，生活在现代社会的我们已经对死亡之前漫长的衰老过程习以为常。我们可以依靠众多医疗手段解决健康问题，面临的困难也远少于古罗马人民或古希腊人民。然而，在克娄巴特拉的时代，人类的寿命却不容乐观：男性和女性的平均寿命分别是41岁和29岁（归根结底，女性相对较短的寿命可以归咎于分娩引发的众多并发症）。在这个儿童数量远超老人的社会中，死亡是一种生活常态。每个家庭都有过年少夭折的兄弟姐妹，寡居的妇女成为一种普遍现象，能够白头到老的夫妻寥寥无几。连年不断的瘟疫、饥荒和意外吞噬着一个个故交好友的生命，有时甚至整个社区无一幸免，此外人们还要遭受战火蹂躏。尽管他们与我们一样恐惧死亡，但那个时代的普罗大众或许对世事无常怀有更加深刻的感触。他们是否更加相信宿命？很难断言。在现代社会，死亡的阴影已经被我们从日常生活中抹去（一个人的死亡通常会被描述为由罕见的、意料之外的事件所导致的，比如疾病或意外），生活早已变成一场皆大欢喜的滑稽剧，而在古代，它却被视为一种不幸的现实，而不是一场悲伤的意外。归根结底，那就是我们的祖辈生活的世界，也是许多发展中国家正在经历的现实。人们在生活的艰辛中磨砺出坚强的意志。

今天我们可以理所当然地展望未来，而在过去，这却是生命中不能承受之轻。在死亡阴影无处不在的古代社会，普通百姓更愿意"活在当下"、及时行乐，享受每一次派对、宴会，每一份友谊和亲情，用丰富多彩的注脚诠释生活的意义。在转瞬即逝的生命面前，他们比我们拥有更多（听天由命的）智慧，或者至少表面如此。

而反观身为统治阶级的克娄巴特拉、马克·安东尼、恺撒、布鲁图、卡西乌斯以及屋大维，我们将会发现一种更为极端的生活方式：他们孤注一掷地投身战场，之后的一年半载，他们穷奢极欲地享受着权力带来的丰厚回报；为了维持自己的统治，他们不断插手政治、笼络盟友；然后，再次身不由己地被卷入如期而至的残酷斗争，赌上全部身家性命……像旋转木马一样永不停歇。这种成王败寇的生存逻辑有别于现代社会的运作方式，身在其中的人们明白一个事实：如日中天的人物一旦失败，那么包括他生命在内的一切都将化为乌有。

而这正是安东尼在公元前30年7月30日的那个夜晚的真实写照。

安东尼下令举办宴会，准备为自己献上一场最后的狂欢。正如普鲁塔克所述："宴会上，据说他命令仆人斟满美酒，以前所未有的热情悉心服侍自己，因为他不知道，今夜之后他们彼此是否还能以主仆相称，或许当他倒在地上，变成一具一无所有的尸体时，他的仆人已经迎来了新的主人。"

他所剩无几的朋友出席了宴会，都是对他忠心耿耿的心腹。他们的姓名已经无从考证。其中一定有路西里乌斯，这位布鲁图的朋友在腓力比之战后获得了安东尼的宽恕。无比忠诚的部将普布利乌斯·卡尼狄乌斯，希腊修辞学家亚里斯托克拉底，以及他忠诚的侍从厄洛斯想必都应邀出席。安提乌斯和恺撒里昂很可能也在现场。最后，当然还有克娄巴特拉。这是一场告别的宴会，也是对生命的诀别。

在庄重而亲密的气氛中，这场最后的晚餐无疑催人泪下。据普鲁塔克记载，安东尼的致辞令在场宾客为之动容："看到自己的朋友泣不成声，他安慰道，自己从未因贪图虚名而将他们送上战场，胜利和生存才是战斗的目的。"

古代传记作者通过一则逸事，用超现实主义的浪漫笔触，为安东尼的宿命添上了一丝戏剧色彩："午夜时分，当整座城市在对未来恐惧的期待中陷入沉寂和悲伤时，人们突然听到了一阵乐器悦耳的演奏声，喧闹的人群叫喊着，跳起了萨提尔之舞，仿佛一支酒神狄俄尼索斯的游行队伍正在尽情欢乐。声音仿佛从城市中心一路向外门飘去，迎着敌人的方向，正是在那里，人声鼎沸的骚乱最终归于沉寂。那些将此视为一种征兆的人称，一向以酒神自居的安东尼被这位他在生活中极力模仿的天神抛弃了。"

安东尼和克娄巴特拉的最后一夜

房间里一片漆黑，远处的阳台突兀地沐浴在月光下。克娄巴特拉的身影斜靠在一根柱子上，一侧薄如蝉翼的帷幔在冷冽的海风中缓缓摇曳。目光落在地中海遥远的海面上，她陷入不安的沉思，脑海中翻腾着挥之不去的困惑。

房门在身后打开，马克·安东尼走进房间，耳边传来一阵熟悉的脚步声，女王没有回头。然而他并没有走上前来，而是在黑暗中停下了脚步，站在房间中央。克娄巴特拉明白，宴会上的临终致辞之后，安东尼的内心已经放弃了求生的希望，他孤独的身影一动不动地被笼罩在绝望之中。明天他必死无疑，或许她也无法幸免。在一种寻求保护的强烈本能支配下，她带着对温暖、生命和希望的依恋转身面向他。仿佛在一股无形的力量推动下，她离开柱子，浑然不觉自己正向他靠近。安东尼看到一个妩媚妖冶的身影从逆光中走来。月光从地面弹起，克娄巴特拉急促的脚步最后几乎化作一路小跑。他们将对方紧紧拥入怀中，一切仿佛美好如初。她的脸颊紧贴在安东尼胸前，安东尼短促的心跳声清晰可辨，杂乱的呼吸中隐藏着一丝焦虑。他感到此刻蜷缩在自己怀中的并不是那位埃及女王，而是一个无处安放的脆弱灵魂，就像受伤的小鸟一样孤单无助。他希望自己的轻抚能为她带来一丝慰藉。温热的泪珠落入他的臂弯，怀中的女人在痛苦的煎熬中浑身颤抖。语言在此刻显得那么苍白，两人不顾一切紧紧相拥，在对方的怀抱中感到了温暖与呵护，还有对彼此身体不顾一切的渴望。

或许瞬间即是永恒。

画面在想象中定格。

两人最后一夜的情景在史料中无从考证。可想而知，他们的关系自前夜以来就发生了改变，在无法逃避的残酷宿命面前，他们在互相寻求慰藉的过程中重新找回了多年来令彼此心驰神往的对方。这或许就是当时的真实情景，因为归根结底，这不过是一个男人和女人之间的故事。

此时，屋大维军营中……

咫尺之遥的另一位对手正虎视眈眈，他就是屋大维。关于他军营中发生的一切史料同样没有记载。然而不难想象，在与部将对所有可能进行探讨之后，他正和朋友在自己的大帐中谈笑风生，他们毫不怀疑，明天将是改写罗马历史的时刻。众人一面展望未来，一面在互相戏谑中开怀畅饮。屋大维一如既往地保持沉默，几乎与所有人都保持着距离。近在眼前的成功令他心满意足。他还对未来浮想联翩：失去安东尼之后，克娄巴特拉已经不足为虑。正如国际象棋比赛中，面对走投无路的对方国王，你所要做的就是为最后的致命一击调兵遣将。此时胜负已经失去悬念。

军营中到处洋溢着欢声笑语。众多罗马军团士兵开始对亚历山大城中的财富和美女想入非非（他们绝不会对唾手可得的一切心慈手软），他们已经准备好用山珍海味犒劳自己连日来饱受折磨的肠胃。胜利就在眼前，部分原因在于来自敌营的逃兵数量与日俱增，有时逃兵甚至蜂拥而至。就连安东尼最精锐的骑兵战士——那名在当天的战斗中表现英勇的士兵，也倒戈加入了屋大维阵营。

屋大维的部将从逃兵口中获悉了敌人的重要情报。例如，他们得知安东尼准备利用克娄巴特拉锚泊在港口的舰队发起最后一次出其不意的攻击。又是普鲁塔克，对安东尼渴望在辉煌中落幕的不屈灵魂进行了着重刻画："因此，一心想要战死沙场的他决定同时在海上和陆地展开进攻。"行动时间被定在翌日清晨。安东尼果真如某些史料中记载的那样，希望凭借残存的战舰突破屋大维的海上包围逃往西班牙吗？这一结论有待商榷。事实上，在他脑海中酝酿着一个两线作战的方案：舰队在海上发起进攻的同时，罗马军团将同时在陆地上与敌人展开交锋。这是他的最后一搏，遗憾的是，他并不知道屋大维已经对这一切了如指掌。

8月1日，清晨

黎明时分，安东尼来到阵前。他的罗马军团已经在城外山丘上整装待发，此时，海上舰队也接到了倾巢而出的命令。眼前的场景蔚为壮观：一艘艘战舰开动船桨，强大的喙形撞角掠过波涛翻滚的海面全速冲向敌人，与此同时，岸上的两军士兵正注视着海面上发生的一切。在这千钧一发的时刻，戏剧性的一幕发生了。安东尼和克娄巴特拉的第一艘战舰快速逼近，就在即将与敌船相撞之际……它非但没有继续前进完成撞击，反而高高抬起船桨进行致意，另一艘战舰随即做出响应。片刻之后，所有战舰纷纷效仿……在安东尼和部将难以置信的目光中，整支舰队向敌人投降。此时，原本准备决一死战的两支舰队合二为一，组成了一支庞大的舰队，浩浩荡荡地向亚历山大城驶去。

关于这次叛变在史料中不乏记载，老谋深算的克娄巴特拉被怀疑与屋大维暗中勾结，而安东尼沦为两人谈判的牺牲品。现代学者相信，这些谣言是亲屋大维势力的宣传伎俩，他们在屋大维成为奥古斯都后对其广为散播。从亚历山大的局势判断，克娄巴特拉的暗中策动未必就是舰队倒戈背后的真正原因。

安东尼和他最忠实的部将普布利乌斯·卡尼狄乌斯心中的震惊和愤怒可想而知，他们立即向部队下达了进攻命令。然而令两人始料未及的是，又一个噩耗接踵而至，那支昨天刚刚大获全胜的骑兵部队已经放弃抵抗当场倒戈。

此时，步兵已经与屋大维的部队展开交锋，然而他们已经失去了骑兵的保护。安东尼的部队在寡不敌众的形势下军心涣散，很快便溃不成军。

安东尼的身影消失在战场上，他退回城中，"大喊着克娄巴特拉向敌人出卖了自己，而自己却一厢情愿在战场上捍卫着爱情的幻觉"，普鲁塔克写道。

8月1日，清晨：克娄巴特拉躲入陵墓

在获悉舰队和骑兵相继投降之后，王宫中的克娄巴特拉又等来了安东尼兵败的消息。女王知道大势已去，末日即将降临，王宫已经不是久留之地。在贴身侍女埃拉斯和夏米侬的陪伴下，女王动身前往她为自己和马克·安东尼修建的陵墓。她准备将自己封闭在这座（日后也将成为她葬身之处）最后的堡垒中。据普鲁塔克记载，"顾忌安东尼的愤怒和绝望，女王逃入陵墓，并拆下了用铁条和螺栓加固的百叶窗"。在这里，她做出了一个疑点重重的决定。她派出一名仆人为马克·安东尼送去了一个可怕的消息："女王已经死

了。"此举用意何在?

根据卡西乌斯·迪奥的解读,这将促使安东尼自我了结,因为他已经失去了一切和他的爱人,而这也将成为她获得屋大维宽恕的筹码。然而,这位罗马历史学家对克娄巴特拉怀有敌意,他的解释或许有失公允。

现代学者对此莫衷一是。一些人将克娄巴特拉的行为视为一个明白无误的决定,以牺牲安东尼为代价与屋大维达成协议,极力挽救自己和孩子的生命。

另一种观点认为这一决定倾注了她最后的爱:使爱人安东尼以自杀的方式体面地告别人世,而不是死在屋大维和他的士兵手中。

然而,克娄巴特拉没有立刻自尽,反而决定与屋大维会面的行为令这一假设无法自圆其说。

或许真相就隐藏在这两种假设之中:在权衡利弊后(安东尼毕竟是她孩子的父亲),克娄巴特拉已经做出了冷酷而现实的抉择:让安东尼以最体面的方式成为历史,以便放开手脚争取新盟友屋大维。这么做既是为了自己,也是为了恺撒里昂和埃及。她当时已经别无选择。如果这就是克娄巴特拉的动机,那么我们将从中再次看到一名政客的深谋远虑、一位女性的胆识魄力以及一个凡人的无所畏惧:以这样的方式告别一段十一年的感情并非易事。

历史的真相将永远不为人知。遗憾的是,笼罩在克娄巴特拉周围的迷雾直到故事的结尾都将萦绕不散。

安东尼之死

克娄巴特拉自杀的消息令安东尼痛不欲生。在经历了一次次失败、背叛和叛逃后，他仿佛在天旋地转之中坠入了冰冷的黑暗。此时克娄巴特拉的死讯令他的世界陷入永夜。安东尼的内心可想而知：他已经一无所有，麾下的军队背叛了他，罗马世界也将他彻底抛弃（所有意大利人已经宣誓拥护屋大维），对手已经兵临城下，随着爱人的香消玉殒，他也失去了作为盟友的埃及。此时此刻的他还能作何感想？

安东尼对克娄巴特拉的死讯信以为真。普鲁塔克写道："他自言自语地说，'安东尼，还犹豫什么？命运已经夺走了你今生唯一的寄托'。"他接下来的举动令人感慨万千，从中可以看出他对埃及女王的一片痴情。安东尼回到自己的房间，解开盔甲扔在地上。普鲁塔克继续写道："他大声嘶吼，'噢，克娄巴特拉，失去你并不能使我感到悲伤，因为我们很快就将重逢，而身为一名万众瞩目的统帅，你宁死不屈的勇气却令我自惭形秽'。"

普鲁塔克对这一时刻进行了戏剧化处理，然而，无论安东尼的对白是真是假，他自知无力回天的绝望之情在接下来的一幕中清晰可见，这对爱人之间坚不可摧的纽带也令人唏嘘不已。只见他抽出短剑，命令忠实的仆人厄洛斯将自己刺死。

厄洛斯举起短剑，主人刚转过头去，他就用力刺向自己，栽倒在安东尼脚下。安东尼看着他，悲痛欲绝，他声嘶力竭地哀号道——普鲁塔克接着写道——"勇敢的厄洛斯！你的忠诚令我无地自容！"

在接二连三的打击下，安东尼更加形单影只。爱人和忠仆相继离他而去（没有人知道他的儿子安提乌斯是否目睹了这令人肝肠寸断的一幕）。万念俱灰之下，他拾起短剑对准自己，一声长叹之后闭上双眼，猛地将剑身送入腹部。他扑倒在一张小床上疼痛难忍，这一剑并没有立刻让他死去，但严重的伤势引发的大出血将令他在无尽的痛苦和挣扎中慢慢死去。安东尼在剧痛中翻滚抽搐，最终陷入昏迷。

人们以为他必死无疑，或许就连门外站岗的卫兵也信以为真。他的死讯开始被到处传播。陵墓外乱作一团，克娄巴特拉探身张望，只见每个人嘴里都大喊着安东尼的名字。在这座尚未完工的建筑中，尽管装有特殊机关的墓门已经无法打开，但它的顶部还有另一个出口。

得知噩耗后，克娄巴特拉陷入了深深的自责，她让贴身侍卫狄俄墨得斯运回安东尼的尸体。她无疑想赶在敌人砍下尸体的头颅送给屋大维之前将爱人带到自己身边。

狄俄墨得斯赶到安东尼自尽的房间，这时他惊讶地发现，安东尼还没有咽气。据普鲁塔克记载，阴差阳错之中，他俯卧在床上的姿势止住了血流。安东尼已经苏醒，但在难以忍受的痛苦中，他哀求围观者结束自己的生命，惊恐万状的众人一哄而散，他不断在床上绝望地蠕动着。正在这时，狄俄墨得斯出现了。到处都是鲜血，房间正中躺着厄洛斯冰冷的尸体。安东尼的脸色或许就像床单一样苍白。狄俄墨得斯凑上前去，告诉他克娄巴特拉并没有自杀，她还活着，渴望着他的陪伴。

听到这个消息，安东尼为之一振，试图起身奔向他的爱人，但脚步踉跄，以失败告终，或许他发现了自己颤抖的双腿已无力支撑。他知道自己失血过多，将不久于人世。在他的请求下，周围对眼前一幕难以置信的围观者帮助他来到女王的陵墓，并用绳索将他吊入克娄巴特拉曾探身张望的出口。

如果普鲁塔克故事中的这些细节准确无误，也就意味着安东尼自尽的地方就在陵墓附近，这就引发了围绕这对夫妇的一连串疑问。当获悉克娄巴特拉的死讯时，安东尼为什么不去见她最后一面，将她拥入自己安全的臂弯，就像她现在做的一样呢？既然明知安东尼就在附近，在得知自己的死讯后可能迅速赶来查看，从而揭穿这场骗局，克娄巴特拉又为何执意将自己锁入陵墓？答案将永远无人知晓。

此时普鲁塔克的故事迎来高潮：可怜的安东尼被运往陵墓，但由于无法打开墓门，克娄巴特拉只能探身放下绳索，在埃拉斯和夏米侬的帮助下把安东尼拉入墓室。这凄惨的一幕令人动容。"在场众人从未见过如此伤感的场面，痛苦万分的安东尼满身血迹，在被绳索吊起的同时还不忘向自己的爱人伸出双臂。这对一名女性来说不是一件轻松的差事，她需要竭尽全力。克娄巴特拉双手紧抓绳索，表情因吃力而变得僵硬，地面上的人齐声加油，仿佛对她的痛苦感同身受。"然而，马克·安东尼体格健硕，尽管有两名女仆帮忙，一个身材娇小的女性又如何能仅凭绳索拉起一具如此沉重的身躯？关于埃拉斯和夏米侬的体型已经无从考证，但身为侍女的她们想必没有粗壮有力的双臂。更为合理的推测是，尚未完工的陵墓中还留有用于吊运石块的绳索，正如卡西乌斯·迪奥所说，可能是建筑工人用来吊升重物的滑轮或升降装置为克娄巴特拉提供了帮助。如此一来，即便三位像她们一样柔弱的女性也能拉起一个很重的男性。还有一种可能，身受重伤的安东尼也许是被一根拴在腰间的绳索吊起的：他或许先被放在一块木板之类的物体上，然后被缓缓升起。

最令人心碎的一幕即将到来。

克娄巴特拉在埃拉斯和夏米侬的帮助下合力将安东尼拽入陵墓，安置妥当。普鲁塔克写道："她伏在他身前，撕扯着自己的衣服。"女王深深的绝望溢于言表，但其中或许还隐藏着另一层含义。她的姿势难道不正是在用衣物作为绷带对伤口进行按压止血吗？克娄巴特拉毕竟粗通医术。自己的男人满身鲜血，脸色惨白，目光空洞，气若游丝，在腹部伤口的巨大痛苦中不断呻吟尖叫的情景一定令她肝肠寸断。这场不可思议的爱情冒险和两人无忧无虑的过往记忆在安东尼"横死异乡"的结局中黯然收场。连日来不断郁结的压力彻底摧毁了她的心防，情感的洪流奔腾而出。"只见她时而捶打胸口，时而用指甲乱抓乱挠，脸上蹭满了鲜血，口中呼唤着自己的国王、丈夫和人帝；此刻对他的怜悯几乎令她忘记了自己的不幸。"这就是一个女人的全部遭遇，此时她不再是一位女王，而是一个为了逝去的爱情悲痛欲绝的女人。

安东尼的生命正在迅速流逝，他已经失去了疼痛的感觉，取而代之的是口干舌燥，这是大出血后的典型症状：身体本能地渴望补充液体。普鲁塔克写道，"……他停止了呻吟，提出饮酒的请求，不是为了解渴，就是为了求死。喝完酒后，他劝说她用体面的方式保证自己的安全，在屋大维的朋友中，普罗库雷乌斯尤为值得信赖，并叮嘱她不要为自己死前的惨状落泪，而要时刻不忘命运对他的眷顾：作为一个罗马人，他曾经显赫一时，大权在握，并将体面地接受被另一个罗马人击败的宿命"。

他的目光开始变得迷离和空洞，身体猛然歪倒，仿佛陷入了沉睡。由于失血过多，他的大脑已经切断了与外部世界的一切联系，因为在失血引发的低血压症状下，他所能摄取的氧气越来越少。此刻他正在慢慢滑入死亡的深渊。

马克·安东尼就这样在克娄巴特拉的怀抱中死去。

在所爱之人的陪伴下，死神仿佛也收起了狰狞的面孔。没有人应该孤独地面对死亡。在身不由己历尽磨难之后，他匪夷所思的命运终于获得了众神的恩赐，在这个令他重获新生的女人温暖的怀抱中，安东尼平静地告别人世，享年53岁。

克娄巴特拉身陷囹圄

陵墓中的安东尼在众人的注视下气绝身亡，一个名叫德赛特斯的卫兵溜回他的主人拔剑自杀的房间，在厄洛斯冰冷的尸体旁发现了那把扔在地板上的短剑。普鲁塔克写道，他捡起短剑，揣入怀中，立刻奔向屋大维的军营，第一个报告了安东尼的死讯，并拿出带血的兵器作为证据。

而卡西乌斯·迪奥称，女王亲自将这一消息告诉了她的宿敌，盼望获得宽恕。

在普鲁塔克的记载中，屋大维（的反应完全令人难以置信），闻讯泣不成声、悲痛欲绝。普鲁塔克接着写道，为了证实这位死者生前的粗鲁无礼，屋大维随后就向随从宣读了安东尼的来信。历史学家朱斯托·特莱纳特别指出，他对对手的诋毁并没有随着对方的死亡而终止，而作为一个罗马人，恺撒则对曾经战场上的敌人——另一个罗马人庞培不吝赞美。屋大维随后授意好友普罗库雷乌斯活捉克娄巴特拉。他的目标明确：不仅要拿走女王的财富，还打算将她押送罗马，将其在自己的凯旋仪式中游行示众。

尽管屋大维和他的胜利之师尚未入城，但此时城门已经形同虚设，任何人都可以自由进出，这是投降临近的信号，这是暴风雨即将到来的前兆：逃兵争相倒戈，部将纷纷归降，军队即将哗变。

安东尼在克娄巴特拉怀中咽气后不久，普罗库雷乌斯就赶到了陵墓。他在门外喊话，但女王不肯出来。据普鲁塔克记载，她要求获得自己的后代可以继承王位的承诺。普罗库雷乌斯回答，她必须相信屋大维。在长时间的讨价还价之后，女王始终拒绝让步。谈判可能进行了几个小时，但却像几个世纪一样漫长，忍无可忍的屋大维派出了科尼利厄斯·加卢斯，那位率军驻扎在亚历山大城西的诗人统帅和一个名叫埃帕弗洛狄图斯的自由民。他的计划很简单：用计活捉克娄巴特拉。因此，在雄辩而博学的加卢斯喋喋不休地分散女王注意力的同时，另外两人将梯子搭在墙上，从安东尼被吊入的洞口悄悄潜入陵墓。马克·安东尼冰冷的尸体当然没有逃过他们的眼睛，他们蹑手蹑脚地爬下梯子，向门边正在和加卢斯对话的克娄巴特拉靠近。距离越来越近。埃拉斯（或是夏米俄）第一个发现了两位不速之客，并大声尖叫。克娄巴特拉转身抽出腰带上的短剑准备自杀，然而普罗库雷乌斯用双手迅速将她钳住，短剑掉落在地。随后他反复晃动女王的衣服，试图抖落其中可能隐藏的毒药。普鲁塔克对毒药的描写以及其与克娄巴特拉的联系颇为耐人寻味，因为它们在不经意间为女王数日后的死亡埋下了可怕的伏笔。

女王被捕成为屋大维进入亚历山大的信号。他的罗马军团在占领太阳之门后又打开了月亮之门，同时占领并控制了城内所有战略要地。入城的时刻到了，然而，想到亚历山大市民对待恺撒的态度，屋大维在进城时与自己的哲学导师——亚历山大城中德高望重的阿里乌斯·迪狄穆斯谈笑风生，甚至还让这位家喻户晓的人物在右侧与自己并肩齐行，以此彰显自己在民众中的威望。

他首先召集民众在竞技场中发表演说。这不是一个随意选取的地点：安东尼正是在此宣读了自己的亚历山大赠予。惊魂未定的人群纷纷拜倒在地。只见屋大维登上讲坛，再次请所有人平身，并承诺大家，自己将赦免他们所有的罪孽：首先，出于对伟大的亚历山大大帝的崇拜；其次，出于自己对这座美丽城市的热爱；最后，为了取悦他的哲学家朋友阿里乌斯。他使用人们熟悉的希腊语宣布了自己的决定。

现场的罗马军团和他信誓旦旦的承诺获得了预期的效果，城中没有发生暴乱和叛变。屋大维得以一一拜访亚历山大城的各处重要场所，亚历山大大帝的陵墓是他的首个目的地。苏维托尼乌斯为我们描述了这一著名场景："屋大维命人打开亚历山大大帝的陵墓，在经过一番查看之后，他命人将遗体挪出神龛，由他亲手给遗体戴上金冠，并用鲜花覆盖全身后进行祭拜。"卡西乌斯·迪奥补充了一个令人哭笑不得的插曲：面对这具历经300年沧桑岁月早已脆弱不堪的遗体，屋大维显得手忙脚乱，以至——有传闻称——"他还失手弄坏了亚历山大大帝的鼻子"。

随后他被问及是否有意参观克娄巴特拉家族的托勒密王朝神龛。据苏维托尼乌斯记载，预感到可能出现的尴尬局面（刚刚祭拜完这个朝代，就为它的末代女王戴上镣铐），此时他抛出了一个模棱两可的回答："我更想拜访一位国王，而不是一具遗体。"克娄巴特拉未来的命运已经昭然若揭。

当屋大维被反复询问是否有意参观曾属于克娄巴特拉的另一处圣地阿庇斯神庙（神牛的供奉地）时，他说自己习惯膜拜众神而不是公牛。

安东尼的葬礼

屋大维知道自己已经成为无可争议的地中海霸主和整个古代世界的主宰。迄今为止，或许恺撒除外，尚未有人统治过如此辽阔的疆土。或许这正是他对克娄巴特拉和安东尼以礼相待的原因之一，尽管后者已经不在人世。在他的默许下，连日来女王都在陵墓中为爱人的遗体进行防腐处理。她的一举一动都处在监视之下，她的所有需要都获得了满足，任何可以用来自杀的物品除外。最终，屋大维同意她为安东尼举行葬礼。这场比肩王室规格的葬礼极尽奢华，克娄巴特拉为之倾尽所有。这座敌军占领下的城市刚刚完成权力更迭，出席葬礼的人寥寥无几，他们可能都是这对夫妇最亲密的朋友。这场葬礼或许重新揭开了克娄巴特拉的伤疤。普鲁塔克补充道："女王沉浸在悲伤中不能自已——她在葬礼中不停捶打胸口，导致伤口发炎感染——最终引发高烧。"作者笔下的这些医学细节或许来自克娄巴特拉的御用医师奥林波斯。女王似乎开始自暴自弃，想通过绝食把自己饿死。然而，在得知克娄巴特拉的自杀行为后，屋大维强迫她进食并接受治疗，并威胁道，如果拒绝配合，她的孩子将遭遇不测。

克娄巴特拉和屋大维的会面

最不可思议的是，克娄巴特拉和屋大维之间只进行了一次会面。而一些现代学者甚至对这次会面的真实性提出质疑，认为它可能是屋大维支持者的宣传手段。他不仅对身为政治对手的克娄巴特拉不屑一顾，还显露出罗马男性对女性特有的轻蔑。这个女人是否令他心存戒备？毕竟，她曾令恺撒和安东尼神魂颠倒……而事实上，一无所有的女王或许已经无法使他心生畏惧。

葬礼后数日，屋大维拜访了她。他在一张简陋的床榻上发现了失魂落魄、衣衫不整的女王。只见她面容憔悴、眼袋松弛、声音颤抖，胸部遭受捶打的痕迹依然清晰可见。在这个身心显然饱受摧残的女人身上，依然残留着颠倒众生的风韵和令人过目难忘的美貌。在屋大维示意落座后，克娄巴特拉开始为自己进行开脱，她将自己的所有行为归咎为在安东尼淫威之下的无奈之举。在屋大维的逐一回应之下，最终她怀着对生命的强烈渴望向他发出乞求。克娄巴特拉向屋大维交出了她全部财产的清单。现场当然并非只有他们两人，当听到前朝大臣塞琉古当众指责自己私藏大量珠宝后，王后向他扑去，抓住他的头发猛扇耳光。据普鲁塔克记载，当屋大维微笑着安抚她时，女王回答道："这成何体统？屋大维，我已是你的手下败将，却还劳你纡尊降贵前来拜访，而这大胆家奴竟敢血口喷人污蔑我私藏珠宝，我已经自身难保，又哪敢贪心不足？这些女人饰物原本打算当作薄礼献给屋大维娅和你的利维亚。只愿她们能够美言一番，盼你对我网开一面。"当然，这番对话纯属杜撰，然而包括塞内里尼在内的一些历史学家认为，在普鲁塔克对历史事件的文学重构中或许隐藏着屋大维和克娄巴特拉的一场谈判，后者在走投无路之下依然幻想着绝处逢生。然而，屋大维从她的言语间嗅出了求生的欲望，他在离开前假意敷衍她，说自己将对她格外宽大处理。屋大维以为这个女人已经被自己说服，殊不知他正在掉进她的陷阱，克娄巴特拉成功给这个男人造成了她贪生怕死、无意轻生的错觉。

克娄巴特拉之死

　　这次会面之后，在8月10日或12日，克娄巴特拉决定自尽，为延续千年之久的埃及王国和她的王朝画上句号。伴随着一个时代的落幕，被五花大绑押往罗马，在屋大维的凯旋仪式上游行示众的命运无疑成为她走上绝路的关键因素。这对一位托勒密女王来说是奇耻大辱，当年妹妹在游行中的种种遭遇令她记忆犹新（彼时她还是恺撒的爱人）。一份密报似乎成了压倒骆驼的最后一根稻草。屋大维的朋友，一位名叫科尼利厄斯·多拉贝拉的年轻人（或许就是那位著名的墙头草，执政官多拉贝拉的儿子）告诉她，三天后屋大维将启程前往叙利亚，并准备派人将她和她的孩子押往罗马，等待他返回后举行凯旋游行。这一刻她下定了决心。然而怎样才能成功自杀？

　　史料中同样存在两个不相同的版本。如同进入影院观看两部题材相同却分别由不同导演执导的电影。

　　普鲁塔克这样写道：

　　据称，克娄巴特拉要求将祭酒带入安东尼的坟墓。在获得屋大维的许可后，她带着两名侍女前往墓地（也许是埃拉斯和夏米侬）。

　　普鲁塔克为她写了一段广为流传的独白。这段独白是否出自女王之口已经无从考证，但内容却真伪莫辨：

　　"噢，亲爱的安东尼，昨天我送你入土时还是自由之身，此刻为你献上祭酒时却已身陷囹圄；我的捶胸顿足和放声哭泣令他们胆战心惊，唯恐这具傀儡之身受到损坏，无法在凯旋仪式上让你尊严扫地。这将是最后的荣耀和祭奠，这是克娄巴特拉临别前最后一次为你献上祭品。生前我们不离不弃，死后却要长眠在陌生的故乡。你生在罗马却葬身此处，而可怜的我将被埋葬在意大利，在你的祖国留下一座孤冢。这里的众神已将我们抛弃，如果远方的诸神能够显灵，你的女人不愿苟全性命于乱世，沦为凯旋仪式上令你蒙羞的行尸走肉。请让我与你合葬在此，远离喧嚣，与你不在身边的日日夜夜相比，那些无尽的苦难不值一提。"

克娄巴特拉为棺椁套上花环，并再次拥抱了它，随后返回形同监狱的宫殿，吩咐侍女为自己沐浴更衣。在服侍女王洗浴完毕并涂抹油膏后，埃拉斯和夏米侬开始为她梳理头发。她们知道这是自己最后一次为主人服务吗？克娄巴特拉一向对两人敞开心扉，但她们能否对一切守口如瓶？在面临生死抉择时，她们是否仍心甘情愿追随自己的女王共赴黄泉？没有人知道答案，但女王可能已经向她们透露了自己的计划（或许是因为她需要两人的协助），在为她梳理头发、整理妆容的同时，两人或许正神色焦虑地交换着目光。

在一切准备就绪之后，克娄巴特拉命人准备了最后一次丰盛的晚宴。

与此同时，一个男人正从乡下赶来，这名克娄巴特拉的仆人手中提着一个篮子。卫兵拦住了迎面走来的男人，盘问他的去处和篮子里的东西。他打开盖子，露出一堆叶子下为女王准备的无花果，只见一个个成熟的果实无比硕大。眼前从未见过的硕大果实令罗马卫兵大吃一惊。男人狡猾地邀请卫兵随意品尝，但遭到拒绝。他殷勤的态度和篮子里的东西让卫兵对他的话信以为真，随即放行。与此同时，克娄巴特拉取出一枚写有密信的密封蜡丸，命人将它送给屋大维。随后她请所有人离开房间，只留下埃拉斯和夏米侬，并关上房门。门外，蒙在鼓里的罗马卫兵继续把守着出口。

收到蜡丸时，屋大维或许正在和朋友们畅谈埃及的未来。只见他话音刚落，或许带着某种好奇，心不在焉地打开了蜡丸。里面的内容无疑令他的热血瞬间冷却。可想而知，在众人注视下的他眉头紧锁，呆若木鸡。克娄巴特拉在寥寥数语中提出了几个要求，最后她请求屋大维将自己与安东尼合葬在一处。屋大维瞬间明白这个女人已经决心赴死。他本能地起身，准备赶往女王的住处，但随后还是决定派手下前去查看。奉命赶来的侍从看到卫兵若无其事地站在门外，仿佛什么也没有发生。而房门打开后，惨不忍睹的一幕出现在众人眼前，悲剧已在瞬间铸成。克娄巴特拉一身女王装束，佩戴着王室饰品倒在黄金卧榻上，已经气绝身亡。在她的脚边是奄奄一息的埃拉斯，而夏米侬此时正跌跌撞撞地试图为克娄巴特拉戴上一顶王冠。她是现场唯一的幸存者。眼看大势已去，屋大维的一名手下指着女王的尸体——据普鲁塔克记载——对着这位帮助克娄巴特拉自杀的侍女大声挖苦道："看看你干的好事，夏米侬！"她回答道："当然，堪称完美，配得上这高贵的王室血脉。"说完一头栽倒在床边，而床上正躺着她主人冰冷的尸体。这一刻，克娄巴特拉的人生走到了终点，托勒密王朝275年的历史也随之落幕。这一刻更宣告了希腊化时代的终结，在那个由亚历山大大帝一手开创、见证了堪比文艺复兴时期文化盛况的卓越时代中，比肩莱昂纳多·达·芬奇和拉斐尔的巨匠层出不穷。世代相承的古埃及国王以及托勒密王朝别具一格的法老世界就此灰飞烟灭……这是一段流淌着3 000余年世事变迁的漫长历史。埃及末代女王克娄巴特拉的尸体躺在床上，她苍白的面庞仿佛为一切画上了句号。只见她表情柔和，仿佛如释重负，只留下一段传奇般的迷人传说在时空的长河中闪闪发光。

卡西乌斯·迪奥的故事与普鲁塔克大同小异，只是增加了一些奇怪的细节：

在得知屋大维即将出发的消息后，克娄巴特拉成功让众人相信，她已经做好被押往罗马的准备，并取出部分私藏的珠宝作为到达永恒之城后的礼物。这是一个聪明的举动，打消了人们对她是否会自杀怀有的疑虑，就连身边的狱卒都放松了警惕。而正是埃帕弗洛狄图斯将她的密信交给了屋大维，她在信中请求屋大维将自己与安东尼合葬在一处。事实上，这只是一个支开埃帕弗洛狄图斯的借口，防止他破坏自杀的计划。卡西乌斯·迪奥补充道，克娄巴特拉穿上最美的服饰，散发着无与伦比的优雅气息，带着完美无瑕的王室仪容，从容告别人世。最后卡西乌斯用一句墓志铭作为这场悲剧的结语：这个死去的女人"征服了两位伟大的罗马英雄，却在第三个罗马人手中走向灭亡"。

一条毒蛇引发的惨剧？

克娄巴特拉之死已经成为人们津津乐道的千古之谜。关于她死于毒蛇还是毒液的猜测至今仍在继续。这是一个令古人乐此不疲的话题。普鲁塔克和卡西乌斯·迪奥不约而同地提出了毒蛇和毒针的假设。以下就是他们各自的猜测。

让我们重新回到普鲁塔克的故事中，找到那个为女王带来一篮无花果的男人。传说中，那条角蝰和无花果一起被藏在叶子下。这是克娄巴特拉的吩咐，这样毒蛇就能在她毫无防备时发起攻击。但当她拿出无花果时发现了隐藏的毒蛇，并脱口而出，"你在这里啊"，随后露出胳膊伸向角蝰。还有人称，角蝰被藏在一只陶罐中，当克娄巴特拉用一根金针对它进行挑逗时，被激怒的毒蛇一跃而出，咬住了她的一条胳膊。

这位古代传记作家称，没有人知道真相，然而他同样提出了另一个有趣的假设：毒药论。

在第三种版本中，克娄巴特拉的头发中藏着一根装有毒药的空心发簪。而在她的身上没有发现任何中毒的迹象。屋内当然也没有发现毒蛇的踪迹，但有人声称他们在房间窗户朝向的海岸上发现了毒蛇留下的爬行痕迹；还有人声称，他们在克娄巴特拉的胳膊上发现了两处几乎无法分辨的轻微刺伤。

卡西乌斯·迪奥也承认，没有人知道埃及最后一位女王死亡的真相。他写道，人们的所有发现就是她胳膊上的两个小孔。有人称，她被一条藏身于水罐或花瓶之中的角蝰咬伤；也有人称，她为自己头上佩戴的发簪涂上了一层特殊的毒药，这种对身体无害的毒药一旦遇到血液就能迅速致命，并且毫无痛苦。当时，那根发簪就像往常一样戴在她的头发上；必要时，只需在胳膊上轻轻一刺，毒药就能与血液发生接触。正是通过类似的方式，克娄巴特拉和她的两名侍女顷刻毙命。

罗马历史学家同样补充了一个当时为女王治疗蛇毒的有趣细节。当屋大维得到消息后，他在震惊之余想要见到克娄巴特拉，于是派人送去药物和解毒剂，为了将她救活，屋大维或许还曾求助于萨利安人（Psyllians）。利比亚的萨利安部落生活在大苏尔特湾地区，以驯养毒蛇闻名于世："这些萨利安人擅长在被咬者毒发身亡前吸出蛇毒，自己能安然无恙，因为任何爬行动物都无法对他们构成威胁。"

如果这个故事真实可信，那么当屋大维或他的手下赶到时，克娄巴特拉应该尚未断气，尽管进行了全力抢救，最终还是无力回天。

卡西乌斯·迪奥最后写道："由于没能从死神手中救出克娄巴特拉，怀着对她的钦佩和怜悯，屋大维陷入深深的懊恼，他痛感自己的胜利因此黯然失色。"

那么真实情况究竟如何？史料一致认为，克娄巴特拉死于中毒。问题在于是自然毒素（如蛇毒）还是人工毒素（如成分复杂的混合毒素）。

今天的学者倾向于排除女王死于蛇毒的假设，无论如何，埃及眼镜蛇都更像是这场惨剧的主角，而不是人们普遍认为的角蝰（一种在意大利同样常见的蛇类）。

埃及眼镜蛇无疑非常危险，但它并不能一击致命。被咬伤的人疼痛难忍，在数分钟甚至几个小时后才会痛苦地死去。中了这种蛇毒的人死前全身颤抖，大汗淋漓，心跳加速，半身麻痹，呕吐腹泻。这种令人闻之色变的死亡方式对一位女王来说显然有失体面。

而且，中毒通常伴随着明显的症状，而史料中却没有任何关于女王尸体肿胀、瘀青、皮肤水疱的记载。

事实上，据记载，屋大维的手下迅速赶到现场，他们没有在克娄巴特拉的尸体上发现任何严重中毒的症状。而且眼镜蛇庞大的身体（4～5英尺）在室内也无处藏身，由于埃拉斯和夏米侬先后死亡，因此现场应该有不止一条毒蛇，才能保证蛇毒快速发作。据普鲁塔克和卡西乌斯·迪奥记载，人们只在面向大海的窗边发现了模糊不清的痕迹。最后，还有一个关键因素值得注意：仅靠一条毒蛇注入的毒液并不能保证致命。伤者有可能在饱经折磨后落下残疾，但并不会因此送命。

有理由认为克娄巴特拉中毒身亡背后另有隐情，因此我们重新回到合成毒药，一种特别配制的人工毒素。克娄巴特拉可以独自配制毒药吗？据史料记载，她是一位毒药专家，甚至还曾写出整部药理学专著。传说她痴迷于毒药研究，甚至曾用人类和豚鼠进行实验。学术界拒绝为克娄巴特拉利用死囚观察毒药效果的行为贴上"变态狂"的标签，但却对她在毒药学领域的专业知识给予一致认同。如果致命毒药不是由她亲手配制，那么还有可能出自她的御用医师——奥林波斯之手。总之，在距离她死亡现场咫尺之遥的亚历山大博物馆中，就生活着精通毒物学的各种专家。在这场悲剧中，克娄巴特拉究竟使用了哪一种毒素？人们对此众说纷纭。据历史学家斯特拉波记载，克娄巴特拉在身上涂抹了一种不明的有毒油膏。罗马时代的著名医师伽林声称，她咬破了自己的手腕，并将蛇毒倒进伤口。但如果确有其事，就应该会留下醒目的伤口，然而——感谢普鲁塔克的记载——我们知道在克娄巴特拉的尸体上只发现了"两处几乎无法分辨的轻微刺伤"。

近期，德国学者克里斯托弗·谢弗（古代历史学家）和迪特里希·梅布斯（毒物学家）提出了一种假设，他们认为克娄巴特拉或许喝下了掺有鸦片、乌头草和铁杉的有毒液体（众所周知，苏格拉底就是死于极为相似的毒芹鸡尾酒，这也证明这种致命的草本混合物在克娄巴特拉之前的几个世纪就已经出现在人们的生活中）。这种毒液中的各种成分可以快速诱发致命的昏厥，但不会带来任何痛苦。乌头草是一种毒性极强的植物；铁杉可以造成神经系统麻痹，引发呼吸衰竭，最终导致死亡；而鸦片则扮演了止痛剂的角色。

然而，一般情况下，这些自然毒素会在受害者的遗体上留下痕迹。以铁杉为例，它能令皮肤在苍白中泛出青紫，还时常伴有红色斑点，而乌头草则会引发皮疹。此外，这些并不常见或者不会立刻显现的症状可能正好印证了史料中的记载。换言之，所有迹象都表明克娄巴特拉服用了这种有毒鸡尾酒，或者与之类似的混合物，因为它在保证快速发作、毒效明显的同时还不会带来过多的痛苦。这进一步与记载中她短暂的中毒时间和房间中消失的毒蛇互相印证。

出于兼听则明的考虑，不要忘记美国历史学家、古代医学专家、讲师阿兰·图韦德的观点：他认为在克娄巴特拉的时代，人们还没有配制草本毒药的习惯，唯一能够确定的是，女王是一位货真价实的毒药专家。

然而，如果这场惨剧的幕后元凶并不是一条毒蛇，那么有关传说为何至今依然众说纷纭？

这种说法之所以广为流传，是因为克娄巴特拉自诩为伊希斯的化身，这位女神同样与毒药关系密切（毒药在她手中既是杀人夺命的利器，也是治病救人的良药）。此外，数百年来，历代埃及国王都与毒蛇有着千丝万缕的联系，尤其是以克娄巴特拉前额上的蛇形饰物为代表的眼镜蛇。此外，屋大维也在无意中成了这一传奇故事的传播者。据普鲁塔克记载，克娄巴特拉与蛇相伴的画像或雕塑就曾在屋大维的授意下出现在罗马凯旋游行的队伍中。

另一种可能的解释也因此诞生（因无从考证而纯属猜测）：克娄巴特拉死前将毒药藏在屋内，或者命人将它带入宫中（我们据此推测，藏在篮子里的并不是毒蛇，而是装着毒液的小瓶，它们甚至可能被藏在硕大的无花果中）。在自杀前，她命令随从散布有关毒蛇的流言，这与她伊希斯女神化身的身份完美呼应，最终引发声势浩大的舆论。她最终得偿所愿，一个流传至今的神话在她死后随之诞生。尽管毒蛇的数量从一条变成两条，咬伤的位置也从胳膊变成胸口……这或许与女王在后人心中风情万种的妖冶形象有关。

早在古罗马时代，普罗佩提乌斯就曾说过："我看到圣蛇咬伤了我的胳膊，毒液在我的肢体中秘密蔓延。"

第十二章

帝国的黎明

何去何从？

尽管对克娄巴特拉的死耿耿于怀，但屋大维还是强忍仇恨遵从了女王的遗愿，背后的原因无疑只有一个：不愿触怒对女王充满爱戴之情的亚历山大人民。他举办了盛大的葬礼，并同意了她与安东尼合葬的要求。

然而，安东尼却无法获得同样的尊重，从亚历山大到罗马，甚至所有罗马领地上，包括铭文和雕像在内的一切关于他的记忆都被销毁和抹去。更夸张的是，在屋大维的授意下，安东尼的生日1月14日从此被定为一个不祥的日期。屋大维还通过焚毁安东尼的档案资料熟练地销毁罪证。

在历史远去的尘埃中，克娄巴特拉的传奇人生落下帷幕，她带着令人记忆犹新的无畏和坚毅步入岁月的长河。她自始至终掌控着自己的命运剧本——塑造出一个伟大而独立的灵魂。

历史的画面令人唏嘘不已，当屋大维继续踏上建功立业的征途，在叙利亚不断缔结盟约，忙于巩固领地，为自己的统治奠定基础时，克娄巴特拉的木乃伊正静静地躺在亚历山大的棺椁中。

根据古埃及制作木乃伊的传统，女王极有可能早已做好准备，迎接自己漫长的往生。史料中没有关于她身后事的详细记载，但根据常识推断，在御用医师和罗马人的先后探视之后（这里是指宫廷医师和屋大维的随从：前者是为了确认她的死亡，后者则是出于好奇），她躺在黄金床榻上的遗体想必会立刻被送去进行防腐处理。克娄巴特拉的希腊－马其顿血统并没有影响她和埃及传统之间的强大纽带。除托勒密一世外，她的所有先祖都被制成了木乃伊，或许她也将要面对相同的命运。

　　屋大维是否前来探视过这位宿敌的尸体？尽管事实不得而知，但他或许来过。女王倒地而亡的尸体无疑为两人多年的恩怨画上了句号。即便如此，在他内心深处一定泛起过一丝涟漪：他目睹克娄巴特拉在罗马五花大绑游行示众而获得的满足感，被这个死去的女人一手剥夺。因此，他不得不愤怒地接受自己在即将如愿以偿时被这个女人戏耍的事实，他的权力之网在她面前仿佛形同虚设。

　　他在动身离开前同意对她进行防腐处理。如前文所述，这是一个为了公共秩序做出的决定：克娄巴特拉深受爱戴，她的死可能引发叛乱。然而，罗马的情景却截然不同，那里的每个人都对她的失败翘首以待，甚至希望她被当众处决。屋大维和其他罗马随从不会在女王的尸体旁逗留太久，或许只有几个小时，她的随从喋喋不休地要求立刻举行遗体防腐仪式，因为8月的暑热加速了尸体腐烂变质的速度。

　　她的五脏六腑被取出后放入卡诺皮克罐中保存。根据风俗，她的脑部组织被取出后扔掉。正是克娄巴特拉的大脑运筹帷幄，在漫长的岁月中留下了自己的烙印……此时，失去了恺撒和安东尼的保护，她只能任由陌生的双手揉搓自己的身体，为她涂抹保护性香脂和油膏，防止细菌滋生导致尸体腐烂变质。

此后的至少30天内，她的遗体被涂满食盐和泡碱进行脱水处理。而她本就娇小的身躯也变得更加轻盈。尽管她的外观已经与生前判若两人，但依然保持着熟悉的面部特征，令观者心中的虔诚与钦慕之情油然而生。随后，她的脸庞消失在层层叠叠的绑带之下，同时飘散在世人记忆中的，还有那曾经令恺撒和安东尼，以及天下众生神魂颠倒的身体。

她木乃伊上镶嵌的金饰和封棺前举行的仪式已经无从考证，甚至她的陵墓也没有留下任何线索。安东尼和克娄巴特拉的坟墓是什么样子？没有人知道，就像两人的木乃伊一样成为时光中尘封的秘密。

安东尼和克娄巴特拉的墓穴也因此成为考古界的未解之谜。媒体隔三岔五就会爆出墓葬出土的新闻，随即就是一片驳斥之声。故事的两位主角不断拨动世人的心弦，仿佛海市蜃楼一样，然后消失不见，勾起那段尘封已久的记忆。他们的故事最终成就了一则举世无双的爱情神话。

而这在古代就已经成为不争的事实：克娄巴特拉的故事流传了数百年之久。例如，在她去世30年后，一座供奉她的巨大神庙仍在修建，但从未完工。考古学家杜安·W.罗勒指出，对她的个人崇拜一直延续了400余年，据称，公元373年有人曾为一幅克娄巴特拉的肖像铺上黄金。

多年之后，随着公元380年的萨洛尼卡敕令和公元438年的《狄奥多西法典》相继颁布，天主教成为整个罗马帝国境内唯一合法的宗教，异教神庙全部受到破坏和拆除，非天主教崇拜遭到严格禁止，任何与官方信仰背道而驰的人都可能惨遭杀戮或迫害。

屋大维的时代开始

与此同时，屋大维扶摇直上，并开始欢庆这个最终将以自己为标志的时代。他创建了两座同样名为尼科波利斯的城市，意为"胜利之城"，其中一座位于亚克兴，另一座位于亚历山大城太阳之门外他曾经驻扎过的地方。随着时间的推移，这一区域已经发展为一张美丽的城市名片，就位于今天的拉姆拉广场。

他踩着尸体和鲜血铺就的道路登上了绝对权力的王位。尽管安东尼忠诚的部将普布利乌斯·卡尼狄乌斯·克拉苏乞求获得宽恕，但依然被残忍地处决。盖乌斯·索修斯的下场完全不同，这位亚克兴之战中安东尼和克娄巴特拉手下的左翼统帅获得了赦免。

最后一名参与刺杀恺撒的凶手——盖乌斯·卡西乌斯·帕尔门西斯同样在藏身之处暴露后遭到清除。这位经常写信挖苦屋大维的诗人被人发现并在雅典被杀害。时值公元前30年，学术界普遍认为，仅仅在尤利乌斯·恺撒遇刺14年后，他的刺杀者已经无一幸存。他们无一例外都在行踪暴露后遭到处决。

而克娄巴特拉和安东尼的后代又有着怎样的结局呢？屋大维

对待恺撒的孩子可谓心狠手辣，万众瞩目的恺撒里昂首当其冲。在陷入包围之前，看到大势已去，克娄巴特拉安排他踏上流亡印度之旅。普鲁塔克记录了他遇害的经过："他携带巨额财富穿过欧洲大陆，被母亲送往印度；然而一位名叫罗登的国师假传屋大维的命令，借回国继承王位之名，成功将恺撒里昂骗回罗马。就在屋大维为如何处置他大伤脑筋时，据说阿里乌斯谏言道，'恺撒阴魂不散，恐怕大事不妙'。屋大维随即下令将恺撒里昂处死。"哲学家阿里乌斯因此饱受指责，然而，屋大维从一开始就心知肚明，要想成为恺撒唯一合法的"继承人"，就只能对这位众望所归的恺撒之子痛下杀手。

安东尼和富尔维娅的长子安提乌斯同样惨遭杀害。历史总是惊人地相似，这次行动的幕后主使同样是一位国师，这个名叫提奥多鲁斯的叛徒向屋大维的士兵泄露了安提乌斯的藏身之处。这个年轻人虽然侥幸逃脱，但随即遭到追捕。在亚历山大的街道上，慌不择路的他闯入恺撒神庙，希望在恺撒雕像旁寻求庇护，并在绝望中哀求饶命。屋大维不为所动，命令士兵砍下了他的脑袋。提奥多鲁斯靠近尸体，取下了他依然戴在脖子上的珍贵宝石。为了掩人耳目，他将宝石缝入了自己的腰带。在被当场抓获、人赃俱获的情况下他还妄图狡辩，但经过审判，这个叛徒最终被钉死在十字架上。

安东尼和克娄巴特拉的其余子女全部获得了赦免，而特拉勒斯的安东尼娅可能早已身亡。如前文所述，她的女儿皮托多利达作为屋大维笼络东方盟友的和亲工具，先是被许配给本都王国国王波列蒙一世；随后又嫁给了卡帕多西亚的阿基劳斯——安东尼大名鼎鼎的情人格拉菲拉的儿子。就这样，安东尼和格拉菲拉的后代终成眷属，为祖父祖母的隐秘情缘续写了一段佳话。

依乌鲁斯·安东尼乌斯，这个安东尼和富尔维娅的第二个儿子获得赦免后，在屋大维娅的悉心呵护下长大成人。这个女人拥有金子般的心，她还同时抚养了安东尼和克娄巴特拉的孩子：那对分别以太阳和月亮命名的双胞胎（克娄巴特拉·塞勒涅和亚历山大·赫利俄斯），以及最年幼的托勒密·费拉德尔甫斯。除她和安东尼的亲生骨肉外，还有四个孩子加入了这个大家庭，她在罗马的住所周围弥漫着青春的活力和历史的气息。

然而，这座"幼儿园"却成为孕育未来王朝联姻的摇篮。克娄巴特拉·塞勒涅将会以克娄巴特拉八世之名被许配给努米底亚和毛里塔尼亚国王朱巴二世：她将成为历史上最后一位承袭这一姓氏的女王。但两个男孩的结局却无人知晓。有些学者称，他们年轻时就在罗马死于疾病；也有人声称，他们投奔了在毛里塔尼亚的姐姐克娄巴特拉八世。

最后一个值得注意的细节来自安东尼和屋大维娅的女儿——大安东尼娅和小安东尼娅。两人安然无恙，因为屋大维娅的哥哥正是屋大维，然而她们后代的身份却耐人寻味，大安东尼娅将成为尼禄的祖母，而小安东尼娅将成为罗马皇帝克劳狄乌斯的母亲和卡里古拉的祖母。换言之，尼禄、卡里古拉以及罗马帝国的历史中都有马克·安东尼的基因。

最后，值得一提的是，双手沾满年轻人鲜血的屋大维在克娄巴特拉死后不久就挫败了一场针对自己的阴谋。这场由李必达的儿子马库斯·埃米利乌斯·李必达一手策划的阴谋，被罗马的米希纳斯挫败，小李必达随后遭到逮捕，被押往亚克兴，并在那里被屋大维处决。

8月的诞生

征服埃及是屋大维通向权力巅峰的过程中浓墨重彩的篇章。他决定将自己进入亚历山大的日期——8月1日定为公共节日，并将自己的名号奥古斯都赋予这个见证了内战结束的月份，以纪念自己击败安东尼并活捉克娄巴特拉的功绩。这就是沿用至今的"8月"一词的由来。

就这样，克娄巴特拉再次与全年中最热的月份不期而遇。

屋大维成功消除了潜伏在亚历山大居民和军队中的叛乱危险，而士兵们依然等待着奖赏。他说服罗马军团士兵打消洗劫城市的念头，征用了王宫中的巨额财富，其中包括克娄巴特拉从城中各大神庙搜刮而来的资产；他还将与克娄巴特拉宫廷过从甚密的市民财产如数充公；最后，他不但将生活富足的亚历山大人作为开征新税的目标，甚至将整个埃及纳入征税范围。就这样，屋大维成功聚敛起数目可观的战争横财，以至当这笔财富被运回罗马时——据历史学家迈克尔·格兰特称——正常贷款利率从12%骤降至4%。凭借数额庞大的财富，屋大维最终得以为征服亚历山大的士兵发放军饷，避免了抢劫的发生，同时为意大利望眼欲穿的老兵购置房产，帮助他们安居乐业。

在稳定军心后，他对所有被征服的领土进行整合重组，从这一刻开始，自法老时代开始延续千年的埃及王国寿终正寝。此后数百年间，埃及将沦为一个普通的罗马行省。与恺撒一样，屋大维非常清楚，这块富庶的土地一旦落入贪婪成性的元老手中，后果将不堪设想。因此，他将埃及托付给一位出身骑士阶层的心腹（专门指派的行政长官为作为行省的埃及赋予了与众不同的身份），尽管实际上屋大维将这个国家视为自己的私有财产，并通过法律严禁元老前往埃及：他将这个国家变成了自己获得财富和巩固权力的"现金账户"。埃及第一位"总督"名叫科尼利厄斯·加卢斯，亚历山大西线部队指挥官。他就是那个与交际花丽科尔斯坠入爱河的男人。显然，与这位情人同时被丽科尔斯抛弃的还有原本属于她的荣华富贵。

伟大的胜利

在阴差阳错的历史轮回中，安东尼和克娄巴特拉的死讯被当时的执政官在罗马当众宣读，而他正是马库斯·西塞罗，遇刺身亡的著名演说家西塞罗之子。

元老院为屋大维在亚克兴和埃及取得的胜利授予特别荣誉。两座凯旋门为纪念他拔地而起，一座位于布林迪西，另一座位于罗马（恺撒神庙旁边的奥古斯都凯旋门）；此外，还新建了一座讲坛，那就是著名的奥古斯都讲坛，这座讲坛用亚克兴海战中沉没战舰上的喙形撞角进行装饰。

公元前29年1月11日，作为和平降临的象征，罗马雅努斯神庙关上了大门，战争结束了。

屋大维继续踏上中东之旅笼络盟友，在事实上继承了安东尼一手打下的江山。随后他返回罗马，时值公元前29年8月31日，距离战胜克娄巴特拉已一年有余。

此时，作为绝对主宰，他开始着手为自己的三次大捷进行庆祝，它们分别是伊利里亚战争、亚克兴海战和征服埃及，游行队伍中出现了罗马人从未见过的河马和犀牛（屋大维仿效恺撒将长颈鹿引入罗马）。

俘虏中出现了克娄巴特拉·塞勒涅和亚历山大·赫利俄斯的身影。如果他们的母亲克娄巴特拉没有自杀身亡，她也将被戴上镣铐游行示众。她的大幅肖像象征性地出现在游行队伍中的战车上，画面中，奄奄一息的埃及艳后躺在毒蛇盘绕的长榻上。

凯旋仪式结束时，战利品被献给罗马。其中一部分被送入神庙进献诸神。作为命运的讽刺，恺撒神庙同样接受了献礼，因为他在死后化为天神。部分献礼被存放在朱庇特、朱诺和密涅瓦位于卡比托利欧山上的巨大神庙中。来自埃及的物品包括克娄巴特拉的大量财产。颇为讽刺的是，卡西乌斯·迪奥这样写道，"尽管在身陷囹圄后香消玉殒，克娄巴特拉依然在罗马接受着荒诞的顶礼膜拜，她的首饰被陈列在许多重要的神庙中，而她闪闪发光的青铜雕像就矗立在恺撒广场上的维纳斯神庙中"。

事实被他不幸言中。我们对这尊雕像的外观不得而知，它早已湮没在数百年的历史长河中，但闭上双眼，依然可以看到她的身姿在罗马的黎明中静静矗立在大门紧闭的维纳斯神庙中。她在这块即将被光束吞没的圣地中发出颠倒众生的光芒；她超凡脱俗的生命本能似乎在那一抹金色的笼罩下焕发出完美无瑕的色泽；她的面容柔和而沉静，又透出一丝朦胧的忧伤。

她凝望着遥远的地平线，仿佛正在寻找温柔的怀抱和那些飘散在往事中的柔情蜜意。

克娄巴特拉不仅征服了罗马。她征服了永恒。

结　语

　　克娄巴特拉的传奇人生改写了历史，谱写出一部世间罕见的女性史诗。当我们首次踏上本书的旅程时，心中不免好奇：她的存在在那段遥远而关键的岁月中究竟有多重要？现在我们刚刚为她的传奇人生画上句号，可以说，假如没有她的存在，世界的面貌就可能与我们在历史书中读到的截然不同。正是因为她的出现，安东尼才将东方作为自己的必争之地。这一决定见证了两人长达十一年的漫长关系（两人还育有三名子女），并在对罗马的日益疏离中迎来高潮。正是这个决定，激化了安东尼与屋大维（或许不可避免）的冲突，最终——伴随亚克兴之战——亚历山大陷落，安东尼、克娄巴特拉双双自杀。屋大维踩着对手的尸体君临天下，从而（这多少要归功于他异于常人的寿命和政治生涯）为罗马帝国奠定基础。

　　因此，我们有理由对一个克娄巴特拉不曾出现的世界感到好奇。没有一个作为众矢之的的"敌人"，共识自然无法达成，与马克·安东尼的冲突可能也会变得更加激烈。我们同样应该考虑到他的对手拥有的巨大魅力。假如没有克娄巴特拉，马克·安东尼就将生活在罗马而不是亚历山大城，并将权力掌握在自己手中，军事方面也将有着截然不同的结果。屋大维或许无法赢得最后的胜利，并确立他的独裁统治，以及为罗马帝国的时代拉开序幕。当然，帝国的雏形早已呼之欲出：即便身处恺撒的时代，人们也已经感到共和的命运时日无多，独裁的时代即将到来，并将在此后数百年间见证几十位皇帝的诞生。那或许将是一段似曾相识的历史——或许不是——但一定不是我们现在耳熟能详的"历史"。假如历史像这样发展的话，那么既没有应运而生的罗马帝国，也没有随之而来的现代西方世界版图。

克娄巴特拉就像是化学反应中的一味催化剂，在那个久远的年代，她的出现令当时已经无法避免的历史进程加速进行。然而，不同寻常的是，她在一次惊心动魄的化学反应之后，留下了一个"产品"——屋大维，或许他正是建立帝国的唯一人选。

如果这一观点正确无误，那么现代西方世界的形成在很大程度上要归功于这个女人的出现。

埃及艳后的故事接近尾声，另一个真相也已显露无遗。克娄巴特拉是一位在古代世界中脱颖而出的"现代"女性。正是她的现代性改写了历史。她用传奇的一生谱写了一位现代女性的胜利。

她如何孤身一人立足于被男性统治的世界之中？在我们先入为主的印象中，克娄巴特拉是一个风情万种的女人，利用自己的身体和"独一无二"的姿色，对勇敢彪悍的恺撒和安东尼进行诱惑。然而这只是一种出自罗马父权社会男性沙文主义的陈词滥调，是对她充满敌意的古代作者的偏见。正如我们所见，克娄巴特拉魅力四射，但她又与蛇蝎美女给我们留下的刻板印象有所不同。肉体未必是她征服罗马军事领袖的唯一武器，因为这一观点带有极大的局限性：我们在此谈论的并不是在某次宴会上对某位目标人物进行引诱，而是彼时在国际社会的棋盘上展开的顶级权力博弈。抛开情爱和诱惑，我们更应该关注的是政治联盟和财政收益。

由此可见，克娄巴特拉施展的是一种与众不同的肉体诱惑。作为一位女王，她手中掌握着一个强大而富饶的王国。克娄巴特拉的魅力在某种程度上得益于她的女继承人身份。她所有的男人，从恺撒到马克·安东尼，甚至屋大维，较之她的肉体，对她的王国财富更感兴趣。凭借赏金猎人的本能，他们知道她的巨额财富和强大舰队是扩充军团、赢得战争，并最终夺取权力、称雄罗马的关键。这就是前文中三个男人与她周旋时心照不宣的目标。

这也成为克娄巴特拉施展手段的契机。为了实现王国内部（成功巩固自己的王位），以及在地中海棋盘（疯狂扩张埃及的边界）上的目标，这个性感的女人开始游刃有余地展示自己颠倒众生的"吸引力法则"。

关于她的成功得益于其肉体的说法显然是草率而无礼的，是罗马人的宣传造成的结果。但是，毋庸置疑的是，她的美色确实多次发挥了关键作用。比如，她藏身麻袋突然出现在恺撒面前，或是第一次扮成阿佛洛狄忒的样子抵达塔尔苏斯。但与肉体相比，她的头脑、智谋和高超的运筹帷幄本领才是她真正深藏不露的王牌。

这一切同样要归功于她的出生地——埃及业历山大，希腊精神的中心。这种克娄巴特拉成长过程中耳濡目染的美妙文化，成为一个（尤其是她还拥有王室血统）女人崛起的先决条件。正如我们所见，克娄巴特拉受过良好的教育。她博学多识，通晓多种语言，钻研过演讲的艺术和有效沟通的技巧。每当面对习惯于用力量压倒一切，但拙于言辞的强大男人时，这总能成为她在外交谈判中固守底线的法宝（为数不多可以在她面前不落下风的对手中，或许就有屋大维）。

然而仅凭亚历山大城赋予克娄巴特拉的一切并不能解释她在政治和外交领域获得的成功，背后还隐藏着别的原因——这个女人的智慧。她与众不同，兴趣广泛，对知识充满渴望，在当时是一位学识渊博的专家。有史以来还没有任何一位女王能够比得上她——或许只有伊丽莎白一世与她旗鼓相当，但两人却有着迥然不同的性格。

如果亚历山大城和希腊文化为她的天赋献上了一份珍贵的馈赠，那么反之亦然。她巧妙地与当时最强大的罗马人结为盟友，并借此成功帮助埃及，尤其是希腊文化获得新生。此时我们不禁要问：如果克娄巴特拉没有输掉亚克兴之战，而是击败屋大维，那么古地中海地区将会是什么样的？或许屋大维治下的西罗马风貌将不复存在，深受希腊化影响的东方希腊神韵将取而代之（只是一种假设），或许还将对我们今天的日常生活产生影响。

希腊化是人类历史中一段优雅的时期，在文化层面——记住一切应有的区别——或许只有文艺复兴和启蒙运动可以与之相提并论。希腊精神诞生于亚历山大大帝统治时期，灭于克娄巴特拉时代。这两位君主之间有太多相似之处：两人都作为魅力四射的年轻君主被载入史册，终其一生投入权力的游戏之中；心怀一个伟大的希腊化王国的梦想；而且，两人都被埋葬在亚历山大，彼此相隔不远。今天，两人的墓地都已无迹可寻。

克娄巴特拉真正的魅力在于其具有希腊精神中的开明文化，而不是罗马人口中背信弃义、充满诱惑的暗黑魅力。

或许这正是克娄巴特拉在历史中的真正意义所在：一位毫无疑问擅长结盟游戏的女王，却以老练甚至玩世不恭的手段玩弄着手中的权力，若非如此，她在遥远的古代将无法生存。

然而身为一个女人，克娄巴特拉之所以能够崛起，要归功于当时世界文化的浸润。她是一个有着独立的思想、现代性思维的与众不同的女人。正是这种现代性使其成功对历史进行了改写。我们可以认为，克娄巴特拉穿越百年时光的印记建立在她取得的文化胜利之上，即希腊精神的胜利。与此同时，她作为一位女王的成功建立在她令众多同时代女性困惑的现代性思维之上。难道正是这种现代观念改写了古代的历史？我们愿意这样认为。

曾有一种说法，称克娄巴特拉通过引诱罗马军事领袖征服罗马，而事实上她是罗马人的手下败将。但无论如何，她都用一种与众不同的方式征服过这座城市。作为一位女王，也许可以说她一败涂地；而作为一个女人，则可以说她大胜而归。克娄巴特拉也将因此永远被人们铭记。

致　谢

本书的写作过程经历了漫长的时间，其间伴随着持续不断的史实查证、档案调查，旨在发掘每一份古代文献、历史资料、研究线索和考古发现，以照亮我们的道路。

实不相瞒，要是没有埃米利奥·昆托，一位卓越的历史研究员进行的令人瞩目的研究工作，那么本书将永远无法问世。我记得我们之间数不清的对话和那些失眠的夜晚，这全都要拜同一个女人——克娄巴特拉所赐。

在古代历史的心脏地带跨越十四年的时光之旅，这并不是一场说走就走的旅行。要是没有三位学者和著名罗马历史专家的建议与斧正，一切都将无从谈起。

在此我要感谢罗梅罗·奥古斯都·斯塔里奥教授永远中肯的建议和他对罗马世界的渊博知识，他总能用自己的热情和对历史的热爱感染别人。

我还要感谢乔瓦尼·布里吉教授，作为意大利军事史领域的绝对权威，他帮助我更好地理解了罗马历史的众多惊人内幕，尤其是在军事领域。

衷心感谢弗朗西斯卡·塞内里尼教授，他呕心沥血地帮助我建立了一个丰富、立体的克娄巴特拉形象，并使我对共和末期到奥古斯都时代的复杂转变和许多相关后续事件有了清晰和正确的视角。

我对莱蒂齐亚·斯塔齐奥深表谢意,她以出色的能力、严谨的态度和无比的热情守护着本书,直到它诞生。她的帮助对解剖这段古代历史最为复杂的时期至关重要。

这场穿越历史的时光之旅自然需要有关克娄巴特拉日常生活、亚历山大城和埃及托勒密王朝的大量资料和信息。正因为如此,埃及古物专家团队提供的合作和帮助尤为珍贵,我对他们致以衷心的感谢。

我还要感谢我的编辑帕特里夏·赛格瑞,她以专业的精神和异乎寻常的耐心等待我提交手稿。

不难想象,读者朋友们刚刚读过的这本书是一个团队经过大量的工作后取得的成果。感谢萨布丽娜·安诺妮、亚历珊德拉·洛卡托、富丽达·西奥拉,尤其是劳拉·多妮妮,一群现代女性在她熟练而得力的引领下,共同探索一位来自古代的伟大女性。

感谢莱克西斯工作室的宝贵建议。

最后,我将为这个促成我踏上此次非凡寻古之旅的女人寄托一份思念,感谢她让我们取得了丰厚的成果,其中也包括我们对自身的了解。这份思念源自一个耐人寻味的事实,今天的我们一定程度上要感谢她的存在——克娄巴特拉。

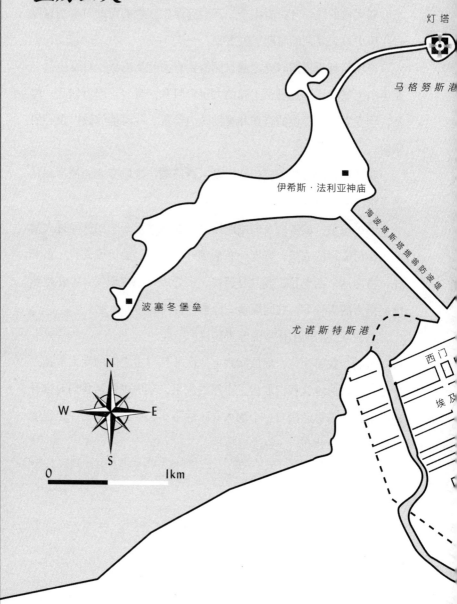

克娄巴特拉时代的
亚历山大

灯塔

马格努斯港

伊希斯·法利亚神庙

海波斯塔提翁防波堤

波塞冬堡垒

尤诺斯特斯港

西门

埃及

N
W E
S

0   1km

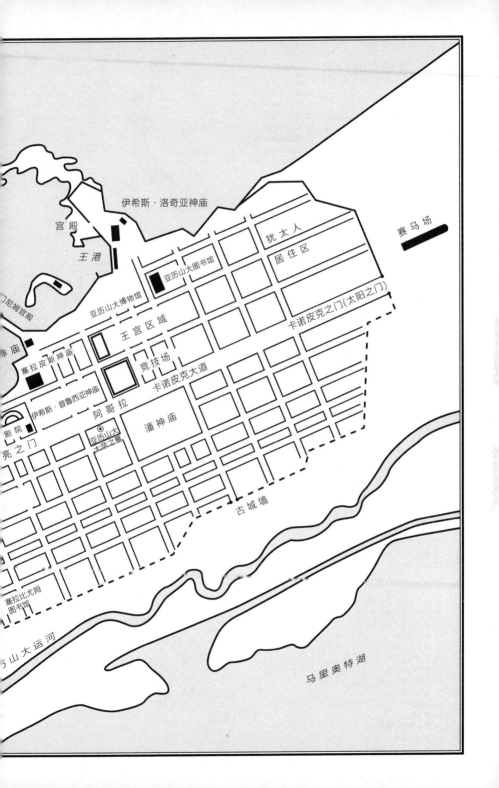

伊希斯·洛奇亚神庙

宫殿

王港

门尼姆宫殿

亚历山大博物馆

神庙

王宫区域

赛拉皮斯神庙

竞技场

伊希斯·普鲁西亚神庙

阿哥拉

亚历山大图书馆

犹太人

居住区

赛马场

卡诺皮克之门(太阳之门)

卡诺皮克大道

潘神庙

剧院

亮之门

亚历山大
大流士之墓

古城墙

赛拉比尤姆
图书馆

亚历山大运河

马里奥特湖

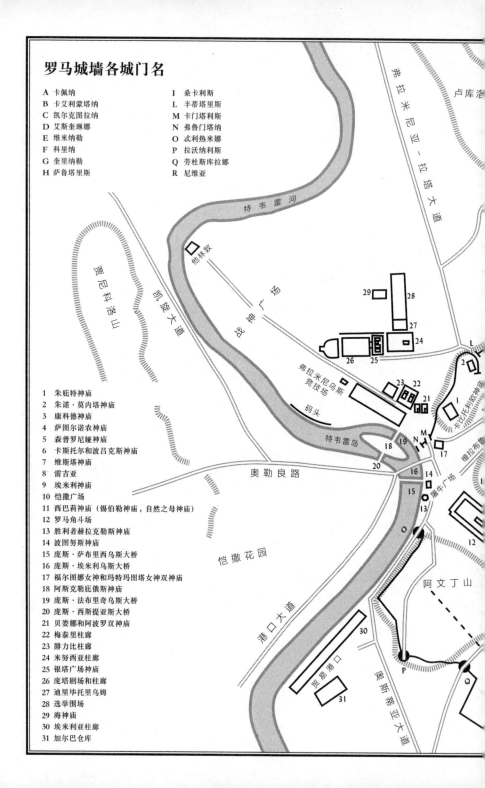

罗马城墙各城门名

A 卡佩纳
B 卡艾利蒙塔纳
C 凯尔克图拉纳
D 艾斯奎琳娜
E 维米纳勒
F 科纳
G 奎里纳勒
H 萨鲁塔里斯

I 桑卡利斯
L 丰蒂塔里斯
M 卡门塔利斯
N 弗鲁门塔纳
O 忒利热米娜
P 拉沃纳利斯
Q 劳杜斯库拉娜
R 尼维亚

1 朱庇特神庙
2 朱诺·莫内塔神庙
3 康科德神庙
4 萨图尔诺农神庙
5 森普罗尼娅神庙
6 卡斯托尔和波吕克斯神庙
7 维斯塔神庙
8 雷吉亚
9 埃米利神庙
10 恺撒广场
11 西巴莉神庙（锡伯勒神庙，自然之母神庙）
12 罗马角斗场
13 胜利者赫拉克勒斯神庙
14 波图努斯神庙
15 庞斯·萨布里西乌斯大桥
16 庞斯·埃米利乌斯大桥
17 福尔图娜女神和玛特玛图女神双神庙
18 阿弥克勒庇俄斯神庙
19 庞斯·法布里奇乌斯大桥
20 庞斯·西斯提亚斯大桥
21 贝娄娜和阿波罗双神庙
22 梅泰里柱廊
23 脂力比柱廊
24 米努西亚柱廊
25 银塔广场神庙
26 庞培剧场和柱廊
27 迪里毕托里乌姆
28 选举围场
29 海神庙
30 埃米利亚柱廊
31 加尔巴仓库

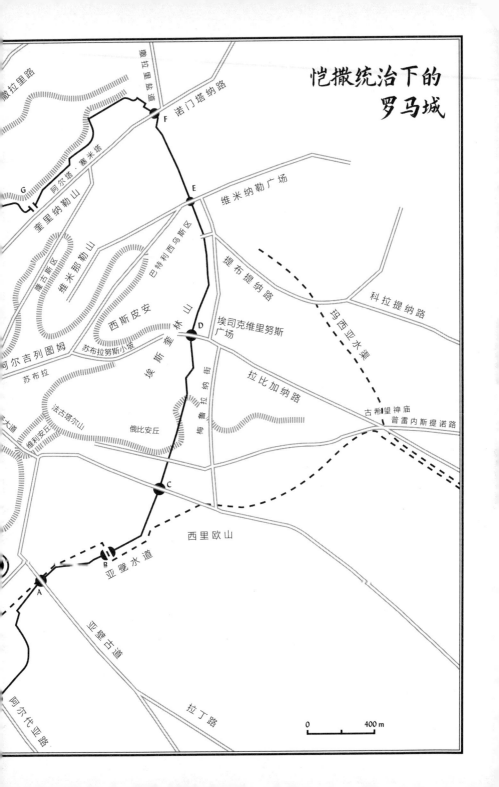

恺撒统治下的
罗马城